Margit H. Zeitler-Feicht

Handbuch Pferdeverhalten

Margit H. Zeitler-Feicht

Handbuch Pferdeverhalten

Ursachen, Therapie
und Prophylaxe
von Problemverhalten

116 Farbfotos
18 Schwarzweißfotos
21 Zeichnungen

Die in diesem Buch enthaltenen Empfehlungen und Angaben sind vom Autor mit größter Sorgfalt zusammengestellt und geprüft worden. Eine Garantie für die Richtigkeit der Angaben kann aber nicht gegeben werden. Der Autor und der Verlag übernehmen keinerlei Haftung für Schäden und Unfälle.

Bibliografische Information der
Deutschen Nationalbibliothek
Die Deutsche Nationalbibliothek verzeichnet diese Publikation in der Deutschen Nationalbibliografie; detaillierte bibliografische Daten sind im Internet über http://dnb.d-nb.de abrufbar.

Das Werk einschließlich aller seiner Teile ist urheberrechtlich geschützt. Jede Verwertung außerhalb der engen Grenzen des Urheberrechtsgesetzes ist ohne Zustimmung des Verlages unzulässig und strafbar. Das gilt insbesondere für Vervielfältigungen, Übersetzungen, Mikroverfilmungen und die Einspeicherung und Verarbeitung in elektronischen Systemen.

© 2008 Eugen Ulmer KG
Wollgrasweg 41, 70599 Stuttgart (Hohenheim)
E-Mail: info@ulmer.de
Internet: www.ulmer.de
Lektorat: Gabi Franz, Oliver Schwarz
Herstellung: Ulla Stammel
Umschlagentwurf: Atelier Reichert, Stuttgart
dtp: DOPPELPUNKT Auch & Grätzbach, Stuttgart
Reproduktion: Medienfabrik GmbH, Stuttgart
Druck und Bindung: Firmengruppe APPL,
aprinta druck, Wemding
Printed in Germany

ISBN 978-3-8001-5579-8

Bildquellen

Titelfoto: Juniors/Juniors Tierbildarchiv
© CAVALLO, 2007: Abb. 94
Feicht, Dr. Ernst: Abb. 4, 38, 49, 50, 53, 91, 97
Forschungsinstitut und Naturkundemuseum Senkenberg, Abteilung Messelforschung SMF: Abb. 1
Hinrichs, Thorsten: Abb. 44, 85
Huber, Markus: Abb. 23, 92, 96, 112, 120, 124, 138
Lehmann, Britta: Abb. 31, 52
Reininger, Dr. E.: Abb. 89
Sambraus, Prof. Dr. Dr. Hans Hinrich: S. 4, Abb. 6, 7, 8, 9, 10, 15, 16, 17, 18, 22, 24, 25, 26, 27, 28, 29, 30, 32, 33, 37, 51, 56, 99, 109, 111, 114, 117, 129, 132
Streit, Stefanie: Abb. 88
Stuewer, Sabine: S. 1, 2/3
Westphal, Monika: Abb. 14, 59

Alle übrigen Fotos stammen von der Autorin.

Die Grafiken erstellte Helmuth Flubacher: Abb. 13, 35, 36, 39, 45, 60, 90

Die Zeichnungen wurden nach Vorlagen der Autorin von Siegfried Lokau erstellt: Abb. 2, 3, 5, 19, 54, 76, 77, 78, 84, 131, 134, 135, 140, 141, 142

Inhaltsverzeichnis

Vorwort 8
Geleitwort 9

Teil A
Anpassungsfähigkeit des Pferdes
an die Umwelt 10

1 Evolution 10
1.1 Entwicklung der Equiden 10
1.2 Arttypisches Verhalten 14
2 Domestikation 16
2.1 Morphologische und ethologische Veränderungen 16
2.2 Rassetypisches Verhalten 19
3 Ontogenese 22
4 Anpassungsgrenzen des Verhaltens .. 24

Teil B
Angeborene Verhaltensweisen –
Konsequenzen für Haltung
und Umgang 27

1 Tagesablauf frei lebender Pferde .. 27
1.1 Natürliche Verhaltensweisen 27
1.2 Konsequenzen für Haltung und Umgang 28
Anpassung an das natürliche Zeitbudget 28
Regel- oder unregelmäßiger Tagesablauf? 28
2 Sozialverhalten 29
2.1 Natürliche Verhaltensweisen 29
Soziale Organisation und Gruppengröße. 29
Rangordnung 30
Droh- und Unterlegenheitsgesten 31
Kampf 32
Soziopositive Beziehungen 34
Individualdistanz 35
2.2 Konsequenzen für Haltung und Umgang 36
Sozialverhalten – ein Lernprozess 36
Konzeption einer Gruppenhaltung – wie lässt sich agonistisches Verhalten reduzieren? 36
Richtige Gruppenzusammenstellung 38
Pferdegerechte Hengsthaltung 39
Vorsicht bei der Eingliederung von Neuzugängen 40

Ist Einzelaufstallung artgerecht? 41
Haltung eines Pferdes ohne Artgenossen 42
Der Mensch als Sozialpartner 43
3 Fortpflanzungsverhalten 44
3.1 Natürliche Verhaltensweisen 44
Sexuelle Reife 44
Paarungsbereitschaft 44
Paarung 46
3.2 Konsequenzen für Haltung und Umgang 48
Sprung aus der Hand 48
Freier Herdensprung 49
Deckhengste 50
4 Mutter-Kind-Verhalten 50
4.1 Natürliche Verhaltensweisen 50
Geburtsverhalten 51
Verhalten des Fohlens 52
Mutter-Kind-Beziehung 53
Dauer des Mutter-Kind-Verhältnisses ... 54
4.2 Konsequenzen für Haltung und Umgang 54
Abfohlbereich 55
Umgang mit der Stute 55
Umgang mit dem Fohlen 55
Stressfreies Absetzen 57
5 Fressverhalten 58
5.1 Natürliche Verhaltensweisen 58
Nahrungsspektrum und Futterselektion 58
Dauer und Regulation der Futteraufnahme 58
Fresszeiten 60
Fresshaltung und Fresstechnik 60
Soziale Faktoren 61
5.2 Konsequenzen für Haltung und Umgang 61
Bedarfs- und verhaltensgerecht füttern . 61
Problem – der „gute Futterverwerter" ... 62
Fütterungseinrichtungen 63
Stressfreies Fressen 64
Futterneid und Futterschleudern 66
Futterselektion muss gelernt werden ... 66
Fütterung und Temperamentsprobleme 68
6 Trinkverhalten 68
6.1 Natürliche Verhaltensweisen 68
Trinkvorgang und Wasserbedarf 68
Trinkhäufigkeit und Wasserqualität 68

6.2	Konsequenzen für Haltung und Umgang............................ 69		11	Spielverhalten........................ 88	
	Wasserbedarf – Wassermangel......... 69		11.1	Natürliche Verhaltensweisen.......... 88	
	Anforderungen an Tränkvorrichtungen.. 69		11.2	Konsequenzen für Haltung und Umgang............................ 89	
7	**Ruheverhalten**...................... 69			Fohlenaufzucht....................... 89	
7.1	Natürliche Verhaltensweisen.......... 69			Spielen im Pferdealltag............... 90	
	Ruheformen und -intensität........... 70		12	**Neugier- und Erkundungsverhalten**.. 91	
	Aktivitätsrhythmus................... 70		12.1	Natürliche Verhaltensweisen.......... 91	
	Liegeplätze.......................... 71		12.2	Konsequenzen für Haltung und Umgang............................ 92	
	Schlafabstand........................ 71			Abwechslungsreiche Umgebung....... 92	
7.2	Konsequenzen für Haltung und Umgang............................ 72			Lernen durch Erkunden............... 93	

Teil C
Ursachen, Diagnostik und Therapie von Problemverhalten 95

7.2	Genügt ein ausreichend großes Platzangebot?........................ 72				
	Das „Pferdebett"..................... 72		1	**Verhaltensstörung oder unerwünschtes Verhalten?**........... 95	
	Weidehütten sind keine Schlafplätze.... 73		1.1	Was versteht man unter Normalverhalten?..................... 95	
8	**Lokomotionsverhalten**............... 73		1.2	Was ist eine Verhaltensstörung?....... 95	
8.1	Natürliche Verhaltensweisen.......... 73		1.3	Was ist unerwünschtes Verhalten?..... 96	
	Bewegungsdauer..................... 74		1.4	Was ist Coping?...................... 97	
	Gangarten........................... 74		2	**Klassifikation von Verhaltensstörungen**.......................... 97	
	Bewegungsbedürfnis und Bewegungsbedarf..................... 74		2.1	Differenzierung nach ätiologischen Gesichtspunkten..................... 97	
8.2	Konsequenzen für Haltung und Umgang............................ 75		2.2	Reaktive Verhaltensstörungen......... 99	
	Bewegungsfördernde Haltung.......... 75		2.3	Einteilung der reaktiven Verhaltensstörungen nach Funktionskreisen..... 101	
	Ausgleich des Bewegungsdefizits....... 77		3	**Ursachen und Auslöser von Problemverhalten**.................. 102	
	Welche Bewegung ist pferdegerecht?... 78		3.1	Reaktive Verhaltensstörungen........ 102	
	Folgen von Bewegungsmangel......... 79			Wann setzt eine reaktive Verhaltensstörung ein?............... 102	
9	**Ausscheide- und Markierungsverhalten**.......................... 79			Ursachen und Auslöser............... 102	
9.1	Natürliche Verhaltensweisen.......... 79		3.2	Unerwünschtes Verhalten............ 103	
	Koten und Harnen.................... 80			Wodurch wird es begünstigt?......... 103	
	Kotplätze........................... 80			Ursachen und Auslöser für unerwünschtes Verhalten................ 104	
	Markieren........................... 81		4	**Diagnostik von Problemverhalten**... 106	
9.2	Konsequenzen für Haltung und Umgang............................ 82		4.1	Vorgehensweise..................... 106	
	Fütterung ohne Mistkontakt........... 82		4.2	Ausdrucksverhalten als Hilfsmittel bei der Diagnostik................... 107	
	Liege- und Ausscheidebereich......... 82			Woran erkennt man Schmerz?........ 107	
	Weidehygiene – ein Muss............. 83			Woran erkennt man Angst?........... 110	
	Gesundheitliche Folgen von unsauberer Einstreu.......................... 83			Woran erkennt man Aggression?..... 111	
10	**Komfortverhalten**................... 84				
10.1	Natürliche Verhaltensweisen.......... 84				
	Solitäre Hautpflege................... 84				
	Soziale Fellpflege..................... 86				
10.2	Konsequenzen für Haltung und Umgang............................ 86				
	Wälzplätze und Scheuervorrichtungen.. 86				
	Gesundheitliche Aspekte.............. 87				

	Ausdrucksformen des Pferdes unter reiterlicher Einwirkung.	114
	Wie sind Empfindungen zu bewerten?. .	115
5	**Grundlagen des Umgangs und der Lernpsychologie**.	115
5.1	Wie lernt ein Pferd?	115
	Gewöhnung.	116
	Operante Konditionierung	117
	Klassische Konditionierung.	117
	Nachahmung	118
	Prägung.	118
5.2	Einflussfaktoren auf die Lernbereitschaft.	118
	Lerntraining und Motivation.	118
	Wie lange kann sich ein Pferd konzentrieren?	119
5.3	Wie versteht uns ein Pferd?.	119
	Zeitliche Koordination.	119
	Erhöhung des Lernerfolgs	121
6	**Therapie und Prophylaxe von Problemverhalten**.	121
6.1	Therapie und Prophylaxe von Verhaltensstörungen	121
	Haltung und Fütterung	121
	Umgang.	127
	Zucht.	129
6.2	Therapie und Prophylaxe von unerwünschtem Verhalten	129
	Ausbildungsmethoden	129
	Medizinische Therapie und Schmerzbehandlung.	130
	Lerntherapien	130
	Rangordnungsübungen	135
	Vertrauensbildende Maßnahmen.	136
	Haltung, Umgang und Prophylaxe	138

Teil D
Problemverhalten im Stall 139

1	**Funktionskreis Fressverhalten**	139
1.1	Koppen	139
1.2	Zungenspiel und stereotypes Belecken von Gegenständen.	144
1.3	Barrenwetzen und Gitterbeißen.	145
1.4	Exzessives Benagen von Holz	146
1.5	Kot- und Erdefressen	148
1.6	Polyphagia nervosa (Übermäßiges Fressen)	149
2	**Funktionskreis Lokomotionsverhalten**	149
2.1	Weben	149
2.2	Stereotypes Laufen	153
2.3	Exzessives Scharren	154
2.4	Schlagen gegen die Boxenabgrenzung	155
3	**Funktionskreis Sozialverhalten**	156
3.1	Fehlprägung	156
3.2	Automutilation (Autoaggression)	158
3.3	Gesteigerte Aggressivität	160
	Gesteigerte Aggressivität in der Gruppe	160
	Sexuelle Aggressivität bei Hengsten . . .	162
	Maternale Aggressivität.	163
4	**Funktionskreis Komfortverhalten** . . .	165
4.1	Schweifreiben.	165
4.2	Übertriebene Fellpflege.	167
4.3	Kopfschlagen, Kopfschütteln („Headshaking").	167
5	**Funktionskreis Liegeverhalten**	170
5.1	Sich-Nicht-Legen	170

Teil E
Problemverhalten in Umgang und Nutzung 172

1	**Unerwünschtes Verhalten im Umgang**	172
1.1	Nicht-Einfangen-Lassen	172
1.2	Nicht-Führen-Lassen	175
1.3	Verladeprobleme	177
1.4	Probleme bei der Hufkorrektur.	183
1.5	Aggressivität im Umgang (Beißen und Schlagen)	186
2	**Unerwünschtes Verhalten bei der Nutzung**	190
2.1	Zungenstrecken	190
2.2	Kopfschlagen, Kopfschütteln (Headshaking) bei der Nutzung	194
2.3	Kleben	195
2.4	Scheuen	198
2.5	Steigen.	203
2.6	Bocken.	209
2.7	Sattelzwang	213

Verzeichnisse 217

Glossar. 217
Verwendete und weiterführende Literatur . . . 219
Register 222

Vorwort

Das Pferd ist nach dem Hund des Menschen bester Freund. Sprüche wie „das Glück der Erde liegt auf dem Rücken der Pferde" signalisieren die enge Beziehung und machen unsere Einschätzung zum Pferd deutlich. Kann aber das Pferd in der heutigen Gesellschaft die Behandlung durch den Menschen immer als Glück empfinden?

Früher musste das Pferd hart arbeiten vor Pflug oder Wagen, im Kriegseinsatz oder um schnell eine Botschaft an einen entfernten Ort zu bringen. Die Pferde waren häufig viel zu früh verbraucht. Seit einigen Jahrzehnten ist das anders. In unserer Gesellschaft dient das Pferd im Wesentlichen dem Sport und der Freizeitgestaltung. Doch auch diese Art der Nutzung kann große Gefahren für die Tiere mit sich bringen. Nicht selten muss das Pferd Leistungen vollbringen, die es physisch wie psychisch überfordern, oder es wird als Partner und Freund behandelt, aber leider oft ohne die erforderliche Sachkenntnis.

Wenn ein Pferd aber nicht seiner Natur entsprechend behandelt wird, sind häufig nicht nur Erkrankungen, sondern auch Verhaltensprobleme die Folge. Diese kommen nicht von ungefähr: Es steckt stets eine auslösende Ursache dahinter. Meist sind es Haltungs- und Umgangsfehler, die das Pferd zu einer Verhaltensanomalie geradezu zwingen. Vielfach wird diese als 'Macke' abgetan, doch nicht selten hat ein solches Verhalten tierschutzrelevante Hintergründe.

Niemand darf meinen, dass Problemverhalten der Laune eines Pferdes entspringt. Die dafür übliche Bezeichnung 'Untugend' verleitet zwar zu einer solchen Denkweise, doch sie ist falsch und alarmierend.

Das vorliegende Buch, das nun in der 2. Auflage erscheint, wirkt einer solchen Einschätzung auf eindrucksvolle Weise entgegen. Es macht auf überzeugende Art deutlich, warum und wie sich Problemverhalten entwickeln kann. Nur wenn man die Zusammenhänge begreift, kann man diese Störungen verhüten, oder, wenn sie schon aufgetreten sind, mit angemessenen Mitteln und viel Geduld beheben. Problemverhalten ernst zu nehmen bedeutet, aktiv Tierschutz zu betreiben. Deshalb ist diesem umfassenden und gründlichen Werk auch weiterhin eine gute Verbreitung zu wünschen. Zum Wohle des Pferdes!

Prof. Dr. Dr. Hans Hinrich Sambraus

Geleitwort

Dem Geleitwort zur Neuauflage des vorliegenden Werkes soll aus gutem Grund ein Zitat des großen Pferdekenners Hans Heinrich Isenbart vorangestellt sein.

„Immer wenn Menschen es für nicht unter ihrer Würde fanden, sich mit ihrer gesamten Geisteskapazität mit den Eigenschaften und der Psyche des Pferdes zu beschäftigen, gab es Blütezeiten der Reitkunst."

In den vergangenen rund 40 Jahren haben das Pferd und der Umgang mit ihm einen Boom erlebt, den sich in den 50er oder 60er Jahren wohl niemand hätte vorstellen können. Von einer zu Beginn der 60er Jahre fast zum Aussterben verurteilten Spezies hat sich der Pferdebestand hierzulande mit rund 1,1 Millionen Tieren mehr als verdreifacht. Bedingt war diese Entwicklung ausschließlich durch die Entdeckung des Pferdes als Partner für Sport und Freizeit. Und auch heute zeichnet sich deutlich ab, dass der Pferdesport mit zur Zeit rund 762.000 in Vereinen organisierten Reitern, Fahrern und Voltigierern und sicherlich noch einmal der gleichen Zahl an nicht organisierten Pferdefreunden auch in der Zukunft weiter anwachsen wird.

Doch so erfreulich diese Entwicklung auch sein mag, ist zu konstatieren, dass diese ‚Wachstums-Medaille' auch über Kehrseiten verfügt. Denn wohl nie zuvor haben sich mehr Menschen mit dem Pferd beschäftigt, die nur über geringe oder keinerlei Erfahrungen im Umgang mit ihm verfügten. So ist denn eine Vielzahl der Probleme in der Beziehung zwischen Mensch und Pferd auf die Unwissenheit der Menschen im Umgang mit dem Pferd zurückzuführen. Ein Umstand, dem auch die Deutsche Reiterliche Vereinigung seit vielen Jahren durch zahlreiche Maßnahmen und Projekte versucht, Rechnung zu tragen.

Das vorliegende Buch zeichnet sich besonders dadurch aus, dass es nicht nur ausführlich die Ursachen und möglichen Therapien von Problemverhalten bei Pferden darstellt, sondern auch Wege aufzeigt, diese schon im Vorfeld zu verhindern. Wer die natürlichen Bedürfnisse des Pferdes nicht kennt, es gar vermenschlicht, wird dem Pferd daher immer ein schlechter Freund sein. Denn, so schmerzhaft diese Erkenntnis auch sein mag, das Problemverhalten von Pferden hat seinen überwiegenden Ursprung in den Fehlern des Menschen im Umgang mit ihm. Dabei ergeht sich die Autorin nicht in der heutzutage beliebten Pauschalisierung von Problemlösungen. Vielmehr zeigt sie die Notwendigkeit auf, sich detailliert und intensiv mit den Bedürfnissen des Pferdes auseinanderzusetzen, um so zu individuellen Lösungen zu gelangen. Verkürzt auf einen einzigen Satz könnte die Quintessenz des Handbuches Pferdeverhalten denn auch lauten:

Wissen ist Tierschutz.

Breido Graf zu Rantzau
Präsident der
Deutschen Reiterlichen Vereinigung (FN)

Teil A Anpassungsfähigkeit des Pferdes an die Umwelt

Unter Anpassung oder Adaptation versteht man einen Vorgang, der Tiere und Pflanzen in ihrer Auseinandersetzung mit ihrer Umgebung formt, sodass sie sich und ihre Art erhalten können. Auch die Pferde mussten sich über Millionen von Jahren immer wieder den wechselnden Umweltbedingungen anpassen. Nur diejenigen überlebten, die zu einem bestimmten Zeitpunkt den gerade herrschenden Verhältnissen entsprechend gut angepasst waren („survival of the fittest"). Langfristig wurde dies über eine breite genetische Vielfalt erreicht. Dabei erhielten immer die Genotypen einen Selektionsvorteil, die mit den Umweltveränderungen am besten zurechtkamen. Sie konnten sich auch besonders gut fortpflanzen, sodass nach einer gewissen Zeit ihr Erbgut in ihrer Population am häufigsten vertreten war.

Nach der modernen Evolutionstheorie erfolgte die Umgestaltung zu neuen Equidenformen neben Mutationen in erster Linie durch **natürliche Selektion**. Auch in der nachfolgenden Haustierwerdung, der Domestikation, kam es zu einer Auslese. Sie wird **künstliche Selektion** genannt, da die Kriterien nicht wie bisher von der Natur, sondern vom Menschen festgelegt wurden. Wichtigstes Selektionskriterium war zu Beginn der Domestikation sicherlich die Anpassungsfähigkeit des Wildpferdes an das Leben unter menschlicher Obhut. In gewissem Maße sind unsere heutigen Hauspferde auch daran adaptiert. Dennoch stehen sie ihrer wilden Stammform näher als viele andere Haustiere. Aus diesem Grund wird auch unter unseren derzeitigen Haltungsbedingungen eine ständige Anpassung vom Pferd gefordert. Im Rahmen der Ontogenese, das heißt seiner Individualentwicklung, kann das Pferd sich darauf durch entsprechendes Verhalten einstellen. Wie gut es gelingt, hängt von vielen Faktoren ab. Zeigt das Pferd jedoch Verhaltensstörungen, ist dies ein Hinweis darauf, dass die Anpassungsgrenzen überschritten wurden. Um zu erkennen, ab wann die Gefahr einer **Überforderung der Adaptationsfähigkeit** besteht, ist ein Blick in die stammesgeschichtliche Verhaltensentwicklung der Pferde nicht nur von wissenschaftlichem Interesse, sondern auch von praktischer Bedeutung.

1 Evolution

1.1 Entwicklung der Equiden

Die prähistorische Entwicklung lässt sich beim Pferd besonders gut verfolgen, da seine Stammesgeschichte über zahlreiche Fossilienfunde sehr gut dokumentiert ist. So kann die Evolution der Pferde nahezu lückenlos bis in das Eozän vor etwa 60 Millionen Jahren zurückverfolgt werden.

In dieser Epoche besiedelte der **Eohippus** (= Hyracotherium) Nordamerika, Europa und vermutlich auch Asien. Er ist der älteste bekannte Vertreter der Pferdeartigen (Equidae) und gilt somit als der früheste Vorfahre der heutigen Pferde. Sein Aussehen hatte jedoch noch wenig Ähnlichkeit mit dem heute lebender Equiden, denn er glich eher einer hornlosen Duckerantilope. Er war mit einer Widerristhöhe von 25 bis 45 cm lediglich fuchsgroß und hatte einen gewölbten Rücken. Am Vorderfuß besaß der eozäne Uhrahn vier, am Hinterfuß drei Zehen, die an ihrer Spitze hufähnliche stumpfe Nägel aufwiesen. Das Gebiss bildete eine geschlossene Reihe mit nur wenigen kleinen Lücken. Dabei waren die Zahnkronen niedrig, und die Kaufläche bestand aus Höckern, sodass nur quetschende Kaubewegungen möglich waren. Aus diesen morphologischen Merkmalen konnte geschlossen werden, dass die Nahrung des Eohippus überwiegend aus Blättern und Beeren bestand und er demzufolge ein Waldbewohner war. Diese Annahme wurde durch den Fund eines 50 Millionen Jahre alten Urpferdchens in der Grube Messel bei Darmstadt vor einigen Jahren bewiesen. Sein fossilierter Mageninhalt bestand aus Blättern. Die Zahl der Ausgrabungsstücke in Nordamerika und Europa deuten außerdem daraufhin, dass der Eohippus ein weit verbreiteter Urwaldbewohner gewesen

Abb. 1 Skelett des Messeler Urpferdes (Propalaeotherioum parvulum) aus der Ölschiefergrube Messel am Odenwald. Der Eohippus gilt als die älteste pferdeartige Huftierform.

war, der überwiegend einzeln oder in kleinen Gruppen lebte.

Die weitere Entwicklung der Equidae verlief auf dem nordamerikanischen Kontinent, während alle Seitenstämme in Europa im Laufe der Evolution ausstarben. Dort erschien im Miozän, vor rund 25 Millionen Jahren, eine neue Form der Pferdeartigen, die Gattung **Merychippus**. Dieser Uhrahn mit einer Widerristhöhe von 90 bis 100 cm besaß erste eindeutige Merkmale, die auf eine Anpassung an die Lebensbedingungen in der Steppe hinweisen. So bestand sein Fuß zwar noch aus drei Zehen, doch die mittlere war bereits stark betont, sodass die Seitenstrahlen nicht mehr bis auf den Boden reichten. Des Weiteren waren die Zahnkronen der Backenzähne stark verlängert und die Kaufläche vergrößert, wobei mit dem Zahnzement eine neue Substanz zu Zahnbein und Zahnschmelz hinzukam. Mit diesen Materialien entstand eine wirkungsvolle Reibfläche, mit der auch härtere Pflanzenteile wie Gräser zermahlen werden konnten. Diese morphologischen Veränderungen, lassen den Rückschluss zu, dass der Merychippus den schützenden Wald verlassen hatte und offene bzw. halboffene Landschaften besiedelte.

Mit dem Merychippus war somit der Übergang vom blattfressenden Waldtier zum **grasfressenden Steppentier** vollzogen. Damit waren nicht nur die beschriebenen anatomischen Änderungen im Gebiss und im Bau der Extremitäten verbunden, sondern auch umfassende physiologische und verhaltensmäßige Anpassungen. Dies bedeutet unter anderem den Aufbau komplexer Sozialstrukturen, denn in der offenen Steppe verbesserten sich in größeren Verbänden die Überlebenschancen für das Einzeltier.

Einen noch höheren Entwicklungsstand erreichte der **Pliohippus**, ein etwa eselsgroßer Grasfresser, der vor etwa 7 Millionen Jahren in Nordamerika lebte. Dies gilt insbesondere für die Ausbildung seiner Extremitäten. Als erste Gattung wies er durch Rückbildung der seitlichen Zehenstrahlen zu den Griffelbeinen die echte Einhufigkeit bzw. „Monodactylie" auf. Am Ende des Pliozäns vor etwa 2 Millionen Jahren waren die fortgeschrittenen Entwicklungsstufen des Pliohippus den heutigen Hauspferden bereits sehr ähnlich.

Die Nachkommen des amerikanischen Pliohippus gelangten zu Anfang der Eiszeit, dem Pleistozän vor etwa 1 bis 2 Millionen Jahren über die damals noch bestehenden Landbrücken nach Asien und weiter nach Europa und Afrika. Während die abgewanderten Equidenpopulationen sich auf dem eurasischen Kontinent den Umweltbedingungen anpassen konnten, starben die Nachfahren des Pliohippus in Nord- und Südamerika vor etwa 12 000

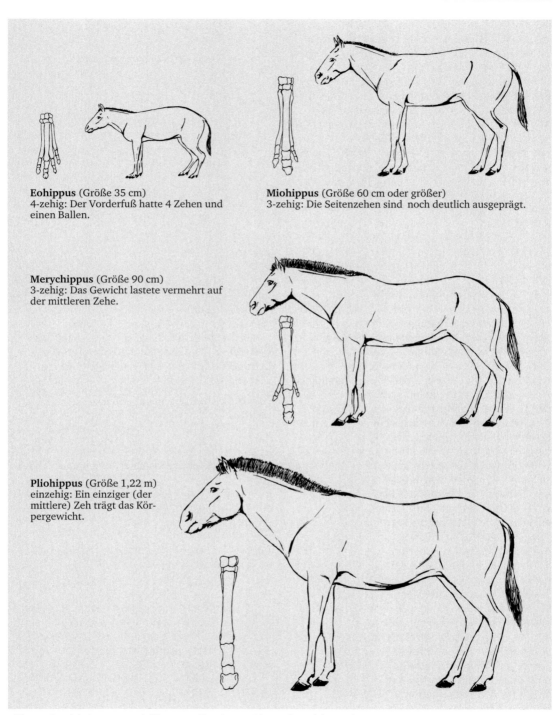

Abb. 2 Die wichtigsten Entwicklungsstadien der Equiden während der Evolution.

Jahren aus bisher ungeklärten Gründen aus. Somit erfolgte die Weiterentwicklung der Pferde bis hin zu den heutigen Erscheinungsformen ab dem Pleistozän in Europa und Asien.

Bis in das mittlere Pleistozän zeigten die Vorfahren der „echten" Pferde vor allem zebra- (zebrine), esel- (asinide) und halbeselartige (hemionide) Merkmale. Diese lange gemeinsame Entwicklungsgeschichte der Pferde mit Eseln, Halbeseln und Zebras begründet ihre enge Verwandtschaft. Sie gehören alle zu der gleichen Gattung Pferd (Equus), innerhalb der Familie der Pferdeartigen (Equidae).

Für die weitere Entwicklung der Equiden gibt es nur noch wenig konkrete Hinweise. Dies dürfte auch der Grund sein, warum in der Literatur die Nomenklatur der Pferdeformen, die während der Eiszeit lebten, zum Teil uneinheitlich ist. Nach dem aktuellen Stand der Wissenschaft dürften allerdings alle Hauspferde von nur einer Wildpferdeart mit vielfältigem Erbgut abstammen (**monophyletische Abstammungstheorie**). Insbesondere *Nobis (2005)* legte hierzu umfangreiches Beweismaterial vor. Nach seinen Recherchen bevölkerte während der Eiszeit nur eine Wildpferdeart mit großer genetischer Variabilität Europa und Asien. Sie entwickelte sich im Laufe der Eiszeit vom Allohippus (Übergangsform des Pliohippus zum Equus) zu verschiedenen Equusformen weiter. Im späten Pleistozän kam es vermutlich zu einer lang andauernden Isolation verschiedener Populationen und dadurch zur Ausbildung von Unterarten. Sie unterschieden sich in Abhängigkeit von den landschaftlichen und klimatischen Bedingungen des jeweiligen Verbreitungsgebietes in ihrer Körpergröße und ihrem Erscheinungsbild. So war die östliche und westliche Unterart relativ klein, die in Süd- und Mittelrussland vorkommende Variante dagegen größer. Die verschiedenen Populationen sollen jedoch nie ihre sexuelle Affinität verloren haben, was ihre Zugehörigkeit zu derselben Art bestätigt. Als einziger Vertreter der ehemaligen Unterarten lebt heute noch das Przewalskipferd, während die anderen ausgestorben sind. Das Hauspferd (Equus przewalskii f. caballus) soll aus den verschiedenen Unterarten des Urwildpferdes hervorgegangen sein, was jedoch nicht belegt ist.

Monophyletische Abstammungstheorie:
- Eine Stammform nach *Grzimek (1987)*: Equus przewalskii (Przewalskipferd) mit drei Unterarten: Equus przewalskii silvaticus (Waldtarpan, ausgestorben), Equus przewalskii gmelini (Steppentarpan, ausgestorben) und Equus przewalskii przewalskii (Steppenwildpferd).
- Eine Stammform nach *Nobis (2005)*: Equus ferus mit drei Unterarten: Equus ferus solutreensis (West- und Zentraleuropa, Solutrépferd, ausgestorben), Equus ferus gmelini (Süd- und Mittelrussland, Tarpan, ausgestorben) und Equus ferus przewalskii (Nordchina und Mongolei, Przewalskipferd).

Die **polyphyletische Abstammungstheorie**, die heute immer noch in vielen Werken vertreten wird, geht auf den Wissensstand von vor 50 und mehr Jahren zurück. Sie besagt, dass unsere Hauspferde auf drei bis vier verschiedene Wildpferdearten zurückgehen, deren Erbgut in den gegenwärtigen Rassen mehr oder weniger stark vermischt ist. Diese Theorie bezieht sich auf die Artendefinition fossiler Funde, die sich lediglich auf morphologische Unterschiede beschränkt (= morphologischer Artenbegriff).

Polyphyletische Abstammungstheorie:
- Drei Stammformen nach *Hilzheimer*: Tarpane, keltische Ponys und Kaltblüter *(zit. nach Nobis 2005)*.

Tab. 1. Stammesgeschichte der Hauspferde (*Grzimek, 1987*)

Ordnungsgruppe:	Huftiere	Ungulata
Ordnung:	Unpaarhufer	Perissodactyla
Familie:	Pferdeartige	Equidae
Gattung:	Pferde	Equus
Arten und Chromosomenzahl (2 N)	• Bergzebra (Equus zebra) mit 2 Unterarten	32
	• Steppenzebra (Equus quagga) mit 6 Unterarten	44
	• Grevyzebra (Equus grevyi)	46
	• Halbesel (Equus hemionus) mit 5 Unterarten	56
	• Wildesel (Equus africanus) mit 2 Unterarten	62
	• Urwildpferd (Equus przewalskii*)	66

*Equus przewalskii f. caballus = Hauspferd (64)
(f = forma = Form: Ausweisung als Haustier)

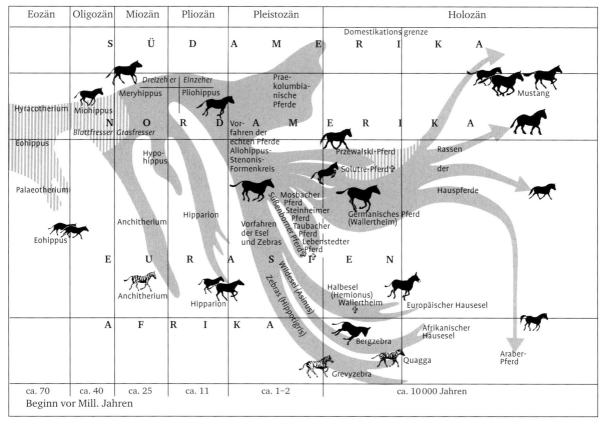

Abb. 3 Grafische Darstellung der räumlichen und erdgeschichtlichen Entfaltung des Pferdestammes (Naturhistorisches Museum Mainz, *Nobis 2005*).

- Drei Stammformen nach *Antonius:* Equus orientalis (südrussischer Tarpan), Equus ferus (Przewalskipferd) und Equus robustus (westeuropäisches Pferd) (zit. nach *Nobis 2005*).
- Vier Stammformen nach *Speed* und *Ebhardt (Ebhardt 1958)*: Nordpony (Typ I), Tundrenpony (Typ II, Przewalskipferd), Ramskopfpferd (Typ III) und Urvollblüter (Typ IV).

Nach der Artendefinition rezenter Arten (= biologischer Artenbegriff) ist die polyphyletische Abstammungstheorie nicht haltbar. Die Definition besagt, dass nur solche Gruppen als eine Art bezeichnet werden, die miteinander fruchtbare Nachkommen zeugen können. Dies ist zweifellos bei allen „echten" Pferden der Fall. Zwar besitzt das Przewalskipferd mit 2 N = 66 zwei Chromosomen mehr als das Hauspferd mit insgesamt 2 N = 64, doch lassen sich beide fruchtbar miteinander kreuzen. Im Unterschied dazu können alle anderen Equidenarten einander angepaart werden, doch ihre Nachkommen sind fast immer unfruchtbar.

1.2 Arttypisches Verhalten

Die Evolution ist für das arttypische Verhalten aller Tierarten verantwortlich. Das Grundverhalten der Pferde ist somit das Resultat eines Millionen von Jahren im Erbgut verankerten Anpassungsprozesses. Mit drei Schlagworten lässt sich ihr typisches Verhalten beschreiben: Pferde sind Steppentiere, Herdentiere und Fluchttiere.

Steppentier

Wie aus der Evolution nachvollzogen werden kann, sind Pferde seit mindestens 25 Millionen Jahren grasfressende Steppenbewohner. Da diese Nahrung

> Das äußere Erscheinungsbild, der Körperbau, die Physiologie und das arttypische Verhalten der Pferde sind das Ergebnis einer etwa 60 Millionen Jahre dauernden Entwicklung.

Abb. 4 Unter naturnahen Bedingungen bewegen sich Pferde im Sozialverband zur Futteraufnahme bis zu 16 Stunden am Tag.

energiearm und rohfaserreich ist, mussten sie ihren täglichen Nährstoffbedarf über lange Fresszeiten decken. Es ist also **nicht „Verfressenheit"**, sondern ein angeborenes Verhalten, wenn auch unsere Hauspferde das Bedürfnis haben, etwa 15 Stunden am Tag Nahrung aufzunehmen.

Eng mit dem Fressverhalten verbunden ist das Bewegungsverhalten, denn das Grasen ist an ein stetes Vorwärtsgehen gekoppelt. Die Wildvorfahren unserer Pferde bewegten sich demzufolge zwecks Nahrungsaufnahme etwa zwei Drittel des Tages im langsamen Schritt. Auf diese kontinuierliche Bewegung sind der Körperbau, die Physiologie und das Verhalten ebenfalls seit Millionen von Jahren ausgelegt. Aus diesem Grund haben auch unsere heutigen Pferde einen täglich vielstündigen **Bewegungsbedarf in einer ruhigen Gangart**.

Steppenartige Landschaften weisen alle ein gemeinsames Charakteristikum auf: Es herrscht eine hohe nächtliche Wärmeabstrahlung. Die Folge sind große Temperaturunterschiede zwischen Tag und Nacht. Seit Millionen von Jahren sind Pferde an derart extreme Klimaverhältnisse angepasst. Sie verfügen somit über eine hervorragende Thermoregulation. Auch unsere heutigen Pferde verkraften nach wie vor Hitze und Kälte sowie Temperaturunterschiede besser als alle anderen Haustiere. Doch nicht nur die Temperaturen sind in Steppenlandschaften extrem, sondern auch die Sonneneinstrahlung. Pferde sind auch daran seit Millionen von Jahren adaptiert. Sie vertragen Licht nicht nur sehr gut, sie haben auch einen hohen Lichtbedarf.

Herdentier

Pferde dürften ebenfalls seit mindestens 25 Millionen Jahren im engen Sozialverband mit Artgenossen leben, denn in offenen Landschaften überwiegen für Fluchttiere und wehrlose Pflanzenfresser die Vorteile der Gemeinschaft deren Nachteile. So sehen und hören viele Augen- und Ohrenpaare mehr als das eines Tieres. Nur in der Gruppe konnte das einzelne Pferd seinen verschiedenen Bedürfnissen in ausreichendem Maße nachgehen und musste nicht ständig „auf der Hut" sein. Daraus folgt, dass auch unsere Hauspferde sich nur sicher fühlen, wenn sie engen Kontakt zu ihren Artgenossen haben. Dieses Bedürfnis nach Sozialkontakt und einem Leben in der Gemeinsamkeit ist angeboren.

Fluchttier

Die beste Verteidigung des Pferdes vor Feinden war über Millionen von Jahren die Flucht. Beweis hierfür war die immer stärker werdende Spezialisierung der Zehenspitzen bis hin zum Huf. Auf eine schnelle Flucht ausgerichtet sind jedoch nicht nur die Beine und Körperfunktionen (Herz-Kreislaufsystem, Atmungstrakt usw.), sondern auch die Sinnesorgane des Pferdes, denn je früher es den Feind bemerkte und fliehen konnte, desto höher waren seine Überlebenschancen.

Die Fluchtreaktion erfolgt nach einem „Angeborenen Auslösenden Mechanismus" (AAM) und ist genetisch tief verankert. Durch Erfahrungen kann die Reaktion des Pferdes auf Angst einflößende Situationen im positiven wie im negativen Sinne verändert werden. Das Verhalten wird dann vom dem „Erworbenen und Angeborenen Auslösenden Mechanismus" (EAAM) bestimmt. Durch Gewöhnung und positive Verstärkung kann man viele Situationen, die dem Pferd Angst einflößen, entschärfen und somit die Fluchtreaktion eindämmen bzw. unterbinden.

Die Flucht ist auch heute noch die **erste Reaktion** des Pferdes auf Angst, Schreck und Bedrohung. Als Pferdehalter sollte man sich deshalb stets vor Augen halten, dass ein fliehendes Pferd Angst hat. Es dafür zu strafen wäre der falsche Weg, dies würde die Furcht nur noch steigern. Es wäre auch falsch, das Pferd wegen seiner Fluchtreaktion als feige zu erklären. Pferde sind keine Jäger so wie beispielsweise Katzen, die stehen bleiben, weil ein Geräusch sie interessiert. Es ist ein normales Verhalten, wenn ein Pferd bei Gefahr zunächst davonläuft und erst nach einer gewissen Distanz stehen bleibt, um die Sachlage einzuschätzen. Nur wenn keine Fluchtmöglichkeit mehr besteht, wendet sich ein Pferd der Gefahr zu und verteidigt sich durch Ausschlagen oder Beißen.

2 Domestikation

2.1 Morphologische und ethologische Veränderungen

Domestikation bedeutet Haustierwerdung, das heißt die Umwandlung eines Wildtieres in ein Haustier. Die erste Domestikation von Wildtieren erfolgte bereits vor dem Jahre 12 000 v. Chr. Den Anfang machte der Hund, gefolgt von Schaf, Schwein, Ziege und Rind, erst viel später kam das Pferd. Somit dürfte der damalige Mensch, als er anfing Pferde zu domestizieren, schon über ausreichend Erfahrungen auf diesem Gebiet verfügt haben.

Die Domestikation des Pferdes begann wahrscheinlich an verschiedenen Stellen ihres weiten Verbreitungsgebietes während des 5. Jahrtausends v. Chr. Die ältesten Fossilienfunde von Hauspferden gehen bis auf etwa 4000 Jahre v. Chr. zurück. Sie stammen aus dem südosteuropäischen Raum, wobei die Ukraine höchstwahrscheinlich der Ort der Erstdomestikation war. Bereits im Laufe des dritten Jahrtausends v. Chr. breitete sich die Pferdehaltung über weite Teile Südwestasiens aus. Etwa auch um 3000 v. Chr. traten in Mitteleuropa die ersten Hauspferde auf. Sie hatten einen schlanken Körper und eine Widerristhöhe von 120 bis 135 cm. In ihrem Aussehen glichen sie mehr den in diesem Gebiet vorkommenden Waldtarpanen als den osteuropäischen Hauspferden. Deshalb wird angenommen, dass die Domestikation in Mittel- und Osteuropa unabhängig voneinander erfolgte.

Die Haustierwerdung erforderte vom Pferd eine Anpassung an neue Lebensbedingungen. Man stellt sich ihren Ablauf folgendermaßen vor:

- Obwohl das Pferd mittlerweile seit etwa 5000 Jahren domestiziert ist, haben sich sein Verhalten und seine Anforderungen an die Lebensbedingungen, die sich im Laufe seiner Evolution über Millionen von Jahren entwickelten, nicht wesentlich geändert.
- Arttypisch sind:
  - Nahrungsaufnahme über 15 Stunden je Tag,
  - Bewegung im Schritt über 15 Stunden je Tag,
  - Leben in der Gruppe mit Artgenossen,
  - Flucht bei Gefahr in die Weite,
  - Sehr gute Kälte- und Hitzeverträglichkeit.

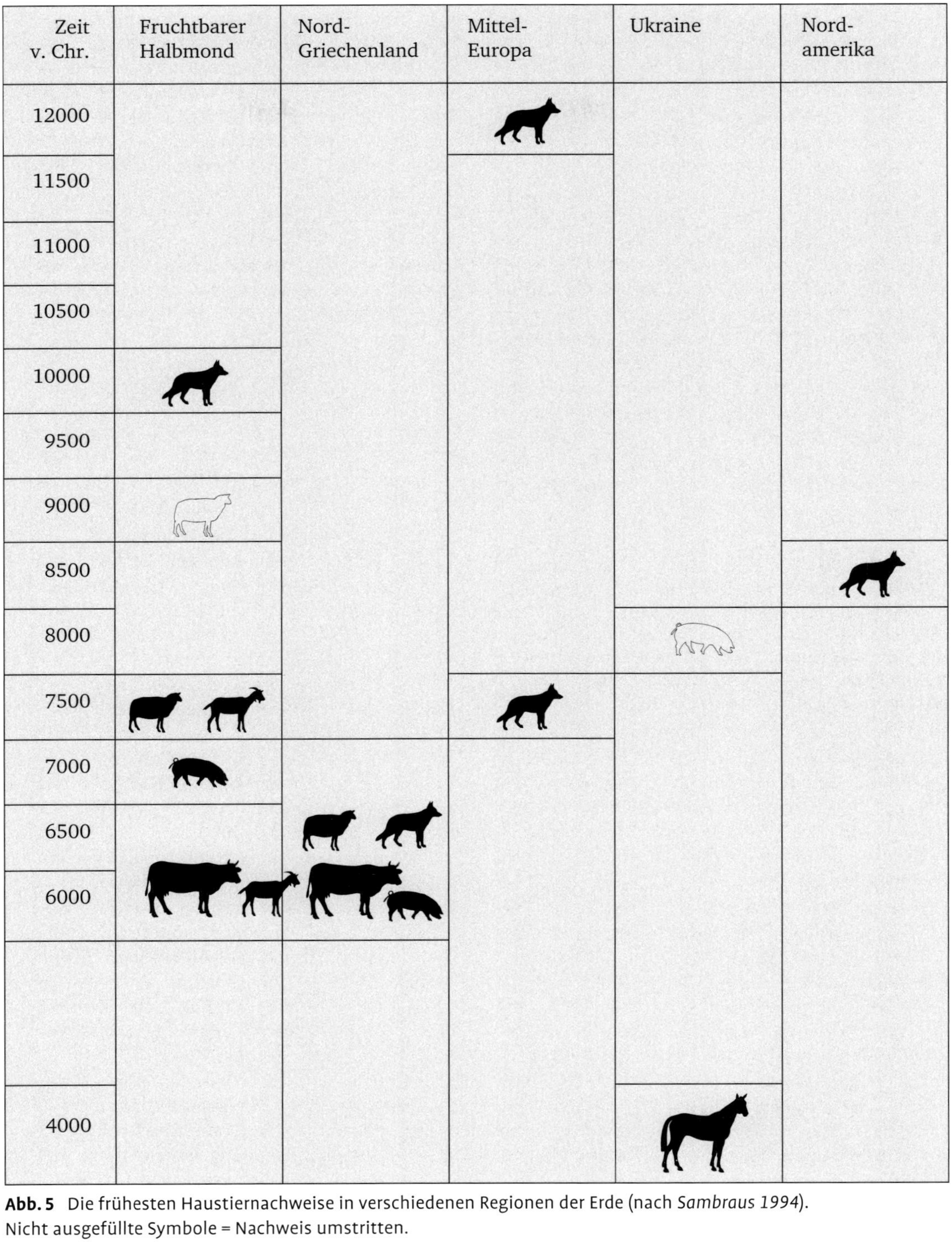

Zeit v. Chr.	Fruchtbarer Halbmond	Nord-Griechenland	Mittel-Europa	Ukraine	Nord-amerika
12000			🐕		
11500					
11000					
10500					
10000	🐕				
9500					
9000	🐑				
8500					🐕
8000				🐖	
7500	🐑 🐐		🐕		
7000	🐖				
6500		🐑 🐕			
6000		🐄 🐐 🐄 🐖			
4000				🐎	

Abb. 5 Die frühesten Haustiernachweise in verschiedenen Regionen der Erde (nach *Sambraus 1994*). Nicht ausgefüllte Symbole = Nachweis umstritten.

Zunächst wurden kleine Pferdegruppen gefangen und ausbruchsicher eingepfercht. Der Mensch versorgte die Tiere mit Nahrung, kümmerte sich um ihre Gesundheit, gab ihnen Schutz vor natürlichen Feinden und setzte vielfach auch ihre Neigung zu Auseinandersetzungen herab. Sorgsam wurde verhindert, dass sich die eingefangenen Tiere wieder mit der wilden Stammform vermischten. Man behielt nur die Pferde, die nicht zu gefährlich im Umgang waren, die die Annäherung des Menschen duldeten und sich mit der Zeit zähmen ließen. Es wurden also nur solche Pferde domestiziert, die sich an die Haltungsbedingungen des Menschen anpassen konnten. Dies zu erreichen war ein langwieriger Prozess, der sich über viele Generationen erstreckte. Das Resultat waren genetisch fixierte Änderungen im Erscheinungsbild und im Verhalten. Letztere wurden aber nur modifiziert. Keine Verhaltensweise, die sich im Laufe der Evolution entwickelt hatte, ging durch die Domestikation völlig verloren.

> Durch die Domestikation kam es zu Änderungen von morphologischen und ethologischen Eigenschaften. Sie führte aber nur zu quantitativen Verhaltensänderungen, **ohne dass dadurch Verhaltensweisen verloren gingen oder neu geschaffen wurden**. Letztlich ist also das ursprüngliche Verhalten der Pferde auch nach der Domestikation erhalten geblieben.

Wie groß ist das Ausmaß dieser Veränderungen, wie unterscheiden sich die heutigen Pferde von ihrer Wildform? Diese Frage ist schwierig zu beantworten, da es kein frei lebendes „echtes" Wildpferd mehr gibt. In Betracht kämen nur die Przewalskipferde. Doch diese sind heute an das Leben unter menschlicher Obhut gewöhnt, sodass man auch die Tiere in Semi-Reservaten und Auswilderungsstationen derzeit nicht ohne weiteres zum Vergleich heranziehen kann. Nach neueren Veröffentlichungen von BBC Wildlife könnte zwar im chinesischmongolischen Grenzgebiet noch ein kleiner Restbestand von Przewalskipferden in freier Wildbahn überlebt haben, doch mehr Informationen gibt es dazu bislang nicht. Ungeeignet als Vergleich sind auch die sogenannten „Wildpferde" in den USA und Australien, da es sich bei ihnen lediglich um verwilderte Hauspferde und nicht um echte Wildvorfahren handelt.

Man kann die Frage daher nur beantworten, wenn man sich auf die bekannten Unterschiede zwischen domestizierten Tieren und ihrer Wildform, wie sie bei *Herre* und *Röhrs (1990)* beschrieben werden, bezieht und diese auf Pferde überträgt. Danach dürfte sich das heutige Hauspferd von seinen Wildvorfahren wie folgt unterscheiden:

1. Das Hauspferd ist **zahmer** als die ehemalige Wildform. Die vermehrte Zahmheit ist angeboren.

Diese Feststellung bezieht sich darauf, dass Haustiere nicht nur individuell, sondern auch in ihrer Gesamtheit eine geringere Scheu als ihre Wildvorfahren aufweisen.

2. Das Hauspferd ist **weniger aggressiv** als seine ehemaligen Wildvorfahren.

Man geht davon aus, dass zu Beginn der Haustierzeit die Menschen ruhige, beherrschbare Tiere bevorzugten. Nur diese wurden zur Zucht weiterverwendet, sodass im Laufe der Jahre das weniger aggressive Verhalten genetisch fixiert wurde. Dieser Unterschied kann auch heute noch beim Vergleich zwischen Hauspferd und Przewalskipferd festgestellt werden. Obwohl letztere mittlerweile seit einigen Generationen in Tiergärten leben, ist die Anzahl an Auseinandersetzungen bei ihnen deutlich höher als beim Hauspferd.

3. Die **Sinnesleistungen** sind im Vergleich zur Stammform **vermindert**.

Die Gehirne der Haustiere haben durch die Domestikation in relativ kurzen Zeiträumen tiefgreifende Veränderungen erfahren. Diese führten unter anderem zu einer starken quantitativen Abnahme der übergeordneten Systeme, der limbischen Strukturen und der optischen Zentren. Die domestikationsbedingten Hirnveränderungen dürfen aber nicht als Degeneration im negativen Sinne gewertet werden. Es ist vielmehr eine erblich gesteuerte, sinnvolle Anpassung an die geänderten Umweltbedingungen. So ist beispielsweise eine Abnahme der Wachsamkeit, die ja auf Sinnesleistung beruht, bei Hauspferden mit einer geringeren Fluchtbereitschaft gekoppelt. Dies erleichtert zum einen dem Menschen den Umgang und die Nutzung des Pferdes als Reit, Trag- und Zugtier. Zum anderen bringt es dem Pferd Vorteile, und zwar im Sinne einer Stressminderung, denn es muss weniger oft „auf der Hut sein".

4. Hauspferde zeigen eine wesentlich **größere Vielfalt** in Größe, Farbe, Leistung und Verhalten als ihre Stammform.

Die durch natürliche Selektion einer Region angepassten Wildpferde waren alle gleichfarbig, gleich groß und ähnlich leistungsfähig. Der Mensch setzte andere Maßstäbe als die Natur und schuf durch züchterische Selektion im Laufe der vergangenen 5000 Jahre Pferderassen nach seinen Vorstellungen. Auswahlkriterien waren unter anderem Farbe, Abzeichen, Größe, Zugkraft, Schnelligkeit und Springvermögen.

2.2 Rassetypisches Verhalten

Es ist in der Pferdeliteratur weit verbreitet, die vermuteten unterschiedlichen Pferdearten (polyphyletische Abstammungstheorie) als „Typen" und nicht als Arten zu bezeichnen, um direkte Widersprüche zur Abstammungsgeschichte zu vermeiden. Besondere Anerkennung sowohl in der populären als auch in der wissenschaftlichen Literatur fand dabei die **Typenlehre** nach *Speed* und *Ebhardt (Ebhardt 1958)*. Die fossilen Reste, auf welche die Hypothese zurückgeht, sind jedoch nur selten an einem Fundort so zahlreich und altersmäßig vergleichbar, dass man daraus eine statistisch gesicherte Aussage treffen könnte. Die beiden Forscher stellten anhand röntgenologischer Skelett- und Gebissvergleiche fest, dass der Knochenbau verschiedener fossiler Pferdeformen mit dem heutiger Pferde weitgehend übereinstimmt. Anhand ihrer Befunde differenzierten sie vier Pferde- „Urformen" bzw. „Typen", die sich je nach Herkunftsgebiet in ihrem Erscheinungsbild und Verhalten unterschieden. Diese Aussage begründet sich auf Rückzüchtungsversuche, die ergaben, dass bestimmte Knochenmerkmale mit gewissen morphologischen und ethologischen Eigenheiten verbunden sind. Nach *Speed* und *Ebhardt (Ebhardt 1958)* sind diese vier Urformen das Ausgangsmaterial für die verschiedenen Rassen unserer heutigen Hauspferde und bestimmen auch heute noch deren Wesensmerkmale.

Als die genannten Autoren ihre Ergebnisse interpretierten, befand sich die Genetik noch am Anfang. Man sah die erblichen Merkmale, die eine „Rasse" ausmachen, noch als ein für alle Mal festgeschrieben an und wusste noch nicht, wie schnell sich in einer Population Merkmale bei **hohem Selektionsdruck** ändern können. Als Beispiel für die schnelle Wandelbarkeit von Pferden zu einer bestimmten Rasse sei das Englische Vollblut genannt. Es entstand durch strengste Selektion in nur 200 Jahren. Genauso schnell kann eine Rasse entstehen, aber auch eine Unterart wieder vergehen. Zur Zeit von *Speed* und *Ebhardt* realisierte man noch nicht, wie bedeutend die Fluktuation von Genen in lebenden Populationen ist. Gerade das hat sich aber in der Forschung seit den 60er Jahren immer deutlicher herausgestellt.

Es ist somit wahrscheinlicher, dass das Erscheinungsbild und das Verhalten unserer heutigen Hauspferde weniger von den verschiedenen Wildpferdeformen, die während der Eiszeit lebten, als vielmehr von den **züchterischen Maßnahmen** des Menschen in den vergangenen Jahrhunderten beeinflusst wird. Dabei bleibt unbenommen, dass die Basis der Zucht die ehemals vorhandenen Landrassen bzw. nach *Nobis (2005)* die drei Unterarten des Equus ferus waren. Diese geographischen Rassen verfügten über eine hohe genetische Varianz und waren den Bedingungen ihres Ursprungslandes bestens angepasst. Darauf aufbauend entstanden im Laufe der Zeit durch gezielte Selektion gemäß der wirtschaftlichen Bedürfnisse und Liebhabereien des Menschen die verschiedenen Kulturrassen. Diese lassen sich durch bestimmte Merkmale wie Exterieur, Leistungseigenschaften, Verhalten usw. voneinander abgrenzen. Einige dieser Rassen kann man zu Gruppen mit ähnlichen morphologischen und ethologischen Merkmalen zusammenfassen, was in den gebräuchlichen Bezeichnungen Pony, Kalt-, Warm- und Vollblut zum Ausdruck kommt. Diese korrelieren in gewissem Maße mit den von *Speed* und *Ebhardt* angeführten „Urformen" des Pony-, Kaltblut-, Steppenpferd- und Arabertypus. Unabhängig von der zweifelhaften Abstammungstheorie der Urformen, stimmen die genannten Gruppierungen mit den Beobachtungen von *Speed* und *Ebhardt* an rezenten Rassen überein.

Ponys

Typisch für „echte" Ponys sind runde Formen, eine große Kruppenbreite in Relation zur Widerristhöhe, üppige Mähnen- und Schweifbehaarung, gerades Nasenprofil, breite Stirn, kurze Ohren und die Tendenz zur Kleinwüchsigkeit. Die meisten von ihnen wie Island-, Shetland- und Exmoorponys zeichnen sich durch große Geselligkeit und gute Verträglichkeit auch bei einer größeren Anzahl von Tieren aus. Sie eignen sich im Allgemeinen gut für die Gruppenhaltung bzw. für den Offenlaufstall. Ihre Kältetoleranz ist sehr gut, da sie im Winter eine dichte Unterwolle ausbilden. Das derbe, Regenwasser ableitende Deckhaar schützt sie zusätzlich bis zu einem gewissen Grad vor Nässe. Viele Ponys

Abb. 6 Charakteristisch für den Kaltblüter sind neben dem massigen Körperbau Gutmütigkeit und ein relativ geringes Bewegungsbedürfnis (Süddeutsches Kaltblut).

Abb. 7 Typische Ponys sind genügsam, ausdauernd und sehr lernfähig (Exmoor Pony).

Abb. 8 Vollblüter und veredelte Warmblüter können bei Unzulänglichkeiten in Haltung und Umgang zu Übererregbarkeit neigen (Deutsches Reitpferd).

sind „gute Futterverwerter" und neigen auf nährstoffreichen Weiden zum Verfetten. Im Umgang sind sie in der Regel aufmerksam, lebhaft, sehr lernfähig und nervenstark. Hervorzuheben ist ihre große Ausdauer. Durch ihr kompaktes, abgerundetes Gebäude, den muskulösen, hoch aufgesetzten Hals sowie die kurzen Gliedmaßen bieten sie das Bild eines kräftigen kleinen Reitpferdes. Problematisch ist allerdings die Tendenz zur Ausbildung eines flachen Widerrists (instabile Sattella-

Abb. 9 Hohe Sensibilität und ein großes Bewegungsbedürfnis zeichnen den Araber aus (Arabisches Vollblut).

ge). Außerdem erschwert die oftmals starke Unterhalsausbildung gepaart mit geringer Ganaschenfreiheit die dressurmäßige Beizäumung. Nachteilig kann sich auch ihr starker Herdentrieb auswirken. Ponys neigen besonders gerne zum „Kleben". Auf harte Behandlungsmethoden reagieren sie oft auch aggressiv.

Kaltblüter

Das Exterieur des Kaltblüters spiegelt seinen ursprünglichen Verwendungszweck als starkes Trag- und Zugtier wieder. Charakteristisch für ihn sind massiger Körperbau, „gespaltene" Kruppe, schwerer grober Kopf, kleine Augen, schmale Stirn und Ramsnase. Für den Einsatz im Reitsport ist der klassische Typ mit dem tief angesetzten Hals und engen Ganaschen weniger geeignet. Dafür sind sie ausgesprochen trittsicher im schwierigen Gelände. Kaltblüter zeichnen sich im Allgemeinen durch Gelassenheit und Gutmütigkeit aus. Ihr Bewegungsbedürfnis ist eher gering. Im Umgang sind sie meist berechenbar und tendieren dazu, phlegmatisch bis stur zu sein. Sie lernen langsam, wenn sie aber eine Lektion begriffen haben, behalten sie diese auf Dauer im Gedächtnis. Probleme mit Kaltblütern resultieren häufig aus mangelnder Menschbezogenheit bzw. fehlendem Respekt vor dem Menschen, gepaart mit Sturheit und geringer Bewegungslust. Sie sind ebenfalls gut für die Gruppenhaltung geeignet. Allerdings sollte die Gruppenzusammensetzung stabil bleiben und die Anzahl der Tiere nicht zu groß sein, da Kaltblüter ansonsten zu heftigen Auseinandersetzungen neigen.

Warm- und Vollblüter

Warm- und Vollblüter sind größer gebaut als Ponys und leichter als Kaltblüter. Ihre Behaarung ist im Sommer kurz und fein, im Winter bilden sie relativ wenig Unterwolle aus. Dennoch können sie bei ausreichend energiereicher Fütterung und einem vor Durchnässung schützenden Unterstand auch im Winter bei Außentemperaturen gehalten werden. Zuchtziel von Warm- und Vollblütern war von jeher die Reiteignung und Leistungsfähigkeit (Schnelligkeit, Ausdauer, Springvermögen usw.). Insbesondere veredelte Warmblüter und Vollblüter haben daher ein hohes Bewegungsbedürfnis. Aus diesem Grund benötigen sie neben der täglichen Arbeit mehrstündigen Auslauf. Derart „hoch im Blut stehende" Pferde neigen in vermehrtem Maße zu Übererregbarkeit. Sie sind deshalb für Verhaltensstörungen besonders disponiert. Bei der traditionellen Boxenhaltung fallen sie überdurchschnittlich oft durch teils aggressive oder Aufmerksamkeit fordernde Verhaltensweisen wie Schlagen gegen die Boxenwand, Beißen gegen Gitterstäbe usw. auf. Manche Warm- und Vollblüter haben auch eine auffallend große Individualdistanz und zeigen eine relativ hohe innerartliche Aggressivität. Dies dürfte darauf zurückzuführen sein, dass soziale Verträglichkeit zu keiner Zeit ein Zuchtkriterium in unserer Reit- und Rennpferdezucht war. Zudem werden sie bereits seit Generationen überwiegend in Einzelhaltung gehalten, wo die Konditionierung sozialer Verhaltensweisen nur eine untergeordnete Rolle spielt.

Eine Sonderform ist der Arabische Vollblüter. Er ist durch einen besonders zierlichen Körperbau mit schmaler Kruppe, einem fein ausgebildeten, kurzen Kopf mit konkavem Nasenprofil sowie kleine Ohren, große Augen und Nüstern gekennzeichnet. Typisch ist weiterhin die hohe Kopf-Hals-Haltung. Araber haben von allen Pferderassen das höchste Bewegungsbedürfnis, gepaart mit großer Reaktionsschnelle. Charakteristisch für sie ist ihre außerordentliche Sensibilität und leichte Erregbarkeit, wobei der Fluchtreflex schnell ausgelöst werden kann. Deshalb neigen sie bei Furcht einflößenden Situationen auch häufig zu panikartigen Reaktionen. Sie sind allerdings sehr menschbezogen. Aus diesem Grund kann bei richtiger Behandlung, basierend auf vertrauensbildenden Maßnahmen, ihre Übererregbarkeit in ruhige und zuverlässige Bahnen gelenkt werden. Araber weisen sich durch eine gute soziale Verträglichkeit aus. Sie sind kontaktfreudig und sehr umgänglich, sodass sie für Gruppenhaltung gut geeignet sind. Bei Haltungsfehlern zeigen sie eine besondere Neigung zu Bewegungsstereotypien wie Weben und Boxenlaufen.

3 Ontogenese

Unter Ontogenese oder Individualentwicklung versteht man die Entwicklung eines Lebewesens von der befruchteten Eizelle bis hin zum Tod. Sie ist die Kurzzeitanpassung eines Tieres an die ihm vorgegebenen Umweltbedingungen im Laufe seines Lebens. An diesem Prozess sind neben der morphologischen Entwicklung und der Reifung vor allem Lernvorgänge beteiligt. Letztere ermöglichen dem Tier die momentane Anpassung an die speziellen Lebensbedingungen.

Von Reifung spricht man, wenn im Laufe der Ontogenese Verhaltensweisen neu auftreten oder langsam vervollkommnet werden, ohne dass Erfahrung dazu notwendig ist. Auf Reifung basieren die angeborenen Verhaltensweisen. Demgegenüber muss das Tier für Verhaltensweisen, die auf Lernvorgängen beruhen, Erfahrungen machen. Es lernt diese durch Gewöhnung, Konditionierung, Nachahmung und Einsicht. Die meisten Verhaltensweisen sind eine Kombination aus Reifungs- und Lernprozessen.

Der Zeitabschnitt der **stärksten Verhaltensänderungen** ist die Jugendentwicklung. In dieser Phase verfügen alle Lebewesen über eine maximale Lernfähigkeit. Die biologische Bedeutung hierfür ist leicht erkennbar. Während der frühen Jugend kommt das Tier im Familienverband besonders eng mit seinen Artgenossen (Eltern und andere Familienmitglieder) zusammen und kann deshalb die für das spätere Leben erforderlichen Kenntnisse und Erfahrungen leichter sammeln als etwa nach Auflösung des Familienverbandes. Für die Anpassungsfähigkeit des einzelnen Individuums an die Gegebenheiten seiner Umwelt ist es daher von Vorteil, wenn es für derartige Eindrücke gerade in diesem Zeitabschnitt besonders empfänglich ist.

Pferde sind schon von Geburt an relativ selbständig und sehr lernfähig. Deshalb wird das neugeborene Fohlen auch als Prototyp des echten Nestflüchters bezeichnet. So beginnt die Prägung auf die Mutter, ein spezieller Lernvorgang, gleich nach der Geburt und ist oft schon nach wenigen Stunden erfolgreich abgeschlossen. Weiterhin lernt das Fohlen unabhängig von der Rasse bereits kurz nach der Geburt koordiniert aufzustehen, sich wieder hinzulegen und mehr oder weniger zielgerichtet das Euter aufzusuchen. Gesunde Fohlen können schon am ersten Lebenstag ihrer Mutter und dem Familienverband über relativ lange Strecken in allen Gangarten folgen.

Unter unseren Haltungsbedingungen wird die Ontogenese der Pferde stark vom Menschen beeinflusst. Insbesondere die Gegebenheiten und Einwirkungen von Haltung und Ausbildung wirken sich stark prägend auf ihr zukünftiges Verhalten aus. Positive wie negative Erfahrungen werden von

Abb. 10 Lebenstüchtige Fohlen beginnen wenige Minuten nach der Geburt mit den ersten Aufstehversuchen.

Tab. 2. Angeborene und erlernte Verhaltensweisen nach der Geburt
(Dillenburger, 1982; Waring, 1983; Schäfer, 1993)

Sofort:	• Einsetzen von Atmung und Thermoregulation, Abreißen der Nabelschnur • Befreiung aus den Eihäuten • Prägungsbeginn auf die Mutter und auf die eigene Art
Nach wenigen Minuten:	Aufstehversuche
Nach ca. 10–60 Minuten:	Erstes Stehen
Nach ca. 40 Minuten:	Visuelle und auditorische Orientierung
Nach ca. 30–120 Minuten:	Eutersuche Angeboren: • Suche nach dunklen Winkeln • Druck- und Stoßbewegungen zur Nahrungsquelle • Saughaltung, Saugreflex, Schluckreflex Lernen: Auffinden des Euters
Nach ca. 30–120 (420) Minuten:	Erstes Saugen
Nach ca. 30 Minuten:	• Erkundungs- und Neugierdeverhalten (Belecken und Beriechen von Gegenständen, Flehmen, Scharren) • Komfortverhalten (Fellpflege, Wälzen) • Agonistisches Verhalten, Unterlegenheitsgebärde
Nach ca. 60 (–180) Minuten:	Koten
Nach ca. 100 Minuten:	Spielverhalten (solitäre Spiele)
Nach ca. 120 Minuten:	Harnen
Innerhalb des ersten Tages:	Bewegung in allen Gangarten

der ersten Lebensstunde an gesammelt und im Pferdegedächtnis unwiderruflich abgespeichert. Die Einflussnahme auf die Individualentwicklung beginnt somit ab der Geburt und ist während der weiteren Aufzucht von größter Bedeutung. Als Beispiel sei das Absetzen des Fohlens genannt. Beschreitet man hier einen Weg, der sich an der ursprünglichen Lebensweise der Pferde orientiert, wird auch der erforderliche Loslösungsprozess des Fohlens von der Mutter ohne Trauma vonstatten gehen. Zu einer starken psychischen Belastung für das Fohlen kann es hingegen kommen, wenn das Absetzen abrupt oder ohne weiteren Kontakt zu bekannten Artgenossen erfolgt. Das negative Erlebnis kann so tiefgreifend sein, dass dadurch bereits der Grundstein für eine zukünftige Verhaltensstörung gelegt wird.

Neuere wissenschaftliche Untersuchungen in Deutschland und der Schweiz belegen, dass das Risiko, eine Verhaltensstörung zu entwickeln, bei Pferden während der Aufzuchts- und Ausbildungsphase besonders hoch ist. Es wurde nachgewiesen, dass 80 % der stereotypierenden Reitpferde das gestörte Verhalten während der ersten sechs Lebensjahre entwickelten. Allgemein gilt, dass schlechte Erfahrungen, die während der Jugendentwicklung gemacht wurden, sich besonders nachhaltig auswirken. Deshalb ist Problemverhalten aus dieser Zeit nur sehr schwierig, mitunter sogar überhaupt

- Das Gesamtverhalten eines Pferdes basiert auf dem
  - arttypischen Verhalten,
  - rasseabhängigen Verhalten,
  - Individualverhalten.
- Das Individualverhalten resultiert aus den Erfahrungen im Laufe der Ontogenese.

nicht mehr zu therapieren. In der Regel gilt, dass schwierige oder verhaltensgestörte Pferde nicht als solche geboren, sondern dazu gemacht werden, sei es durch Haltung, durch Erziehung oder durch beides.

4 Anpassungsgrenzen des Verhaltens

Fazit vorangegangener Ausführungen ist, dass das Pferd seit Millionen von Jahren sich permanent den wechselnden Lebensbedingungen anpassen musste. Immer wieder gelang ihm die Adaptation, manchmal wurden aber auch die Anpassungsgrenzen überschritten. So starben während der Evolution, wo die natürliche Selektion das Überleben diktierte, ganze Seitenstämme wegen mangelnder Angepasstheit aus. Das ist heute unter menschlicher Obhut nicht mehr der Fall, sieht man von möglichen Fehlzüchtungen ab. Doch sind Verhaltensstörungen weniger ernst zu nehmen? Nach dem **Bedarfsdeckungs- und Schadensvermeidungskonzept** von *Tschanz* (1993) sind Lebewesen zum Selbstaufbau und Selbsterhalt befähigt und können demzufolge aktiv oder passiv Schaden vermeiden. Ob dies einem Lebewesen gelingt, ist daran abzulesen, ob sein Körper oder seine Körperorgane sowie sein Verhalten im Rahmen der Norm einer Gruppe von Individuen liegen, welche die gleichen Eigenschaften haben und eine Fortpflanzungsgemeinschaft bilden. Reaktive Verhaltensstörungen (C 3.1; S. 102) können den Selbstaufbau und Selbsterhalt einschränken oder sogar unmöglich machen. Demzufolge sind Verhaltensstörungen, die auf Unzulänglichkeiten in der Haltung und beim Umgang zurückzuführen sind, ein **ernst zu nehmendes Zeichen**. Sie signalisieren, dass unter solchen Bedingungen die Anpassungsgrenzen des Pferdes überschritten wurden. Sie sind außerdem ein Kennzeichen für Lebensumstände, die dem Pferd ein Überleben erschweren oder unmöglich machen würden.

Wodurch setzt eine Überforderung der Adaptationsfähigkeit des Pferdes ein? Dazu ist vorausschickend zu sagen, dass gewöhnlich bei frei lebenden Tieren ein Gleichgewicht zwischen der verhaltensauslösenden Situation und ihrem inneren Antrieb besteht. Treten Abweichungen von diesem Gleichgewichtszustand auf, wird das Tier versuchen, diesen durch entsprechendes Verhalten wieder herzustellen. Ein Beispiel soll dies verdeutlichen: Verspürt ein frei lebendes Pferd Hunger, so kann es auf Nahrungssuche gehen und sein Fressbedürfnis befriedigen. Bei durchschnittlichen Weideverhältnissen nimmt diese Tätigkeit etwa 13 Stunden am Tag ein. Nun liegt aber am Tag X eine Abweichung vom Normalfall vor. Der Aufwuchs ist sehr karg und das Fressbedürfnis ist nach der üblichen Zeitspanne noch nicht befriedigt. Das frei lebende Pferd passt sich an diese Gegebenheiten durch Verhaltensänderungen an. Es verlängert seine Grasungszeit und legt zusätzlich weitere Wegstrecken zurück. Das Pferd kann also durch ein entsprechendes Verhalten den Gleichgewichtszustand wieder herstellen. Dabei entscheidet immer die Motivation des Pferdes, welches Bedürfnis gerade den Vorrang hat.

Auch unter unseren Haltungsbedingungen versucht das Pferd sich durch entsprechende Verhaltensänderungen anzupassen. So verbringen Pferde, die mit wenig Raufutter und viel Kraftfutter bedarfsdeckend ernährt werden sowie auf Sägemehl aufgestallt sind, zwangsläufig nur einige wenige Stunden am Tag mit der Nahrungsaufnahme. Ihr Fressbedürfnis wäre aber erst nach einer wesentlich längeren Zeitspanne befriedigt. Das Pferd versucht nun sich dieser Situation anzupassen, um den Gleichgewichtszustand wieder herzustellen. Manche Pferde nutzen die Zeit zum Ruhen und Dösen, andere aber versuchen ihrem Fressbedürfnis nachzugehen und beginnen die Holzabtrennung zu benagen. In beiden Fällen liegt der Versuch vor, sich an die Gegebenheiten zu adaptieren. Während die erste Variante vom Menschen wohlwollend akzeptiert wird, stuft man die zweite Form als Verhaltensstörung ein.

Dieses Beispiel zeigt, dass manche Pferde unter unzulänglichen Haltungsbedingungen noch „Normalverhalten" zeigen, während andere Tiere bereits gestörtes Verhalten aufweisen. Wann kommt es zu einer Überschreitung der Anpassungsgrenzen? Hierzu ist grundsätzlich zu sagen, dass eine Störung erst dann eintritt, wenn es dem Pferd in Abhängigkeit von seiner individuellen Veranlagung nicht mehr gelingt, durch eine Anpassung seines Verhaltens die Situation zu meistern. Erst, wenn keine Gewöhnung und kein Entweichen mehr möglich ist, kann die Flucht in eine Verhaltensstö-

Abb. 11 Das Fressbedürfnis des Pferdes wird bei rationierter Fütterung auf Sägemehleinstreu nicht befriedigt. Eine mögliche Folge sind Ersatzbeschäftigungen wie Schaben und Nagen an Boxenabgrenzungen.

rung die Folge sein. Eine Überschreitung der Anpassungsgrenzen kann eintreten, wenn:
- die Haltung es nicht erlaubt, angeborene Verhaltensmuster auszuleben. Bei vorhandener Motivation ist es dem Tier nicht möglich, die adäquate Endhandlung (z. B. Motivation zu fressen → Futtersuche → Fressen) auszuführen,
- der Umgang mit dem Pferd in der Ausbildung und Nutzung das Anpassungsvermögen des Tieres überfordert.

Inadäquate Haltung und ein nicht tiergerechter Umgang stellen die Tiere wiederholt vor unlösbare Konfliktsituationen und können außerdem zu Deprivation und häufiger Frustration führen. Die Folge sind auf Dauer gesehen Übererregung und chronischer Stress, wodurch schließlich eine Verhaltensstörung verursacht werden kann. Da Konflikte, Deprivation und Frustration maßgeblich an der Genese von reaktiven Verhaltensstörungen beteiligt sind, sollen die einzelnen Begriffe näher erläutert werden.

> - Mängel bzw. Fehler in Haltung und Umgang führen zu Konflikten, Deprivation und Frustration.
> - Derartige Situationen führen beim Tier zu starker Erregung und chronischem Stress.
> - Mögliche Folge davon ist eine reaktive Verhaltensstörung.

Konflikt

In einer Konfliktsituation sind zwei nicht miteinander vereinbare Verhaltensweisen gleichzeitig und etwa gleich stark aktiviert. Das daraus resultierende Verhalten bezeichnet man als Konfliktverhalten. Miteinander nicht vereinbare Verhaltensweisen sind zum Beispiel „Meiden/Annäherung" (Flucht und Angreifen), „Meiden/Meiden" und „Annäherung/Annäherung".

Ein Beispiel für den Konflikt „Meiden/Meiden" unter menschlicher Einwirkung: Ein Springpferd hat Angst vor dem Hindernis und möchte verweigern. Es fürchtet aber gleichzeitig die Strafe durch den Reiter, wenn es nicht springt. Dieses Pferd befindet sich in einer unlösbaren Konfliktsituation: Angst vor dem Springen und gleichzeitig Angst vor dem Nichtspringen. Auch in der freien Wildbahn sind die Pferde Konfliktsituationen ausgesetzt. Aber im Gegensatz zu denen unter menschlicher Einwirkung sind sie in der Regel immer lösbar. Hierzu ein Beispiel: Ein paarungsbereiter Hengst nähert sich einer Stute in der Vorrosse. Gleichzeitig sind zwei Verhaltensweisen aktiviert: Die Libido, die eine Annäherung verlangt und das angeborene Sozialverhalten, das zum Meiden veranlasst, denn der Hengst weiß aus Erfahrung, dass die Stute ausschlagen kann, wenn er ihre Individualdistanz durchbricht. Der Konflikt ist für den Hengst lösbar, auch wenn die Stute nicht paarungsbereit ist. Er gibt sein Vorhaben auf und wendet sich einer anderen Tätigkeit mit nächst höherem Stellenwert, zum Beispiel dem Fressen zu.

Man kann am Verhalten der Tiere erkennen, dass sie sich in einer Konfliktsituation befinden. Sie zeigen in diesem Fall entweder **ambivalentes Verhalten**, **umorientierte Bewegungen** oder **Übersprungbewegungen**. Bei ersterem treten zwei verschiedene Verhaltensweisen im raschen Wechsel auf, zum Beispiel Fressen und Flucht. Zu umorientierten Bewegungen kommt es, wenn ein Verhalten durch ein Objekt aktiviert wird, aber an die-

Abb. 12 Gähnen kann eine Übersprungshandlung sein, wenn es ohne entspannte, nach vorne gestreckte Kopfhaltung erfolgt.

sem nicht ablaufen kann. Dies ist beispielsweise in der Gruppenhaltung zu beobachten, wenn begehrte Ressourcen begrenzt sind. So möchte ein Pferd in den Fressstand, der aber von einem ranghöheren Tier bereits belegt ist. Der Rangniedere wagt nicht dieses Pferd anzugreifen, dafür reagiert er sich an einem dahinterstehenden, an sich unbeteiligten Pferd ab. Man bezeichnet dies auch als „Radfahrerreaktion". Unter einer Übersprungshandlung versteht man eine Verhaltensweise, die der aktuellen Situation nicht angepasst ist. Bekannte Übersprungshandlungen beim Pferd sind hastiges Fressen, Scharren und Kopfschlagen.

Deprivation

Eine Deprivation bzw. ein Mangel oder eine Entbehrung liegt vor, wenn dem Tier die Möglichkeit entzogen wird, Verhaltensbedürfnisse durch den Ablauf von Endhandlungen auf artspezifische Weise zu befriedigen. Ein Extrembeispiel hierfür ist die isolierte Aufzucht eines Fohlens. Wegen der fehlenden Kontaktmöglichkeit zu Artgenossen besteht eine Deprivation im Sozialverhalten. Die Folge ist eine soziale Fehlentwicklung, die so weit gehen kann, dass das Fohlen Angst vor der eigenen Art hat. Eine solche Situation gibt es in der Praxis in aller Regel nicht. Es genügt aber bereits, wenn dem Fohlen während seiner Aufzuchtsphase nur stark begrenzt Sozialkontakt gewährt wird, wie es bei einer ausschließlichen Mutter/Kind-Haltung der Fall ist. Nur im Herdenverband können Fohlen ihr Sozialverhalten in allen Varianten erlernen. Allgemein gilt, dass Säugetiere ihr soziales Verhalten in der Jugend üben müssen, da ansonsten die dazugehörigen Verhaltensmuster nicht mehr zur vollen Entwicklung kommen. Es scheint auch, dass ab einem bestimmten Alter die Tiere ein ehemaliges Defizit nicht mehr nachholen können. Ein Mangel im sozialen Verhalten ist also praktisch nicht mehr nachlernbar. Deprivation im Sozialverhalten führt beim Pferd zu Verständnisschwierigkeiten im Ausdrucksverhalten von Artgenossen mit nachfolgend großen Problemen bei der Gruppenhaltung und im Paarungsverhalten.

Frustration

Eine Frustration liegt vor, wenn eine Bedürfnisspannung durch das Ausbleiben einer erwarteten triebverzehrenden Endhandlung hervorgerufen wird. In diesem Fall ist das Objekt, an dem das Verhalten normalerweise abläuft, vorhanden. Das Bedürfnis wird also geweckt, doch der vollständige Ablauf der Verhaltensweise wird durch äußere Einwirkung verhindert. Solche Situationen sind in der Pferdehaltung besonders im Bereich der Fütterung häufig gegeben. Wie viele Pferde gibt es, die auf Sägespänen stehen und rationiert gefüttert werden, weil sie zu dick sind oder wegen einer Heustauballergie kein Heu, sondern nur Alleinfutter erhalten. Die Nachbarpferde haben keine solchen Probleme. Ihnen steht ausreichend Heu und Stroh zur Verfügung, und sie fressen auch entsprechend lange. Erstere befinden sich in einer klassischen Frustrationssituation. Das Objekt, sprich das Futter, an dem das Fressbedürfnis befriedigt werden könnte, ist vorhanden. Doch es liegt in der Nachbarbox, und die Gitterstäbe verhindern, dass die triebverzehrende Endhandlung, also die Nahrungsaufnahme, ablaufen kann. Aggressives Beißen in Gitterstäbe und Barrenwetzen können die Folge sein. Andere Pferde wiederum reagieren auf diese Situation mit einer auffallenden Apathie.

Teil B Angeborene Verhaltensweisen – Konsequenzen für Haltung und Umgang

Voraussetzung für eine verhaltensgerechte Haltung und einen pferdegerechten Umgang ist die Kenntnis des natürlichen Verhaltens des Pferdes. Fast ausnahmslos ist Problemverhalten auf Fehler bei der Aufstallung, Aufzucht, Ausbildung und gegenwärtigen Nutzung zurückzuführen. Aus diesem Grund ist das Wissen um die **Verhaltensbedürfnisse der Pferde** die Grundlage für eine erfolgreiche Prophylaxe und Therapie von Problemverhalten.

Das nachfolgend dargestellte Ethogramm bzw. Verhaltensinventar gibt einen Einblick über die essentiellen Verhaltensweisen des Pferdes. Nur wenn diese befriedigt werden, kann das Tier auch psychisch im Einklang mit der „künstlichen" Umwelt und dem „Sozialpartner" Mensch leben. Die Darstellung des Ethogramms erfolgt wie in der Ethologie üblich, durch Aufgliederung in einzelne Funktionskreise. Diese sind differenziert nach unterschiedlichen biologischen Funktionen wie Sozialverhalten, Fressverhalten, Mutter-Kind-Verhalten usw. Überschneidungen der Verhaltensweisen können allerdings vorkommen, denn nicht alle Verhaltensmuster sind stets auf einen Funktionskreis beschränkt.

Die Einteilung der Verhaltensweisen nach Funktionskreisen hat didaktische Vorteile und hilft Fehler in Haltung und Umgang zu erkennen. So können Bedürfnisse nur im eigenen Funktionskreis befriedigt werden. Das heißt, eine noch so gute Ausstattung des einen Funktionsbereichs kann einen Mangel in einem anderen nicht ausgleichen. Demnach ist es zum Beispiel nicht möglich, durch eine optimale und bedarfsgerechte Fütterung Defizite im Liegeverhalten zu kompensieren.

Da haltungs- und umgangsbedingte Verhaltensanomalien immer dann auftreten, wenn das Anpassungsvermögen der Pferde überschritten wird, ist die Kenntnis ihrer Verhaltensbedürfnisse je Funktionskreis bei der Suche nach der Ursache sehr hilfreich. Deshalb ist es die Zielsetzung des anschließenden Kapitels, die natürlichen Verhaltensweisen der Pferde näher zu analysieren und daraus Konsequenzen für Haltung und Umgang abzuleiten. Für jeden Funktionskreis werden die prädisponierenden Faktoren für Problemverhalten aufgezeigt und Lösungsmöglichkeiten für die Behebung gegeben.

Da es keine frei lebenden Wildpferde mehr gibt, stammen die nachfolgend beschriebenen natürlichen Verhaltensweisen der Pferde aus Beobachtungen, die entweder an artverwandten Equiden oder an Hauspferden, die in freier Wildbahn (u.a. Mustangs) bzw. halbwild (u.a. Koniks, Camarguepferde, New-Forestponys) oder unter naturnahen Haltungsbedingungen leben, gewonnen wurden. Als Artverwandte sind das Steppen- und das Bergzebra zum Vergleich besonders geeignet, da sie eine ähnliche soziale Organisationsform aufweisen wie Przewalski- und Hauspferde. Maßgebliche Erkenntnisse basieren diesbezüglich auf Beobachtungen von *Klingel (1972)*.

1 Tagesablauf frei lebender Pferde

1.1 Natürliche Verhaltensweisen

Pferde verbringen unter natürlichen Lebensbedingungen mit 50 bis 75 % den größten Teil des 24-Stunden-Tages mit der Nahrungsaufnahme. Danach nehmen Stehen im wachen bzw. dösendem Zustand mit 5 bis 20 % bzw. 10 bis 20 % und die Lokomotion mit etwa 5 bis 15 % (unabhängig von der Fortbewegung beim Fressen) die meiste Zeit in Anspruch. Für andere Verhaltensweisen wie Liegen, Trinken, Komfortverhalten usw. wird vergleichsweise wenig Zeit aufgewendet. Dabei werden viele Tätigkeiten wie Fressen und Ruhen von den Pferden gemeinsam ausgeführt. Die Ursache für diese Synchronisation ist ihre Neigung in der Nähe der Artgenossen zu bleiben. Ausgelöst wird das gleichsinnige Verhalten durch Stimmungsübertragung.

Die meisten Verhaltensweisen unterliegen, ähnlich wie auch physiologische Prozesse einer Tagesperiodik, die von endogenen („innere Uhr") und exogenen Faktoren (Licht, Temperatur etc.) gesteuert wird. Unabhängig von diesem circadianen Rhythmus beeinflussen aber auch andere Faktoren wie Wetter, Insekten und Feinde den Tagesablauf. Somit unterliegt dieser bei frei lebenden Pferden keiner starren Routine wie man mitunter lesen kann, sondern ist eher variabel.

Ebenso wirken sich saisonale Einflüsse auf das Verhalten von Pferden aus. Primär davon betroffen ist das Sexualverhalten. Stuten zeigen bekanntlich ihre Paarungsbereitschaft mit zunehmender Tageslichtlänge am deutlichsten. Aber noch für einige andere Verhaltensänderungen ist die circannuale Rhythmik verantwortlich. So ergaben Untersuchungen zur Jahresrhythmik an naturnah gehaltenen Wild- und Hauspferden, dass das jahreszeitliche Maximum der Nahrungsaufnahme im Frühjahr und Herbst liegt. Im Sommer ist die Aktivität am größten. Hingegen verfolgen Pferde im Winter eine Art Energiesparstrategie, indem sie vor allem die Bewegungsaktivität reduzieren (*Berger* und Mitarbeiter *2006*).

1.2 Konsequenzen für Haltung und Umgang

Anpassung an das natürliche Zeitbudget

Unter menschlicher Obhut unterscheidet sich der Tagesablauf der Pferde je nach Haltungsform und Nutzung mehr oder weniger stark vom natürlichen Aktivitätsrhythmus. Abb. 13 enthält das Zeitbudget von Pferden, die einerseits unter naturnahen Bedingungen und andererseits unter menschlicher Obhut leben. Die Gegenüberstellung zeigt, dass Pferde unter natürlichen Haltungsbedingungen etwa 60 % ihrer Zeit mit Fressen verbringen. Bei Boxenhaltung mit Heu und Stroh ad libitum verringert sich dieser Anteil bereits um ein Viertel auf 47 %. Besonders drastisch ist die Verkürzung der Fresszeit bei rationierter Heuzuteilung und strohloser Haltung. Die zum Fressen aufgewendete Zeit beträgt unter solchen Bedingungen nur noch 16 %. Derartige **Abweichungen vom natürlichen Zeitbudget** sind in der Praxis nicht selten. Sie sollten jedoch unbedingt vermieden werden, denn durch das Fehlen von auslösenden Reizen (Motivation zu Fressen → kein Futter vorhanden) kommt es zu einer Erhöhung der Handlungsbereitschaft und zu einem Absinken der Reizschwelle. Die hieraus resultierende Erregung führt schließlich bei disponierten Pferden zu einer reaktiven Verhaltensstörung.

Regel- oder unregelmäßiger Tagesablauf?

Bei der Stallhaltung von Pferden ist es allgemein üblich, einen regelmäßigen Tagesablauf und insbesondere präzise Fütterungszeiten einzuhalten. Begründet wird diese Maßnahme mit der inneren Uhr des Pferdes, denn auf Verspätungen reagieren die Tiere oft höchst sensibel. Sie schlagen gegen die Boxenwände oder schaben an den Gitterstäben bzw. zeigen allgemein eine erhöhte Unruhe und Aggression. Aus diesem Grund ist man bemüht, bei der nächsten Fütterung die Uhrzeit wieder peinlich genau einzuhalten. Ist diese exakte Terminierung überhaupt nötig? Wie aus den vorangegangenen Ausführung hervorgeht, neigen Pferde zwar dazu bestimmte Tätigkeiten zu bestimmten Zeiten auszuführen, sie sind jedoch flexibel und keinesfalls festgelegt. Es ist also weniger ein angeborenes Verhalten, als vielmehr ein Lernprozess, der sie zu diesem Verhalten veranlasst. Deshalb ist es bei Stallhaltung sinnvoll, **keine zu**

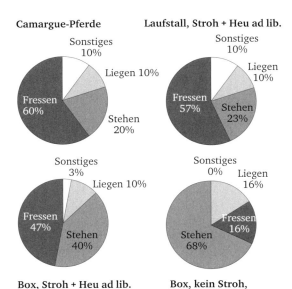

Abb. 13 Zeitbudget der Pferde bei unterschiedlicher Haltung (nach *Duncan 1980*, *Kiley-Worthington 1989*).

starke Gewöhnung an fixe Zeiten aufkommen zu lassen. Pferde zeigen ein ausgeglicheneres Verhalten, wenn sie wie unter natürlichen Lebensbedingungen entweder ständig Futter zur Verfügung haben oder mehrmals innerhalb von 24 Stunden gefüttert werden, ohne dass auf die minutengenaue Einhaltung der Uhrzeit zu viel Rücksicht genommen wird. So manchem Problemverhalten kann bereits auf diese Weise vorgebeugt werden. Eine Abweichung von mehreren Stunden ist jedoch sowohl unter ethologischem als auch verdauungsphysiologischem Aspekt zu vermeiden.

- Eine zu starke Abweichung der einzelnen Aktivitäten der Pferde vom natürlichen Tagesablauf führt zu mangelhafter Bedürfnisbefriedigung und ist die Hauptursache von Verhaltensstörungen.
- Die Gewöhnung an präzise Zeiten z. B. zur Fütterung und zum Reiten kann zu Problemverhalten aus Übererregung führen.

2 Sozialverhalten

2.1 Natürliche Verhaltensweisen

Soziale Organisation und Gruppengröße

Pferde sind sozial lebende Tiere. Temporär können sie wegen Krankheit oder Ausschluss aus der Gruppe zu Einzelgängern werden, doch endet die soziale Isolation meist mit dem Wiederanschluss an eine andere Gruppe oder mit dem baldigen Tod des Tieres. Natürlicherweise leben Pferde in Familienverbänden oder in **Hengst- bzw. Junggesellengruppen**, die sich vorübergehend zu einer Herde von 100 Tieren und mehr zusammenschließen können. Die einzelnen Verbände sind jedoch voneinander unabhängig. Während die Junggesellengruppen lockerer strukturiert sind, bleiben Familienverbände oft jahrelang bis lebenslänglich zusammen. Deren fester Kern besteht in der Regel aus dem Leithengst und seinen Altstuten. Es gibt aber auch Familienverbände mit zwei oder mehreren kooperierenden Hengsten, wobei einer von ihnen immer die absolute Alpha-Position innehat.

Die Zahl der Mitglieder eines Verbandes ist relativ klein und umfasst maximal 20 Tiere. Aus Beobachtungen wildlebender Equiden und verwilderter Mustangs weiß man, dass eine Hengstfamilie meist nur aus ein bis sechs Stuten, deren Fohlen bis zum Alter von zwei bis drei Jahren und dem Althengst besteht. Die Führung eines solchen Verbandes obliegt in erster Linie der Leitstute. Der Hengst ist ebenfalls an dieser Aufgabe beteiligt, doch ist er vor allem für den Zusammenhalt der Gruppe und für die Verteidigung gegen Angriffe von außen zuständig.

Obwohl es jedes Jahr in den Familiengruppen Nachwuchs gibt, verändert sich die Gruppengröße nur innerhalb gewisser Grenzen. Dies ist größtenteils auf die freiwillige oder aber gezwungene Abwanderung der Nachkommen zurückzuführen. Erstere hängt vielfach von der Anzahl an Geschwistern, dem sozialen Druck sowie von den Spielkameraden ab. Vom Vater vertrieben werden Junghengste immer dann, wenn sie starkes Interesse an einer seiner Altstuten zeigen. Beziehen sich jedoch die Annäherungsversuche auf Jungstuten, verhält sich der Leithengst oftmals durchaus toleranter. Im Allgemeinen kann das Verhältnis des Vaters zu seinen Söhnen als freundschaftlich interpretiert werden, vorausgesetzt diese sind noch wenig dominant und erheben keinen Anspruch auf eine Altstute. Abgewanderte Junghengste schließen sich zunächst zu Junggesellengruppen zusammen, die meist aus zwei bis drei, aber auch bis zu 20 Mitgliedern bestehen. Erst im Alter von fünf bis sechs Jahren, wenn sie eine ausreichende physische und psychische Reife erlangt haben, können sie unter Freilandbedingungen selbst eine Familie gründen. Dabei scheint das Zusammenhalten einer Gruppe von Stuten schwieriger zu sein als der Erwerb. Nur den besonders Starken gelingt es durch Kampf, Stuten aus Hengstfamilien herauszulösen oder einen Harem komplett zu übernehmen. Meist nehmen jedoch die Junghengste zur Familiengründung umherstreifende, überzählige weibliche Nachkommen in Besitz. Viele von ihnen gründen keine Familie und verbleiben lebenslänglich in einer Junggesellengruppe.

Auch die Jungstuten wandern entweder freiwillig aus ihrem Familienverband ab oder müssen gezwungenermaßen gehen, das bedeutet, sie werden entführt. Zu letzterem kommt es, wenn andere Hengste durch ihre heftige und langandauernde erste Rosse dazu animiert werden. Der Leithengst versucht die Entführung zwar zu verhindern, doch hat er, wie *Goldschmidt-Rothschild* und *Tschanz*

(1978) an Camarguepferden beobachteten, weniger Interesse an seinen Töchtern als an seinen Altstuten. Dieses Verhalten hilft die Inzestrate niedrig zu halten. In Ausnahmefällen kann jedoch auch in freier Natur der Familienhengst seine eigenen Töchter begatten.

Gar nicht selten wechseln auch adulte Stuten ihre Gruppe. Beobachtungen von *Berger (1986)* und *Stevens (1990)* an verwilderten Pferden in Great Basin und North Carolina ergaben, dass bis zu 30 % der Stuten mit vier Jahren und älter innerhalb von drei Jahren ihre Familienzugehörigkeit änderten. Die Forscher vermuten, dass der je nach Lebensraum schwankende Futteraufwuchs ein möglicher Grund für dieses Verhalten ist. So tendierten die Stuten bei ungünstigem Nahrungsangebot besonders zum Wandern. Alter, Rang und Trächtigkeit scheinen dagegen die Häufigkeit des Abwanderns nicht zu beeinflussen. Allerdings war die Tendenz erkennbar, dass häufig bedrohte Stuten den Familienverband eher verließen als andere.

Rangordnung

Alle Pferdegruppen unterliegen einer relativ festen Rangordnung. Sie gewährleistet, dass es bei Kompetenzschwierigkeiten nicht stets erneut zum Kampf kommt und dient somit dem reibungslosen Ablauf des Zusammenlebens. Sobald eine Rangfolge erstellt ist, bleibt sie weitgehend stabil. Voraussetzung hierfür ist, dass alle Tiere der Gruppe sich gegenseitig individuell kennen. Dazu orientiert sich das Pferd an optischen, akustischen und insbesondere olfaktorischen Merkmalen.

In freier Wildbahn ist im Familienverband oftmals der Hengst das ranghöchste Tier. Das ist darauf zurückzuführen, dass er zu Beginn seiner Haremsbildung in der Regel das älteste und stärkste Pferd ist. Danach folgt die Leitstute, ein gewöhnlich älteres und erfahrenes, auch besonders kräftiges Tier. Dieser schließen sich die übrigen erwachsenen Stuten in überwiegend linearer Folge an. Nicht selten kommen aber auch komplizierte Rangverhältnisse, wie Dreiecksbeziehungen vor (A ist B, B ist C, aber C ist A überlegen). Die Ursache hierfür liegt in der Vielfalt der rangbedingenden Faktoren. Solche Mehrecksbeziehungen treten vor allem in großen Gruppen auf, in kleinen ist die Rangordnung meist linear.

Bei Hauspferden und halb wild gehaltenen Pferden in Semireservaten, deren Gruppenstruktur mehr oder weniger stark durch den Menschen beeinflusst wird, ist der Hengst häufig nicht dominant über seine Stuten. So zum Beispiel bei den Dülmener Wildbahnponys, wo der Hengst – mitunter sogar erst vier Jahre alt – nur während der Paarungszeit zu der Stutenherde, die eine matriarchalische Gruppenstruktur aufweist, gelassen wird. Er ist den Stuten in den meisten Situationen untergeordnet, dominiert diese allerdings eindeutig beim Treiben (B 3.2, S. 50).

Woraus ergibt sich die Rangposition eines Tieres? Was macht es zum Ranghöchsten? Um diese Frage zu beantworten, muss man differenzieren: Bei gleicher Rasse sind die physischen Faktoren wie Alter, Geschlecht, Gewicht und Größe überwiegend rangentscheidend. Dabei kommt der altersabhängigen Erfahrung die größte Bedeutung zu. Ältere, erfahrene und noch leistungsstarke Tiere dominieren in der Regel über jüngere. Verhaltensbeobachtungen an frei lebenden Pferden ergaben übereinstimmend, dass beim Pferd das Geschlecht vermutlich keinen Einfluss auf die Dominanzbildung besitzt.

Handelt es sich um eine Gruppe gemischtrassiger Pferde, dann können auch kleine oder weibliche Tiere ranghöher als große oder männliche sein. Dies ist darauf zurückzuführen, dass für die Ranghöhe neben den körperlichen Merkmalen psychische Faktoren wie Kampfbereitschaft, Temperament, rasche Reaktion und Selbstvertrauen ausschlaggebend sind. Derartige Verhaltenseigenschaften können in Abhängigkeit von der Rassenzugehörigkeit divergieren. So sind nach *Schäfer (1993)* und eigenen Erfahrungen Ponys und kleine Kaltblutrassen (Haflinger, Fjordpferde) vermutlich wegen ihrer psychischen Ausdrucksstärke in gemischtrassigen Gruppen oftmals in ranghöheren Positionen als Großpferde. Fohlen und Jungpferde haben zunächst eine rangtiefe Stellung. Sie müssen erst im Laufe der Zeit die erforderliche körperliche und soziale Reife für eine ranghöhere Position erlangen. Nur Saugfohlen nehmen ohne eigenes Zutun die soziale Stellung ihrer Mutter ein, solange sie sich dicht bei ihr aufhalten. Im interspezifischen Vergleich dominieren nach *Schäfer* (1993) Pferde über Maultiere, Esel und Rinder.

Ranghohe Pferde besitzen gegenüber den unterlegen Gruppenmitgliedern gewisse Vorrechte. So haben sie stets den Vortritt und somit die Wahl des besten Futterplatzes, des günstigsten Schlaf- bzw. Dösplatzes und anderes mehr. Dafür geben sie den rangniederen Tieren Schutz und Sicherheit, was letztendlich für deren Wohlbefinden von großer Bedeutung ist. Interessant ist die Fragestellung, ob unter natürlichen Lebensbedingungen Fohlen von ranghohen Stuten ebenfalls ranghoch werden. Dazu wurde beobachtet, dass bei gleichzeitiger Rosse ranghohe Stuten rangniedere an der Paarung mit dem Hengst hindern können. Dadurch erreichen erstere, dass ihre Fohlen früher geboren werden, was einen Wachstums- bzw. Alters- und Größenvorsprung und somit einen Rangvorteil bedeutet. Außerdem weisen dominante Stuten und somit auch ihre Fohlen häufig eine bessere körperliche Verfassung auf, da die Mütter die besseren Weideplätze für sich in Anspruch nehmen. Somit kann es für Fohlen ranghoher Stuten gewisse Begünstigungen geben. Manche Autoren vermuten außerdem, dass ererbtes oder von der Mutter erlerntes Verhalten eine gewisse Rolle spielt. Letztendlich entscheiden aber die individuellen Rangfaktoren über die Ranghöhe eines Tieres. Diese ist nicht fix, sondern kann sich im Laufe des Lebens je nach körperlicher und psychischer Verfassung ändern.

Ergänzend ist zu sagen, dass neben den Rangfaktoren in Einzelfällen auch die momentane Motivation der Tiere den Ausgang einer Auseinandersetzung bestimmt. So kann sich ein rangniederes Pferd bei entsprechend hoher Motivation, zum Beispiel bei Hunger, kurzfristig gegen ein ranghöheres durchsetzen. Ein solch einmaliger Zwischenfall ändert aber die bestehende Rangbeziehung zwischen den beiden Tieren nicht auf Dauer.

Droh- und Unterlegenheitsgesten

Im Allgemeinen wird von Pferden immer nur soviel aggressives Verhalten gezeigt, wie die augenblickliche Situation es erfordert. Dies hat ökonomische Gründe, da im Falle eines Kampfes für beide, auch für den Sieger ein Verletzungsrisiko gegeben ist, was letztendlich ein Überleben gefährden würde. Viele Auseinandersetzungen sind deshalb weitgehend ritualisiert, mitunter können aber auch ernsthafte Beschädigungskämpfe vorkommen. Welche Form der Auseinandersetzung gewählt wird, hängt von vielen Faktoren ab wie Rangstatus, sexuelle Libido, Alter, Geschlecht und individuelle Kampfbereitschaft. Dazu verfügt das Pferd über ein fein abgestimmtes Repertoire an Droh- und Unterlegenheitsgebärden. Diese sind wie alle sozialen Ausdrucksformen artgemäß angeboren.

Zum **Drohen** bedient sich das Pferd einer speziellen Gesichtsmimik, die durch zurückgelegte Ohren, verschmälerte Nüstern und nach hinten unten gezogene Maulwinkel charakterisiert ist. Den Intensitätsgrad des Drohens differenziert man anhand des Verletzungsrisikos. Als weniger gefährlich sind Auseinandersetzungen ohne Körperkontakt wie Drohschwingen, Hinterhand- und Beißdrohen einzustufen. Verletzungsträchtiger sind dagegen Beißen und Schlagen mit Körperkontakt. Aggressive Drohformen wie Drohschwingen, Angehen und Beißen werden überwiegend von ranghohen Tieren gegen rangniedere eingesetzt. Defensive Verhaltensweisen wie Hinterhanddrohen und Hinterhandschlag sind unabhängig vom Rang. Sie sind zudem typisch für Stuten, während bei Hengsten die aggressiven Drohformen überwiegen (Abb. 77, S. 112).

Unter natürlichen Lebensbedingungen kommt dem Unterlegenheitsverhalten eine große Bedeutung zu. Dazu verfügen Pferde über verschiedene Demuts- und Beschwichtigungsgebärden, die ebenso wie Drohverhalten dazu dienen, Konflikte ohne die Nachteile eines Kampfes zu lösen. Demutsgebärden sind optisch gesehen oft das Gegenteil vom artspezifischen Drohverhalten: Das Pferd versucht sich klein zu machen, der Kopf wird nach unten gesenkt oder vom dominanten Tier abgewandt und die Hinterhand sowie der Schweif werden eingezogen. Letzteres sind auch Indikatoren für Angst, ebenso wie das bei Unterlegenheit zu beobachtende festgeschlossene Maul mit verlängerter Nüsternpartie. Auffallend sind die häufig bis zur Waagerechten seitlich gelegten Ohren mit nach unten bzw. nach hinten-unten weisenden Ohrmuscheln. Je nach Situation, Rangunterschied und Bindung der Pferde sind die Demuts- und Beschwichtigungssignale unterschiedlich stark ausgeprägt. Unterlegenheit wird beispielsweise auf der Weide oder zwischen befreundeten Pferden weniger deutlich demonstriert als in der Offenstallanlage während der Futtererwartung.

Bei einer Bedrohung erfolgt die Anerkennung der Ranghöhe des anderen Pferdes durch „Ausweichen", das heißt durch Weggehen oder durch schnelles Flüchten. Eine andere Unterlegenheits-

Abb. 14 Der Schimmel zeigt „Meiden" gegenüber dem ranghöheren Fuchs. Er signalisiert seine Unterlegenheit mit nach unten gesenktem Kopf, fest geschlossenem Maul sowie seitlich gestellten Ohren mit nach hinten-unten weisenden Ohrmuscheln.

geste ist das „Meiden". Diese Form der Subordination ist für den Beobachter nur schwer zu erkennen, da die Tiere, ohne bedroht zu werden, ihre rangabhängigen Sozialabstände einhalten. Meiden kann vor allem in stabilen Pferdegruppen mit festgelegter Rangordnung und bei ausreichendem Platzangebot beobachtet werden. *Zeitler-Feicht* und Mitarbeiter *(2006)* beobachteten außerdem eine sogenannte „Unterlegenheitshaltung". Bei dieser zeigt das rangniedere Tier die oben beschriebenen Unterlegenheitssignale. Dies ermöglicht ihm, sich in unmittelbarer Nähe, das heißt vermutlich innerhalb der Individualdistanz, eines ranghohen Tieres aufzuhalten und seine Aktivität, wie z. B. Fressen, fortzusetzen. In den meisten Fällen (87 %) war diese Geste erfolgreich und es kam zu keiner Aggression seitens des ranghöheren Pferdes. Kein Erfolg war in der Regel in angespannten Situationen gegeben, wenn sich z. B. die Pferde in Erwartung der bevorstehenden Fütterung enger zusammengruppierten. Junge Pferde zeigen eine spezielle Unterlegenheitsgebärde, das Unterlegenheits- oder Senkrechtkauen. Dabei wird die Saughaltung eingenommen und mit starrem Gesichtsausdruck der Unterkiefer bei halbgeschlossenem Maul hin- und herbewegt. Es wird angenommen, dass das Unterlegenheitskauen aggressionshemmend wirkt. Ein Erfolg ist jedoch nicht immer gegeben. Es wird auch als Übersprungshandlung interpretiert. Die Unterlegenheitsgebärde wird in der Regel nur von Jungpferden bis etwa zum vierten Lebensjahr gezeigt, kann aber vereinzelt auch lebenslänglich beibehalten werden.

Ist die Rangordnung festgelegt und besteht ein stabiles Herdengefüge, dann genügen in der Regel leichtes Ohrenanlegen sowie Verziehen der Nüstern und Maulwinkel, um den anderen in seine Schranken zu weisen. In gut integrierten Pferdegruppen sind auch diese Gesten nur selten zu beobachten und es überwiegen die Unterlegenheitsgebärden. Im Laufe der Zeit gibt es unter Freilandbedingungen gewisse Verschiebungen in der Rangordnung. Das ist darauf zurückzuführen, dass jüngere Tiere sich gegenüber älteren oder allmählich schwächer werdenden bzw. kranken Gruppenmitgliedern versuchen durchzusetzen. Diese lassen sich im Laufe der Zeit kampflos aus ihrer Position verdrängen.

Kampf

Pferde sind nicht territorial. Ernste Kämpfe zwischen Hengsten kommen daher nicht zur Revierverteidigung vor. Auch außerhalb der Paarungszeit verläuft ein Zusammentreffen von Hengsten verschiedener Familienverbände in der Regel relativ friedlich. Sie beschränken sich weitgehend auf ritualisiertes Imponieren und Drohen mit Vorderhandschlag, Quietschen, Kreiseln, Steigen und Kotmarkieren. Nach einem solchen **Kommentkampf** trennen sich die Hengste wieder und kehren zu ihren Stuten zurück, die dann meist über Treiben enger zusammengeführt werden. Treiben ist eine deutlich aggressive, aber ritualisierte Verhaltensweise der Hengste. Sie führt zu keinen Verletzungen, vorausgesetzt die Stuten wissen dieses Ausdrucksverhalten richtig einzuschätzen, was unter Freilandbedingungen auch der Fall ist. Beim Treiben, das in jeder Gangart auftritt, zeigt der Hengst Drohmimik. Der Kopf wird zu Boden gesenkt und zusammen mit dem langgestreckten Hals meist senkrecht, seltener waagerecht geschlenkert. Treiben wird erst ab dem dritten Lebensjahr (34 bis 38 Monate) gezeigt und ist erst mit etwa fünf Jahren (50 bis 58 Monate) voll ausgeprägt.

Eskalierende Kämpfe zwischen Hengsten kommen unter natürlichen Lebensbedingungen nur zur Zeit der Rosse vor. Dann sind es aber echte, kaum ritualisierte Beschädigungskämpfe, wobei sich die Gegner oft zahlreiche Bisswunden und Prellungen zufügen. Besonders häufig und vehement werden sie zwischen Jung- und Althengsten ausgetragen, da die Heranwachsenden sich mit zunehmender Reife weigern, den Ranganspruch des Leithengstes anzuerkennen. Schwerwiegende Verletzungen oder der Tod des Unterlegenen sind jedoch in freier Wildbahn die Ausnahme. Allerdings sterben etwa 3 % aller erwachsenen Hengste an den Folgen von Kampfverletzungen wie infizierten Wunden, Kieferverletzungen und Lahmheit, da sie dadurch entkräftet und eine leichte Beute für Raubtiere werden.

Die Kampfweise beim Hengstkampf ist immer ähnlich: Geringfügige Meinungsverschiedenheiten werden als Hals- und Beißkampf im Stehen ausgetragen. Es wird versucht, den Gegner mit überkreuzten Hälsen zu Boden zu drücken und Bisse an der gegnerischen Vorhand anzubringen. Daran schließt sich gewöhnlich das „Kreiseln" in antiparalleler Haltung an, wobei die Tiere danach trachten, sich gegenseitig an der Hinterhand zu verletzen.

Die härtere Form des Hengstkampfes ist der Steig-Schlag-Kampf. Hierzu richtet sich der Hengst auf der Hinterhand auf und versucht den Gegner durch Schläge mit der Vorhand und mit Bissen nach Hals, Kehle und Ohren zu verwunden. Die

Abb. 15 Ernsthafte Beschädigungskämpfe kommen zwischen Hengsten unter natürlichen Lebensbedingungen nur zur Paarungszeit vor.

Abb. 16 Gemeinsames Fellkraulen dient neben der Körperpflege der Festigung sozialer Bindungen.

Steigkämpfe werden vielfach durch Laufkämpfe unterbrochen. Hier versucht der Verfolger den Vordermann in Flanke und Hinterhand zu beißen, bis sich dieser wieder stellt. Auskeilen und die schnelle Flucht des Unterlegenen beenden den Kampf, wobei der Sieger für einige Zeit noch die Verfolgung aufnimmt.

Stuten zeigen ein anderes Kampfverhalten als Hengste. Typisch für sie ist der Hinterhandschlag. Dabei gehen sie meist unter lautem Quietschen rückwärts aufeinander los. Auch gegen Hengste wehren sich Stuten vor allem mit Auskeilen. Nur in Extremsituationen wird der Vorderhandschlag eingesetzt und der Gegner gebissen, angegangen oder gejagt. Massivere Auseinandersetzungen mit Hinterhandschlag zwischen Stuten dienen vor allem zur Festlegung der Rangordnung.

Soziopositive Beziehungen

Das Eingehen von Bindungen, das heißt das Bedürfnis nach sozialem Kontakt und die Bereitschaft, anderen nachzufolgen, bestimmen das Verhalten sozial lebender Tiere. Es ist kein Zufall, dass alle Tiere, mit denen gut zu arbeiten ist, in Gemeinschaft leben und dieses natürliche Verständnis von „Freundschaft" und Kontaktaufnahme haben. Pferde als sozial lebende Tiere haben die Fähigkeit zu soziopositiven Beziehungen – sprich zu Freundschaften – und auch ganz intensiv das Bedürfnis danach. So wird die Stabilität von Familienverbänden zwar durch die Anwesenheit des Hengstes verstärkt, doch ausschlaggebend ist die freundschaftliche Verbundenheit zwischen den Gruppenmitgliedern. Auch ohne Hengst bleiben Familienverbände zusammen. Gefestigt wird der Gruppenzusammenhalt unter anderem durch bestimmte soziale Aktivitäten wie Zusammensein und gemeinsame Fellpflege. Bislang wurde den soziopositiven Interaktionen zwischen Pferden bzw. allgemein zwischen domestizierten Huftieren noch viel zu wenig Beachtung geschenkt. Die wissenschaftlichen Untersuchungen zum Sozialverhalten von Pferden konzentrierten sich nahezu ausschließlich auf sozionegative Verhaltensweisen. Neuere Studien von *Wernicke* und *van Dierendonck (2002)* belegen jedoch, dass unter natürlichen Lebensbedingungen im Familienverband die soziopositiven Interaktionen überwiegen und aggressive Verhaltensweisen vergleichsweise selten vorkommen.

Die Ursachen für eine Freundschaft sind vielschichtig, lassen aber doch gewisse Beweggründe erkennen. So besteht eine starke Bindung zwischen der Stute und ihrem Fohlen bzw. häufig auch mit dem älteren Nachwuchs. Aber auch Spielgefährten aus der Jugendzeit bleiben, sofern sie nicht voneinander getrennt werden, mitunter lebenslängliche Freunde. Die Farbe scheint ebenfalls von Bedeutung zu sein: Tiere mit einer ähnlichen Färbung werden nicht selten als Freund bevorzugt. Hierfür dürfte die Prägung auf die Farbe der Mutter, die häufig gleichfarbig mit der des Fohlens ist, ausschlaggebend sein. Auch ein gemeinsames Schicksal, wie die gleichzeitige Eingliederung in eine fremde Gruppe, verbindet, wenn auch oft nur für kurze Zeit. Ebenso spielt das Alter eine gewisse Rolle. Freundschaften sind vor allem zwischen Pferden gleicher Alterskategorien zu beobachten, was sich anhand der Ähnlichkeiten bezüglich der altersabhängigen Bewegungsaktivität und Spielfreude erklären lässt. Die Ranghöhe spielt bei Freundschaften in der Regel keine Rolle. Bei Pferden in Gruppenhaltung konnte jedoch beobachtet werden, dass vor allem Tiere in ähnlicher Rangposition miteinander befreundet waren. Darüber hinaus zeigte sich, dass die meisten Pferde freundschaftliche Kontakte zu mindestens einem ranghöheren Herdenmitglied pflegten. Aus einer solchen Verbindung ergeben sich Vorteile für das rangniedere Tier, denn es steht, sobald es sich bei seinem Freund aufhält, unter dessen Schutz. Hengste haben gewöhnlich ihre Lieblingsstuten, mit denen sie auch außerhalb der Rossezeit zusammen sind und Fellpflege betreiben. Auch unter menschlicher Obhut haben bei gemischt-geschlechtlichen Gruppen Wallache sehr oft ihre Lieblingsstuten. In der gemischt-geschlechtlichen Gruppenhaltung ist deshalb die Paarung Wallach/Stute am häufigsten zu beobachten, weniger oft zwischen Wallach/Wallach und noch seltener zwischen Stute/Stute. Trotzdem sind auch zwischen zwei Bindungspartnern agonistische Verhaltensweisen zu beobachten, die sogar wegen der stärkeren Nähe relativ häufig auftreten können.

Absolute Unverträglichkeiten zwischen Pferden kommen in freier Wildbahn vor, wenn auch selten. Ohne einen für den Beobachter erkennbaren Anlass lehnen in Einzelfällen Hengste bestimmte Stuten vollständig ab. Sie greifen diese dann so heftig an, dass sich das attackierte Tier nicht mehr in die Nähe der Gemeinschaft wagt. Derart Vertriebene finden aber in einem anderen Familienverband wieder Anschluss.

Individualdistanz

Unter Individualdistanz versteht man den Mindestabstand, den die Individuen einer Art bzw. die Mitglieder eines Verbandes normalerweise einhalten. Sie ist **keine einheitliche Größe**, sondern richtet sich nach dem Rangverhältnis, in dem die Tiere zueinander stehen. Dabei gilt, je weiter die Tiere in der Rangposition voneinander entfernt sind, desto größer ist der erforderliche Abstand. Fohlen und Jungtiere haben untereinander die geringste Individualdistanz, sie wird erst mit zunehmendem Alter größer. Auch scheint es rassebedingte und individuelle Unterschiede zu geben. Veredelte Warm- und Vollblüter benötigen im Allgemeinen einen größeren Abstand zu den Nachbartieren als Ponys, Kaltblüter und Araber. Schließlich differiert die Individualdistanz je nach Verhaltenssituation. So ist der Weideabstand deutlich größer als der Ruheabstand.

Abb. 17 Während des Ruhens ist die Individualdistanz unter Einhaltung der Rangbeziehungen im Allgemeinen verringert.

Sambraus (1978) weist darauf hin, dass der Begriff Individualdistanz irreführend ist, da er impliziert, dass es sich um einen Abstand handelt, der für ein bestimmtes Tier allen Gruppenmitgliedern gegenüber gleich ist. Dies ist aber nicht der Fall. Die Distanz richtet sich statt dessen nach den Rangverhältnissen. So kann von Pferd A die Individualdistanz zu Pferd B einen Meter betragen, zu Pferd C aber drei. Der Begriff Ausweichdistanz charakterisiert nach *Sambraus* diese Verhältnisse besser. Da sich in der Pferdehaltung der Begriff Individualdistanz in den letzten Jahren jedoch durchsetzte, soll dieser im folgenden Text

- Pferde sind soziale Tiere und leben in Verbänden mit mindestens zwei bis maximal 20 Mitgliedern. Die Gemeinschaft mit Artgenossen bedeutet für sie Sicherheit.
- Das angeborene Sozialverhalten zwingt Pferde eine Rangordnung zu erstellen. Ist sie festgelegt, finden keine ernsthaften Auseinandersetzungen mehr statt. Sie bleibt für diesen Verband weitgehend stabil.
- Rangfaktoren sind physische und psychische Merkmale. Letztere sind in gemischtrassigen Gruppen ausschlaggebend.
- Der Zusammenhalt der Verbände basiert in erster Linie auf soziopositiven Beziehungen. Freiwilliges oder erzwungenes Wechseln der Gruppe kommt in allen Altersklassen vor.
- Die Einhaltung der Individualdistanz ist Voraussetzung für ein reibungsloses Zusammenleben.

beibehalten werden. Dennoch erscheint es wichtig, auf die mögliche falsche Interpretation der Individualdistanz hinzuweisen, da in der Literatur häufig die Vorstellung vermittelt wird, die Individualdistanz sei für das jeweilige Pferd eine einheitliche Größe.

Wird die Individualdistanz von einem anderen Tier unterschritten, stellt dies eine aggressive Handlung dar, auf welche mit Unterwerfung oder Angriff reagiert wird. Zur friedlichen Unterschreitung der Individualdistanz muss daher die freundschaftliche Absicht signalisiert werden. Dies erfolgt zum Beispiel bei der sozialen Fellpflege mit dem „Putzgesicht". Auch bei der Paarung muss der Hengst die Individualdistanz der Stute durchbrechen. Deshalb deutet ein erfahrener Hengst seine friedvolle Absicht durch Imponieren und langsames Herantasten im Paarungsvorspiel der Stute an.

2.2 Konsequenzen für Haltung und Umgang

Das Leben in der Gruppe entspricht dem natürlichen Verhalten der Pferde. Nach den Leitlinien des Bundesministeriums für Ernährung, Landwirtschaft und Verbraucherschutz (BMELV 1995) sollten sie deshalb, wo immer möglich, in Gruppen (zwei oder mehr Pferde) gehalten werden. Da diese aber unter beschränkten Platzverhältnissen nach Gutdünken des Menschen zusammengesetzt werden und sich nicht wie unter natürlichen Lebensbedingungen frei formieren können, müssen seitens der Abmessungen und Raumgestaltung besondere Vorkehrungen getroffen werden. Über das Gelingen einer Gruppenhaltung entscheidet aber im Endeffekt immer der Pferdefachverstand des Betriebsleiters. An seine Qualifikation werden besonders große Anforderungen gestellt.

Sozialverhalten – ein Lernprozess

Alle sozialen Verhaltensweisen sind angeboren, doch das gegenseitige Verstehen dieser Ausdrucksformen muss erst erlernt werden. Deshalb ist es für die soziale Entwicklung von Fohlen und Jungpferden äußerst wichtig, dass sie in Gruppen aufwachsen können. Am besten erfolgt dies in der Herde mit altersgleichen Artgenossen und adulten Tieren. Zumindest sollten sie in einer Zuchtstutenherde heranwachsen und nach dem Absetzen in eine Fohlenaufzucht gegeben werden. Doch auch hier ist der Kontakt zu älteren Tieren von Vorteil. Wallache sind dafür gut geeignet, da sie erzieherisch eingreifen und auch noch gerne mitspielen. Unter solchen Bedingungen können sich die sozialen Verhaltensweisen der Jungtiere in vollem Umfang entwickeln. Derart aufgewachsene Pferde verstehen die „Sprache" ihrer Artgenossen und sind fähig, in angemessener Form Rangbeziehungen zu klären. Leider werden bei der Aufzucht nicht selten – und dies sogar mit steigender Tendenz – große Fehler begannen. Pferdebesitzer wünschen sich von ihrer Stute ein Fohlen, das dann in einem Reitbetrieb oder zu Hause zur Welt kommt und dort auch aufgezogen wird. Andere Fohlen sind nicht vorhanden. Man verzichtet auch darauf, den Absetzer in einen geeigneten Fohlenaufzuchtbetrieb zu geben, da man sich von dem Kleinen nicht mehr trennen kann, oder man argumentiert mit der für die Ausbildung vorteilhaften intensiven Tier-Mensch-Beziehung von Kindesbeinen an. Das Jungpferd verbleibt also an Ort und Stelle und hat als Sozialpartner lediglich seine Mutter. Eine solche Aufzucht prädisponiert für eine **soziale Fehlentwicklung**. Pferde ohne ausreichend Sozialerfahrung in den ersten Lebensjahren bleiben ihr Leben lang problematisch, sobald sie in engeren Kontakt zu anderen Pferden treten. Es scheint auch, dass diese fehlende Erfahrung nur noch sehr begrenzt bzw. gar nicht mehr nachgelernt werden kann. Derart aufgezogene Pferde haben Angst vor anderen Pferden, da sie das Ausdrucksverhalten ihrer Artgenossen nicht ausreichend einschätzen können. Aus dieser Angst heraus reagieren sie oft über bzw. der Situation nicht angemessen, das heißt, sie schlagen oder beißen bei der geringsten Gelegenheit. Andere zeigen das gegenteilige Verhalten, sie stehen abseits und sind ständig „auf der Hut" vor den anderen Gruppenmitgliedern. Solche Pferde sind für die Gruppenhaltung meist nicht geeignet, da dieses Leben für sie Stress bedeutet und entweder ihr Verletzungsrisiko oder das der anderen Pferde überproportional hoch ist.

Konzeption einer Gruppenhaltung – wie lässt sich agonistisches Verhalten reduzieren?

Häufig wird in der Praxis der Gruppenhaltung Skepsis entgegengebracht, nicht zuletzt wegen des erhöhten Verletzungsrisikos. Diese Befürchtung ist

Abb. 18 Agonistisches Verhalten ist vorprogrammiert, wenn Versorgungseinrichtungen an Ecken ohne Ausweichmöglichkeiten platziert sind, wie diese fehlerhaft positionierte Tränke.

auch nicht von der Hand zu weisen, wenn Pferde ohne besondere Vorkehrungen zusammengewürfelt werden. Gruppenhaltung, die im geschlossenen Laufstall, Offenlaufstall oder auch auf der Weide mit Unterstand möglich ist, funktioniert nur dann reibungslos, wenn der Betriebsleiter das Pferdeverhalten gut kennt, mit dem Management vertraut ist und die Anlage richtig konzipiert ist. Für alle Gruppenhaltungen gilt, dass stets **Rückzugsmöglichkeiten für rangniedere Tiere** vorhanden sein müssen. Sinnvoll sind Rundläufe, da sie ein schnelles Ausweichen ermöglichen und auf diese Weise helfen, Auseinandersetzungen möglichst reibungslos ablaufen zu lassen. Gefährlich sind demgegenüber Sackgassen oder spitze Winkel. Sie können nur über einen Zugang betreten und verlassen werden. Einmal hineingetrieben, gibt es keinen Fluchtweg mehr. Schon manches Pferd ist dadurch schwer verletzt oder sogar zu Tode gekommen. Um solche Situationen zu vermeiden, müssen alle geschlossenen Gebäude in Offenlaufställen über zwei Zugänge oder eine permanent geöffnete Frontseite verfügen. Auch ein Boxenstall, den man zur Gruppenhaltung umfunktioniert, kann sehr gefährliche Sackgassen enthalten, wenn man lediglich die Türen aufmacht und die Tiere frei herumlaufen lässt. Riskant wird es immer dann, wenn zwei oder mehr Pferde gleichzeitig in eine Box hineingehen, da zwangsläufig die Individualdistanzen unterschritten werden. Agonistisches Verhalten ist dadurch vorprogrammiert.

Besonders wichtig ist bei Gruppenhaltung das ausreichende Platzangebot. Nur dann können die Pferde ihr natürliches Meideverhalten praktizieren und ihre rangabhängigen Individualabstände ohne Auseinandersetzungen einhalten. Hierzu gibt es Mindestmaße, die sich nach Formeln bezogen auf die Widerristhöhe (Wh) berechnen. Auf diese Weise lässt sich der Flächenbedarf für Pferde aller Größenordnungen exakt kalkulieren. Der Mindestflächenbedarf je Pferd im geschlossenen Laufstall beträgt $(2 \times Wh)^2$. Dies sind für ein Pferd mit einer Wh von 1,65 m etwa 11 m² [$(2 \times 1,65)^2 = (3,3)^2 = 3,3 \times 3,3 = 10,9$ m²]. Zur Flächenberechnung für alle Tiere wird die Formel mit der Gesamtzahl der Pferde multipliziert ($n \times (2 \times Wh)^2$ bzw. für zehn Pferde 109 m²), wobei man die Widerristhöhe des größten Pferdes als Bezugspunkt nimmt. Für den Offenlaufstall addiert sich zu der Liegefläche mit $(2 \times Wh)^2$ noch der Auslauf mit $2 \times (2 \times Wh)^2$ je Pferd dazu. Nach eigenen Erfahrungen sind diese Maße die absolute untere Grenze, und jeder verantwortungsbewusste Pferdehalter wird größere Abmessungen einplanen. So sollte beim Offenlaufstall die Auslauffläche für Kleingruppen unter sechs Tieren als Basiswert bereits 300 m² betragen. Ist das Angebot an Fläche sowie an Ausweichmöglichkeiten zu gering, finden rangniedere Tiere keine Rückzugsmöglichkeiten und leben unter ständigem Stress.

Doch **ausreichend Platz genügt nicht**. Bei Offenlaufställen bietet sich an, die Anlage so zu gestalten, dass durch Gliederung in unterschiedliche Funktionsbereiche für Fressen, Trinken, Ruhen, Erkunden usw. eine Konzentration vieler Pferde an bestimmten Plätzen reduziert wird. Die höchste Attraktivität im Laufstall genießt der Fressbereich. Er muss deshalb besonders gut platziert und gestaltet sein, ansonsten finden auch in gut integrierten Gruppen massive Auseinandersetzungen statt. Voraussetzung ist, dass das Tier- zu Fressplatzverhältnis 1 : 1 beträgt, das heißt, jedes Pferd muss seinen eigenen Fressplatz an der Fütterungseinrichtung (Raufe, Fressgitter etc.) haben, wo es unter Einhaltung seiner Individualdistanz fressen kann. Eine Vorratsraufe für fünf Pferde in einem Stall von sechs Tieren und mehr ist nicht pferdegerecht, denn Pferde wollen gemeinsam fressen. Das entspricht ihrem natürlichen Verhalten. In der Praxis haben sich unter diesem Aspekt Fressstände bewährt. Futterneid tritt besonders in der Erwartungsphase oder in der Nähe von computergesteuerten Fütterungsanlagen auf. Letztere erlauben nur ein asynchrones Fressen, was dem angeborenen Verhalten von Pferden widerspricht. Um Auseinandersetzungen und „Radfahrerreaktionen" zu vermeiden, müssen die Tiere ohne Futteranrecht am Kraftfutter- oder Heuautomaten stets die Möglichkeit haben, alternativ Stroh zu fressen (C 6.1, S. 125).

In richtig konzipierten Offenlaufställen mit ausreichendem Platzangebot sind nach *Zeitler-Feicht* und Mitarbeiter *(2006)* verletzungsträchtige Auseinandersetzungen eher die Ausnahme. Von den insgesamt 2917 beobachteten agonistischen Verhaltensweisen traten der gefährliche Hinterhandschlag (1,2 %) und seine Vorstufe, das Hinterhanddrohen (2,2 %) nur selten auf. Beißen, meist in Form von Kneifen, kam zwar öfters vor (11 %), führte jedoch nie zu Verletzungen. Die meisten Droh- und Unterlegenheitsgesten waren sehr effizient, das heißt eine einzige Geste genügte, um die Situation zu klären. Die Erfolgsquote lag durchwegs bei 90 % und mehr.

Richtige Gruppenzusammenstellung

In natürlich formierten Pferdeverbänden beträgt die **maximale Gruppengröße** 20 Tiere. Bei dieser Größenordnung ist garantiert, dass sich die Pferde untereinander gut kennen, was die primäre Voraussetzung für ein reibungsloses Zusammenleben ist. Deshalb sollte bei Gruppenhaltung, insbesondere von Pensionspferden, diese Tierzahl möglichst nicht überschritten werden. Die Anforderungen an das Management und an die Konzeption der Anlage sind bei großen Tierzahlen besonders hoch. Wissenschaftliche Untersuchungen zur optimalen Gruppengröße in der Pensionspferdehaltung liegen bis dato noch nicht vor. Anders zu beurteilen ist die Haltung von vielen Pferden auf großflächigen Weiden, da hier eine Art Herdensituation gegeben ist und die Kleingruppen ihren angemessenen Abstand voneinander einhalten können. Auch bei Zuchtherden sind größere Tierzahlen unproblematisch, da die Gruppenzusammensetzung meist über Jahre hinweg stabil bleibt und die Tiere gut miteinander vertraut sind.

Unter menschlicher Obhut können die Pferde nicht wie in freier Wildbahn ihre Gruppenzugehörigkeit selbst wählen. Äußerst wichtig ist daher, dass man bei der Zusammenstellung einer Gruppe die **Verträglichkeit der Pferde untereinander** berücksichtigt. So sind im Allgemeinen Ponys, Kaltblüter und Araber gut für die Gruppenhaltung geeignet. Mitunter nur schwer integrierbar sind manche veredelte Warmblüter und Vollblüter. Bleibt bei gewissen Auftreibern und Unruhestiftern nach einer angemessenen Zeit der Eingewöhnung dieses Verhalten bestehen, sollten sie wieder aus der Gruppe entfernt werden. Vielfach sind sie dann in einer anderen Gruppe mit ebenbürtigen Mitgliedern ganz handsam. In der ursprünglichen Gruppe kehrt meist nach Entfernung des Unruhestifters sofort wieder Ruhe ein.

Das **Alter der Tiere** sollte bei der Gruppenzusammenstellung nicht unberücksichtigt bleiben. So sind Jungtiere den Drohungen älterer Pferde unterlegen. Ein einzelnes Jungpferd wird sich deshalb in einer Gruppe von Alttieren nicht wohl fühlen. Seine psychische Entwicklung kann dadurch eingeschränkt werden. Sind dagegen zwei Jungtiere in der Gruppe, hat das Zusammensein mit Erwachsenen durchaus positive Aspekte. Auch sehr alte Pferde sollten immer zu zweit sein, da mit Partner der altersbedingte Rangverlust besser zu verkraften ist. Allgemein ist zu beobachten, dass schlecht integrierte Gruppenmitglieder besonders häufig und heftig von den anderen Tieren angegriffen werden. Grundsätzlich gilt daher, dass ein rangniederes Pferd von mindestens einem Tier in dominanter Position geduldet sein muss. Ansonsten sind die Benachteiligungen an Futterplatz, Tränke, Unterstand usw. für dieses Pferd zu groß.

Wegen der Bindungen bzw. „Freundschaften" zwischen Pferden sollte man bei Kleingruppen von weniger als zehn Tieren **gerade Gruppenzahlen** zusammenstellen. Ansonsten besteht die Möglichkeit, dass ein Pferd ausgeschlossen und alleine bleibt. Solche Einzelgänger werden öfter in Kämpfe verwickelt, denn es fehlt ihnen die freundschaftliche Anlehnung. Auch die **Farbe** spielt eine wichtige Rolle. In einer Gruppe dunkelfarbiger Pferde wird ein Schimmel nur schwer oder gar nicht auf-

Sozialverhalten

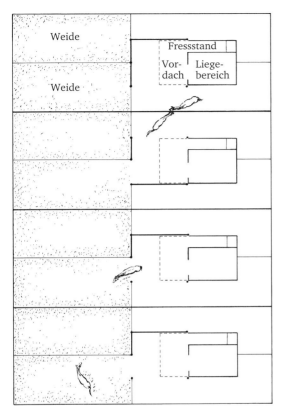

Abb. 19 Grundriss für eine Offenstallhaltung von Hengsten.

Pferdegerechte Hengsthaltung

Hengste sind aus Angst vor Aggressionen am häufigsten in Einzelhaltung anzutreffen. Insbesondere erwachsene Hengste werden oft stark isoliert und ohne Möglichkeit zum gemeinsamen Koppelgang mit Artgenossen gehalten. Sie zeigen deshalb auch besonders viele Verhaltensauffälligkeiten wie Koppen bis hin zur Automutilation. *Winther* und Mitarbeiter *(2002)* konnten in ihrer Studie über die Langzeitwirkungen von Einzelhaltung auf das Sozialverhalten zweijähriger Hengste belegen, dass diese äußerst sensibel auf soziale Deprivation reagieren. Die Hengste in Einzelhaltung zeigten signifikant öfter offensive Aggressionen als die Tiere aus der Gruppenhaltung. Eine weitgehend artgemäße Einzelhaltung von Hengsten wird erreicht, wenn man sie in einer Außenbox mit Paddock und direkt angeschlossener Weide aufstallt. Bei besonders unverträglichen Hengsten hat sich bewährt, den jeweils benachbarten Paddock bzw. die angrenzende Weide frei zu halten (Abb. 19).

Auch Gruppenhaltung ist mit Hengsten praktizierbar. Zum einen kann man den Hengst in eine Wallachgruppe geben oder ihm zumindest einen Wallach beigesellen. Allerdings ist dies nicht mit jedem Hengst möglich und es ist sehr darauf zu achten, dass der Wallach nicht zu stark dominiert wird. Junghengste, aber auch Deckhengste lassen sich – letztere außerhalb der Decksaison – durchaus in Gruppen integrieren. Dazu sind allerdings entsprechende Vorkehrungen zu treffen. So ist es unter anderem erforderlich, dass bei Hengst- bzw. Hengst- und Wallachgruppen **keine Stuten in der Nähe** sind. Ansonsten ist ein Anlass für heftige rivalisierende Kämpfe gegeben. Weiterhin müssen ausreichend Ausweichmöglichkeiten und möglichst viel Platz zur Verfügung stehen. Ist dies nicht der Fall, besteht ein großes Risiko für massive Auseinandersetzungen, die sogar tödlich enden können.

Hengste, die nicht zur Zucht eingesetzt werden, sollten, wenn sie sexuell motivierte oder aggressive Verhaltensweisen zeigen, kastriert werden. Dieser Eingriff ist zwar mit spürbaren Auswirkungen auf das Verhaltensinventar verbunden, dennoch scheint er aus tierschützerischen Gesichtspunkten durchaus gerechtfertigt zu sein. In den meisten Fällen erlaubt erst die Kastration männlichen Tieren, dass auch sie pferdegerecht gehalten werden können.

genommen. Besser ist es, zwei weiße bzw. gescheckte Tiere einzugliedern. Diese schließen sich dann in den allermeisten Fällen zusammen. Größe und Rasse treten dann häufig bei der Partnerwahl hinter der Farbe zurück. Es hat somit seinen guten Grund, wenn manche Gestüte ihre Herden nach Farben einteilen.

Zwischen Wallachen und Stuten gibt es häufig „dicke Freundschaften". Manche Wallache zeigen dann sogar hengstisches Verhalten, wodurch die Gefahr von heftigen Auseinandersetzungen in gemischtgeschlechtlichen Gruppen erhöht sein kann. Deshalb wird häufig empfohlen, nach Geschlechtern zu trennen und reine Wallach- und Stutengruppen zu bilden. Ansonsten sind nach den Erfahrungen von *Kolter (1987)* Gruppen mit einer Überzahl an Stuten untereinander verträglicher als solche mit gleichem Geschlechtsverhältnis.

> **Praxisbewährte Tipps zur Eingliederung von Neuzugängen**
>
> - **Erkundigungen einholen**
>   Als Erstes sollte man unbedingt möglichst viel über das neue Pferd in Erfahrung bringen. Neben Name, Rasse, Alter, Geschlecht, Fütterung und Ernährungszustand, Krankheiten, Hufbeschlag, Nutzungsrichtung, Verhaltensauffälligkeiten sowie Entwurmungs- und Impfprogramm sollte man insbesondere über die bisherige Aufstallung (Boxen, Gruppenhaltung) und die sozialen Vorerfahrungen des Pferdes Erkundigungen einholen.
> - **Eingewöhnungsbox – der sichere Rückzug**
>   Ein „Muss" für jede Gruppenhaltung ist eine ausreichend groß bemessene Eingewöhnungsbox ($\geq (2,4 \times Wh)^2$), die ein erstes Kennenlernen mit nasonasalem Kontakt über die nur brusthohe Abtrennung hinweg erlaubt, aber jederzeit einen gesicherten Rückzug ermöglicht. Diese Box kann bei Bedarf zusätzlich als Krankenbox genutzt werden. Bei Integrationsboxen, die sich nicht in der Anlage befinden, lernt der Neuzugang am besten zunächst ein Gruppenmitglied kennen, was neben ihm aufgestellt wird. Dieses sollte besonders gut sozial verträglich sein (sogenanntes Integrationspferd).
> - **Heimvorteil abbauen**
>   Das neue Pferd sollte vor der Eingliederung alleine oder mit dem schon bekannten Pferd die Stallanlage über mehrere Stunden erkunden können. Das hat zum Vorteil, dass es sich bereits räumlich orientieren kann, wenn die anderen Pferde dazukommen. Außerdem nimmt es dabei etwas von dem Stallgeruch an, was ihn für die Gruppenmitglieder vertrauter riechen lässt.
> - **Mit „Freund" geht es leichter**
>   Man kann den Neuzugang zusammen mit dem Integrationspferd in die Gruppe geben. Zusammen mit diesem neu gewonnenem „Freund", der den anderen Tieren schon bekannt ist, lässt sich die Integration in die Gruppe psychisch besser verkraften.
>   Eine besonders sanfte Form der Neueingliederung ist die sukzessive Integration. Dazu bringt man den Neuzugang zunächst mit einem besonders gut sozial verträglichen Tier zusammen. Nachdem beide Pferde miteinander vertraut sind, lernt der Neuling das nächste Pferd aus der Gruppe kennen, das ebenfalls gut verträglich sein sollte usw., bis er letztendlich die komplette Gruppe kennt.
> - **Für Entspannung sorgen**
>   Die Integration eines neuen Pferdes läuft besonders unproblematisch ab, wenn die anderen Pferde anderweitig ausreichend Beschäftigung haben und der „Neue" nicht „das Ereignis des Tages" darstellt. Der optimale Zeitpunkt hierfür ist die Weidesaison, wenn die Tiere sich vor allem dem Grasen widmen. Voraussetzung ist allerdings, dass man auch hier die Möglichkeit zum Einschreiten hat. Am Anfang sollte der Neuzugang auch nur tagsüber mit den anderen Gruppenmitgliedern zusammen sein.
> - **Viel Platz ist das A und O**
>   Je größer das Platzangebot und je besser die Ausweichmöglichkeiten bei der Integration sind, desto geringer ist das Verletzungsrisiko für alle Gruppenmitglieder.

Vorsicht bei der Eingliederung von Neuzugängen

Nach *Pollmann (2006)*, die in ihrer Studie 64 Offenstallhaltungen auf Haltungsbedingungen und Management überprüfte, besteht in der Praxis bezüglich der Integration von Neuzugängen noch großer Informationsbedarf. Wohl das wichtigste Kriterium für die Integration eines Pferdes in eine Gruppe ist, dass es über ausreichend Sozialerfahrung verfügt. Wie bereits geschildert, haben Pferde mit einer Deprivation (fehlender Erfahrung) in diesem Funktionskreis Angst vor der eigenen Art und neigen zu sozialem Fehlverhalten. Solche Tiere fühlen sich deutlich wohler in der Einzelhaltung, z. B. in einer Box mit angeschlossenem Paddock.

Grundsätzlich gilt, dass jeder Neuzugang in eine Gruppe eine Veränderung der bereits bestehenden Rangordnung zur Folge hat. Demnach führt eine große Fluktuation in einer Gruppenhaltung zu ständigen Störungen. Nur Betriebe, bei denen eine geringe Veränderung der Gruppenzusammensetzung

Abb. 20 Die Haltung eines einzelnen Pferdes ohne Artgenossen ist nicht verhaltensgerecht. Die Beigesellung einer anderen Tierart ist nur als Übergangslösung akzeptierbar.

im Laufe der Jahre zu erwarten ist, sind daher für Gruppenhaltung geeignet.

Der Neuling, der in eine Pferdegruppe eingeführt wird, muss sich seinen Platz gegenüber jedem einzelnen Herdenmitglied erobern. Dies kann relativ friedlich über Meiden und Drohgesten ablaufen, es kann aber auch zu heftigeren Auseinandersetzungen führen, die manchmal sogar über mehrere Tage dauern. Sie werden um so erbitterter geführt, je ranghöher das fremde Tier in seiner früheren Gruppe war. Aus diesem Grund ist es sinnvoll das neue Pferd nicht „ins kalte Wasser springen zu lassen", sondern regulierende Vorsichtsmaßnahmen zu ergreifen.

Eine kurzfristige Entfernung eines Pferdes aus der Gruppe über Stunden bzw. wenige Tage führt in der Regel nicht zu nennenswerten Rangauseinandersetzungen bei der Rückkehr. Wird ein Tier jedoch für einen längeren Zeitraum aus der Gruppe genommen, kann es empfehlenswert sein, bei der Re-Integration wie bei einer Neueingliederung vorzugehen. Dabei bleiben erfahrungsgemäß den Gruppenmitgliedern ranghohe Tiere länger im Gedächtnis als rangtiefe.

Ist Einzelaufstallung artgerecht?

Die Einzelhaltung steht strenggenommen in Widerspruch zum angeborenen Sozialverhalten der Pferde. In einer vergleichenden Studie von *Houpt* und *Houpt (1989)* konnte jedoch gezeigt werden, dass die separierte Haltung von Pferden in Boxen mit Paddock eine Alternative zur Gruppenhaltung sein kann, vorausgesetzt wahlweiser visueller, olfaktorischer und akustischer Kontakt ist jederzeit möglich.

Bedenkt man weiterhin, dass nur wenige Betriebe wegen der erforderlichen geringen Fluktua-

Abb. 21 In der herkömmlichen Innenbox ist der Sozialkontakt stark eingeschränkt.

Abb. 22 Auch in Außenboxen kann ein engerer Sozialkontakt möglich sein.

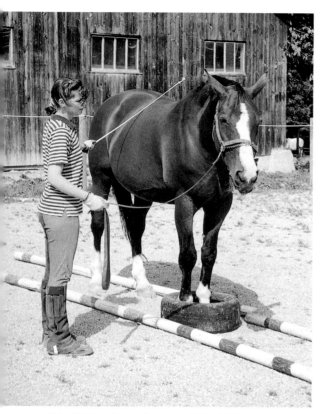

Abb. 23 Dominanz über das Pferd erhält man am besten mit Hilfe von Bodenarbeit.

tion des Pferdebestandes für die Gruppenhaltung geeignet sind und dass bedingt durch die bis dato weit verbreitete Einzelhaltung manche unserer Pferde soziale Deprivationsschäden aufweisen sowie bisher nur einige Betriebsleiter über die erforderliche Qualifikation verfügen, ist eine „pferdefreundliche" Einzelhaltung durchaus akzeptabel. Sehr erfreulich ist, dass sich in der Praxis der Trend zur offenen Boxengestaltung mit verbessertem Sichtkontakt zu den Artgenossen über halbseitig geöffnete Türen oder Trennwände in letzter Zeit immer mehr verstärkt. In manchen Gebieten sind Boxen ohne Paddock heute schon nicht mehr zu vermieten. Diese Variante und die halbhoch geschlossene Box entsprechen bei der Einzelaufstallung noch am ehesten den Anforderungen des Pferdes nach Sozialkontakt, da es dem Tier erlaubt, über die Abgrenzung Körperkontakt zum Nachbarpferd aufzunehmen. Voraussetzung ist, dass nur **untereinander gut verträgliche Tiere** nebeneinander aufgestallt sind. Diese Maßnahme empfiehlt sich allerdings für jede Form der Boxenhaltung, da ansonsten aggressive Verhaltensweisen wie Boxenschlagen und Gitterstäbebeißen vorprogrammiert sind. Hinzu kommt, dass die unverträglichen Tiere unter ständigem Stress leiden. Dieser wird beim attackierten Pferd durch die unlösbare Konfliktsituation, die Angst verursacht, hervorgerufen und beim Aggressor durch Frustration, da seine Angriffe ohne Erfolg bleiben. Die modernen Aufstallungsformen stehen in keinem Vergleich zu der Isolation in der herkömmlichen Box, die gänzlich über Aufsatzgitter oder, noch schlimmer, über hochgezogene Trennwände geschlossen ist. Es ist bewiesen, dass einzeln gehaltene Pferde mit derart eingeschränktem Kontakt zu Artgenossen und Umwelt in erhöhtem Maße zu Verhaltensstörungen neigen.

Am besten wird bei einer Einzelaufstallung dem Sozialverhalten entsprochen, wenn die Pferde täglich Auslauf oder Weidegang haben, gemeinsam oder auch in Kleingruppen. Hier ist allerdings zu berücksichtigen, dass die Tiere, solange sie durch geschlossene Boxen getrennt sind, zwar ihre Ranghöhe in etwa einschätzen können, doch ihre exakte Rangposition nicht kennen. Um die Rangordnung zu klären, müssen die Tiere die Möglichkeit zum Körperkontakt haben. Zur Vermeidung von Verletzungen sind für ein erstes Zusammenführen von Boxenpferden entsprechende Vorsichtsmaßen (vergleiche Eingliederung von Neuzugängen) zu ergreifen. Erst mit geklärtem Rangverhältnis dürfen sie dann in Gruppen auf Triebwege und Koppeln gebracht werden. Da die Pferde in der Einzelhaltung mit gemeinsamem Auslauf jedoch immer wieder über mehrere Stunden voneinander getrennt sind, ist bei ihnen im Allgemeinen mit einer größeren Anzahl agonistischer Verhaltensweisen zu rechnen als bei Pferden in der Gruppenhaltung.

Haltung eines Pferdes ohne Artgenossen

Anders zu beurteilen als die Einzelaufstallung ist die Haltung eines Pferdes ohne Artgenossen. *Sie ist nicht verhaltensgerecht und verstößt somit gegen das Tierschutzgesetz.* Dieses fordert in § 2, dass ein Tier seiner Art und seinen Bedürfnissen entsprechend angemessen ernährt, gepflegt und verhaltensgerecht unterzubringen ist. Gerne wird als

Gegenargument angebracht, dass die alleinige Haltung von Pferden nicht so schlimm sei, da sie auch starke Bindungen zu artfremden Tieren wie Ziegen und Hunden entwickeln können. Das Pferd verhält sich dann diesem Ersatzpartner gegenüber so, als wenn dieser ein befreundetes Pferd wäre. Das ist jedoch meist nicht der Fall, wie eine Studie in Weihenstephan zeigte. Wesentliche sozipositive Verhaltensweisen wie die Fellpflege wurden mit dem Ersatzpartner nicht beobachtet. Ein eindeutiger Hinweis für die nicht tiergerechte soziale Deprivation waren auch die extremen Bemühungen, die die einzeln gehaltenen Pferde unternahmen, um zu Artgenossen zu gelangen, sobald sie zu diesen Sicht-, Geruchs- oder Hörkontakt hatten. Die Haltung eines einzelnen Pferdes mit einer anderen Tierart darf deshalb nur eine kurzfristige Übergangslösung sein!

Der Mensch als Sozialpartner

Während Hunde ihre menschlichen Begleiter als Rudelmitglied ansehen und sich diesem gegenüber weitgehend wie gegenüber Artgenossen verhalten, ist das Verhältnis zwischen Mensch und Pferd weniger eindeutig. Dies ist in erster Linie auf Prägungsvorgänge zurückzuführen. Die relativ lange sensible Phase des Hundes erlaubt eine Art Zweitprägung auf den Menschen. Das ist beim Pferd nicht in dieser Form möglich. Auf die Risiken einer solchen Prägung auf den Menschen beim Fohlen wird noch näher eingegangen (B 4.2, S. 57). Hinzu kommt, dass der tägliche Mensch-Pferd-Kontakt in der Regel sehr kurz ist und sich häufig auf nur eine Stunde beläuft. Vollwertige Mitglieder einer Pferdegruppe würden jedoch Tag und Nacht zusammen im Familienverband verweilen.

Dennoch scheinen Hauspferde den Menschen in ihr Sozialverhalten einzubeziehen und ihn als „sozialen Partner" zu betrachten. Daraus folgt, dass jeder, der mit einem Pferd umgeht, von diesem rangmäßig eingestuft wird. Dabei kann der Mensch je nach seinem Verhalten ranghöher, ranggleich oder rangniedriger sein. Unterlegenheit erschwert den Umgang und die Ausbildung. Ebenso wenig ist Ranggleichheit gegenüber dem Pferd wünschenswert, denn sie führt zu ständigen Machtkämpfen. Problemverhalten wie Nicht-Einfangen-Lassen, Schlagen und Beißen entsteht dadurch, dass das Pferd nicht weiß, wer der Ranghöhere ist. Es ist daher nicht sinnvoll, ein Pferd antiautoritär zu erziehen, denn es wird durch sein angeborenes Sozialverhalten gezwungen sein, zu überprüfen, wer unten bzw. oben in der Rangordnung steht.

Wie erreicht man die **ranghöhere Position**? Keinesfalls durch Gewalt, denn diese erzeugt weder einen höheren Rang noch Vertrauen, sondern lediglich Angst und Schmerz. Die dadurch entstehenden unlösbaren Konfliktsituationen führen beim Pferd über kurz oder lang zu Resignation oder Aggression, eine freudige, leistungsbereite Mitarbeit wird dadurch keinesfalls erreicht. Um Ranghoheit zu erlangen, sollte man sich als erstes vor Augen halten, dass das Pferd uns an unseren Rangfaktoren misst. Da unsere körperlichen Merkmale vergleichsweise unbedeutend sind, muss man vermehrt über die psychischen Rangfaktoren, das heißt über Ausstrahlung, Erfahrung und Selbstsicherheit das Pferd dominieren. Man sollte sich daher immer bewusst sein, dass man über das eigene Ausdrucksverhalten dem Pferd bereits im Vorfeld signalisiert, ob man ranghoch oder rangnieder ist. Der Ausbau der Dominanz erfolgt dann im täglichen Umgang und in der Ausbildung beginnend mit der Bodenarbeit. Jede Übung muss dabei mit absoluter Konsequenz und Bestimmtheit durchgeführt werden und – das ist sehr wichtig – so angelegt sein, dass sie stets zu einem erfolgreichen Abschluss führt. Sie ist also bereits vor Beginn gut zu überlegen und so aufzu-

---

Mängel im sozialen Bereich sind häufig an Problemverhalten beteiligt

- Eine Aufzucht ohne ausreichend Kontakt zu Artgenossen kann eine soziale Fehlentwicklung (Deprivationsschaden) zur Folge haben.
- Isolierte Haltung bzw. stark eingeschränkter Kontakt zu Artgenossen wirkt prädisponierend für Verhaltensstörungen wie Weben und Automutilation.
- Das Zusammenstellen sich nicht vertragender Pferde oder häufige Änderungen der Gruppenzusammensetzung führen zu Auseinandersetzungen, Benachteiligungen und Stress.
- Zahlreiche unerwünschte Verhaltensweisen wie Nicht-Einfangen-Lassen, Beißen und Schlagen resultieren häufig aus Rangordnungsproblemen zwischen Mensch und Pferd.

bauen, dass am Ende immer lobend verstärkt werden kann. Dann entwickelt sich auch das Vertrauen des Pferdes in den Menschen. Dieses gepaart mit unserer Ranghoheit gibt dem Pferd die erforderliche Sicherheit, die es für sein Wohlbefinden benötigt und die eine positive Kommunikation zwischen Mensch und Tier erlaubt. Tägliche Zuwendung zum Pferd über Füttern, Putzen usw. verstärken dabei den Vertrauensgewinn.

Im gleichzeitigen Umgang mit mehreren Pferden ist es erforderlich, deren Rangfolge zu kennen und zu beachten. Nimmt der Mensch die Alpha-Position ein, kann er aufgrund seiner Autorität Kontakte zwischen bestimmten Pferden während seiner Anwesenheit verbieten. Es wäre aber falsch, ein ranghohes Tier nach erfolgter Aggression gegenüber einem rangniederen zu bestrafen. Für den Aggressor ist sein Verhalten normal, denn die menschliche Interpretation „einem Schwächeren tut man nichts" versteht er nicht. In diesem Fall würde eine Bestrafung des dominanten Tieres dessen agonistisches Verhalten gegenüber dem Betroffenen nur noch verstärken.

Abb. 24 Frühsexualität ist ein normales Verhalten.

3 Fortpflanzungsverhalten

3.1 Natürliche Verhaltensweisen

Sexuelle Reife

Frühsexualität kann bei vielen Hengstfohlen beobachtet werden. Sie springen spielerisch bei ihrer Mutter und bei Altersgefährten auf. Zuweilen wird dabei der Penis bereits voll ausgeschachtet. Auch im Spiel junger Hengste ist Aufreiten nichts Ungewöhnliches. Es dient als Übung für den späteren Deckeinsatz. Voraussetzung für die Paarungsfähigkeit ist jedoch das Erreichen der sexuellen Reife. Dies ist bei Junghengsten je nach Rasse und Fütterungsintensität im Alter von 12 bis 20 Monaten der Fall. Ab dem Zeitpunkt der Spermienproduktion sind sie theoretisch in der Lage zu decken. In freier Wildbahn ist für eine erfolgreiche Paarung jedoch neben der körperlichen Fähigkeit auch eine gewisse **psychische Reife** erforderlich. Sie wird etwa ab dem fünften Lebensjahr, also mit der Familiengründung erreicht. Erst dann kommen frei lebende Hengste häufiger zum Decken. Der Höhepunkt der geschlechtlichen Potenz liegt bei Voll- und Warmbluthengsten im Alter von sieben bis 17 Jahren. Das Senium beginnt mit 20 bis 25 Jahren.

Bei Stuten tritt je nach Rasse und Fütterungsintensität die erste Rosse erstmalig im Alter von 12 bis 20 Monaten auf. Der erste Östrus ist häufig sehr ausgeprägt, sodass sie unter natürlichen Lebensbedingungen bereits Ende des ersten Lebensjahres gedeckt werden. Sie konzipieren aber nur ausnahmsweise vor Vollendung des zweiten Lebensjahres, sodass sie bei freiem Herdensprung mit drei Jahren das erste Mal abfohlen.

Die Paarungsbereitschaft der Stuten hängt von der Jahreszeit ab. Mit zunehmender Tageslichtlänge, das heißt im Frühjahr und Frühsommer, zeigen die Stuten ihre Brunstsymptome immer ausgeprägter. Die Saisonalität der Rosse ist auf die lichtabhängige Produktion der Geschlechtshormone zurückzuführen. Hengste sind das ganze Jahr über fruchtbar, doch auch ihr Geschlechtstrieb ist zum Frühling hin deutlich gesteigert.

Paarungsbereitschaft

Die meisten Stuten rossen alle drei Wochen für fünf Tage, wobei der Eisprung am vorletzten Tag

Austesten der Paarungsbereitschaft unter naturnahen Verhältnissen.
Abb. 25 Flehmen nach der geruchlichen Kontrolle der Ausscheidungen.
Abb. 26 Vorsichtiges Annähern und Beriechen der Stute.
Abb. 27 Abschlagen des Hengstes durch die nicht paarungsbereite Stute.

des Östrus stattfindet. Die erkennbare Rosse beginnt meist zwei bis drei Tage vor dem Eisprung und kann bis zu zwei Tage danach anhalten. Die physiologische Schwankungsbreite ist mit einer Östrusdauer von zwei bis 16 Tagen allerdings sehr groß. Nur zum Zeitpunkt der Ovulation während der sogenannten Hochrosse ist die Stute paarungsbereit, ansonsten schlägt sie den Hengst ab.

Im ungestörten Familienverband mit einem Hengst und nur wenigen vertrauten Altstuten läuft das Sexualverhalten in relativ ruhigen Bahnen ab. Anhand der täglich wiederholt durchgeführten Kontrollen von Kot und Urin erkennt der Hengst rossige Stuten olfaktorisch (**Pheromone**). Er ist jedoch nicht fähig, am Geruch festzustellen, ob die Stute sich in der Hochrosse befindet oder ob sie erst in der Vorrosse bzw. schon in der Nachrosse ist. Um dies auszutesten, beginnt er zunächst mit dem Paarungsvorspiel. Dazu weidet er in der Nähe der Stute, nimmt des öfteren mit ihr nasonasalen Kontakt auf, imponiert mit ausdrucksvollen Gängen und gewölbtem Hals, betreibt mit ihr vermehrt Fell-

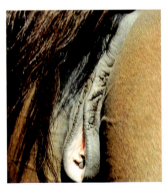

Abb. 28 Die Stute signalisiert dem Hengst unter anderem ihre Paarungsbereitschaft durch das rhythmische Öffnen und Schließen der Vulva (Blitzen).

> **Merkmale der Paarungsbereitschaft bei der Stute**
>
> - Breitbeiniges Stillstehen (sägebockartige Haltung).
> - Anheben und seitliches Drehen des Schweifes.
> - Häufiges Absetzen schleimigen Harns.
> - Blitzen (rhythmisches Öffnen und Schließen der Vulva).
> - Erhöhte Kontaktbereitschaft zu Gruppenmitgliedern.

pflege, beriecht und beknabbert ihre Flanken, Hinterbeine und die Anogenitalgegend. Oft schachtet er dabei bereits aus, mitunter versucht er auch aufzuspringen. Doch in der Vorrosse kommt es in der Regel zu keiner Kopulation, da die Stute versuchen wird dem paarungswilligen Hengst zu entgehen, entweder passiv durch Vorwärtsgehen oder aktiv durch Auskeilen, oft begleitet von Quietschen und Harnspritzen. In diesem Falle ziehen sich erfahrene Hengste zurück, sodass Verletzungen unter natürlichen Lebensbedingungen die Ausnahme sind.

Voraussetzungen für eine erfolgreiche Paarung von geschlechtsreifen Pferden in freier Wildbahn sind:
- Vertrautheit der Stute mit dem Hengst
- Hochrosse der Stute
- Kopulationsbereitschaft des Hengstes
- Keine Intervention anderer Tiere

So sind Altstuten eines festgefügten Familienverbandes nur mit dem Familienhengst paarungsbereit. Vor fremden oder jungen Hengsten flüchten sie oder wehren diese mit Hinterhandschlag ab. „Vergewaltigungen" konnten unter natürlichen Lebensbedingungen zwar beobachtet werden, sind aber die Ausnahme. Auch mit dem Familienhengst muss es vor der Paarung zunächst zu einer Verstärkung der Vertrautheit kommen. Dafür ist unter anderem das Paarungsvorspiel verantwortlich. Es beinhaltet mit der nasonasalen Kontaktaufnahme, Belecken, Beknabbern usw. sogenanntes Zärtlichkeitsverhalten. Dadurch kommt es zu einer Verstärkung und Synchronisierung der Paarungsbereitschaft. Dabei müssen Jungstuten länger eingestimmt werden als Altstuten. Bei letzteren kann das Paarungsvorspiel auf einen kurzen nasonasalen Kontakt reduziert sein. Ein deckerfahrener Hengst bleibt während des Paarungsvorspiels immer im Seitenbereich der Stute, um so der Gefahr eines Hinterhandschlags zu entgehen.

Ist die durchschnittlich ein bis zwei Tage dauernde Hochrosse erreicht, zeigt die Stute ihre Paarungsbereitschaft durch deutliches „Präsentieren" an. Dazu nimmt sie eine charakteristische Haltung ein, die für den Hengst Signalwirkung hat. Ein „Rossigkeitsgesicht" wie bei Esel und Zebras beschrieben wird, zeigen Pferde nicht, allenfalls wirkt der Gesichtsausdruck etwas nach innen gekehrt. In der Regel ist ein gesunder Familienhengst paarungsbereit, sobald eine seiner Stuten rossig ist. Eine Bevorzugung bestimmter Stuten kann jedoch beobachtet werden. Dies sind zum einen seine Altstuten. An Jungstuten, die meist seine Töchter sind, zeigt er im Allgemeinen weniger Interesse. Zum anderen ist eine gewisse Vorliebe für bestimmte Farben bekannt. So werden wildlebende Hengste beschrieben, deren Familienverband nur aus braunen oder fuchsfarbenen Stuten besteht. Für dieses Verhalten dürften prägungsähnliche Vorgänge ausschlaggebend sein.

Im Allgemeinen beachten die Mitglieder eines Familienverbandes den Paarungsvorgang kaum, und es kommt zu keiner Störung. In größeren Verbänden, wenn mehrere Stuten gleichzeitig rossen, kann es allerdings vorkommen, dass eine hochrangige Altstute den Leithengst veranlasst, den Kontakt mit einer anderen rossigen Stute abzubrechen. Vereinzelt wurde sogar beobachtet, dass nicht rossige Stuten versuchten, die Paarung des Hengstes mit einer rangniedrigeren Stute zu verhindern. Die anderen Hengste stören in natürlichen Sozietäten den Paarungsvorgang nicht. Der Leithengst ist außerdem stets bestrebt, seine rossigen Stuten aus der unmittelbaren Nähe von männlichen Artgenossen fernzuhalten. Diese schauen dem Vorgang gewöhnlich aus einiger Entfernung zu und masturbieren mitunter. Obwohl der Leithengst Kopulationsvorrecht hat, kann er darauf verzichten. Die rossige Stute tritt er jedoch nur an zwei- bis dreijährige Junghengste ab, die er wegen ihrer eindeutigen Subordination in seinem Verband duldet.

Paarung

Sind die genannten Voraussetzungen vor einer Paarung erfüllt, bespringt der Familienhengst die Stute gewöhnlich mit bereits voll erigiertem Penis, wobei er mit seinem Sternum auf ihrer Kruppe ruht und sie mit den Vorderbeinen vor den Hüften in der Flankengegend fest umklammert. Die Mehrzahl der Hengste stützt bei der Paarung den Kopf in der Gegend des Widerrists oder der Schulter der Stute auf, einige halten sich am Mähnenkamm mit den Zähnen fest. Ein regelrechtes Beißen der Stute ist jedoch kein Bestandteil der gegenseitigen Verständigung bei der natürlichen Paarung. Manche Hengste erigieren erst nach Suchbewegungen oder reiten mehrmals auf. Nach der Immissio erfolgen durchschnittlich zehn (4 bis 15) Friktionsbewegungen, dann kommt es zur Ejakulation. Mitunter sind Lautäußerungen wie Stöhnen bei der Stute bzw. Grunzen beim Hengst hörbar. Bei Großpferden ist eine starke Muskelkontraktion im Bereich des Schwanzansatzes und rhythmisches Nicken des Schweifes (5- bis 10-mal) ein charakteristisches Zeichen der Ejakulation. Bei Ponyhengsten ist das Schweifnicken häufig nicht oder nur undeutlich festzustellen. Die Dauer der Vereinigung von der Immissio bis zur Ejakulation und zum Absteigen des Hengstes ist sehr kurz und beträgt bei erwachsenen Tieren im Durchschnitt 15 Sekunden (5 bis 60 Sekunden). Junge, unerfahrene Hengste brauchen allgemein etwas länger.

Während der Hochrosse werden die Stuten mehrmals begattet, sodass unter natürlichen Lebensbedingungen der Hengst täglich zwischen 8- bis 15-mal im Deckeinsatz ist. Dabei hängt die Häufigkeit außer von der individuellen Veranlagung des Hengstes und seiner Rasse (Hodenmaße) stark von dessen Gesundheits- und Ernährungszustand ab. Weitere Einflussfaktoren sind das Alter, seine Auslastung und der Zeitpunkt in der Decksaison. Ein kraftvoller Hengst kann bereits wenige Minuten nach der ersten Begattung eine weitere Kopulation durchführen.

Paarungswillige Stuten suchen den Hengst selbst auf. Dieses Verhalten ist auch bei domestizierten Stuten zu beobachten, wobei sie mitunter jedes Pferd zu aktivieren versuchen. Während Altstuten in Paarungshaltung rückwärtsdrängen können, versuchen deckunerfahrene Jungstuten oder mit dem Deckhengst nicht vertraute Stuten sich der Kopulation durch Vorwärtsgehen oder durch Flucht zu entziehen.

> **Voraussetzungen für eine erfolgreiche Paarung**
>
> - Das Aufwachsen in einer Herde zur Konditionierung des Ausdrucks- und Sozialverhaltens während der Paarung.
> - Physische und psychische Reife des Hengstes (5 bis 6 Jahre).
> - Rossigkeit der Stute (Frühjahr und Frühsommer).
> - Vertrautheit der Stute mit dem Hengst.
> - Zeit und Raum für den Signalaustausch während des Paarungsvorspiels und der Paarung.

Abb. 29 Überprüfung der Paarungsbereitschaft einer Stute mit Hilfe eines Probierhengstes hinter der Probierwand.

Abb. 30 Stuten, die über Spannstricke am Ausschlagen gehindert werden, können eine negative Assoziation an den Paarungsvorgang zurückbehalten.

3.2 Konsequenzen für Haltung und Umgang

Sprung aus der Hand

Die Befruchtungsquote in der Landespferdezucht bleibt hinter der in freier Wildbahn zurück. Als Ursache hierfür gelten vor allem gesundheitliche Probleme. Doch die medizinische Prophylaxe und Kontrolle mittels Tupferprobe, Ultraschall usw. ist bereits auf sehr hohem Niveau. Können nicht auch **ethologische Faktoren** von Bedeutung sein? So ist nach Meinung erfahrener Züchter neben der gynäkologischen Untersuchung eine ausreichend lange Stimulierung der Stute durch den Hengst eine wichtige Voraussetzung für eine erfolgreiche Befruchtung.

Die Paarung mittels „Sprung aus der Hand" wird derzeit bei uns immer noch praktiziert. Sie läuft wie folgt ab: Der Mensch terminiert anhand der Rossesymptome den Deckzeitpunkt der Stute. Sie wird daraufhin dem Deckhengst oder einem Probierhengst vorgeführt. Zeigt sie das entsprechende Verhalten, folgt der Sprung aus der Hand. Dazu werden Hengst und Stute an der Hand festgehalten. Letztere kann zusätzlich über Spannstricke gefesselt oder anderweitig fixiert sein, um ein mögliches Ausschlagen nach dem Hengst zu verhindern. Der gesamte Vorgang dauert insgesamt nur wenige Minuten. Dann werden Stute und Hengst wieder voneinander getrennt.

Der auf diese Weise durchgeführte **Sprung aus der Hand widerspricht** in fast jedem Detail **dem natürlichen, sehr komplexen Paarungsverhalten der Pferde**. Es fehlt zum einen die Vertrautheit zwischen der Stute und dem Hengst, was eine wesentliche Voraussetzung für den Paarungsvollzug in freier Wildbahn ist. Zum anderen wird häufig übersehen, dass Hengst und Stute genug Zeit und Raum für ihren Signalaustausch benötigen. So ist das für die Synchronisation der Paarungsbereitschaft erforderliche Vorspiel im Probierstand meist auf ein Minimum reduziert. Hinzukommt, dass es oftmals mit dem „falschen" Hengst, dem Probierhengst, durchgeführt wird. Letztendlich werden die Pferde noch mit Zügeln und Stricken fixiert, was eine negative, mit Angst und Schmerz gekoppelte Erfahrung bezüglich des Paarungsvorgangs zur Folge hat. Zu bedenken ist außerdem, dass viele dieser Stuten oftmals das ganze Jahr über keinen Hengstkontakt haben. Bedingt durch die fehlende Nähe eines männlichen Tieres können sich hormonelle Schwierigkeiten einstellen, die bereits im Vorfeld eine Konzeption erschweren. Schließlich bedeutet der Transport bzw. der Stallwechsel für die Stute Stress, insbesondere dann, wenn sie dies weniger gewöhnt ist oder ein Fohlen bei Fuß hat. Auch sollte man den Einfluss der Jahreszeit auf die Ausprägung der Brunstsymptome berücksichtigen. Zwar ist bei Hauspferden die Abhängigkeit des Zyklus von der Tageslichtlänge geringer als bei frei lebenden Pferden, doch zeigen im Allgemeinen Stuten durch ihr Verhalten die Paarungs-

Abb. 31   Auch unter menschlicher Obhut kann ein Hengst problemlos mit Stuten und Fohlen im Familienverband gehalten werden, vorausgesetzt Aufzucht und Management sind in Ordnung.

bereitschaft im Frühjahr und im Frühsommer wesentlich deutlicher an als in den anderen Monaten. Der Befruchtungsprozentsatz ist in dieser Jahreszeit auch eindeutig am höchsten.

Kann man den Sprung aus der Hand verhaltensgerechter gestalten? Sind Alternativen wie **„zurück zur Natur"** oder **künstliche Besamung** vorzuziehen? Letztere, vorausgesetzt es besteht keine zu große Angst vor dem Tierarzt, ist sicherlich für die Mehrzahl der weiblichen Tiere die bessere Lösung, da es sich letztendlich „nur" um einen medizinischen Eingriff handelt und, falls Hengstkontakt im eigenen Stall möglich ist, der Transportweg entfallen kann. Allerdings sollte man sich bewusst sein, dass bei der künstlichen Besamung mit dem Paarungsverhalten ein wesentlicher Funktionskreis noch weiter in den Hintergrund gedrängt wird, als es beim Sprung aus der Hand bereits der Fall ist. Dies bedeutet in letzter Konsequenz eine **negative Selektion** in Hinblick auf Fruchtbarkeit. Den Sprung aus der Hand verhaltensgerechter zu gestalten, ist nur in geringem Umfang praktizierbar. Möglichkeiten zur Optimierung liegen vor allem im Bereich des Managements mit Maßnahmen, die die weiter oben angesprochenen Mängel verbessern und die individuellen Bedürfnisse und Besonderheiten der Tiere stärker berücksichtigen. Doch die Tatsache, dass Stute und Hengst nicht miteinander vertraut sind, ist auch dann noch nach wie vor gegeben. Dies kann auch ein Problem beim freien Herdensprung sein. Kämen einander fremde Pferde ohne Vorkehrungen frei zueinander, sind Auseinandersetzungen die unweigerliche Folge. Es wäre falsch darauf zu vertrauen, dass die „Gefühle" während der Paarungszeit den normalen Ablauf des Rangordnungsverhaltens unterdrücken würden. Aus mangelnden Platz- und Zeitgründen ist der Gedanke „zurück zur Natur" für die breite Masse der Zuchtpferde daher auch derzeit noch eher unrealistisch.

Freier Herdensprung

Allerdings ist es auch bei den Hauspferden möglich, einen Zuchthengst gemeinsam mit Stuten in einer Art Familienverband zu halten, wie es viele private Züchter aus dem Bereich der Kleinpferde- und Spezialrassen seit längerem erfolgreich praktizieren. Hier läuft die Paarung ähnlich wie in freier Wildbahn in relativ ruhigen Bahnen ab. Diese Haltung schließt eine anderweitige züchterische Nutzung nicht aus, denn Hengste können lernen zu akzeptieren, dass sie oder eine ihrer Stuten weggeführt werden. Für Gestüte mit mehreren Hengsten im Familienverband empfiehlt es sich, diese auf getrennten Weiden mit mindestens einer Wiese Abstand zu halten. Nur bei einem ausreichenden Platzangebot und entsprechend großem Abstand ist ein friedliches Zusammenleben mehrerer Familienverbände möglich.

Will man den freien Herdensprung mit Pferden praktizieren, dann gilt als erste Voraussetzung, dass die Zuchttiere in einer Herde aufgewachsen sein müssen. Nur dann beherrschen die Pferde auch die entsprechenden Verhaltensmuster, die für eine gefahrlose und erfolgreiche Paarung erforderlich sind. Dazu gehören vor allem ausreichend Erfahrung im Ausdrucksverhalten und im Signalaustausch. Ohne diese Kenntnisse kann die Paarung im freien Herdensprung unter Umständen schon im Vorfeld zu einer Gefahr für Stute und Hengst werden. Außerdem ist zu berücksichtigen, dass unter menschlicher Obhut die Tiere ihre Familienzugehörigkeit nicht selbst wählen können. Echte Aggressionen der Hengste gegenüber Stuten sind zwar selten, doch absolute Unverträglichkeiten sind dennoch möglich. Solche Pferde sollte man auf jeden Fall voneinander trennen, da das Verletzungsrisiko wegen der eingeschränkten Ausweichmöglichkeiten zu hoch ist.

Zuchtherden, in die der Hengst nur für wenige Monate zur Fortpflanzungszeit eingesetzt wird, weisen eine andersartige Gruppierung auf als unter natürlichen Verhältnissen. Die das Jahr über hengstlosen Stuten bilden untereinander relativ stabile Verbände, die von jeweils einer Leitstute geführt werden. Der zur Paarungszeit zugeführte Hengst wird als Neuling behandelt, und die Stuten verhalten sich ihm gegenüber häufig sehr aggressiv. Dies kann insbesondere für junge Hengste problematisch werden, da diese, wenn überhaupt, nur zur Paarung geduldet werden und wegen ihrer Jugend und ihrer noch fehlenden psychischen Reife in der Rangordnung weit unten stehen. Unter solchen Bedingungen kann der Deckakt für den Hengst sogar gefährlich werden. Außerdem ist nicht auszuschließen, dass das saisonale Zusammenleben mit fremden Stuten aus einer seit längerem etablierten Gruppe für den nicht integrierten Hengst eine starke psychische Belastung darstellt.

Deckhengste

Probleme im Sexualverhalten sind bei intensiv genutzten Deckhengsten nicht selten. Neben züchterischen Aspekten – in der Warm- und Vollblutzucht ist bei Hengsten Friedfertigkeit gegenüber Artgenossen kein Zuchtkriterium – sind sie überwiegend auf haltungsbedingte und psychische Ursachen zurückzuführen. Boxenhaltung ohne Auslauf bzw. Kontakt zu anderen Pferden prädisponiert ebenso zu Fehlverhalten wie mangelnde bzw. keine Erfahrungen im natürlichen Paarungsverhalten. Solche Hengste können oft übereifrig oder sogar gewalttä-

> - Für eine erfolgreiche Befruchtung ist die Berücksichtigung ethologischer Aspekte von nicht unerheblicher Bedeutung.
> - Probleme im Sexualverhalten bei Hengst und Stute resultieren nicht selten aus fehlerhafter Aufzucht und Haltung sowie der zu geringen Beachtung essentieller Verhaltensmuster während der Anpaarung.

tig auf Stuten reagieren. Andererseits stehen auch mangelnde Erektion, Deckunlust, Hypernervosität und zu frühes Absamen damit in Zusammenhang. Nach *Schäfer (1993)* kann auch der verglichen mit natürlichem Verhalten zu frühe Deckeinsatz von Hauspferdehengsten mit zweieinhalb bis drei Jahren schuld an einer möglichen späteren Deckunlust sein. Das Verweigern des Deckaktes bei Stuten mit einer bestimmten Fellfarbe ist hingegen auf prägungsähnliche Vorgänge zurückzuführen. Auch eine Ablehnung von Stuten mit Milchgeruch ist bei Deckhengsten mitunter zu beobachten. Hierfür dürfte ein Mangel an Erfahrung und fehlende Gewöhnung verantwortlich sein, denn die meisten Deckhengste werden von Stuten getrennt gehalten. Demgegenüber ist in freier Wildbahn der Geruch laktierender Stuten für den Hengst praktisch das ganze Jahr über wahrnehmbar und somit etwas Normales.

Will man eine Hengstfamilie aufbauen, empfiehlt es sich einen Junghengst zu nehmen, dem man nach und nach Stuten zuführt. Vorsicht geboten ist jedoch bei älteren Hengsten, die ausschließlich an der Hand gedeckt haben, da sie vielfach fehlkonditioniert sind. Für sie bedeutet mitunter schon ein reiterloses Pferd eine paarungsbereite Stute, langsames Herantasten und Austesten der Kopulationsbereitschaft haben sie nie gelernt. Solche Hengste versuchen häufig, sofort zu decken oder werden regelrecht aggressiv, was entweder für ihn oder für die Stute nicht ungefährlich sein kann.

4 Mutter-Kind-Verhalten

4.1 Natürliche Verhaltensweisen

Die durchschnittliche Tragezeit beträgt bei domestizierten Pferden 340 Tage. Sie weist wegen Besonderheiten der Plazenta eine große physiologische

Variationsbreite mit 320 bis 360 Tagen auf. Hinzu kommen rasse- und geschlechtsspezifische Unterschiede: Kleinpferde tragen meist etwas kürzer, Kaltblutpferde eher länger, und Hengstfohlen werden im Allgemeinen ein bis zwei Tage später geboren als Stutfohlen.

Geburtsverhalten

In freier Wildbahn kommen Geburten zu jeder Tages- und Nachtzeit vor, wobei eine Häufung in den frühen Morgenstunden zu beobachten ist. Equiden benötigen, wie alle Fluchttiere, zum Abfohlen das Gefühl der **völligen Sicherheit**. Deshalb sondern sich auch manche Stuten zur Geburt ab und kehren erst nach einigen Tagen zu ihrem Familienverband zurück. Andere bringen wiederum inmitten des Familienverbands oder in dessen unmittelbarer Nähe ihr Fohlen zur Welt. Dabei wird der Geburtsablauf von den anderen Gruppenmitgliedern nicht gestört, erweckt aber bei einigen von ihnen großes Interesse. Äußere Anzeichen der bevorstehenden Geburt sind:
- „Aufeutern" (Umfangszunahme des Euters),
- „Harztropfen" (Praekolostrum) an den Zitzen,
- Senkung und Lockerung der breiten Beckenbänder,
- Ödematisierung der Vulva und Absonderung von Zervikalschleim.

All diese Merkmale signalisieren das Ende der Trächtigkeit. Doch gibt es nicht wenige Stuten, bei denen es auch ohne diese Anzeichen zu einer Geburt kommt.

Der Geburtsverlauf lässt sich mit dem Eröffnungs-, Austreibungs- und Nachgeburtsstadium in drei Abschnitte gliedern. Im ersten Stadium wird das Fohlen über peristaltische Wellen in die Geburtslage gedreht sowie die Wasserblase zur Eröffnung der Geburtswege Richtung Muttermund geschoben. Dieser Vorgang ist bereits schmerzhaft. Die Stute gibt dies durch Unruhe und kolikähnliches Verhalten zu erkennen. Perioden mit derartigen Symptomen können jedoch immer wieder durch Phasen vollkommener Ruhe abgelöst werden. Dann zeigen die Stuten normales Verhalten, manche fressen, wenn auch meist auffallend hastig. Es gibt aber auch immer wieder Stuten, die ohne eines der genannten Anzeichen mit der Geburt beginnen.

Das Eröffnungsstadium kann mit 50 Minuten sehr kurz sein, aber auch 12 Stunden und länger andauern. Dies ist auf die **psychogene Beeinflussung der Uterusaktivität** zurückzuführen. Diese führt entweder zur Verstärkung der Wehentätigkeit oder zum völligen Erliegen. Unter Umständen ist eine Verzögerung der bevorstehenden Geburt bis zu mehreren Tagen möglich. Sobald jedoch die Wasserblase geplatzt ist, beginnt ohne jede weitere Aufschubmöglichkeit die Geburt.

Zu dieser legen sich Pferde gewöhnlich in die Seitenlage ab, nur etwa 1,5 % der Stuten fohlen im Stehen. Ausgeprägte Wehenschmerzen können vorkommen. Sie sind mitunter so stark, dass sich die Stuten wie bei einer Kolik zu Boden werfen.

Das Austreibungsstadium dauert bei normaler Lage und Haltung des Fohlens in der Gebärmutter nur zwischen zehn und 20 Minuten, eine halbe Stunde wird selten überschritten. Erstgebärende Stuten benötigen im Allgemeinen etwas länger als solche, die schon mehrmals geboren haben. In Normallage erscheinen als erstes die Vorderbeine des Fohlens mit dem daraufliegenden Kopf, dann folgen der Rumpf und die nach hinten ausgestreckten Hinterbeine.

Durch die Bewegungen des Neugeborenen zerreisst häufig schon die Eihaut während der Austreibungsphase, wodurch die Atmung gesichert ist. Ein lebenstüchtiges Fohlen versucht außerdem selbst, sobald es auf der Welt ist, sich durch Kopfschütteln und Laufbewegungen aus den Eihäuten zu befreien. Auch die Mutter scheint ihm dabei durch mehr oder weniger systematisches Belecken dabei zu helfen. Dieser Vorgang dient zum einen der Entfernung der Eihäute und zum anderen der Hautdurchblutung, zum anderen der intensiven olfaktorischen Bindung der Stute an ihr Fohlen.

Ethologische und physiologische Merkmale im Eröffnungsstadium

- Umhergehen im Kreis, Umschauen und Treten nach dem Bauch, Scharren.
- Wiederholtes kurzes Niederlegen, Wälzen (meist ohne Schütteln).
- Häufiges Absetzen von Kot und Harn in kleinen Mengen.
- Starkes Schwitzen (Hals, Schulter).
- Einschießen, Abtropfen, mitunter auch schon Verlieren von Milch.

Die Nachgeburt löst sich bei Pferden relativ schnell von der Gebärmutter. Sie geht normalerweise etwa 15 bis spätestens 120 Minuten nach der Geburt ab. Im Gegensatz zu vielen anderen Säugetieren fressen Pferde die Nachgeburt gewöhnlich nicht auf. Ausnahmen wurden allerdings bei Island- und Przewalskipferden beobachtet.

Verhalten des Fohlens

Nach einigen erfolglosen Bemühungen steht das Fohlen nach etwa 45 Minuten (10 bis 120 Minuten) zum ersten Mal. Dabei gibt es Geschlechts- und Rasseunterschiede. Stutfohlen gelingt es oft schneller als Hengstfohlen und Fohlen stämmiger Kleinpferderassen stehen meist 10 Minuten früher als veredelte Warm- oder Vollblüter.

Kann das Fohlen stehen und sein Gleichgewicht halten, beginnt es sofort mit der Eutersuche, wobei es von einem **angeborenen Auslösemechanismus** (AAM) geleitet wird. Dieser ist allerdings relativ ungenau, sodass anfängliche Fehler normal sind. Der AAM lenkt die Eutersuchbewegungen nur nach oben, und zwar bevorzugt in Winkel. Unterstützt wird die Eutersuche des Fohlens zusätzlich durch die angeborene Saughaltung mit weitgehend waagerecht gestrecktem Kopf und Hals. Allerdings ist diese an die Höhe des Euters angepasste Haltung nur dann von Nutzen, wenn das Fohlen in passender Größe zur Stute geboren wird. Dagegen hilft die richtige Saughaltung bei der Auffindung des Euters nur noch wenig, wenn das Fohlen in Relation zur Mutter zu groß geboren wurde, was bei Anpaarungen nach menschlichen Zuchtkriterien nicht selten vorkommt.

Erfahrene Muttertiere erleichtern durch Anheben eines Hinterbeins dem Fohlen die Eutersuche. Auch dürfte ihre olfaktorische Kontrolle der Analgegend das Auffinden des Euters begünstigen, da dadurch das Fohlen in die verkehrtparallele Saugstellung gebracht wird. Die meisten Neugeborenen finden etwa 30 bis 120 Minuten nach dem ersten Stehen das Euter. Der Saugreflex ist zu diesem Zeitpunkt schon längst vorhanden. Er setzt gewöhnlich bereits 20 Minuten nach der Geburt ein und ist erkennbar an der „Saugzunge". Erst wenn Fohlen diese zu einer Rinne gefaltete Zunge zeigen, scheinen sie auch saugbereit zu sein. Nach der ersten Milchaufnahme wird das Euter von Mal zu Mal zielstrebiger und schneller gefunden, bis dieser Lernvorgang nach einigen Stunden bis maximal zwei Tagen abgeschlossen ist.

Häufigkeit und Dauer des Saugaktes sind individuell verschieden. Sie richten sich primär nach der Vitalität und dem Alter des Fohlens sowie nach der Stärke des Milchflusses und der Milchmenge des Muttertieres. Saugen dient jedoch nicht nur der Ernährung, sondern hat noch eine weitere wichtige Funktion: Es wirkt beruhigend. Dies ist daran zu erkennen, dass Fohlen, die erschreckt oder von der Mutter getrennt werden, sofort zu saugen beginnen, sobald sie sich wieder im Schutz ihrer Mutter befinden. Nach *Wolff* und *Hausberger (1994)* könnten aus diesem Verhalten Rückschlüsse auf die spätere Eignung als Reittier gezogen werden. So zeigten in ihren Untersuchungen Fohlen, die besonders häufig bei der Mutter Schutz suchten und saugten, auch bei der späteren Ausbildung eine erhöhte Schreckhaftigkeit. Ein genetischer Einfluss scheint diesem Verhalten bzw. der damit korrelierten Saughäufigkeit zugrunde zu liegen.

In der ersten Lebenswoche geht ein Fohlen im Durchschnitt etwa viermal je Stunde, ab dem sechsten Monat nur

Abb. 32 Junge Fohlen nehmen bevorzugt die verkehrtparallele Saugstellung ein.

Abb. 33 Nasonasaler Kontakt gleich nach der Geburt dient der geruchlichen Bindung von Mutter und Fohlen.

noch einmal pro Stunde zum Saufen. Zum Zeitpunkt des natürlichen Absetzens mit acht bis zehn Monaten nehmen die Fohlen nur noch einmal alle zwei Stunden etwas Milch auf. Bleibt die Stute güst, säugt sie unter natürlichen Lebensbedingungen ihr Fohlen weiter bis zum Alter von etwa eineinhalb Jahren.

Mutter-Kind-Beziehung

Entscheidend für eine ungestörte Mutter-Kind-Beziehung ist sowohl die Prägung des Fohlens auf die Mutter als auch die Bindung der Stute an das Neugeborene. Zur Prägung bringt das Fohlen von Geburt an eine Bereitschaft zur Bindung mit. Ebenso ist die Nachfolgereaktion angeboren. **Das Fohlen weiß aber nicht**, wem es nachfolgen soll und **wie seine Mutter aussieht**, lediglich die Vorstellung eines großen Gegenstandes scheint vorhanden zu sein. Es muss somit erst lernen, wer seine Mutter ist und damit einhergehend, zu welcher Art es gehört. Dieser Lernvorgang, der als Prägung bezeichnet wird, ist zeitlich begrenzt und findet nur während der sensiblen Phase statt. Diese ist bei Pferden als Nestflüchter, im Unterschied zu Nesthockern wie Hund und Katze, sehr kurz. Das Ergebnis der Prägung ist jedoch irreversibel, sobald sie einmal abgeschlossen ist.

Dieser Lernvorgang kann durch Störungen beeinträchtigt werden. Die Folge kann eine **Fehlprägung** auf andere Lebewesen bzw. auch auf Gegenstände sein. Um dies zu vermeiden, benötigen Fohlen und Mutter nach der Geburt eine ungestörte Atmosphäre. Unter natürlichen Lebensverhältnissen schirmt dazu die Stute ihr Neugeborenes vor anderen Pferden und Artfremden so gut wie möglich ab. Ihre Motivation ist dabei so hoch, dass es auch rangniederen Stuten gelingt, über Dazwischenschieben und Drohen andere Familienmitglieder erfolgreich von ihrem Fohlen fernzuhalten. Dieses Verhalten kommt einer kurzfristigen Rangerhöhung gleich und wird auch als solche von einigen Autoren beschrieben.

Der Grad der Dominanz, der während der Prägungszeit des Fohlens von der Mutter erreicht wird, ist individuell verschieden. Es scheint auch Rasseunterschiede zu geben. So dominieren Haflingerstuten in dieser Situation sogar über dem Leithengst.

Die Prägung des Fohlens und die Bindung der Mutter an ihr Fohlen erfolgt anhand olfaktorischer, akustischer und optischer Merkmale. Als erstes ist bei beiden die geruchliche Bindung abgeschlossen. Wie wichtig diese auch bei der Mutter trotz optischer und akustischer Information ist, zeigt die Tatsache, dass dem Trinken auch nach einigen Monaten noch immer eine olfaktorische Kontrolle der Anogenital-Region vorausgeht. Diese führt nie zu einem Irrtum.

Die Bindung der Mutter an ihr Kind erfolgt sehr schnell. Sie kann es oft schon innerhalb der ersten halben Stunde eindeutig erkennen. Die Prägung des Fohlens auf seine Mutter dauert meist länger. Sie ist frühestens nach einer halben Stunde abgeschlossen, kann aber auch bis zu zwei Tagen dauern. Das Ende der Prägung ist beim Fohlen durch aktives Nachfolgen seiner Mutter erkennbar. Sind die Bindungsvorgänge abgeschlossen, werden andere Partner als Mutterstute bzw. Fohlen abgelehnt.

> **Voraussetzungen für eine intakte Mutter-Kind-Beziehung**
>
> - Ungestörte olfaktorische, akustische und optische Kontaktaufnahme zwischen Mutterstute und Fohlen unmittelbar nach der Geburt.
> - Keine Störungen des Prägungsvorgangs durch den Menschen, Pferde oder andere Tiere während der sensiblen Phase.
>
> **Das natürliche Absetzen erfolgt:**
> - nach allmählicher Loslösung von der Mutter,
> - nach dem Aufbau neuer Bindungen zu anderen Pferden,
> - im Alter von 8 bis 10 Monaten.

Dauer des Mutter-Kind-Verhältnisses

Das Fohlen verbringt während der ersten Lebenswochen die meiste Zeit in der Nähe seiner Mutter. Mit zunehmendem Alter lockert sich dann allmählich das enge Mutter-Kind-Verhältnis. War das Fohlen in der ersten Lebenswoche mehr als 90 % der Zeit in nächster Nähe der Mutterstute, so ist es im Alter von fünf Monaten nur noch etwa die Hälfte des Tages und mit acht Monaten nur noch 20 % der Zeit in diesem Bereich. Parallel zu dieser Entwicklung baut das Fohlen vermehrt Kontakte zu anderen Gruppenmitgliedern, vor allem zu Altersgleichen, Jährlingen und Geschwistern auf.

Die Stute akzeptiert bereits wenige Tage nach der Geburt den Kontakt des Fohlens mit den übrigen Familienmitgliedern. Anderen Artgenossen oder Artfremden gegenüber kann sie jedoch ausgesprochen aggressiv reagieren und diese sogar aktiv mit den Vorderhufen oder Zähnen angehen. Auch fremde Fohlen, die in ihre Nähe kommen, werden durch Drohen abgewiesen und, sobald sie saugen wollen, mitunter sogar heftig vertrieben.

Der **Zeitpunkt des Entwöhnens** ist bei frei lebenden Pferden nach Populationen verschieden. Meist sind die Fohlen zwischen acht bis zehn Monate alt. So werden Koniks, Connemaras und Mustangs oft schon mit acht Monaten von der Mutter abgesetzt, während New-Forest und Dülmener Ponyfohlen sogar bis wenige Tage vor der Geburt des nächsten Fohlens saugen dürfen. Nach der Geburt des neuen Fohlens verhält sich die Mutter gegenüber dem ehemaligen Kind zwar etwas duldsamer als zu anderen, dennoch wird es energisch von dem Neugeborenen und der Milchquelle ferngehalten. Das abgesetzte Jungtier schließt sich daraufhin anderen Pferden an, zu denen es im Laufe der ersten Lebensmonate bereits eine engere Bindung eingegangen ist. Nach etwa zwei bis vier Wochen ist der Absetzer in seinem Aktivitätsrhythmus nicht mehr von anderen Jährlingen und Zweijährigen zu unterscheiden. Doch auch nach dem Entwöhnen bleibt die Bindung zwischen Mutter und Kind noch bestehen. Die Kontaktsuche geht dabei überwiegend vom Nachwuchs aus. Erst, wenn dieser mit zwei oder drei Jahren den Familienverband verlässt, ist das Mutter-Kind-Verhältnis endgültig beendet.

4.2 Konsequenzen für Haltung und Umgang

Abfohlbereich

Die meisten Geburten finden unter menschlicher Obhut im Stall statt. Von Vorteil ist, wenn jede Stute in ihrer Box und somit in der vertrauten Umgebung bleiben kann. Diese muss aber ausreichend groß sein. Das Mindestmaß beträgt für Abfohlboxen $(2,3 \times Wh)^2$. Dies bedeutet für Großpferde eine **Boxenfläche von etwa 16 m²**. Die vielerorts noch übliche 3 × 3 m große Box ist für Pferde dieser Größenordnung jedoch keinesfalls ausreichend. Allgemein empfehlenswert ist das Auskleiden der Boxenwände mit Strohballen. Dies ermöglicht eine zusätzliche Raumschaffung, wenn die Stute in einer Boxenecke abliegt und die Gefahr besteht, dass das Fohlen während der Austreibungsphase gegen die Wand gedrückt wird. Mit dieser Vorkehrung muss die Stute nicht mehr aufgetrieben, sondern lediglich der Strohballen hinter ihr entfernt werden.

Bei Geburten in der Gruppe inmitten anderer Pferde kann es zu unbeabsichtigten Trennungen von Mutter und Fohlen kommen, wodurch das Risiko für eine Störung der Mutter-Kind-Beziehung erhöht ist. Besonders in gemischtrassigen Gruppen können rangtiefe Mutterstuten andere Pferde, trotz erhöhter Aggressivität während der sensiblen Phase, nicht immer ausreichend von ihrem Fohlen fernhalten. Deshalb empfiehlt es sich in der Gruppenhaltung, insbesondere im geschlossenen Laufstall und im Offenlaufstall, die zur Geburt anstehende Stute rechtzeitig zu separieren. Am besten geeignet ist eine ausreichend groß bemessene Box, die genügend Rückzugsmöglichkeiten und trotzdem guten Kontakt zu den übrigen Gruppenmitgliedern erlaubt. Dadurch ist der ungestörte Ablauf der Prägung und Mutter-Kind-Bindung gewährleistet, außerdem ist eine medizinische Versorgung besser möglich.

Umgang mit der Stute

Das hohe Sicherheitsbedürfnis der Stuten führt dazu, dass bei unseren Zuchtpferden die Geburten überwiegend nachts stattfinden. Im Stall gehaltene Pferde fohlen deshalb zu etwa 90 % am Abend, in der Nacht bzw. in den frühen Morgenstunden ab. Für die Geburt benötigt das angehende Muttertier eine gesicherte, abgeschirmte Gesamtsituation. Viele Stuten zögern deshalb die Geburt solange hinaus, bis kein Mensch mehr anwesend ist. Nur sehr vertrauten Personen gelingt es dabei zu sein und nicht als Störfaktor angesehen zu werden. Auch wenn die meisten Fohlengeburten komplikationslos verlaufen, sollten sie überwacht werden. Bewährt haben sich technische Einrichtungen wie Videokamera oder Geburtsmelder mit Feuchtigkeits- bzw. Wärmesensor.

Ständige Kontrollgänge führen dagegen eher zur Beunruhigung der Stute. Keinesfalls darf man sich dabei anders verhalten als im normalen Alltag, denn Flüstern und auf Zehenspitzen gehen, kann irritierend wirken und der Stute eher den Eindruck eines heranschleichenden Feindes vermitteln. Auch Hektik und Nervosität des Betreuungspersonals können den Geburtsverlauf beeinflussen bzw. zum Stillstand bringen.

Störungen unmittelbar nach der Geburt können die Mutter-Kind-Beziehung ernsthaft gefährden. So kann eine Beunruhigung durch Menschen, Pferde oder andere Tiere dazu führen, dass stressbedingt eine umadressierte, das heißt auf das Fohlen gerichtete Abwehrreaktion bei der Stute hervorgerufen wird. In diesem Fall kann das Neugeborene ernsthaft verletzt werden.

Auch bei Erstgebärenden bzw. bei Stuten, die nach langen Jahren des Reitpferdedaseins erstmalig in der Zucht eingesetzt werden, ist mitunter **aggressives Verhalten gegenüber dem ersten Fohlen** zu beobachten. Einige treten nach dem noch liegenden Neugeborenen, andere versuchen dem Fohlen durch Schlagen und Beißen das Saugen zu verwehren. Dieses Verhalten ist in der Regel auf einen Mangel an Erfahrung zurückzuführen und ist schmerz- bzw. angstbedingt. In solchen Fällen muss man helfend eingreifen, wobei die Stute für ihr Verhalten nicht bestraft werden darf, sondern unter Lob lernen muss, das Fohlen mit etwas Positiven zu verbinden (D 3.3, S. 163). Meist genügt es, die Stute vorübergehend zu fixieren, um dem Fohlen ein erstes Saugen zu ermöglichen. Das erste Saugen führt schließlich, ausgenommen es liegt eine Erkrankung vor, ebenfalls zu einer positiven Erfahrung für die Stute, denn der schmerzhafte Druck am Euter lässt nach. Außerdem werden verschiedene Hormone freigesetzt, unter anderem Endorphine, die für angenehme Empfindungen verantwortlich gemacht werden. Meist ist nach einigen Wiederholungen das Problem behoben und die Stute akzeptiert ihr Fohlen.

Mitunter, wenn auch selten, kommt aggressives Verhalten der Stute unabhängig von den Saugversuchen des Fohlens vor. Unter anderem gibt es diesbezüglich Hinweise auf eine genetische Komponente. So sollen Stuten arabischer Herkunft und hier wiederum bestimmte Linien häufiger als andere Pferderassen zu Aggressionen gegenüber dem eigenen Fohlen neigen *(Houpt 1995)*. Solche Tiere sind von der Zucht auszuschließen.

Eine erhöhte Aggressivität der Stute gegenüber Artfremden oder Menschen während der sensiblen Phase ist als normales Verhalten einzustufen. Bleibt die gegen den Menschen gerichtete Aggression jedoch nach Abschluss der Prägephase bestehen, muss man durch entsprechende Maßnahmen seine Ranghoheit demonstrieren. Ansonsten kann es zu einer bleibenden Verschiebung der Rangordnung kommen, was den weiteren Umgang mit der Stute deutlich erschweren würde.

Umgang mit dem Fohlen

Ein gesundes Fohlen benötigt keine Hilfeleistungen seitens des Menschen. Es braucht weder aufgestellt, noch an das Euter gehoben werden. Erst wenn es zwei Stunden nach der Geburt immer noch an der falschen Stelle sucht, sollte man ihm helfen, damit die optimale Versorgung mit Immunglobulinen über die Kolostralmilch nicht gefährdet wird. Auch medizinische Maßnahmen sind nur dann durchzuführen, wenn sie wirklich indiziert sind. Sobald jedoch die Mutter-Kind-Beziehung erfolgreich abgeschlossen ist, steht einem engeren Kontakt des Menschen mit dem Fohlen nichts mehr im Wege.

Störungen während der sensiblen Phase können eine Fehlprägung auslösen. Diese führt bei den betroffenen Pferden zu späteren **Verständnisproblemen der pferdespezifischen Verhaltensweisen.** Außerdem ist, insbesondere bei Hengstfohlen, mit Aggressionen und auf den Menschen gerichtetes Sexualverhalten zu rechnen. Das Risiko für eine solche soziale Fehlentwicklung ist bei verwaisten Jungtieren besonders groß. Um eine Fehlprägung zu verhindern, sollte man solche Fohlen schnellstmöglich unter Einschaltung entsprechender Vermittlungsdienste einer Ammenstute zuführen und es zwischenzeitlich zu einem anderen, besonders gutmütigen Pferd geben. In der Regel lassen Stuten fremde Fohlen nicht saugen. Ausnahmen sind selten. Deshalb sind bei einer Zusammenführung von Ammenstute und Fohlen bestimmte Vorkehrungen nötig. Bewährt haben sich in der Praxis die geruchliche Überdeckung des Fohlens (Einreiben mit körpereigenen Substanzen der Stute oder ihres verstorbenen Fohlens wie Pferdeäpfel oder gebrauchte Einstreu) und die Fixierung der Stute während der ersten Saugakte. Wird das Fohlen von der Ammenstute nicht angenommen, bleibt nur die Aufzucht durch den Menschen. Neben der Berücksichtigung medizinischer Probleme und der Saughäufigkeit, ist darauf zu achten, dass solche Fohlen keinen zu starken Bezug zum Menschen aufbauen. Bei Handaufzucht mit der Flasche kann die Bindung zum Menschen zu eng werden. Besser geeignet sind daher Tränkeimer mit Sauger oder Tränkautomaten wie man sie in der Kälberhaltung verwendet. Diese Vorgehensweise befriedigt einigermaßen das Saugbedürfnis des Fohlens und wirkt zum anderen einer zu starken Bindung an den Menschen entgegen. Wenn gleichzeitig Kontakt zu Artgenossen, insbesondere zu Jungtieren gewährleistet ist, bauen derart aufgezogene Fohlen später normale Beziehungen sowohl zu anderen Pferden als auch zum Menschen auf.

Tipps zum stressfreien Absetzen von Fohlen

- **Aufzucht in der Herde**
  Ein stressfreies Absetzen wird gewährleistet, wenn ein Fohlen im Herden- oder Mutterstutenverband zusammen mit vielen anderen Jungtieren aufwachsen kann. Unter diesen Umständen hat es bereits vor dem Absetzen engere Bindungen zu anderen Pferden aufgebaut. Gemeinsam mit vertrauten Gruppenmitgliedern kann dann das Fohlen eine kurzzeitige Abwesenheit der Mutter und die endgültige Trennung wesentlich besser verkraften.

- **Trennung üben**
  Lernt das Fohlen das Trennen von der Mutter bereits vor dem Absetzen, erfolgt die endgültige Abnabelung ohne Trauma. Zu Beginn der Übung sollte es etwa zwei bis drei Monate alt sein. In der ersten Übungssequenz wird die Mutter nur für kurze Zeit weggebracht, während das Fohlen bei den Spielgefährten verbleiben darf. Ihre Abwesenheit wird daraufhin sukzessive gesteigert, wobei die Zeitdauer individuell auf das Verhalten des Fohlens abgestimmt ist. Falsch wäre es, das Fohlen allein in der Box zurückzulassen, wo es unter Umständen „die Wände hochgeht". Sobald das Fohlen das Geführtwerden gelernt hat, wird es selbst von der Gruppe weggebracht. Dies erfolgt besonders behutsam und ohne Zwang, wobei am Anfang wenige Meter genügen. Die Distanz wird dann langsam gesteigert, bis die ersten längeren Spaziergänge alleine mit dem Fohlen unternommen werden können.

- **Absetzen gemeinsam mit Freunden**
  Ein stressfreies endgültiges Absetzen wird erreicht, wenn das Fohlen bei den vertrauten Artgenossen verbleiben kann und die Mutter weggebracht wird. Wenigstens ein Spielgefährte oder gut bekannte „Tanten" und „Onkel" sollten mit dem Fohlen zusammensein.

- **Verbleib in der vertrauten Umgebung**
  Nach dem Absetzen verbleibt das Fohlen in der vertrauten Umgebung und bei den bereits bekannten Pferden bzw. Spielkameraden. Die Mutter wird in einem anderen Stall untergebracht. Falsch ist ein sofortiger Ortswechsel des Fohlens und die Eingliederung in eine neue Pferdegruppe. Dadurch würde es zu einer erheblichen psychischen Belastung beim Absetzer kommen.

Als nicht ungefährlich zu beurteilen, ist die **Imprint-Methode** nach *Miller (1995)*. Sie hat zum Ziel, die hohe Lernfähigkeit während der sensiblen Phase zu nutzen und das Fohlen parallel zur eigenen Art auch auf den Menschen zu prägen. Dieses „Prägungstraining", welches Prägungseffekte nutzt, aber zusätzlich auf einem systematischen Konditionierungsprogramm beruht, soll dazu führen, dass das Fohlen den Menschen als Artgenossen anerkennt und der spätere Umgang mit dem Pferd sowie dessen Ausbildung erleichtert werden. Das Problem dabei ist, dass beim Pferd im Gegensatz zum Hund die sensible Phase sehr kurz ist. Besteht in dieser Zeitspanne ein zu intensiver Mensch-Fohlen-Kontakt, ist eine Fehlprägung programmiert. Eine momentane Fehlorientierung kann zwar nach *Waring (1983)* wieder in normale Bahnen gelenkt werden, doch nur solange wie die Prägung noch nicht abgeschlossen ist. Bei der *Miller-Methode (1995)* konfrontiert man das Fohlen bereits ein bis zwei Stunden nach der Geburt mit Berührungen und Geräuschen aller Art. Um es beispielsweise an eine Ohrenberührung zu gewöhnen, fasst man es ständig an bzw. in die Ohren und zwar so lange bis das Fohlen keine Abwehrreaktion mehr zeigt. Dazu wird es am Boden festgehalten, um es am Aufstehen bzw. an Fluchtversuchen zu hindern. Das Lernen erfolgt beim neugeborenen Fohlen somit primär unter Angst und ist der „**Reizüberflutungs-Methode**" (C 6.2, S. 133) zuzuordnen. Diese Therapiemethode erfordert, dass man sie konsequent bis zur Duldung ohne Angst durchführt. Unterbricht man die Behandlung vorzeitig beispielsweise wegen der Gefahr einer Fehlprägung, können dauerhafte Lerneffekte im negativen Sinne die Folge sein.

Miller bezeichnet seine Vorgehensweise als Desensibilisierung. Das ist nicht zutreffend, denn Desensibilisierung basiert im Gegensatz zur Reizüberflutung auf einem angstfreien Lernen ohne Zeitdruck.

Wesentlich sinnvoller ist es, durch eine positive Beziehung zur Stute das Verhalten des Fohlens zu beeinflussen. *Henry* und Mitarbeiter *(2005)* stellten fest, dass durch eine tägliche sanfte Behandlung des Muttertiers (Striegeln, Von-Hand-Fütterung) die Fohlen wesentlich zutraulicher wurden und auch das Auflegen von Sattelpolstern besser tolerierten als Fohlen, die keinen Kontakt zu Menschen hatten.

Stressfreies Absetzen

Die Erfahrungen, die ein Fohlen beim und nach dem Absetzen macht, wirken sich gravierend auf seine weitere Entwicklung aus. Das bei uns übliche Absetzen im Alter von sechs Monaten ist bereits sehr früh. Erfolgt es zudem abrupt, besteht kein Kontakt zu bekannten Artgenossen oder wird das Fohlen aus der vertrauten Umgebung herausgerissen, kommt zu der Trennung von der Mutter noch die unnatürliche soziale Isolation hinzu, was eine erhebliche psychische Belastung für das junge Tier darstellt. Verschiedene Verhaltensstörungen finden ihren Ursprung in einem psychischen Trauma aus dieser Zeit. Deshalb sollte das Absetzen so gut wie möglich dem **natürlichen Loslösungsprozess** des Fohlens von der Mutter unter Freilandbedingungen angepasst werden. Ein solches Absetzen hat außerdem den Vorteil, dass der Verdauungstrakt des Fohlens sich nach und nach auf ausschließlich feste Nahrung umstellen kann und ein Fütterungsstress, der sich nach der Trennung zusätzlich einstellen würde, weitgehend vermieden wird. Somit darf nicht nur aus psychischen Gründen, sondern auch unter ernährungsphysiologischem Aspekt das Absetzen frühestens im Alter von sechs Monaten erfolgen.

> **Fehler bei der Haltung der Zuchtstute sowie während der Geburt und Aufzucht sind häufig Ursache für Problemverhalten:**
>
> - Ein Mangel an Erfahrung im Mutter-Kind-Verhalten kann die Ursache für aggressives Verhalten der Mutterstute gegenüber ihrem Fohlen sein.
> - Beunruhigungen der Mutterstute unmittelbar nach der Geburt können eine Beeinträchtigung der Bindung an das Fohlen oder aggressives Verhalten zur Folge haben.
> - Störungen des Prägungsvorgangs während der sensiblen Phase sind verantwortlich für eine mögliche soziale Fehlentwicklung des Fohlens.
> - Abruptes Absetzen ohne Kontakt zu vertrauten Artgenossen sowie Ortswechsel führen zu einer starken psychischen Belastung des Fohlens und wirken prädisponierend für zukünftige Verhaltensstörungen wie Koppen und Weben.

5 Fressverhalten

5.1 Natürliche Verhaltensweisen

Nahrungsspektrum und Futterselektion

Pferde sind wie alle Equiden Pflanzenfresser und ernähren sich überwiegend von Gräsern und Kräutern. Je nach Vegetation des Lebensraums und der Jahreszeit fressen frei lebende Pferde zusätzlich auch Blätter, Rinde, Zweige, junge Triebe, Sumpf- und Schilfgräser, Moose und ähnliches mehr. Dabei differenzieren sie genau zwischen den einzelnen Pflanzen; einige werden bevorzugt, andere abgelehnt. Dieses Verhalten ist nicht angeboren, sondern wird von der Mutter erlernt. Nahrungsmittel, die Pferde in der Jugend zu fressen bekommen, prägen sich besonders gut ein. Man spricht deshalb auch von Futterprägung. Diese ist zusammen mit der Gewöhnung an bestimmte Futtermittel entscheidend für die spätere Nahrungspräferenz. Abgesehen davon treffen Pferde im Allgemeinen ihre Nahrungsauswahl weniger nach dem Nährstoffgehalt als vielmehr nach dem Geschmack, der Struktur und der Verfügbarkeit des Futters. Ist das Futterangebot reichlich, fressen sie sehr wählerisch. Besteht dagegen Nahrungsknappheit, Hunger oder ein erhöhter Nährstoffbedarf (z. B. während der Trächtigkeit), dann ist die Quantität des aufgenommenen Futters wichtiger als die Qualität, und das zeitaufwendige selektive Grasen tritt zurück.

Abb. 34 Die Aufnahme von Blättern und das Beknabbern von Rinde entsprechen dem natürlichen Fressverhalten von Pferden.

Bei der **Futterwahl** spielen der Geruchs- und Geschmackssinn eine wichtige Rolle; optische Eindrücke sind hingegen ohne besondere Bedeutung. Futter, das unangenehm riecht, wird erst gar nicht aufgenommen. Aber auch die Geschmacksempfindlichkeit ist groß. Bittere Pflanzen werden kaum gefressen, bevorzugt werden süßschmeckende. Nach bisherigen Kenntnissen können **Pferde** jedoch **nicht zwischen giftig** und **ungiftig** unterscheiden. Da jedoch die meisten Giftpflanzen entweder stark riechen oder bittere Inhaltsstoffe enthalten, üben sie eine Repellenswirkung auf Pferde aus und werden deswegen gemieden.

Infolge der Selektivität beim Grasen beweiden Pferde Grünflächen nicht gleichmäßig. An manchen Stellen ist das Gras oft bis zu den Wurzeln abgenagt, an anderen Plätzen kann es bis zu einem Meter hoch stehen. Diese sogenannten Geilstellen entstehen, weil unsere Hauspferde die Pflanzen verschmähen, die auf ihrem Kot wachsen. Der Grund hierfür ist vermutlich der Geruch, der dem Boden anhaftet. Dieses Verhalten wurde bei Pferden in freier Wildbahn und bei Przewalskipferden bisher nicht beobachtet. Letztere fressen sogar bevorzugt das saftige Gras in der Nähe ihrer Kothaufen.

Fohlen nehmen in den ersten Lebenswochen zeitweise geringe Mengen frischen Kots, insbesondere den der Mutter auf. Dieses Verhalten ist auch bei Wildeinhufern zu sehen. Man nimmt an, dass dadurch eine Verbesserung der Darmflora und der Vitamin-B-Versorgung erreicht werden soll. Bei erwachsenen Pferden ist Kotfressen die Ausnahme. Kommt es gehäuft vor, handelt es sich um eine Verhaltensbesonderheit. Meist sind Fütterungsfehler die Ursache (D 1.5, S. 148). Benagen von Holz und Baumrinde gehört dagegen zum natürlichen Fressverhalten von Pferden. Es wird sowohl in freier Wildbahn als auch bei adäquat ernährten und ausreichend beschäftigten Pferden unter menschlicher Obhut gezeigt. Offenbar mögen Pferde den Geschmack und auch die Konsistenz von Holz. Starkes Holznagen ist jedoch ebenfalls eine Verhaltensabweichung und in der Regel ein Indikator für eine nicht artgerechte Haltung (D 1.4, S. 146).

Dauer und Regulation der Futteraufnahme

Da Pferde selektiv fressen, sorgfältig kauen und ihre natürliche Nahrung energiearm und rohfaserreich ist, benötigen sie sehr lange Fresszeiten bis ihr

Abb. 35 Rhythmus der Nahrungsaufnahme bei Weidepferden (nach *Krull 1984*).

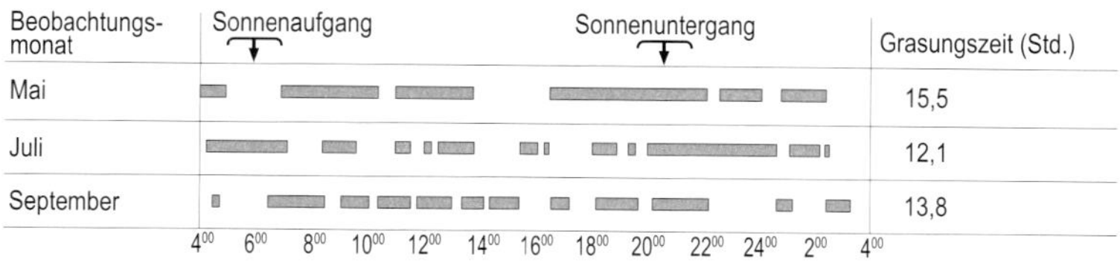

Nährstoffbedarf gedeckt ist. Sowohl verwilderte Pferde in freier Natur als auch Weidepferde sind etwa 12 bis 18 Stunden des 24-Stunden-Tages mit der Nahrungsaufnahme beschäftigt. Dabei hängt die Fressdauer überwiegend vom Nährstoffangebot und der Witterung ab. Die Dauer der Futteraufnahme hat jedoch sowohl nach oben als auch nach unten eine Grenze. Auch wenn der Nährstoffbedarf noch nicht gedeckt ist, fressen Pferde kaum länger als 18 Stunden pro Tag. Andere Tätigkeiten wie Ruhen und soziale Interaktionen stehen dann im Vordergrund. Das **untere Limit** liegt bei etwa **12 Stunden**, denn auch bei sehr gutem Futterangebot fressen Pferde täglich über diese Zeitdauer. Diesem Verhalten liegt eine angeborene Komponente zugrunde.

Fütterungsversuche von *Sweeting* und Mitarbeiter *(1985)* bei Ponys sowie von *Meyer und Coenen (2002)* ergaben, dass Pferde im Stall mit ad-libitum-Fütterung eine ähnliche Rhythmik bei der Nahrungsaufnahme zeigen wie Weidepferde (Abb. 35), selbst wenn sie konzentriertes Futter erhalten. Wurde Mischfutter zur freien Verfügung angeboten, teilten sich die Tiere das Gesamtfutter in täglich etwa 10 Mahlzeiten auf. Dabei lag die Futtermenge pro Mahlzeit niemals über 0,25 kg/100 kg Lebendmasse. Ein ähnliches Verteilungsmuster ergab sich bei *Pirkelmann (2008)* bei ad-libitum-Fütterung von Heu aus Vorratsraufen (Abb. 36).

Kurzfristig kann die Grasungsdauer durch Unwetter, blutsaugende Insekten, Beunruhigung durch mögliche Feinde und ähnliches mehr beeinflusst werden. Meist wird jedoch hinterher die verkürzte Nahrungsaufnahmezeit durch eine höhere Fressgeschwindigkeit wieder ausgeglichen. Das heißt, die Pferde passen sich durch eine Verhaltensänderung den Gegebenheiten an und ihr Selbsterhalt bleibt gesichert. Anders ist es bei chronischen Erkrankungen, Wassermangel oder Krankheiten der Zähne und Zunge sowie im Schlundbereich und im Magen-Darmtrakt. In solchen Situationen kann die Nahrungsaufnahme reduziert bzw. ganz eingestellt werden. Auch bei starker Erschöpfung oder Überhitzung (nach Rennen, Jagden bzw. bei hohen Umgebungstemperaturen) sinkt die Futteraufnahme. Appetitanregend wirken hingegen das Fressen in der Gemeinschaft (soziale Stimulation durch Artgenossen) sowie die Gewöhnung an Futter, Umgebung und Pfleger.

Die **Regulation der Nahrungsaufnahme** wird sowohl zentral gesteuert (Futteraufnahmezentrum im Zwischenhirn) als auch durch Signale aus der Peripherie. Unter natürlichen Lebensbedingungen sind diese Regelmechanismen sehr effektiv. Es scheint jedoch, dass sie bei einer stark vom Normalmaß abweichenden Fütterung wie hohen Kraft-

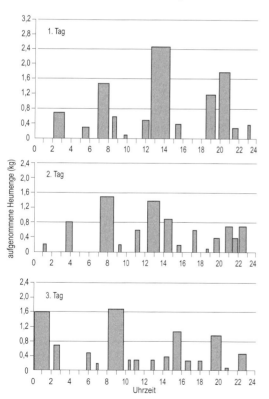

Abb. 36 Rhythmus der Heuaufnahme bei Ad libitum Fütterung aus Vorratsraufen *(Pirkelmann 2008)*.

futtermengen, langen Intervallen zwischen den Mahlzeiten und zu wenig kauende Beschäftigung möglicherweise nicht mehr voll greifen. Gezielte Untersuchungen hierzu fehlen allerdings bei Pferden. Von anderen Tierarten ist bekannt, dass über das Futteraufnahmezentrum ständig das Bedürfnis zur Futteraufnahme aufrechterhalten wird. Dieser Mechanismus muss gehemmt werden, um die Nahrungsaufnahme zu stoppen. Das Signal für die Beendigung einer Mahlzeit dürfte beim Pferd die Motivation sein, anderen Bedürfnissen nachzugehen. Auch die Befriedigung des Kaubedürfnisses dürfte eine Rolle spielen. Ohne Bedeutung ist die Magenfüllung, denn das Pferd verfügt über **keine Dehnungsrezeptoren**, die bei übermäßiger Füllung die Nahrungsaufnahme stoppen würden.

Abb. 37 Pferde fressen selektiv und können wohlschmeckende Gräser und Kräuter bis auf die Wurzeln abreißen.

Fresszeiten

Pferde fressen sowohl am Tag als auch in der Nacht. Die mehrstündigen Hauptfresszeiten finden meist während der Morgen- und Abenddämmerung bis Mitternacht statt. Doch auch am späten Vormittag und am Nachmittag werden immer wieder kürzere Zwischenmahlzeiten eingeschoben. Diese entfallen nur bei sehr hohen Temperaturen oder bei großer Insektenplage. Ebenso verkürzen frei lebende Equiden bei nasskaltem Wetter ihre Grasungszeit. Pferde bleiben jedoch von sich aus selten länger als drei bis vier Stunden ohne Nahrungsaufnahme. Im Allgemeinen vergeht kaum eine Stunde, in der nicht einige Bissen Nahrung aufgenommen werden. An dieses Fressverhalten mit langen Fresszeiten und einer kontinuierlichen Futteraufnahme ist der Verdauungsapparat der Pferde in Bau und Funktion angepasst. Jede größere Abweichung hiervon kann eine gesundheitliche Störung im Bereich des Magen-Darmtraktes, sprich eine Kolik, zur Folge haben.

Fresshaltung und Fresstechnik

Pferde fressen normalerweise mit gesenktem Kopf unter langsamer Fortbewegung. Dabei entspricht die Fußfolge beim Grasen der Schrittstellung, das heißt stets wird ein Vorderbein weiter vorgestellt, damit der Kopf bis zum Boden reicht. Gräser werden zunächst mit den Lippen manipuliert, dann mit den Schneidezähnen unter kurzem Kopfruck abgebissen oder abgerupft. Lose Futterpartikel wie Körner, gelangen mithilfe der Lippen und Zunge ins Maul. Feste Nahrung wie Baumrinde, Zweige und Rüben wird direkt mit den Schneidezähne angenagt oder abgebissen. Über Zungenbewegungen wird dann das Futter zu den Backenzähnen befördert und dort über seitliche Bewegungen des Unterkiefers zermahlen. Während der Kauphasen wird der Kopf oft angehoben und die Umgebung beobachtet. Unter natürlichen Bedingungen fressen Pferde verhältnismäßig langsam und kauen sorgfältig. Unangenehm schmeckende Pflanzen oder irrtümlich ins Maul gelangte Gegenstände werden sofort mit der Zunge wieder aus dem Maul herausbefördert. Daher kommt es beim Pferd nur selten zum Abschlucken von Fremdkörpern.

Je nach Futtermittel liegt die Zahl der Kauschläge beim Großpferd zwischen 40 bis 80 Schläge pro Minute. Deshalb ist die Aufnahmedauer für verschiedene Futtermittel je nach Struktur und Konsistenz auch unterschiedlich lang. Im Durchschnitt – es bestehen allerdings erhebliche Variationen zwischen den Tieren – braucht ein Großpferd mit gesunden Zähnen für 1 kg Heu oder Stroh etwa

---

- Fressverhalten sowie Bau und Funktion des Verdauungssystems sind beim Pferd im Laufe der Domestikation unverändert geblieben. Dementsprechend benötigt das Pferd eine kontinuierliche, vielstündige Aufnahme kleiner Futtermengen.
- Pferde haben das angeborene Bedürfnis, mindestens 12 Stunden am Tag Nahrung aufzunehmen.
- Die gemeinsame Nahrungsaufnahme mit Artgenossen entspricht dem natürlichen Fressverhalten von Pferden.
- Synchrones Fressen erfordert die Einhaltung der rangabhängigen Sozialabstände.

40 bis 50 Minuten bei ca. 3500 Kauschlägen, während es für 1 kg Hafer nur etwa 10 Minuten und lediglich 800 Kauschläge benötigt. Kleinpferde fressen wegen der schmaleren Kaufläche im Allgemeinen etwas langsamer.

Soziale Faktoren

Unter natürlichen Lebensbedingungen fressen Pferde bevorzugt gleichzeitig. Häufig beginnen einige Gruppenmitglieder mit der Nahrungsaufnahme, die anderen folgen dann nach. Dabei weiden sie unter Einhaltung ihrer rangabhängigen Sozialabstände. Im Allgemeinen beträgt der Abstand zwischen den Einzeltieren mindestens einen Meter. Nur miteinander gut vertraute Tiere grasen Kopf an Kopf.

5.2 Konsequenzen für Haltung und Umgang

Bedarfs- und verhaltensgerecht füttern

Raufutter ist ein unersetzlicher Bestandteil der Pferdenahrung. Darauf und auf die Bedeutung der Beschäftigung mit Raufutter wird in der entsprechenden Fachliteratur immer wieder hingewiesen. In der heutigen Pferdehaltung besteht die Tendenz zu geringem Raufuttereinsatz. Als Gründe werden genannt: schwierige Beschaffung, Qualitätsprobleme, hoher Raumbedarf bei der Lagerung und vermehrter Arbeitsaufwand. Aber auch Gesundheitsprobleme („Stauballergiker") und insbesondere Schönheitsprobleme („Strohbauch") werden nicht selten angeführt. Die häufig praktizierte Fütterung mit nur zwei Fresszeiten am Tag und mit bis zu zehnstündigem Abstand während des Tages und einer 14-stündigen Nachtpause ist jedoch nicht verhaltensgerecht! Unter solchen Bedingungen kann es zu einer starken Verkürzung der Fresszeit kommen, insbesondere dann, wenn die Pferde auf nicht fressbarem Einstreumaterial aufgestallt sind (A 4, S. 24).

Untersuchungen an einem umfangreichen Pferdematerial in Italien, Kanada, England und Schweden konnten übereinstimmend zeigen, dass besonders viele Verhaltensauffälligkeiten in solchen Ställen auftreten, in denen die Pferde nur wenig Heu erhielten und andere Einstreumaterialen als Stroh verwendet wurden. Auch unerwünschtes Verhalten findet häufig seinen Ursprung in einer zu geringen Beschäftigungsdauer mit der Nahrungsaufnahme. Außerdem ist unter ernährungsphysiologischem Aspekt zu beachten, dass durch eine unzureichende Raufutterzufuhr die Risiken für verschiedene Störungen des Verdauungsapparates (z. B. Magengeschwüre, Fehlgärungen, Hakenbildung an den Zähnen) erhöht werden. Im Gegenzug zu einer reduzierten Raufuttergabe wird in der Praxis Kraftfutter gegeben. Für viele Pferde ist dieser „Leckerbissen" das Highlight des Tages. Verhaltensweisen aus Übererregung bis hin zu aggressivem Verhalten, Ersatzbeschäftigungen wie Benagen oder Belecken von Holzverkleidungen sowie Aufmerksamkeit forderndes Verhalten können dadurch ausgelöst werden. Die Aufnahme großer Kraftfuttermengen pro Mahlzeit (> 0,5 kg/100 kg KM) stellt zudem ein erhöhtes Risiko für Magengeschwüre und Koliken dar. Unter Magengeschwüren leiden etwa 60 % der Reit- und über 80 % der Rennpferde!

Eine pferdegerechte Fütterung muss sowohl bedarfsdeckend als auch verhaltensgerecht sein. Dem Pferd sind also einerseits ausreichend Energie, Nähr- und Ballaststoffe sowie Vitamine und Mineralien anzubieten, andererseits müssen die Futtermittel so gewählt werden, dass das **Fress- bzw. Kaubedürfnis** befriedigt wird. Als Mindestanforderung gilt, dass unabhängig von Rasse und Verwendungszweck zumindest der Erhaltungsbedarf über das Grundfutter zu decken ist. Will man verhaltensgerecht füttern, dann bekommt das Pferd auch seinen Leistungsbedarf über Grundfutter unter Er-

Abb. 38 Weiden mit überständigem Gras sind ideal für „gute Futterverwerter". Um Futterverluste zu vermeiden, sollten diese täglich bedarfsgerecht portioniert werden.

> **Tipps für die Fütterung von „guten Futterverwertern"**
>
> - **Reduzierung oder Verzicht auf Kraftfutter zugunsten von Raufutter oder Weide**
>   Heute wird die Mehrzahl der Pferde im Freizeitbereich genutzt und verrichtet mittlere, leichte oder nahezu keine Arbeit. Sie benötigen in der Regel kein oder nur wenig Kraftfutter. Ihr Erhaltungs- und Leistungsbedarf kann über Grund- bzw. Raufutter gedeckt werden. Auch Leistungspferde kann man verhaltensgerecht und gesund füttern, indem man die Raufuttergaben am Abend erhöht.
> - **Nährstoffgehalt senken** Für gute Futterverwerter sollte der üblicherweise angegebene Energiebedarf etwa um 10% gesenkt werden. Dies kann man über die vermehrte Gabe von wenig schmackhaftem, nährstoffarmem Futter wie spät geschnittenem Heu oder Stroh erreichen bzw. diese mit beliebteren Futtermitteln vermischen. Durch den hohen, ligninreichen Rohfasergehalt von Stroh können allerdings Verstopfungskoliken ausgelöst werden. Das ist jedoch in der Regel nur bei einer übermäßigen Fütterung (> 1kg/100 kg KM/Tag), insbesondere bei Tieren mit wenig Bewegung, bei alten Pferden oder bei sehr hartstengeligem Material der Fall. Unzerkleinertes Futterstroh dient nicht nur der Regulierung der Futteraufnahme und der Beschäftigung der Pferde, sondern ist zusätzlich für die Erhaltung der physiologischen Bedingungen im Dickdarm von Bedeutung. An die Ernte, Lagerung und Qualität sind ähnliche Anforderungen wie an Heu zu stellen.
>
> - **Fressgeschwindigkeit reduzieren**
>   Eine Verdoppelung der Fressdauer bei gleicher Verzehrmenge kann man durch den Einsatz spezieller Fütterungseinrichtungen wie Sparraufen erreichen (Abbildung 40). Bei diesem System, das sowohl in Boxen als auch bei Gruppenhaltung in Fressständen installiert werden kann, wird die Futteraufnahme über ein Gitter mit geringen Stababständen (ca. 5 cm) erschwert und dadurch verlangsamt. Es ist darauf zu achten, dass die Sparraufe, die Einhaltung der natürlichen Kopf-/Halshaltung gewährleistet.
> - **Portionsweiden**
>   Bei guten Futterverwertern empfiehlt sich die Portionsweide. Dazu vergrößert man im einfachsten Falle jeden Tag die Weide um eine kleine Parzelle mit Hilfe eines Elektrozauns. Durch diese Maßnahme kann auch einem guten Futterverwerter täglich bedarfsgerecht frischer Grasaufwuchs angeboten werden. Die Gefahr von Hufrehe, die durch leicht fermentierbare Kohlenhydrate (Fruktane) ausgelöst werden kann, ist jedoch bei geringer Aufwuchshöhe und auf häufig gemähten Weiden sowie bei Frost erhöht. Deshalb sollte man disponierte Pferde auf Weiden mit überständigem Gras geben und dies nur zu frostfreien Zeiten. Besonders gefährlich ist der erste Aufwuchs auf Weiden mit einem hohen Anteil an Deutschem oder Welschem Weidelgras sowie an Lieschgras. Pferde, die Tag und Nacht auf der Weide verbringen, scheinen Adaptationsmechanismen zu entwickeln und sind weniger gefährdet.

gänzung eines vitaminierten Mineralfutters. Nur der Nährstoffbedarf, der über Raufutter bzw. über Gras oder Grassilage nicht mehr zugeführt werden kann, ist durch Kraftfutter zu ergänzen. Optimal ist der ganztägige Weidegang, er kommt dem natürlichen Nahrungsaufnahmeverhalten der Pferde am nächsten. Ist dies nicht möglich, sollte man dem Pferd die Möglichkeit geben mindestens zwölf Stunden, besser aber ganztägig Nahrung aufzunehmen. Wie bereits erwähnt, verteilen die Pferde dann von sich aus den größten Teil des Futters auf etwa 10 Mahlzeiten pro 24-Stunden-Tag. Wird Futter rationiert gegeben, dann sollte dies in mehreren Portionen verteilt über den 24-Stunden-Tag erfolgen.

Problem – der „gute Futterverwerter"

Viele Pony und Kaltblutrassen scheinen Futter besser zu verdauen als die meisten Großpferderassen. Im Sprachgebrauch werden sie als „gute Futterverwerter" bezeichnet. Die Ursache für ihre höheren

Zunahmen ist jedoch nicht die bessere Verdauung, sondern der vergleichsweise zu anderen Rassen geringere Energieaufwand für den Erhaltungsbedarf. Dieser ist vor allem auf ihre stärkere Hautisolierung (dichtes Haarkleid, Unterhautfettgewebe) und auf das Verhalten (ruhiges Temperament) zurückzuführen. Solche Pferde werden auch auf Weiden mit einem normalen Futteraufwuchs schnell zu fett, da sie die Fressdauer unabhängig vom Nährstoffangebot beibehalten. Auch bei der Verabreichung von Raufutter nehmen sie zu, sobald ihnen Heu und Stroh über längere Zeit zur Verfügung steht. In der Praxis versucht man die übermäßige Nahrungsaufnahme durch eine zeitliche Limitierung zu verhindern. *Viele Tiere erhalten deswegen nur wenige Stunden am Tag etwas zu fressen. Diese Fütterung ist nicht artgerecht!* Verdauungs- und insbesondere Verhaltensprobleme finden hier ihren Ursprung. Der richtige Weg ist, die Nährstoffzufuhr zu drosseln, ohne dass dies auf Kosten der natürlichen Fresszeit geht. Oberste Maxime der Fütterung sollte immer, unabhängig von der Maßnahme, die Befriedigung des Kaubedürfnisses sein. Dies wird ausschließlich über ausreichend lange Fresszeiten erreicht.

Fütterungseinrichtungen

Da Pferde überwiegend Gräser vom Boden aufnehmen, tragen sie natürlicherweise den Kopf mehr als die Hälfte des Tages gesenkt. Diese Körperhaltung begünstigt den Speichelfluss und ist vorteilhaft für die Ausbildung einer guten Rückenformation. Deshalb müssen auch Fütterungseinrichtungen ein Fressen in natürlicher Körperhaltung ermöglichen. So kann Raufutter am Boden vorgelegt werden oder besser noch am Futtertisch, der durch ein Durchfressgitter (Rohrabstand 30 bis 35 cm) erreicht wird. Letzteres führt außerdem zu einem zusätzlichen Raumgewinn, da die Pferde mit dem Kopf durch die Stäbe auf die Stallgasse reichen können (B 9.2, S. 82). Zur Fresszeitverlängerung dienen stationäre Raufen mit engem Stababstand (≤ 5 cm) oder spezielle Heunetze mit geringer Maschenweite (ca. 4 × 4 cm). Mit ihnen lässt sich die Fresszeit von losem Heu mit durchschnittlich 40 min/kg in etwa verdoppeln. Hinzu kommt, dass sich die Gefahr einer Reinfektion mit Endoparasiten über kotverschmutzte Einstreu verringert. Sparraufen bzw. -netze sind insbesondere für

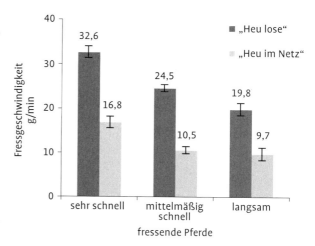

Abb. 39 Fressgeschwindigkeit (g/min) von „Heu lose" und „Heu im Netz" in Abhängigkeit von der individuellen Futteraufnahme (nach *Zeitler-Feicht* und *Walker 2005*).

Pferde, die schnell zum Verfetten neigen, geeignet und ermöglichen auch diesen Tieren, dass sie sich längere Zeit mit der Nahrungsaufnahme beschäftigen. Solche Sparvorrichtungen sind jedoch nur zu befürworten, wenn das Futter von oben aufgenommen werden kann, also in der natürlichen Kopf-/Halshaltung. Raufen mit Senkrechtstäben, bei denen die Pferde das Raufutter seitlich stehend herauszupfen müssen, sind nach *Geuder (2004)* wegen der unnatürlichen Kopf-/Halshaltung weniger zu empfehlen. Bei der Verwendung von Heunetzen sollten die Pferde unbeschlagen sein, um das Risiko zu minimieren, dass sie sich mit den Hufen im Netz verfangen. Die früher üblichen, heute aber immer noch anzutreffenden über Widerristhöhe angebrachten Hochraufen erhöhen das Risiko für Atemwegserkrankungen und Augenentzündungen durch herabfallende Futterreste und Staubpartikel. Sie werden von der TVT (2005) als tierschutzwidrig abgelehnt. Bei Fressgittern und Fressständen ist daran zu denken, dass der beim Fressen übliche Ausfallschritt der Pferde mitunter nicht möglich ist. Aus diesem Grund sollte die Höhe des Futtertisches etwa 20 bis 30 cm über der Standfläche liegen, da ansonsten die Vorhand übermäßig stark belastet würde.

Sowohl für die Einzel- als auch für die Gruppenhaltung gibt es mittlerweile praxiserprobte Futterautomaten, mit denen das Krippenfutter in kleinen

Abb. 40 Das verstellbare Raufengitter sorgt bei der Sparraufe für langsamere Futteraufnahme.

nutzen häufig alle Pferde eine einzige computergesteuerte Kraftfutterstation, sodass nur eine asynchrone Futteraufnahme möglich ist. Vorbeugende Maßnahmen, die ein vermehrtes Auftreten sozialer Auseinandersetzungen vermeiden, werden im anschließenden Abschnitt angeführt.

Stressfreies Fressen

Nur wenn Pferde ihre rangabhängigen Sozialabstände einhalten können, ist eine Futteraufnahme ohne Auseinandersetzungen möglich. In der Boxenhaltung ist nach dem bisherigen Kenntnisstand der für ein ungestörtes Fressen erforderliche Individualabstand zum Nachbarpferd gewährleistet. Voraussetzung ist allerdings, dass die Box ausreichend groß ist, das heißt, Abmessungen von mindestens $(2 \times Wh)^2$ zur Verfügung stehen. Allerdings gibt es Pferde – oftmals handelt es sich um „hoch im Blut stehende" Tiere, die eine besonders große Individualdistanz für sich in Anspruch nehmen. Sie fallen durch häufiges Boxenschlagen, Gitterstäbebeißen und ähnliches mehr auf. Abhilfe kann in diesem Falle die Umstallung in eine noch größere Box oder in eine Box mit nur einem Nachbarn an der Seite schaffen.

Portionen auf mehrere Mahlzeiten über den 24-Stunden-Tag verteilt, verabreicht werden kann. Abgesehen von dem Vorteil, dass der Betreuer von der termingebundenen Futtergabe befreit wird, sind sie auch unter ernährungsphysiologischem Aspekt der Fütterung von Hand vorzuziehen. Aus ethologischer Sicht bieten diese Systeme ebenfalls Vorteile, vorausgesetzt es werden keine zusätzlichen Futterneidreaktionen provoziert. Aus diesem Grund sind in der Einzelhaltung stationäre Anlagen, die ein synchrones Fressen erlauben, besser geeignet als ein computergesteuerter Dosierwagen, der die Tiere nacheinander mit Kraftfutter versorgt. Bei letzterem ist nach *Hohmann* und Mitarbeiter *(2006)* mit einer erhöhten Stressbelastung der Pferde zu rechnen. In der Gruppenhaltung

In der Gruppenhaltung ist es besonders schwierig, so zu füttern, dass auch das rangniedrigste Tier bedarfs- und verhaltensgerecht versorgt wird und ohne Hektik sein Futter aufnehmen kann. Gemäß ihrem angeborenen Sozialverhalten haben in Pferdegruppen stets die ranghohen Tiere den Vorrang am Fressplatz. Sie können diesen unter Umständen so beherrschen, dass andere Gruppenmitglieder nur unter Angst und Stress bzw. überhaupt nicht zur Nahrungsaufnahme kommen. Aus diesem Grund muss für jedes Tier bei synchroner Fütterung mindestens ein Fressplatz zur Verfügung stehen. Noch besser ist es, wenn ein Überschuss an Fressplätzen vorhanden ist. Diese Forderung gilt auch

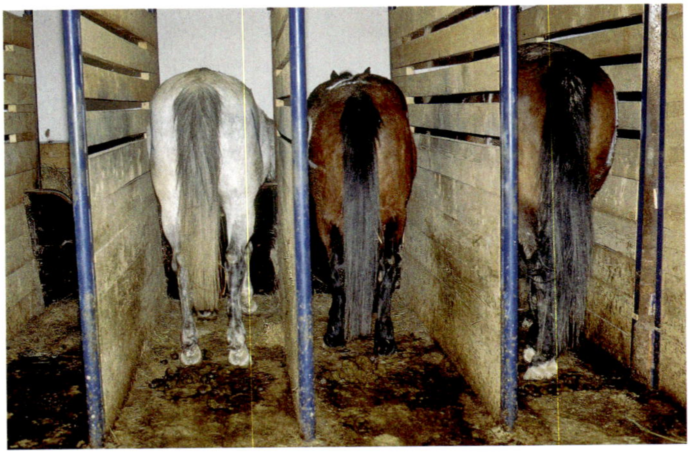

Abb. 41 Ausreichende Tiefe und Sichtschlitze erhöhen die Sicherheit für rangniedere Pferde in Fressständen. Abgerundete Eckpfeiler mindern ein Verletzungsrisiko beim Hinein- und Herausgehen.

Fressverhalten

Abb. 42 Optimal sind Fressstände, die nicht wandständig sind, sondern eine Beobachtung der Umgebung zulassen.

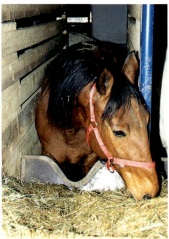

Abb. 43 Verletzungssichere und pferdefreundliche Gestaltung der Brustabgrenzung im Fressstand.

bei Ad-libitum-Fütterung, da ranghohe Tiere auch ohne zu fressen den Futterplatz blockieren können.

Außerdem darf es im Fressbereich weder Engpässe, noch fehlende Ausweichmöglichkeiten für rangniedere Tiere geben. Des Weiteren sollte die Futtervorlage zügig erfolgen und das ranghöchste Pferd als erstes und an dem von ihm gewählten Platz gefüttert werden. Auch bei den anderen Gruppenmitgliedern sollte der ausgesuchte Standort, der sich aus Rangordnung, Bindung und Duldung ergibt, beibehalten werden.

Für die individuelle Versorgung mit Rau- und Kraftfutter haben sich in der Gruppenhaltung Fressstände gut bewährt. Sie haben den Vorteil, dass alle Pferde gleichzeitig fressen können, was ihrem natürlichen Verhalten entspricht. Dadurch werden Auseinandersetzungen und Unruhe, bedingt durch Futterneid vermieden. Voraussetzung ist, dass für jedes Tier ein Fressstand zur Verfügung steht. Dieser darf nur so breit wie ein Pferd sein (ca. 80 cm) und er muss eine ausreichende Tiefe aufweisen (≥ 1,8 Wh), da ansonsten fressende Tiere von anderen verdrängt werden können. Wichtig ist auch ein ausreichend groß bemessener Rangierbereich (≥ 1,5 Wh) hinter den Fressständen, um den Pferden ein problemloses Verlassen des Standes zu ermöglichen. Die Trennwände sollten im unteren Wandbereich bis zum Boden ge-

Abb. 44 Kraftfutter- und Heuautomaten sollten über eine Eingangssperre verfügen, um eine stressfreie Futteraufnahme zu gewährleisten.

schlossen, oben aber durchsichtig sein bzw. Sichtschlitze enthalten. Bei dichten Trennwänden, ohne Blickkontakt zu den anderen Gruppenmitgliedern, fühlen sich rangniedere Tiere oftmals unsicher. Sie werden unruhig, fressen hastig und verlassen immer wieder den Fressstand, um nach den anderen zu schauen.

Computergesteuerte Fütterungsanlagen gibt es in der Gruppenhaltung für die Kraftfutter- und Heugabe. Sie sind unter ernährungsphysiologischen Gesichtspunkten positiv zu beurteilen und können auch unter ethologischen Aspekten von Vorteil sein, da sie einen zusätzlichen Bewegungsanreiz geben. Doch Vorsicht – die Pferde können nur nacheinander und alleine fressen! Dies entspricht nicht ihrem natürlichen Fressverhalten. Ohne entsprechende Vorkehrungen sind starke Unruhe, Verdrängungen, „Radfahrerreaktionen" bis hin zu heftigen Auseinandersetzungen programmiert. Bisherige Untersuchungen bzw. Erfahrungswerte ergeben folgende Empfehlungen für Kraftfutterautomaten:

- Schutz des Pferdes durch Trennwände über die gesamte Körperlänge,
- Trennwände mit Sichtkontakt zu den anderen Pferden,
- separater Ein- und Ausgang,
- Eingangssperre für eine stressfreie Futteraufnahme,
- Ausgang mit Pendeltüre und Rücklaufsperre,
- Ausgang in einen anderen Funktionsbereich,
- ausreichend Ausweichmöglichkeiten für rangniedere Tiere,
- räumliche Trennung von Kraftfutter- und Heuautomaten,
- ausreichend zusätzliche Raufutterplätze (z. B. Strohraufen).

Futterneid und Futterschleudern

Futterneid entsteht immer dann, wenn nur eine oder wenige Futterquellen zur Verfügung stehen, das Futter stark rationiert oder sehr schmackhaft ist oder bei begrenzter, sehr unregelmäßiger Fütterung. Dieses Verhalten wird unter natürlichen Bedingungen, da für alle Pferde der Tisch ähnlich gut gedeckt ist, nicht in diesem Ausmaß gezeigt. Der größte Futterneid herrscht in der Regel vor der Kraftfuttergabe. Dies hängt unter anderem mit dem stark ansteigenden Erregungspegel während der Erwartungsphase zusammen. Deshalb sollte man im Vorfeld bereits für eine gewisse **Entspannung** sorgen und etwa 10 bis 15 Minuten vor der Kraftfuttergabe Heu anbieten. Diese Maßnahme ist auch unter ernährungsphysiologischem Aspekt (Speichelbildung, Schichtung des Futters im Magen, Passage im Magen und Dünndarm) zu bevorzugen. Des Weiteren ist darauf zu achten, dass die Pferde ihre rangabhängigen Sozialabstände einhalten können sowie möglichst viel Ruhe und genügend Zeit zur Nahrungsaufnahme vorhanden ist.

Futterschleudern oder zu hastiges Fressen stehen meist ebenfalls in Zusammenhang mit dem erhöhten Erregungspegel. Über ausreichend groß bemessene Futterkrippen (70 cm Länge, 35 cm Breite, 20 cm Tiefe) oder über Querwülste am Trogboden lassen sich zwar die Futterverluste, aber nicht die Erregung reduzieren. Besser ist es, verhaltensgerecht zu füttern, indem man ausreichend Grundfutter anbietet, das Raufutter vor dem Kraftfutter verabreicht oder sogar auf letzteres verzichtet.

Futterselektion muss gelernt werden

Futterselektion ist kein angeborenes Verhalten. Die Futterauswahl lernt das Fohlen vor allem von der Mutter, vermutlich durch Nachahmung. Somit ist gemeinsamer Weidegang mit Artgenossen erforderlich, um zu wissen, welche Pflanzen genießbar sind

> **Vergiftungssymptome durch Giftpflanzen**
>
> - **Kreuzkräuter (Jakobskreuzkraut):**
>   Appetitlosigkeit, Durchfall, häufiges Gähnen, Zentralnervöse Störungen mit Bewusstseinstrübung, unkoordinierte Bewegungen, Kaukrämpfe.
> - **Sumpfschachtelhalm:**
>   Appetitlosigkeit, Übererregbarkeit, Verlangsamung der Herztätigkeit und allgemeine Schwäche (Inaktivierung von Vitamin B_1).
> - **Adonisröschen:**
>   Reizungen an Magenschleimhaut und Zahnfleisch, Störungen der Herzfunktion.
> - **Herbstzeitlose:**
>   Appetitverlust, starke Speichelbildung, Kolik, Atemnot.

und welche nicht. Ein Fohlen, das in der Box großgezogen wird und während der Aufzuchtsphase nur einen Auslauf mit einer vegetationslosen Fläche zur Verfügung hat, wird sein Leben lang Probleme mit der Futterwahl im Freiland haben. Nachträglich unverträgliche Pflanzen meiden zu lernen, ist nur dann möglich, wenn unangenehme Folgen wie Schmerzen im Bereich des Verdauungstraktes noch während oder unmittelbar nach der Aufnahme folgen. Vergeht jedoch zunächst einige Zeit bis sich ein Unwohlsein einstellt, kann das Pferd dies dem Nahrungsmittel nicht mehr zuordnen. Die Mehrzahl der **Vergiftungsunfälle** bei Pferden ereignet sich allerdings nicht auf der Weide, sondern beim Ausritt oder beim Führen im Freien, wenn die Tiere nur kurz die Möglichkeit haben nach einer Pflanze zu haschen. Insbesondere in Garten- und Parkanlagen ist das Risiko erhöht, da die dort wachsenden Zierpflanzen oftmals giftig sind. Sie kommen zudem in der natürlichen Umgebung der Pferde nicht vor, sodass von ihnen mangels Erfahrung keine Repellenswirkung ausgeht. Gefährdet sind jedoch auch Pferde, die nur selten auf die Weide kommen, da sie zunächst sehr schnell und wenig selektiv das begehrte Grünfutter fressen.

Vorsicht ist außerdem bei sehr stark abgegrasten Weiden geboten. Unter solchen Bedingungen wird mitunter Erde oder Sand in größeren Mengen aufgenommen, was zu Obstipationen führen kann.

Anders zu beurteilen sind mögliche Vergiftungsunfälle bei Verfütterung von Raufutter, gemähtem oder konserviertem Grünfutter. Hierfür verantwortlich ist nicht die mangelhafte Futterselektion seitens der Pferde, sondern vielmehr die fehlende Möglichkeit die Giftpflanzen auszusondern sowie deren Geschmacksveränderung. Beispielsweise verlieren Sumpfschachtelhalm, Adlerfarn, Adonisröschen, Kreuzkraut und Herbstzeitlose im Heu ihre Repellenswirkung, jedoch nicht ihre Toxizität. Ähnlich dürfte es bei Silage sein. So behalten Schachtelhalm und Farnkraut nach der Silierung ihre Giftwirkung; lediglich das Gift vom Hahnenfuß wird teilweise abgebaut.

Großen Einfluss auf das spätere Fressverhalten hat auch die Gewöhnung an bestimmte Futtermittel während der Aufzucht und Nutzung. Erhalten Pferde bereits von Jugend an extrem hohe Kraftfuttergaben, so kann es sein, dass sie später nur noch schwer auf längere Fresszeiten umzustellen sind. So beobachtete *Schäfer (1991)* bei einigen Hochleistungspferden, dass sie sich nach Beendigung ihrer Laufbahn nur schlecht an die bei Weidegang oder erhöhten Raufuttergaben notwendige Zeit der Nahrungsaufnahme gewöhnten. Sie fraßen zu wenig und magerten ab. Als Ursache für dieses Verhalten kommt auch eine vorzeitige Ermüdung der untrainierten Kaumuskulatur in Betracht.

> **Ein nichtbefriedigtes Fressbedürfnis der Pferde ist häufig an Problemverhalten beteiligt:**
> - Durch zu kurze Fresszeiten werden Ersatzbeschäftigungen wie Holznagen und verstärktes Lecken vorprogrammiert.
> - Häufige Frustrationssituationen, bedingt durch zu kurze Fresszeiten wirken prädisponierend für zukünftige Verhaltensstörungen wie Koppen und Weben.
> - Fehler in der Fütterung während Aufzucht und Haltung können zu Störungen im Fressverhalten führen. Eine mögliche Folge ist eine herabgesetzte Futterselektion.
> - Eine Erhöhung des Raufutteranteils und eine im Gegenzug verminderte Kraftfuttergabe sind wirksame Maßnahmen, um Problemverhalten wie Bocken, Steigen und Durchgehen vorzubeugen.

Fütterung und Temperamentsprobleme

Kraftfutter führt bekanntlich insbesondere in Kombination mit Bewegungsmangel zu Temperamentsproblemen. Allgemein empfiehlt sich bei Pferden, die nur wenig gearbeitet werden, den Raufutteranteil bzw. die Weidezeit zu erhöhen und im Gegenzug den Anteil an energiereichem, aber „beschäftigungsarmen" Kraftfutter zu reduzieren. Temperamentsprobleme wie Bocken, Steigen oder Durchgehen geben sich dann häufig von selbst.

6 Trinkverhalten

6.1 Natürliche Verhaltensweisen

Trinkvorgang und Wasserbedarf

Pferde sind **Saugtrinker**. Zur Wasseraufnahme pressen sie Ober- und Unterlippe fest zusammen, wobei eine kleine Öffnung freibleibt. Beim Ansaugen wird auf diese Weise ein Unterdruck erzeugt. Durch die dadurch entstehende Sogwirkung kann das Wasser in langen Zügen abgeschluckt werden. Während der Wasseraufnahme halten die Pferde den Kopf möglichst waagerecht zum nach unten gestreckten Hals. Dabei unterbrechen auch unsere domestizierten Pferde immer wieder den Trinkvorgang, um die Umgebung zu beobachten. Vor dem Saufen oder auf dem Weg zur Tränke führen viele Pferde bereits Zungen- und Kaubewegungen durch. Letztere werden bei den meisten Pferden auch nach dem Saufen ausgeführt, wobei ihnen häufig etwas Wasser aus dem Maul wieder herausläuft.

Fohlen müssen das Wassertrinken erst lernen, da es sich vom Milchsaugen unterscheidet. Oft belecken oder beknabbern sie daher anfangs die Wasseroberfläche oder tauchen bis über die Nüstern ein. In den ersten Lebensmonaten trinken Fohlen nur wenig Wasser, da ihr Flüssigkeitsbedarf über die Muttermilch gedeckt wird. Eine vermehrte Wasseraufnahme könnte ein Hinweis auf eine zu geringe Milchproduktion des Muttertieres sein.

Eine ausreichende Wasserversorgung ist für die ungestörte Funktion des Verdauungssystems und des Stoffwechsels sowie für die Regulation des Wärmehaushalts von größter Bedeutung. Dabei hängt die benötigte Wassermenge vom physiologischen Zustand der Tiere, von der Leistung (Schweißabgabe), von der Art und Zusammensetzung des Futters sowie von der Temperatur ab. So ist das Trinkbedürfnis während der Trächtigkeit und Laktation, nach schweißtreibender Arbeit sowie nach der Aufnahme von Futtermitteln mit hohem Trockensubstanzgehalt (Raufutter) erhöht. Es kommen auch individuelle und rassebedingte Unterschiede sowohl in Bezug auf die Trinkhäufigkeit als auch auf die Menge des aufgenommenen Wassers vor. Beispielsweise benötigen Przewalskipferde weniger Wasser als Hauspferde. Auch Pferde aus trockenen Herkunftsländern (Araber) trinken verhältnismäßig wenig.

Trinkhäufigkeit und Wasserqualität

In freier Wildbahn wird die Tränke meist nur einmal täglich, spätestens jedoch jeden zweiten Tag aufgesucht. Die größte Distanz zur nächsten Wasserstelle, in der noch verwilderte Hauspferde beobachtet wurden, betrug etwa 20 km. Steht allerdings ständig Wasser zur Verfügung, trinken Pferde im Allgemeinen mehrmals am Tag und in der Nacht kleinere Mengen. *Scheibe* und Mitarbeiter *(1998)* stellten bei Przewalski-Pferden fest, dass die durchschnittliche Trinkfrequenz im Jahresmittel 2- bis 3-mal pro Tag betrug, wobei die aufgenommene Wassermenge und auch die Trinkfrequenz in warmen Monaten, aber auch bei trockenem, kaltem Wetter, erhöht war. Insbesondere bei hohen Temperaturen gehen Pferde gerne stündlich bis zu zweimal zum Saufen. Stallpferde nehmen etwa 90 % ihres Wasserbedarfs unmittelbar vor oder nach den Mahlzeiten auf. Bei frei lebenden Equiden ist dagegen keine Tagesrhythmik bei der Wasseraufnahme festzustellen. Sie gehen zu jeder Tages- und Nachtzeit zur Wasserstelle. Sowohl beim Trinken als auch beim Fressen liegt eine Stimmungsübertragung zugrunde. Meist sucht der gesamte Familienverband gemeinsam die Wasserstelle auf.

Pferde bevorzugen klares Süßwasser, nehmen notfalls aber auch brackiges oder sogar leicht salziges Wasser auf. So nutzen frei lebende Equiden vielfältige Wasserquellen wie Bäche, Flüsse, Seen, Tümpel, Wasserpfützen, Suhlen und Schnee. In sehr trockenen Gebieten fressen sie wasserreiche Pflanzen, um ihren Wasserbedarf zu decken.

> - Wasser ist für die Erhaltung aller Stoffwechselvorgänge bzw. Lebensfunktionen unabdingbar. Wassermangel ist erkennbar an Verdauungsstörungen (Verstopfungskolik), Leistungsrückgang, verminderter Futteraufnahme und eingefallenen Flanken.
> - Wasserbedarf für ein 500 kg Pferd je Tag in Abhängigkeit von der Leistung:
>   ohne Arbeit   15–25 l
>   leichte Arbeit   25–35 l
>   schwere Arbeit   35–50 l
>   Laktation   40–50 l

6.2 Konsequenzen für Haltung und Umgang

Wasserbedarf – Wassermangel

Das Trinkverhalten der Pferde in freier Wildbahn kann man nicht ohne weiteres auf unsere Hauspferde übertragen. Im Unterschied zu frei lebenden Pferden werden sie geritten oder vor den Wagen gespannt und vollbringen somit eine zusätzliche Arbeitsleistung. Außerdem erhalten unsere Sport- und Freizeitpferde überwiegend sehr trockenes Futter wie Heu und Stroh, was den Wasserbedarf zusätzlich erhöht. Deshalb sollte unseren Hauspferden stets sauberes, frisches Wasser zur Verfügung stehen, mindestens aber dreimal täglich bis zur Sättigung verabreicht werden. Schnee ist kein Ersatz für eine ausreichende Wasserversorgung (TVT 2005).

Die Qualität bzw. der Geschmack bestimmt darüber, ob viel, wenig oder überhaupt nicht getrunken wird. So trinken Pferde beispielsweise kein kotverschmutztes Wasser. In diesem Fall können sie bis zu drei, ja sogar vier Tage ganz ohne Wasseraufnahme auskommen. Erkennbar ist Wassermangel an Verdauungsstörungen (Verstopfungskolik), am Leistungsrückgang, an einer verminderten Futteraufnahme sowie an eingefallenen Flanken. Tränkebecken sollten deshalb täglich auf ihre Funktion und auf Verunreinigungen kontrolliert werden.

Anforderungen an Tränkvorrichtungen

Der Markt bietet heutzutage eine Vielzahl von Tränkebecken an. Lässt man Pferden die Wahl zwischen einer Druckzungentränke oder einer Trogtränke bzw. Schwimmertränke, so bevorzugen sie in der Regel letztere, da diese ihr artgemäßes Saugtrinken ungestört ermöglicht.

An ein Tränkebecken werden folgende Anforderungen gestellt:
- Ermöglichung des arteigenen Saugtrinkens.
- Ermöglichung der artgemäßen Trinkhaltung.
- Druckregulierung (bei kaltem Wasser reduzierte Trinkgeschwindigkeit).
- Frostschutz von Becken und Wasserleitung (Voraussetzung für eine Haltung von Pferden unter Außenklimabedingungen).
- Box: Örtliche Trennung von Futtertrog und Tränkebecken zur Verhinderung des Eintauchens von Futter in Wasser (ansonsten geringeres Einspeicheln des Futters, weniger Kautätigkeit, schlechtere Futterverwertung, unhygienische Zuständen in Trog und Tränkebecken, Koliken).
- Gruppenhaltung: Möglichst weite Entfernung zwischen Tränke und Futterstelle (Mindestabstand: (2 × Pferdelänge) + 1m).

> - Pferde sind Saugtrinker. Sie bevorzugen Tränken, die diese Saugtechnik ermöglichen.
> - Wasser muss unseren Hauspferden im Stall und auch bei ganztägigem Weidegang ständig zur Verfügung stehen, mindestens aber dreimal täglich bis zur Sättigung verabreicht werden.

7 Ruheverhalten

7.1 Natürliche Verhaltensweisen

Neben dem Fressen verbringen frei lebende Pferde die meiste Zeit des Tages mit Ruhen. Bei erwachsenen Pferden sind dies etwa 7 bis 9 Stunden des 24-Stunden-Tages. Der Schlafbedarf reduziert sich vom Fohlen bis zum ausgewachsenen Pferd erheblich. Im Allgemeinen dösen adulte Pferde im Stehen; der Schlaf in der Seitenlage nimmt nur einen sehr geringen Teil der Ruhezeit in Anspruch. Als klassische Fluchttiere ruhen Pferde polyphasisch, das heißt, ihre Ruheperioden sind in mehrere kurze Intervalle über den 24-Stunden-Tag verteilt.

Allerdings findet sich auch beim Pferd eine deutliche Häufung der Liegephasen während der Dunkelheit. Im Durchschnitt dauert eine Ruhephase bei ausgewachsenen Pferden etwa 20 Minuten.

Ruheformen und -intensität

Adulte Pferde verbringen ca. 80 % ihrer Ruhezeit mit Dösen im Stehen. Die mittlere Dösdauer je Döseperiode beträgt nach *Kuhne (2003)* bei Pferden auf der Weide im Jahresdurchschnitt 13 bis 22 Minuten am Tag und 23 bis 36 Minuten in der Nacht. Beim **Ruhen im Stehen** zeigen Pferde das sogenannte „Dösgesicht" mit halb bis ganz geschlossenen Augen, locker herabhängender Unterlippe und seitwärts gestellten Ohren. Sie nehmen dabei eine typische Haltung ein: die Vorderbeine stehen meist parallel nebeneinander, Kopf und Hals sind gesenkt, die Hinterextremitäten werden abwechselnd entlastet und der Schweif hängt entspannt herab. Durch eine besondere Konstruktion des Bewegungsapparates können die Pferde dabei die Gliedmaßen passiv fixieren, sodass eine weitgehende Entspannung der Muskulatur auch im Stehen möglich ist. Das Ruhen im Stehen mit abwechselnd be- und entlasteten Hinterbeinen müssen neugeborene Fohlen erst lernen. Aber schon ab der 3. bis 4. Lebenswoche kann man es des Öfteren bei ihnen beobachten. Langes Dösen im Stehen ist für junge Fohlen jedoch ungewöhnlich und kann auf eine Erkrankung hinweisen.

Beim **Ruhen im Liegen** befinden sich die Pferde entweder in der Bauch- oder Seitenlage. Bei ersterer liegt das Pferd auf der Sternalregion. Die Hinterbeine sind auf einer Seite unter dem Leib gezogen, die Vorderbeine meist eingeschlagen. Manchmal werden die Hinter- oder Vorderextremitäten auch zur Seite oder nach vorne ausgestreckt. Der Kopf wird frei getragen oder mit dem Maul auf den Boden aufgestützt. Sie zeigen das „Dösgesicht", nur die Augen sind häufig vollständig geschlossen. Diese Ausruhhaltung ist vor allem bei älteren Fohlen, Jungpferden und auch bei hochtragenden Stuten zu beobachten. In der Seitenlage liegt das Pferd mit Kopf, Hals und Körper flach auf der Seite. Meist sind ein Vorderbein und beide Hinterbeine lang ausgestreckt, die Augen geschlossen und das Maul leicht geöffnet. Mitunter können in der Bauch- und Seitenlage auch schnelle Bewegungen der Augen, Zuckungen und Bewegungen der Ohren und Gliedmaßen sowie unwillkürliche Lautäußerungen wie Stöhnen und Wiehern auftreten, was auf Traumphasen hindeutet. Fohlen verbringen bis zu einem Alter von 3 Monaten 70 bis 80 % und Jährlinge etwa 50 % ihrer täglichen Gesamtruhezeit im Liegen und dies vor allem in der Seitenlage. Bei adulten Pferden nimmt die seitliche Liegeposition im Vergleich zur Bauchlage einen relativ geringen Anteil ein. Sie verbringen kaum länger als 30 Minuten und nur sehr selten bis zu einer Stunde in dieser Liegeposition. Hochtragende Stuten und sehr alte Pferde legen sich nur noch selten zum Ruhen ab.

Bisher ging man davon aus, dass Dösen vor allem im Stehen erfolgt und die Pferde sich zum Leicht- (Halbschlaf, Schlummern) sowie Tiefschlaf hinlegen müssen. Diese Erkenntnisse gehen auf EEG-Messungen und Messungen des Muskeltonus von *Ruckebusch* und *Dallaire (1973)* zurück. Mithilfe moderner Messmethoden (Polysomnographie) ermittelten *Wöhr* und *Erhard (2006)* verschiedene Schlafstadien beim Pferd, die mit denen des Menschen vergleichbar sind. Sie konnten in ihrem ersten Experiment (10 Pferde) im Gegensatz zu den bisherigen Erkenntnissen nachweisen, dass Tiefschlafphasen vorwiegend am stehenden Tier auftreten. Darüber hinaus stellten sie typische „Rapid-eye-movment"- (REM) Phasen, die mit Traumphasen assoziiert sind, fest. Diese traten jedoch nicht nur, wie bisher in der Literatur beschrieben, in der Seitenlage auf, sondern auch in der Bauchlage. Die Schlafperioden waren bei den Pferden kürzer als bei Menschen und unterbrochen von häufigeren Wachphasen, was wiederum typisch für Fluchttiere ist. Weitere wissenschaftliche Untersuchungen an einer größeren Tierzahl sind erforderlich, um das Ruhe- und Schlafverhalten von Pferden zu klären.

Aktivitätsrhythmus

Pferde haben mehrere Ruheperioden sowohl am Tag als auch in der Nacht. Allerdings zeigt sich auch bei ihnen eine deutliche Häufung der Liegeperioden während der Dunkelheit. Sie sind bei erwachsenen Pferden in naturnaher Haltung gewöhnlich zwischen Mitternacht und Morgengrauen zu beobachten.

Der Zeitpunkt und die Dauer der Ruheperioden sind von verschiedenen Faktoren abhängig wie Jahreszeit, Nahrungsangebot, Witterung, Alter und Geschlecht.

Bei frei lebenden Pferden richtet sich das Ruheverhalten vor allem nach dem Nahrungsangebot. Ist es reichhaltig, steht mehr Zeit zum Ruhen und für andere Aktivitäten zur Verfügung. Bei kargem Futteraufwuchs wird hingegen das Ruhen auf das absolut notwendige Maß verkürzt. Große Hitze und Fliegenplage veranlassen Pferde in der Regel zu längeren Ruhezeiten während der Mittagsstunden. Wenn möglich ziehen sie sich an schattige Plätze zurück. Dabei spielt bei der Standortwahl das Meiden von blutsaugenden Insekten eine größere Rolle als der Schutz vor hohen Temperaturen. Auch bei starkem Wind, besonders in Verbindung mit kaltem Regen, hören Pferde zu grasen auf und suchen Schutz unter Bäumen oder Sträuchern. Sind keine Unterstellmöglichkeiten vorhanden, stellen sie sich mit der Hinterhand gegen den Wind. Der Schweif dient dabei als Schutz für die haarlosen Bereiche der Perianal-Region und wird deshalb eng angelegt. Diese Körperhaltung bewirkt, dass der Wärmeverlust reduziert und Energiereserven gespart werden können.

Das Alter hat einen entscheidenden Einfluss auf das Ruheverhalten. Allgemein ruhen junge Pferde bis zu drei Jahren deutlich länger als adulte Tiere. Unter Haltungsbedingungen wird der Aktivitätsrhythmus des Ausruhverhaltens stark durch den Menschen beeinflusst.

Liegeplätze

Pferde legen sich nur in einer vertrauten Umgebung ab. Frei lebende Equiden haben deshalb bestimmte Liegeplätze. Diese müssen ihrem Sicherheitsbedürfnis genügen. Bevorzugt werden daher häufig Plätze, die eine gute Übersicht bieten und ausreichend Witterung erlauben. Sehr wichtig ist außerdem ein trockener Untergrund. Wildequiden bevorzugen aus diesem Grund die Kurzgrassteppe. Bei Regenwetter und nassem Boden legen sich Pferde nur ungern ab, stattdessen dösen sie im Stehen.

Für kurzzeitige Ruhephasen, die jedes Einzeltier im Laufe des Tages individuell einlegt, erfolgt keine besondere Platzwahl. Nur für längere Ruheperioden werden die Liegeplätze aufgesucht. Zu diesen gehen dann alle Pferden gemeinsam, was auf Stimmungsübertragung beruht. In freier Wildbahn legen sich niemals alle Tiere gleichzeitig ab, sondern einige stehen dösend, aber jederzeit reaktionsbereit, neben den liegenden Gruppenmitgliedern. Da-

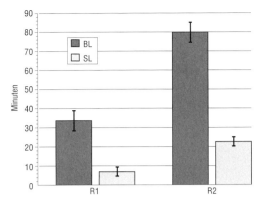

Abb. 45 Rangniedere Pferde (R1) können im Verlauf eines 24-Stunden-Tages signifikant weniger Zeit in der Bauch (BL)- und Seitenlage (SL) verbringen als ranghöhere (R 2).

durch wird die für Fluchttiere so wichtige Alarmbereitschaft erhalten und die liegenden Pferde können in Ruhe regenerieren.

Schlafabstand

Allgemein ist festzustellen, dass sich in den Ruheperioden die Individualdistanz der Pferde unter Einhaltung der Rangbeziehungen verringert. Eng miteinander vertraute Tiere legen sich mitunter dicht, manchmal sogar mit Körperkontakt ab. Junge Fohlen ruhen in unmittelbarer Nähe der Mutter. Auch während des Dösens gruppieren sich die Pferde im Allgemeinen enger. Bei starker Insekten-

- Pferde haben mehrere, relativ kurze Ruheperioden, sowohl am Tag als auch in der Nacht (Fluchtbereitschaft).
- Pferde ruhen im Stehen und im Liegen. Um in den REM-Schlaf zu kommen, müssen sie sich hinlegen.
- Pferde legen sich nur in einer vertrauten Umgebung ab, die ihr Sicherheitsbedürfnis befriedigt.
- Pferde bevorzugen zum Liegen trockenen, verformbaren Boden.
- Während des Ruhens gruppieren sich Pferde unter Einhaltung ihrer rangabhängigen Sozialabstände enger zusammen.

Abb. 46 Pferde ruhen im Stehen und im Liegen. Um in den REM-Schlaf zu kommen, der für das psychische Wohlbefinden von Bedeutung sein dürfte, müssen sie sich hinlegen.

plage stehen miteinander befreundete Tiere gerne in antiparalleler Haltung dicht nebeneinander, um lästige Fliegen abzuwehren. Pferde mit einer individuell besonders großen Individualdistanz pflegen sich auch zum Schlafen weiter abzusondern.

7.2 Konsequenzen für Haltung und Umgang

Es ist bekannt, dass alle Säugetiere schlafen müssen. Wie viel Schlaf ein Pferd braucht, ist allerdings unbekannt. Doch Schlaf ist auf jeden Fall lebensnotwendig. Nach bisherigen Befunden ist bei Pferden der REM-Schlaf nur im Liegen möglich. Wird Pferden die Möglichkeit verweigert, die Liegeposition einzunehmen, kann dies unter Umständen die Ursache für eine Abnahme der psychischen Leistungsfähigkeit sein. Auf jeden Fall wird die Regeneration des Körpers beeinträchtigt, wenn sie nicht oder nur selten zum Abliegen kommen.

Genügt ein ausreichend großes Platzangebot?

Ursache für ein gestörtes Liegeverhalten können zu geringe Abmessungen sein. Eine Box sollte deshalb immer so groß sein, dass die Seitenlage problemlos eingenommen werden kann. Dies ist bei einer Mindestgröße von $(2 \times Wh)^2$ gegeben. In der Gruppenhaltung scheint eine ausreichend groß bemessene Liegefläche (Geschlossener Laufstall: $n \times (2 \times Wh)^2$; Offenlaufstall: $n \times 2,5 \times Wh^2$; *BMELV 1995*) nicht zu genügen, um allen Tieren in gleicher Weise ein Ruhen im Liegen zu ermöglichen. Nach eigenen Untersuchungen (*Zeitler-Feicht* und Mitarbeiter *1999*), die von nachfolgenden Experimenten bestätigt wurden, werden, auch bei gut integrierten Gruppen, rangtiefe Tiere immer wieder von ranghöheren am Liegen gestört. Es konnte festgestellt werden, dass die Gesamtliegezeit über den 24-Stunden-Tag für ranghohe Pferde durchschnittlich 7,8 %, für rangniedere lediglich 2,8 % betrug. Die Abliegehäufigkeit war jedoch in etwa gleich hoch, was belegt, dass die rangtiefen Tiere ein ebenso ausgeprägtes Liegebedürfnis hatten wie die ranghohen. Anzumerken ist außerdem, dass der Liegehalle in der kalten Jahreszeit eine zentrale Bedeutung zukommt. Während der Untersuchungen legten sich die Pferde ausschließlich in diesem Funktionsbereich ab. Im Freien konnte dagegen kein einziger Abliegevorgang beobachtet werden, wobei der Untergrund für dieses Verhalten (tiefer, nasser Naturboden oder planbefestigt) sicherlich entscheidend war. Die Ergebnisse dieser Untersuchung führen zu der Empfehlung, bei Gruppenhaltung in der Liegehalle **Zusatzeinrichtungen** wie Raumteiler oder Sichtblenden zu installieren. Außerdem erscheint es sinnvoll, die Liegehalle als ausschließlichen Ruhebereich zu konzipieren und nicht Stroh, sondern z. B. Sägemehl als Einstreu zu verwenden, denn bei Stroheinstreu wird der Liegebereich auch gerne zum Fressen aufgesucht. Dadurch entsteht Unruhe, und bei entsprechender Belegdichte wagen rangtiefe Pferde gar nicht erst sich abzulegen. Als Alternative bietet sich an, mehrere Strohfressplätze im Auslauf- oder Fressbereich aufzustellen. Auch zusätzliche Sandplätze zum Liegen im Auslaufbereich oder ein weiterer überdachter, aber offen gestalteter Bereich, den die Pferde statt der Liegehalle bei schlechten Wetterverhältnissen aufsuchen, könnten die Situation für rangniedere Tiere verbessern.

Das „Pferdebett"

Doch nicht nur das Platzangebot, sondern auch die Beschaffenheit des Untergrunds ist für das Ruhen im Liegen von größter Bedeutung. Pferde zeigen eine eindeutige Präferenz für trockenen Boden. Nur ungern oder gar nicht legen sie sich auf morastigem

Untergrund ab, es sei denn, sie haben das Bedürfnis nach einem „Schlammbad". Auch auf feuchter Einstreu sind die Liegezeiten verkürzt. Außerdem meiden Pferde harten oder glatten Boden zum Liegen. Letzteres steht vermutlich auch mit den Schwierigkeiten beim Aufstehen in Zusammenhang. Der Untergrund muss deshalb im Liegebereich stets trittsicher sein. Dies ist auf der Weide oder bei naturbelassenem, wasserdurchlässigem Koppelboden in natürlicher Weise gegeben. Im Stall ist es die Aufgabe der Einstreu, ein sicheres Abliegen und Aufstehen zu gewährleisten. Kunststoffmatten sind in der Box nur in Kombination mit ausreichend Einstreu tiergerecht. Untersuchungen belegen, dass ohne Einstreu katastrophale Stallklimaverhältnisse und eine signifikante Reduzierung der Liegezeiten die Folge sind. Es wird angenommen, dass der Einsatz von Stallmatten in der Offenstallhaltung günstiger zu beurteilen ist, da hier die Tiere die Möglichkeit haben, im Außenbereich zu koten und zu harnen. Nach bisherigen wissenschaftlichen Untersuchungen sind jedoch auch „Softbetten" sowohl unter hygienischem Aspekt als auch bezüglich des Abliegeverhaltens kritisch zu betrachten.

Weidehütten sind keine Schlafplätze

Die Stallhaltung widerspricht eigentlich dem natürlichen Ruheverhalten von Pferden, da sie als ehemalige Fluchttiere zu jeder Zeit ihre Umgebung beobachten möchten. Pferde lernen aber meist schon ab dem Fohlenalter, sich den Gegebenheiten unter menschlicher Obhut anzupassen, und fühlen sich auch im Stall sicher und geborgen. So kann man bei der Boxenhaltung nicht selten tagsüber Pferde in der Seitenlage schlafen sehen, mitunter so tief, dass sie den Zuschauer gar nicht bemerken. Befinden sich die Pferde aber auf der Weide, kommt ihr natürlicher Instinkt wieder voll zur Entfaltung. Sie schlafen dann bevorzugt im offenen Gelände und nicht in Weidehütten. Diese werden dagegen gerne als Dösplätze benutzt und vor allem zum Schutz vor Insekten aufgesucht. Auf der Weide und auch in der Stall-

Abb. 47 Unter natürlichen Lebensbedingungen galoppieren Pferde nur für kurze Zeit.

> **Das Liegeverhalten von Pferden kann gestört sein wenn:**
> - die Abmessungen des Liegebereichs zu gering sind,
> - der Untergrund zu feucht, morastig oder glatt ist,
> - das Sicherheitsbedürfnis (Sicht-, Geruchs- und Hörkontakt zu Artgenossen bzw. zur Umgebung) nicht ausreichend befriedigt ist,
> - sie von ranghöheren Tieren am Liegen gehindert werden oder keine Ausweichmöglichkeit besteht,
> - eine Erkrankung vorliegt.
>
> **Die Folge von fehlendem Schlaf ist eine mögliche Beeinträchtigung der körperlichen Regeneration und der psychischen Erholung.**

haltung ist das Wachehalten einzelner Tiere, während die anderen schlafen, auch bei unseren Hauspferden zu beobachten. Es kann daher davon ausgegangen werden, dass die Haltung von Pferden ohne ausreichenden Sicht, Geruchs- und Hörkontakt zu anderen Artgenossen auf Kosten der Entspannungs- und Regenerationsfähigkeit geht.

8 Lokomotionsverhalten

8.1 Natürliche Verhaltensweisen

Pferde sind nicht territorial. Sie leben in freier Wildbahn in Streifgebieten, die sich mit denen anderer Pferdegruppen zum Teil erheblich überschneiden können. Wichtig für einen solchen Aktionsraum ist in erster Linie das Vorhandensein le-

bensnotwendiger Ressourcen. Dazu gehören vor allem Grasflächen, Wasserstellen, Schlafplätze sowie Wälz- und Scheuermöglichkeiten, die mehr oder weniger weit voneinander getrennt liegen können. In der Regel werden die verschiedenen Plätze von den Pferden gemeinsam aufgesucht, da vielen Aktivitäten eine Stimmungsübertragung zugrunde liegt.

Bewegungsdauer

Die Länge der täglich zurückgelegten Wegstrecke hängt bei frei lebenden Pferden in erster Linie vom Futteraufwuchs, von der Lage und Häufigkeit der Wasserstellen sowie von den klimatischen Verhältnissen ab. Unter normalen Bedingungen bewegen sich Pferde täglich etwa 6 bis 11 km fort. Diese Angabe bezieht sich allerdings nur auf Beobachtungen von New-Forestponys, Camarguepferden und Mustangs. Es ist nicht auszuschließen, dass bewegungsfreudigere Rassen wie Araber und Vollblüter unter gleichen Bedingungen größere Strecken zurücklegen würden. Bei reichlichem Nahrungsangebot sind jedoch alle Equiden relativ ortstreu. Sind zusätzlich ausreichend Wasserstellen vorhanden, bewegen sie sich täglich kaum mehr als 2 bis 2,5 km. In ariden Gebieten sind allerdings oft lange Wanderungen bis zur nächsten Wasserstelle erforderlich. So ist von verwilderten Pferden in Montana bekannt, dass ihre Weideplätze bis zu 16 km von der nächsten Wasserstelle entfernt liegen. In diesem Falle müssen die Tiere zwangsläufig weit gehen, denn spätestens jeden zweiten Tag benötigen sie normalerweise Wasser. Größere Wanderungen werden von frei lebenden Equiden im Laufe eines Jahres durchgeführt, was auf die Veränderung der klimatischen Verhältnisse bzw. des davon abhängigen Futteraufwuchses zurückzuführen ist. Auch das tägliche Wetter beeinflusst das Lokomotionsverhalten. Insbesondere Jungtiere haben bei windigem, kühlem und regnerischem Wetter einen erhöhten Bewegungsdrang. In kalten Wintern wird hingegen die Bewegung reduziert, um Energie zu sparen.

Abgesehen von den Umweltfaktoren sind die Bewegungsdauer und -geschwindigkeit vom Alter, Geschlecht und von der Gruppenstruktur abhängig. Allgemein ist bei Jungtieren und Hengsten der Anteil der Gangarten Trab und Galopp an der Gesamtfortbewegung höher als bei erwachsenen Stuten. So bewegen sich Haremshengste mehr als Stuten und Hengste in Junggesellengruppen wiederum mehr als Haremshengste. Außerdem finden unter den Jungtieren und in Junggesellengruppen besonders viele Lauf- und Kampfspiele statt. Diese Unterschiede im Bewegungsverhalten sind auf die differierende Motivation der Pferde für bestimmte Aktivitäten je Altersgruppe und Geschlecht zurückzuführen.

Gangarten

Die **Hauptgangart** der Pferde ist unter natürlichen Bedingungen der **Schritt**. Neben dem Grasen, das unter langsamer Fortbewegung stattfindet und über 60 % des 24-Stunden-Tages einnimmt, erfolgen alle Wanderungen von frei lebenden Pferden überwiegend in dieser Gangart. Dabei gehen sie auf sogenannten Wechseln, die in jedem Gelände unabhängig vom Untergrund etwa 30 cm breit sind, sodass jedes Pferd quasi wieder in die Fußstapfen des anderen tritt. Dieses Gehen im „Gänsemarsch" dient der Sicherheit, denn die Leitstute führt die Gruppe an. Sie kennt die Wege und die Bodenverhältnisse, ihrer Erfahrung können die Gruppenmitglieder vertrauen. Der Familienhengst zieht meist in einigen Metern Abstand parallel zur Herde mit oder beschließt die Marschordnung. Seine Aufgabe ist es, die Gruppe vorwärts zu treiben, zusammenzuhalten und notfalls zu verteidigen. Da der Familienverband meist nicht groß ist, besteht zwischen allen Tieren Sicht-, Geruchs- und Hörkontakt. Außerdem sind Wechsel überwiegend im Zickzack angelegt, was den Sichtkontakt unter den Gruppenmitgliedern noch verbessert.

Schnelle Gangarten werden unter Freilandbedingungen meist nur kurzfristig im Spiel, bei massiveren Auseinandersetzungen oder auf der Flucht gezeigt. Rückwärtsgehen, Seitengänge, Kehrtwendungen, Steigen und Niederknien zählen ebenfalls zu den normalen Bewegungsabläufen. Sie können vor allem im Verlauf sozialer Interaktionen sowie beim Imponieren beobachtet werden. Springen über Hindernisse erfolgt in der Regel nur in ausweglosen Situationen.

Bewegungsbedürfnis und Bewegungsbedarf

Diese beiden Begriffe sind voneinander zu unterscheiden. Das **Bewegungsbedürfnis** entspricht den Empfindungen bzw. Neigungen des Pferdes und wird durch verschiedene endogene (z. B. Hunger) und exogene Anreize (z. B. nahende Feinde) angeregt. So hat die Verfügbarkeit der lebensnotwendigen Ressourcen einen maßgeblichen Einfluss darauf, ob und wie lange ein Pferd sich fortbewegt. Unter natürlichen Lebensbedingungen müssen frei lebende Pferde zwangsläufig längere Wegstrecken zurücklegen, um ihrem Fressbedürfnis nachzukommen, den Durst zu stillen oder Schutz vor Insekten zu finden. Nur ausnahmsweise liegen in einem Aktionsraum alle Ressourcen dicht beieinander und Gras ist reichlich vorhanden. In einer solchen Situation neigen Pferde auch in freier Wildbahn dazu sich nur wenig fortzubewegen. Dieses Verhalten ist jedoch sinnvoll, denn die „fetten Zeiten" müssen genutzt werden, um die körpereigenen Reserven wieder aufzufüllen. Ein weiterer wichtiger Bewegungsanreiz ist das Vorhandensein von Artgenossen. Je nach Alter und Geschlecht sowie Gruppenstruktur besteht unter den Pferden eine unterschiedlich große Motivation für Kampf- und Laufspiele, für die Suche nach Geschlechtspartnern, für Erkundungsgänge und anderes mehr. Das Bewegungsbedürfnis variiert zudem von Rasse zu Rasse. So sind Araber ausgesprochen lauffreudige Pferde, mehr noch als Vollblüter, während Kaltblüter einen deutlich geringeren Bewegungsdrang haben. Auch die Fütterung spielt eine nicht zu unterschätzende Rolle. Allgemein ist bei Energieüberschuss durch zu viel hochwertiges Futter das Bewegungsbedürfnis erhöht.

Unter **Bewegungsbedarf** versteht man die „Bewegungsmenge", die erforderlich ist, um ein Pferd gesund bzw. seine Physiologie und Morphologie (z. B. Durchblutung) funktionstüchtig zu erhalten. Er resultiert aus der stammesgeschichtlichen Entwicklung des Pferdes zum Lauf- und Fluchttier. Auf diese Art der Fortbewegung sind der Bewegungsapparat, das Herz-Kreislaufsystem, der Verdauungs- und Atmungstrakt, kurz alle Organsysteme seit Millionen von Jahren angepasst. Erst seit der Domestikation ist es für das Pferd nicht mehr lebensnot-

Abb. 48 Auf vegetationslosen Koppeln ohne weitere Bewegungsanreize verbringen Pferde den Tag überwiegend mit Stehen.

- Unter natürlichen Lebensbedingungen bewegen sich Pferde täglich etwa 16 Stunden im Schritt vorwärts. Schnelle Gangarten sind demgegenüber selten.
- **Bewegungsbedürfnis und -bedarf:**
  - Das Bewegungsbedürfnis benötigt einen Anreiz, um aktiviert zu werden (= subjektiv).
  - Der Bewegungsbedarf resultiert aus der stammesgeschichtlichen Entwicklung. Danach ist das Pferd an eine langsame, kontinuierliche Fortbewegung über 15 Stunden je Tag angepasst (= objektiv).

wendig, täglich weite Strecken zu gehen. Doch dieser Zeitraum ist vergleichsweise zur Evolution viel zu kurz und ändert daher nicht grundlegend den Bewegungsbedarf der Pferde. Auch heute noch ist das mehrstündige langsame Vorwärtsgehen im Schritt eine wesentliche Voraussetzung dafür, dass ein Pferd auf Dauer physisch und psychisch gesund bleibt.

8.2 Konsequenzen für Haltung und Umgang

Bewegungsfördernde Haltung

Nur im Sozialverband auf der Weide finden Pferde weitgehend natürliche Fortbewegungsmöglichkeiten. Daher sollte man Pferden, wann immer möglich, ganztags oder zumindest täglich mehr-

Abb. 49 Lange Wegstrecken zwischen den einzelnen Funktionsbereichen veranlassen Pferde auf natürliche Weise, sich täglich mehrere Stunden im Schritt zu bewegen.

stündig Weidegang bieten. Bei den heute üblichen Haltungsformen wird der Bewegungsbedarf der Pferde in der Regel nur völlig unzureichend gedeckt. Die Boxenhaltung ist nach wie vor am weitesten verbreitet. Ohne Auslauf sind Pferde dazu verurteilt, 23 Stunden am Tag, wenn nicht länger zu stehen. Untersuchungen von *Rodewald (1989)*, von *Beyer (1997)* sowie von *Bachmann (2002)* bestätigen, dass über 95 % der Pferde täglich weniger als eine Stunde geritten oder gefahren werden. Nicht nur das vermehrte Auftreten von „dicken" Beinen signalisiert, dass diese Art der Haltung zu körperlichen Schäden führt. Doch eine vegetationslose Koppel ohne weiteren Bewegungsanreiz wird das Problem in diesem Fall nicht beheben. Auch hier werden die Pferde überwiegend stehen. Diese Beobachtung konnte 2006 von *Hoffmann* und Mitarbeiter bewiesen werden. Fazit der Studie war,

dass eine große Paddockfläche nicht ausreicht, um Pferde zur Fortbewegung zu motivieren.

Aus diesem Grund ist es sinnvoll, sich bei der Gestaltung von Haltungssystemen an dem natürlichen Bewegungsverhalten der Pferde zu orientieren. Das heißt, es müssen **Bewegungsanreize** geboten werden, um sie zum Gehen zu motivieren.

Optimal unter diesem Aspekt ist der Offenlaufstall mit getrennten Funktionsbereichen, auch Mehrraumlaufstall genannt. Das Grundkonzept einer solchen Anlage basiert darauf, dass für die unterschiedlichen Bedürfnisse der Pferde verschiedene örtlich getrennt liegende Bereiche vorgesehen sind. Wie in der freien Wildbahn, nur auf viel kleinerem Raum, müssen sich die Tiere in einem solchen Haltungssystem fortbewegen, um ihre Bedürfnisse wie Fressen, Trinken, Ruhen usw. zu befriedigen. Der entscheidende Faktor für eine Bewegungssteigerung in solchen Haltungssystemen ist die Fütterungsfrequenz. Je höher sie ist, desto mehr wird gelaufen. In einem Experiment von *Frentzen (1994)* legten Haflinger bei einer sechsmaligen Fütterung je Tag durchschnittlich 4,8 km zurück, wodurch ein Großteil des täglichen Bewegungsbedarfs abgedeckt wird. Außerdem ist es sinnvoll, möglichst lange Wege zwischen den unterschiedlichen Funktionsbereichen anzulegen, denn je weiter die Aufenthaltsbereiche auseinandergezogen sind, desto größer ist die Wegstrecke, die ein Pferd zur Selbstversorgung zurücklegen muss. Ein großzügiges Raumangebot beugt außerdem einer zu großen Konzentration von Tieren an bevorzugten Stellen vor, wodurch das Risiko für Auseinandersetzungen reduziert wird.

In der Box ist nur eine Minimalbewegung möglich. Diese ist auch weniger ein Vorwärtsgehen, als vielmehr eine Bewegung im Kreis, was auf Dauer eher eine Belastung für die Extremitäten darstellt (Tab. 3, S. 78). Außenboxen mit Paddock geben als einzige Variante der Einzelhaltung nicht nur die Möglichkeit, sondern auch einen gewissen Anreiz zur Bewegung. So wird ein Pferd durch das Verhalten des Nachbartieres, durch das Wetter oder durch ein Geräusch zum Hinein- und Herausgehen veranlasst. Eine wesentliche Verbesserung der Bewegungsförderung wird erreicht, wenn man nach Vorschlägen von *Ullstein (1996)* eine Außenbox in eine Laufbox umbaut. Diese bewegungsfördernde Variante basiert ebenfalls auf der Gliederung in verschiedene Funktionsbereiche, wie es beim Offenlaufstall bereits beschrieben wurde. Man muss sich jedoch ganz klar vor Augen halten, dass in keiner Boxenhaltung, auch wenn ein Paddock angefügt ist, der tägliche Bewegungsbedarf der Pferde gedeckt werden kann. Gruppenhaltung lässt zwar allgemein mehr Bewegung zu, doch nur im Offenlaufstall mit bewegungsfördernder Unterteilung in getrennte Funktionsbereiche werden täglich Wegstrecken über mehrere Kilometer zurückgelegt.

Ausgleich des Bewegungsdefizits

Optimal ist es, wenn man den Pferden ganzjährig oder zumindest täglich über mehrere Stunden **Weidegang** zusammen mit Artgenossen bieten kann. Neue Reitanlagen sollten daher nur unter dieser Prämisse gebaut werden dürfen. Nach *Hoffmann* und Mitarbeiter *(2006)* führt bereits ein

Abb. 50 Reiten mit Handpferd ist eine Möglichkeit ein Bewegungsdefizit auszugleichen (Hunde, die beim Ausritt mitgenommen werden, müssen in jeder Situation perfekt gehorchen).

zweistündiger Weidegang am Tag zu einer deutlichen Steigerung der durchschnittlichen Bewegungsaktivität. Verfügt man lediglich über vegetationslose Koppeln, dann sollten diese als Allwetterplatz angelegt oder zumindest teilbefestigt sein. Dabei muss der Bodenbelag überall in der Anlage so griffig und trittsicher sein, dass die Pferde einen sicheren Halt beim Gehen finden. Gut geeignet sind unter diesem Aspekt Sand bzw. Sandgemische. Auf diesem Untergrund spielen Pferde auch bevorzugt miteinander. „Matsch" wird dagegen in der Regel zum Laufen gemieden. Täglicher Koppelgang verschafft Pferden jedoch nur die Möglichkeit zur Bewegung. Sie sind dadurch keinesfalls so konditioniert, dass sie nach einer Woche Boxenaufenthalt mit Koppelgang am Wochenende einen mehrstündigen Ausritt bewältigen können.

Nicht zu vergessen ist die ausreichende Versorgung mit Raufutter, wenn Pferde mehrstündig im unbegrünten Auslauf gehalten werden. Ohne Futterangebot konnte eine Stresszunahme bereits bei einem zweistündigen Aufenthalt nachgewiesen werden.

Führanlagen oder **Laufbänder** leisten eine wertvolle Hilfe als Ergänzung des täglichen Bewegungsbedarfs. Sie sind aber kein Ersatz für den freien Aufenthalt auf der Weide oder im Auslauf sowie für die tägliche Arbeit. Die meisten Pferde gewöhnen sich gut an diese Einrichtungen, ihre Kondition wird verbessert und ihre Muskulatur nimmt zu. Doch das Gehen auf der Kreisbahn von Führanlagen belastet Sehnen und Gelenke stärker als das Gehen auf geraden Bahnen. Deshalb sollten junge Pferde täglich maximal 30, trainierte erwachsene Tiere maximal 45 Minuten in der Führanlage gehen. Laufbänder gewährleisten zwar ein Geradeauslaufen und planes Auftreten der Pferde, dafür sind Störungen im Hufmechanismus nicht ausgeschlossen.

Weitere Alternativen zur Abdeckung des Bewegungsdefizits der Pferde sind im täglichen Umgang zu suchen. So kann man sein Pferd als Handpferd ausbilden und es einem Reiter seines Vertrauens zusätzlich zu Ausritten mitgeben. Auch eine Reitbeteiligung, die vielleicht nur dafür sorgt, dass das Pferd im Schritt spazierengeritten wird, leistet große Hilfe. Es ist jedoch nicht sinnvoll, sondern eher gefährlich, das Pferd aus der Box zu holen, um es ohne Aufwärmphase der Muskulatur in der Halle oder auf dem Außenplatz „schnell mal laufen zu lassen". Das Risiko für Zerrungen und Verletzungen ist in diesem Fall besonders groß. Auch wird bei 10 Minuten Springen, Buckeln und Galoppieren nur der Bewegungsdrang des Pferdes abreagiert, sein Bewegungsbedarf wird keinesfalls gedeckt.

Welche Bewegung ist pferdegerecht?

Den Pferden gerecht wird ein Bewegungsangebot, das sich an den natürlichen Lebensverhältnissen orientiert. Doch während unter Freiland- bzw. Weidebedingungen die tägliche Fortbewegung über den gesamten 24-Stunden-Tag verteilt ist und zum großen Teil im Schritt erfolgt sowie schnellere Gangarten im Vergleich dazu die Ausnahme sind, sehen die Bewegungsabläufe bei vielen Stallpferden genau umgekehrt aus. Hier stehen die Tiere überwiegend, die Bewegung ist häufig auf nur eine Stunde reduziert, dafür aber entsprechend schnell. Dazu ist aus der Praxis des Öfteren zu hören, dass intensive Arbeit den täglichen Bewegungsbedarf der Pferde ausreichend decken würde. Doch unter solchen Bedingungen ist nicht nur der Anteil von Trab und Galopp stark erhöht, sondern auch die Anzahl an absolvierten Kilometern. Nicht selten müssen Pferde aus dem Stand heraus in einer Stunde einen längeren Weg zurücklegen als sie es unter Freilandbedingungen an einem Tag tun würden. Eine derart konzentrierte Bewegung kann jedoch einen Mangel an langsamer, über einen langen Zeitraum verteilter Fortbewegung nicht ausgleichen. Die häufige Folge ist eine übermäßige Belastung des Bewegungsapparates und Problemverhalten, denn – trotz allem – der Bewegungsbedarf des Pferdes bleibt auch bei dieser intensiven, aber kurzen Arbeit unbefriedigt.

Der **Stehtag**, also ein Tag, an dem das Pferd nicht aus dem Stall herauskommt, ist ausschließlich zum Nutzen des Menschen eingerichtet. Für die Gesundheit und Psyche des Pferdes ist er nur von Nachteil. Natürlich kann es sinnvoll sein, etwa nach einer größeren Belastung, dem Pferd einen Ruhetag zu bieten. Das heißt jedoch nicht, dass es sich über-

Tab. 3. Täglich zurückgelegte Wegstrecke von Pferden in unterschiedlichen Haltungsformen (*Rehm 1981; Rodewald 1989; Kusunose* und *Mitarbeiter 1985; Frentzen 1994; Kuhne 2003*)

Haltungsform	Strecke
Naturnahe Haltung	2–17 km
24-Stunden-Weidegang	8,4 km
Offenlaufstall mit Gliederung in Funktionsbereiche	4,8 km
Tagesweide	3,5 km
Offenlaufstall ohne Gliederung in Funktionsbereich	1,8 km
Einzelbox	0,17 km*)

*) Insgesamt 578 Schritte davon 39% seitlich, 32% drehend, 20% geradeaus, 9% rückwärts

haupt nicht bewegen darf. Es sollte an solchen Tagen lediglich eine ruhigere Form der Bewegung wie Weidegang oder ein Ausritt im Schritt angeboten werden.

Folgen von Bewegungsmangel

Die große Anzahl von Lahmheiten an den Gesamterkrankungen – allein etwa 50 % der versicherten Pferde werden alljährlich wegen einer unheilbaren Erkrankung am Bewegungsapparat entschädigt – ist ein eindeutiger Beweis für die fehlerhafte Nutzung und Haltung unserer Pferde. **Falsche und zu wenig Bewegung** sind häufig auch Ursache für weitere Krankheiten wie Verdauungsstörungen, Herz-Kreislauf- sowie Atemwegserkrankungen und führen außerdem zur Beeinträchtigung des Hufmechanismus. Besonders wichtig ist Bewegung für heranwachsende Pferde. Nur wenn sie in ausreichendem Maße erfolgt, kann sich das Knochenwachstum auf die späteren Anforderungen einstellen. Ein diesbezügliches Defizit in der Aufzucht disponiert unter anderem zu frühzeitigen Verschleißerscheinungen. Bei der Haltung von Jungpferden wird dieser Tatbestand nach wie vor noch viel zu wenig berücksichtigt. So stellte *Walker (2007)* fest, dass auch heute in zahlreichen Aufzuchtbetrieben eine Vielzahl disponierender Faktoren für Osteochondrose (OC) und Osteochondrose dissecans (OCD) anzutreffen sind. Dazu gehören u.a. unzureichende Auslaufmöglichkeiten, zu kleine Ausläufe sowie deutlicher Lichtmangel und ein unregelmäßiger Schmiedeeinsatz.

Weniger offensichtlich, da die Ursachen meist weit zurückliegen, ist die Tatsache, dass zu wenig Bewegung prädisponierend für Verhaltensstörungen ist. Das heißt, je weniger Bewegungsmöglichkeit ein Pferd hat und je höher sein Bewegungsdrang ist, desto größer ist die Wahrscheinlichkeit für das Auftreten einer Verhaltensstörung. So sind Hengste, die ganztägig einzeln in Boxen gehalten werden und nur selten Auslaufmöglichkeiten haben, besonders disponiert. Aber nicht nur die Quantität, sondern auch die Qualität der Bewegung ist von Bedeutung. *McGreevy* und Mitarbeiter *(1995)* fanden heraus, dass Dressur- und Rennpferde häufiger zu Verhaltensstörungen neigen als solche, die für Ausdauerprüfungen trainiert werden.

Als Ursache für Schwierigkeiten im Umgang und bei der Nutzung ist Bewegungsmangel allgemein bekannt. Viele Temperamentsprobleme sind darauf begründet. Eine explosionsartige Entladung des angestauten Bewegungsdrangs ist für Pferde nach stundenlangem Stehen jedoch absolut natürlich und als normales Verhalten anzusehen. Eine artgerechte Haltung und täglich ausreichend Bewegungsmöglichkeit sind auch in diesem Fall die beste Prophylaxe. Fazit ist, dass die physische und psychische Gesundheit des Pferdes sehr stark vom täglichen Bewegungsangebot abhängig ist.

> - Eine artgerechte Haltung bietet Pferden die Möglichkeit zur Fortbewegung. Dabei sollte die Anlage so konzipiert sein, dass die Bewegung über Anreize stimuliert wird.
> - Sowohl die Quantität als auch die Qualität der Bewegung sind auf die Bedürfnisse des Pferdes abzustimmen. Zu kurze, aber auch zu intensive Bewegung kann Ursache von Erkrankungen und Problemverhalten sein:
>   – Ein Bewegungsdefizit wirkt prädisponierend für zukünftige Verhaltensstörungen wie Koppen und Weben.
>   – Zu intensive Arbeit kann zu einer psychischen Überforderung und nachfolgendem Problemverhalten führen.
>   – Ein Mangel an Bewegung ist häufig Ursache für Temperamentsprobleme im Umgang und bei der Nutzung.

9 Ausscheide- und Markierungsverhalten

9.1 Natürliche Verhaltensweisen

Der Absatz von Kot und Harn dient zwar in erster Linie der Abgabe von Stoffwechselprodukten, für Pferde stellt er aber auch eine Möglichkeit zur intraspezifischen Kommunikation dar. So kann man insbesondere bei Hengsten beobachten, dass sie Ausscheidungen von Artgenossen überkoten oder überharnen. Dieses Verhalten wird als Markieren oder Dokumentieren bezeichnet.

Nach *Klingel (1972)* stellt das Markieren der nichtterritorialen Equidenhengste (Steppen-, Bergzebras, Hauspferde) ein Relikt ihres früheren Territorialverhaltens dar, wie wir es noch von Grevyzebras und Wildeseln kennen. *Tschanz (1979)* interpretiert demgegenüber das Überkoten als eine nicht ritualisierte Signalhandlung. Aus diesem Grund ist es als Dokumentieren und nicht als Markieren zu bezeichnen.

Koten und Harnen

Zum **Koten** wird die Körperhaltung nur wenig verändert. Sie ist bei beiden Geschlechtern ähnlich: Der Schweif ist gelüftet, Kopf und Hals etwas gesenkt und der Rücken leicht gekrümmt. Normalerweise erfolgt der Kotabsatz im Stehen, aber durch äußere Umstände oder unter menschlicher Einwirkung defäkieren Pferde auch in der Fortbewegung. Die Häufigkeit des Kotens ist unter anderem vom Alter, Geschlecht und Futter abhängig. Fohlen koten weniger als adulte Tiere, und Hengste wiederum mehr als Stuten, was mit ihrem Markierungsverhalten im Zusammenhang steht. Unter natürlichen Lebensverhältnissen setzen Pferde etwa 8- bis 12-mal gleichmäßig über den 24-Stunden-Tag verteilt Kot ab. Koten wirkt stimmungsübertragend, das heißt, wenn ein Pferd „äpfelt", folgen häufig andere nach.

Zur **Miktion** nehmen Pferde durch Vorstellen der Vorderbeine eine gestreckte Haltung ein, die Hinterbeine werden gespreizt und leicht gebeugt. Dabei überwiegt bei Stuten die Spreizhaltung, bei männlichen Tieren die Streckhaltung der hinteren Extremitäten. Zum Urinieren suchen Pferde Stellen mit weichem Untergrund auf, sodass der Harn nicht gegen Beine und Bauchdecke spritzt. Die Menge und Häufigkeit des Harnabsatzes hängt vom Umfang der Flüssigkeitsaufnahme über Futter und Wasser sowie von der Art und dem Ausmaß der Bewegung ab. Im Durchschnitt harnen Pferde alle vier Stunden. Dabei setzen Fohlen öfter als erwachsene Pferde Urin ab, ebenso Hengste, was aber auf ihr Markierungsverhalten zurückzuführen ist. Eine besondere Form der Urinabgabe ist das Harnspritzen der Stuten, oft gleichzeitig verbunden mit Hinterhandschlag, Schweifschlagen und Quietschen. Es wird vor allem bei Stutenkämpfen und als Abwehr gegen den treibenden Hengst eingesetzt und hat in der intraspezifischen Verständigung einen deutlichen Signalwert.

Konsistenz, Größe, Farbe und Menge der Faeces sind in erster Linie futterabhängig, doch spielen beim Pferd individuelle, rassebedingte und vor allem neurovegetative Merkmale eine nicht unwesentliche Rolle. So ist jedem Turnierreiter bekannt, dass Pferde bei Nervosität und Angst nicht voll geformte Pferdeäpfel absetzen. Urinspritzen wird durch große Erregung, das heißt auch in Angstsituationen verschiedenster Art ausgelöst.

Kotplätze

Frei lebende Pferde bewohnen Streifgebiete und sind nicht standorttreu wie etwa Schweine. Deshalb war es für Pferde im Laufe der Evolution auch nie erforderlich gewesen, Verhaltensweisen beim Kot- und Harnabsatz zu entwickeln, die helfen, Parasiten- und Keiminfektionen zu vermeiden. Sie haben somit kein angeborenes Kotmeideverhalten. Dennoch bevorzugen sie in freier Wildbahn bestimmte Stellen, wie die Nähe von Wechseln, zum Absatz ihrer Faeces. Die dort entstehenden Kotansammlungen dienen vor allem einer **olfaktorischen Markierung des Geländes** und geben den Pferden Informationen über den Ausscheider. Auch Hauspferde setzen auf Weiden ihre Ausscheidungen überwiegend an bestimmten Plätzen ab. Dadurch

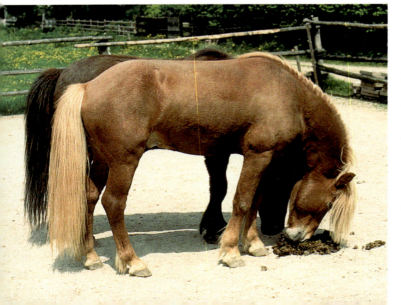

Abb. 51 Der Mist ist die „Post" der Pferde.

Abb. 52 Stutenkot wird von Hengsten bevorzugt überharnt.

kommt es auf unseren räumlich begrenzten Weiden zur Ausbildung von Ausscheidezonen bzw. von Geilstellen. Solche Plätze mit hohem Graswuchs werden von den Pferden nicht beweidet, solange der Boden noch nach den eigenen Exkrementen riecht. Da Hauspferde im Laufe der Domestikation immer auf begrenzter Weidefläche gehalten wurden, nimmt man an, dass dieses Verhalten eine Art Anpassungsvorgang ist. Es weist auf jeden Fall darauf hin, dass Pferde versuchen, den Geruch der eigenen Exkremente in der Nähe ihres Fressens zu meiden, wenn sie die Möglichkeit dazu haben. Ein positiver Effekt ist zudem, dass dieses Verhalten hilft, das Reinfektionsrisiko mit Endoparasiten zu minimieren.

Markieren

Im Allgemeinen zeigen nur adulte Hengste ein ausgeprägtes Markierungsverhalten. Mitunter ist es aber auch bei Jungtieren und Stuten zu beobachten. Das Markieren von Ausscheidungen erfolgt gemäß einem charakteristischen Bewegungsablauf: Beriechen der fremden Kot- und Harnstellen, Vortreten, Überkoten oder Überharnen, Zurücktreten, Beriechen und Weggehen. Häufig wird während der olfaktorischen Prüfung geflehmt oder gescharrt. Der Schweif ist während der Defäkation stark gelüftet, was auf eine Signalfunktion schließen lässt.

Alle Pferde zeigen Interesse an den arteigenen Ausscheidungen und beriechen die eigenen bzw. die der Artgenossen mitunter sehr intensiv. Früher bezeichnete man daher den Mist als „Post" der Pferde und man hatte Recht mit der Annahme, dass über die Ausscheidungen **chemische Botschaften** weitergegeben werden. Heute weiß man, dass Kot und Harn Pheromone enthalten, die eine geruchliche Information über den körperlichen Zustand des Ausscheiders geben. So erkennen Hengste durch Beriechen des Harns von Stuten deren Paarungsbereitschaft. Mit diesem Informationsaustausch erklärt sich auch das Verhalten von Hengsten, die ihren Kot möglichst nicht in der eigenen Box absetzen, sondern durch die Gitterstäbe zum Nachbarn drücken oder damit warten bis sie nach draußen geführt werden. Dieses Verhalten hat zum Ziel die „Botschaft" seiner Anwesenheit anderen Pferden zukommen zu lassen. Es wird oft irrtümlicherweise als besondere Reinlichkeit interpretiert.

Bei Hengsten ist das Ausscheideverhalten außerdem noch mit dem Rangverhalten verbunden. Es dient dazu, **Dominanzverhältnisse kampflos zu klären**. Dazu ist nach Beobachtungen von *Tschanz (1979)* die Beachtung bestimmter Regeln

- Pferden ist der Geruch der eigenen Exkremente unangenehm. Auf der Weide unterscheiden sie deshalb zwischen Fress- und Ausscheidezone.
- Zum Urinieren suchen Pferde Stellen mit weichem Untergrund auf, harter Boden wird gemieden.
- Der Mist ist die „Post" der Pferde. Er enthält geruchliche Informationen über den körperlichen Zustand des Ausscheiders.

erforderlich: Den Kot eines anderen Hengstes nicht zu überdecken bedeutet, dass dessen Überlegenheit anerkannt wird und umgekehrt, der Ranghöchste hat das Recht als letzter die Ausscheidungen anderer Hengste zu überkoten. Akzeptiert dies der Rangtiefere nicht, folgt der Kampf. Absetzen oder Nichtabsetzen von Kot auf denjenigen eines Rivalen genügt somit in diesem Fall zur Klärung von Rangbeziehungen.

9.2 Konsequenzen für Haltung und Umgang

In der Box kann das Pferd nicht wie auf der Weide zwischen Fress- und Ausscheidezone trennen. In der Regel muss es in unmittelbarer Nähe seiner Exkremente fressen und ruhen. Beides scheint Pferden unangenehm zu sein, dies beweist ihr Verhalten unter natürlichen Lebensbedingungen. Außerdem ergeben sich dadurch gesundheitliche Risiken, es sei denn, die Einstreu wird stets peinlich sauber gehalten.

Fütterung ohne Mistkontakt

In der Praxis ist es üblich, Heu am Boxenboden zu füttern und die Strohversorgung des Pferdes über die mit Exkrementen mehr oder weniger stark verschmutzte Einstreu abzudecken. Pferde gewöhnen sich zwar daran, ihr Futter direkt neben den Ausscheidungen zu fressen, doch wesentlich **gesünder ist es, Raufutter aus Raufen anzubieten** (B 5.2,

S. 63). Besonders zu empfehlen sind Fressgitter, die eine Raufuttervorlage von der Stallgasse aus erlauben. Sie gewährleisten nicht nur eine hygienisch einwandfreie Futtervorlage, sondern sind auch weniger verletzungsträchtig als Raufen. Allerdings sollte das Fressgitter zum Nachbartier geschlossen bzw. vergittert sein, damit die Pferde nicht von außen mit dem Kopf in die angrenzende Box bzw. Bucht (Laufstall) gelangen können. Durch Hängenbleiben des Kopfes ereigneten sich bereits gefährliche Unfälle. Insbesondere bei Jungpferden empfiehlt sich wegen ihrer großen Neugierde, Agilität und Kontaktfreude, jede zweite Reihe des Fressgitters zu verschließen.

Für den Offenlaufstall gibt es mehrere Möglichkeiten, um den Kontakt mit den Exkrementen bei der Nahrungsaufnahme zu minimieren. Beispielsweise kann man Raufutter ausschließlich in Fressständen anbieten oder zusätzliche Strohfressplätze (Tier- zu Fressplatzverhältnis ≤ 1 : 1) außerhalb der Liegehalle installieren. Die Pferde werden diese von sich aus der verschmutzten Stroheinstreu aus der Liegehalle vorziehen.

Liege- und Ausscheidebereich

Pferde liegen am liebsten auf trockenem, weichen Untergrund. Lässt man sie zwischen eingestreuten und einstreulosen Liegeflächen wählen, so bevorzugen sie immer erstere und hier wiederum Stroh vor Sägemehl. Einstreulose Haltung führt zu katastrophalen Luftverhältnissen (Ammoniak). Außerdem verkürzen Pferde unter solchen Bedingungen

Abb. 53 Eine Stroh- und Heufütterung ohne Mistkontakt ermöglicht die im Paddock installierte Raufe. Von großem Vorteil ist dabei, dass die Pferde auf diese Weise angeregt werden, sich überwiegend im Freien aufzuhalten.

Ausscheide- und Markierungsverhalten

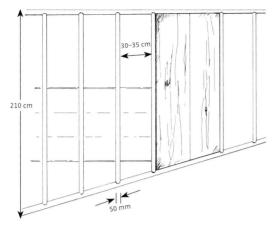

Abb. 54 Fressgitter erlauben eine hygienisch einwandfreie Futtervorlage. Sie sollten jedoch zum Nachbartier geschlossen sein, um Verletzungen durch Hängenbleiben des Kopfes von außen zu vermeiden.

die erholsamen Liegezeiten in der Bauch- und Seitenlage bzw. verzichten ganz darauf, stattdessen dösen sie vermehrt im Stehen. Zu diesem Befund kam unter anderem *Ubbenjans (1981)*. Fazit ihrer Vergleichsuntersuchung war, dass nicht nur planbefestigte Flächen (Beton, Pflaster), sondern auch Kunststoff- und Gummibodenbeläge in der Box nur in Verbindung mit Einstreu in der Pferdehaltung verwendet werden dürfen.

Einstreu bzw. ein weicher, saugfähiger Untergrund ist aber auch für den Harnabsatz erforderlich. Pferde strahlen nur ungern auf hartem Boden. Vor allem männliche Tiere halten ihren Urin oft über Stunden zurück, bis sie einen passenden Ort gefunden haben. Offensichtlich ist ihnen das **Bespritzen der Bauchdecke** unangenehm. Dies ist ein weiterer Grund dafür, dass sowohl in der Einzel- als auch in der Gruppenhaltung ein eingestreuter Bereich unabdingbar ist, es sei denn, die Pferde haben permanent Zugang zu einem Auslauf mit natürlichem Untergrund wie Sand oder Gras.

Untersuchungen von *Sambraus* und Mitarbeiter *(2003)* ergaben, dass das Abkotverhalten von Pferden in Offenlaufställen in gewissen Grenzen steuerbar ist. Durch die Errichtung einer attraktiven Ausscheidefläche in unmittelbarer Nähe der Fressstände konnte erreicht werden, dass die Pferde bevorzugt auf diesem Platz und weniger in der Umgebung abkoteten. Die Forschungsergebnisse deuten auch darauf hin, dass sich die hygienische Situation in der Liegehalle durch die Einrichtung spezieller Ausscheideplätze im Auslaufbereich verbessern lässt.

Weidehygiene – ein Muss

Pferde setzen auf der Weide Kot an bestimmten Plätzen ab. Nur Hengste zeigen dabei ein gezieltes Überkoten, während Jungpferde, Stuten und Wallache meist in der Nähe bereits vorhandener Ausscheidungen defäkierten. Dadurch entstehen, insbesondere auf Standweiden, immer größer werdende Geilstellen. Im Laufe der Zeit geht somit mehr und mehr Futterfläche verloren. Abhilfe kann hier durch regelmäßiges Absammeln des Kotes (mobile Kleintraktoren), gleichzeitige oder abwechselnde Beweidung mit Rindern oder Schafen, Nachmähen des Grases und angemessene Düngung geschaffen werden. **Nicht pferdegerecht** ist die allgemein übliche **maschinelle Verteilung des Kotes** auf der gesamten Pferdeweide („Abschleppen"), da hier der Kot, den die Pferde normalerweise meiden würden, auf die gesamte Fläche verteilt wird. Durch diese Maßnahme wird außerdem das Reinfektionsrisiko mit Endoparasiten drastisch erhöht.

Gesundheitliche Folgen von unsauberer Einstreu

Durch unsaubere Einstreu können zahlreiche gesundheitliche, aber auch psychische Probleme entstehen. An erster Stelle sind die schlechten Luftverhältnisse in überdachten Gebäuden zu nennen. So ist **Ammoniakgeruch** in Pferdehaltungen ein reines Hygieneproblem, denn er entsteht im Stall ausschließlich durch die mikrobielle Zersetzung von Kot und Harn. Ammoniak reizt auf chemischem Weg die Schleimhäute der Augen und des Atmungstraktes und gelangt adsorbiert an feinste Staubpartikel bis tief in die Lungenalveolen. Deshalb zählt dieses Schadgas, insbesondere in Verbindung mit Staub zu einer der Hauptursachen für den chronischen Verlauf von Atemwegserkrankungen. Ammoniakbindemittel können den Geruch mildern, ersetzen aber das gründliche Ausmisten in keinem Fall.

Ein weiteres Gesundheitsproblem, das mit unsauberer Einstreu in Zusammenhang steht, ist

Strahlfäule. Von dieser Huferkrankung, die mit einer Zersetzung des Hufhorns in der Strahlregion einhergeht, sind etwa ein Drittel aller Stallpferde betroffen. Saubere Einstreu und regelmäßige Hufpflege reduzieren das Erkrankungsrisiko für Strahlfäule auf nahezu Null.

Weiterhin ist die Gefahr einer ständigen Reinfektion mit **Endoparasiten** erheblich erhöht, wenn Pferde gezwungen sind, in der Nähe kotverschmutzter Einstreu zu fressen. Dasselbe gilt für Weiden, wenn, wie schon erwähnt, durch ein maschinelles Verteilen von Kot Wurmeier und Larven über die gesamte Fläche verteilt werden.

Schließlich darf nicht übersehen werden, dass eine zu feuchte Einstreu zu **Verhaltensänderungen** führen kann. Nach *Zeeb (2005)* verkürzen Pferde ihre Liegezeiten ab einem Feuchtegehalt der Einstreu von 60%. Somit ist unter solchen Bedingungen auf Dauer mit einer mangelhaften physischen und psychischen Regeneration beim Pferd zu rechnen.

- Unter dem Aspekt des Wohlbefindens und der Gesundheit ist täglich gründliches Ausmisten und Einstreuen erforderlich.
- **Unsaubere Einstreu führt zu:**
    - schlechter Stallluft („Husten")
    - Strahlfäule
    - erhöhter Verwurmung
    - vermehrter Fliegenplage
    - verkürzten Liegezeiten

10 Komfortverhalten

10.1 Natürliche Verhaltensweisen

Zum Komfortverhalten zählen alle Verhaltensweisen, die im Dienste der Körperpflege stehen. Sie nehmen im Tagesrhythmus natürlich lebender Einhufer einen festen Platz ein. Diese Verhaltensweisen ungehindert auszuüben trägt entscheidend zum Wohlbefinden der Tiere bei. Man unterscheidet zwischen solitärer und sozialer Hautpflege. Während letztere auch der Kommunikation zwischen Pferden dient, beinhaltet erstere das eigentliche Komfortverhalten und wird je nach Bedürfnis von jedem Tier alleine für sich selbst ausgeführt.

Dazu zählen das Selbstbeknabbern mit den Zähnen, Belecken des Körpers, Kratzen mit den Hinterhufen, Scheuern an Gegenständen sowie Wälzen, Baden und Schütteln.

Solitäre Hautpflege

Alle dazugehörigen Verhaltensweisen dienen zur Fell- und Hautreinigung und treten verstärkt zur Zeit des Fellwechsels auf. **Selbstbeknabbern** erfolgt mithilfe der Schneidezähne an allen erreichbaren Körperstellen. Dabei wird mit den Zähnen an der Haut entlang gerieben oder gezupft. **Lecken** wird vor allem bei der Beseitigung von Flüssigkeiten gezeigt. So kann man nach dem Saufen häufig Leckbewegungen entlang der Lippen beobachten. Gelegentlich belecken sich Pferde auch selbst, vor allem im Maulbereich, aber auch an den Schultern, an den Vorderbeinen und an den Seiten. **Kratzen** mit dem Vorderrand der Hinterhufe erfolgt bevorzugt am Kopf, speziell im Bereich der Ohren, und am vorderen Halsbereich. Es wird auffallend vorsichtig ausgeführt. Beim **Scheuern** reibt das Pferd Kopf, Hals, Mähnenkamm oder Hinterteil an festen Gegenständen wie Bäumen, Zaunabgrenzungen und ähnlichem mehr. Dabei versuchen sie auch den Rücken oder Bauch zu kratzen, indem sie unter oder über Äste bzw. umgestürzte Bäume hin

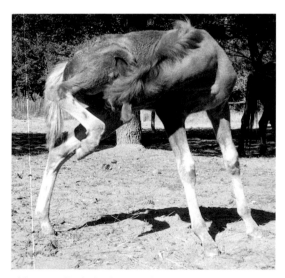

Abb. 55 Selbstbeknabbern erfolgt mit Hilfe der Schneidezähne an allen erreichbaren Körperstellen.

und her gehen. Sie scheuern sich außerdem an Gruppenmitgliedern oder an sich selbst. Häufig ist dabei das typische „Putzgesicht" mit vorgestreckter Oberlippe zu beobachten, was als Indikator für einen „lustbetonten" Vorgang und Wohlbefinden angesehen wird. Unter Freilandbedingungen haben Pferde bevorzugte Scheuerplätze, die sie regelmäßig aufsuchen.

Wälzen ist ein elementares Bedürfnis. Gut geputzte Pferde haben denselben Drang sich täglich zu wälzen wie frei lebende Einhufer. Pferde zeigen ihre Wälzintention durch ihr Verhalten an, indem sie den Wälzplatz visuell, olfaktorisch und mitunter auch taktil überprüfen. Dazu gehen sie zunächst mit tief gesenktem Kopf, nach vorne gerichteten Ohren und angehobenem Schweif mehrmals im Kreis. Daran anschließend kann der Boden über einige Scharrbewegungen gelockert werden. Dann versammeln sie die Beine unter dem Körper, knicken langsam in den Gelenken ein, rollen sogleich über die Schulter zu einer Seite ab, wobei die Hinterhand in diese Richtung mitfällt und kommen in der Bauchlage zum Liegen. Sie nehmen meist sofort die Seitenlage ein und beginnen mit dem Wälzvorgang. Wichtig scheint der intensive Kontakt von Hals und Kopf mit dem Untergrund zu sein. Über den Rücken zu wälzen gelingt häufig erst nach mehrfachem Schwungholen. Dieses Wälzen mit Überschlag muss gelernt werden, während der Ablauf des einseitigen Wälzens angeboren ist. Manchen Pferden fällt es schwer, sich über den Rücken zu drehen. Sie absolvieren dann das Wälzen in zwei Schritten, das heißt zunächst wird die erste Seite behandelt, dann wird aufgestanden, wieder abgelegt und die zweite Seite geschrubbt.

Frei lebende Pferde haben bestimmte Plätze zum Wälzen in ihrem Aktionsraum. Diese sind oft vegetationslos, sandig, trocken und staubig. Auf der Weide entfernen sie mitunter durch Scharren mit den Vorderhufen die Grasnarbe und legen auf diese Weise Wälzplätze an. Im Sommer werden auch gerne Wasserstellen zum Wälzen genutzt. Mitunter wird sogar morastiger Untergrund gewählt. Solche Schlammbäder sind insbesondere während des Fellwechsels im Frühjahr oder bei großer Insektenplage bei manchen Pferden sehr beliebt.

Abb. 56 Wälzen ist ein elementares Bedürfnis und weitgehend unabhängig vom Pflegezustand. Bevorzugt werden dazu vegetationslose, sandige und trockene Plätze.

Wälzen hat vermutlich auch **kommunikative Funktion**. Dafür spricht einerseits die intensive geruchliche Kontrolle des Bodens vor dem Ablegen. Andererseits wirkt Wälzen ansteckend, sodass sich oft mehrere Gruppenmitglieder nacheinander am selben Platz oder gleichzeitig wälzen. Der Haremshengst ist häufig als letzter an der Reihe. Dies hat den Effekt, dass sein Geruch den der anderen überdeckt, was möglicherweise der Demonstration seiner Dominanz dient.

Die meisten Einhufer gehen gerne ins **Wasser** und können relativ gut und ausdauernd schwimmen. Beim Hineingehen schlagen sie oftmals mit den Vorderbeinen ins Wasser und saufen dann anschließend. Nach Praxisbeobachtungen scheint die Scheu vor Wasser zu einem gewissen Grad auch rasseabhängig zu sein. Danach gehen viele Ponys und Kaltblüter relativ unbekümmert ins Wasser, Araber jedoch eher vorsichtig bis ablehnend. Für alle Pferde gilt, dass morastiges Wasser weniger gerne betreten wird als klares Wasser.

Das **Sich-Schütteln** erfolgt in der Regel im Anschluss an das Wälzen oder auch nach Durchnässung des Fells. Nur nach einem „Schlammbad" bei großer Insektenplage kann es unterbleiben, da die Erdkruste offensichtlich eine Art Schutzfunktion ausübt. Sich-Schütteln folgt der nach „Vorne-Hinten-Regel", das heißt die Schüttelbewegung beginnt am Kopf und setzt sich über Hals, Rumpf bis zur Schweifwurzel fort. Dazu wird eine sägebockartige Haltung eingenommen. Ein alleiniges Kopfschütteln dient vor allem der Insektenabwehr. Bei leichteren Irritationen der Haut reagieren Pferde mit Hautzucken im Bereich der betroffenen Körperpartie, was durch eine schnelle Kontraktion der subkutanen Muskulatur bewirkt wird. Lästige Insekten werden zusätzlich über Schweifschlagen, Aufstampfen mit den Beinen oder Schlagen gegen den eigenen Körper sowie durch gezieltes Stoßen mit dem Maul vertrieben. Schweifschlagen ist im Rahmen der Insektenabwehr sehr wichtig für das Wohlbefinden. Mit einem langen Schweif kann das Pferd große Teile seines Hinterkörpers und Bauchs erreichen. Ganz gezielt wird er zum Insektenschutz beim gemeinsamen Dösen eingesetzt. Dazu stellen sich die Pferde verkehrtparallel, das heißt Kopf an Schweif, zueinander auf, sodass sie sich gegenseitig im Kopfbereich die Fliegen vertreiben können.

- Das Komfortverhalten nimmt im Tagesrhythmus freilebender Pferde einen festen Platz ein.
- Vermehrte solitäre Fellpflege wie Scheuern ist zur Zeit des Fellwechsels ein normales Verhalten.
- Wälzen ist ein elementares Bedürfnis und unabhängig vom Pflegezustand. Pferde bevorzugen dazu sandige und trockene Plätze.

Soziale Fellpflege

Bei dieser Form der Fellpflege steht neben dem Putzvorgang die Kommunikation im Vordergrund. Soziale Fellpflege wird meistens mit bevorzugten Partnern ausgeführt und dient zur Bekräftigung von Bindungen. Fellpflege wirkt außerdem beruhigend, denn es kommt zu einem Absenken der Herzfrequenz. Die Initiative zur sozialen Fellpflege wird von den putzwilligen Pferden häufig gleichzeitig ergriffen, nicht selten machen aber auch rangniedere Tiere als erste den Auftakt. Durch ihr **„Putzgesicht"** mit freundlich gespitzten Ohren und weit vorgestreckter Oberlippe zeigen sie ihr Vorhaben dem auserwählten Partner an. Anschließend beginnen beide in verkehrtparalleler Haltung sich gegenseitig an schwer erreichbaren Körperstellen mehr oder weniger systematisch mit den Schneidezähnen zu bearbeiten. Beliebte Stellen sind Mähnenkamm, Widerrist, Rücken und Kruppe. Die Dauer der sozialen Fellpflege ist unterschiedlich. Sie kann nur wenige Sekunden aber auch mehrere Minuten betragen. Manchmal werden kurze Pausen eingelegt oder die Seite gewechselt. Fohlen und Stuten sind häufiger bei der sozialen Fellpflege zu beobachten als Hengste. Besonders ausgeprägt ist sie zwischen Mutter und Fohlen und unter Jungtieren. Die Häufigkeit variiert mit der Jahres- und Tageszeit. Besonders oft kann man Pferde zur Zeit des Fellwechsels und bei starker Insektenplage im Sommer beim sozialen Putzen beobachten.

10.2 Konsequenzen für Haltung und Umgang

Wälzplätze und Scheuervorrichtungen

Ein Haltungssystem ist nur dann verhaltensgerecht, wenn es den Bedürfnissen der Tiere in jedem Funktionskreis entspricht. Insbesondere die Ausübung der solitären Fellpflege sollte ungehindert möglich sein. Im Gegensatz zur Ständerhaltung ist dies in der Boxenhaltung gegeben, vorausgesetzt die Abmessungen entsprechen der Mindestgröße, die bei der Box $(2 \times Wh)^2$ je Pferd beträgt. Dasselbe gilt für Gruppenhaltungen. Sehr pferdefreundlich sind speziell angelegte Wälzplätze. Sie können bei Offenställen problemlos in den Auslauf integriert werden. Ein solcher Ort sollte etwa 5×5 m Fläche aufweisen und jederzeit nutzbar sein, was gegebenenfalls eine Überdachung erfordert. Gut geeignet als Bodenmaterial ist Sand. Falls keine Wälzplätze, Ausläufe oder Weiden zur Verfügung stehen, genügt auch die Reithalle bzw. ein Außenreitplatz, vorausgesetzt die Pferde dürfen sich darin täglich mindestens einmal frei bewegen.

Das Bedürfnis sich zu wälzen ist nach schweißtreibender Tätigkeit besonders groß. Ein echter „horseman" gestattet deshalb seinem Pferd nach der Arbeit sich ausgiebig zu wälzen. Dies hat nicht nur einen **positiven psychischen Effekt** für das Pferd, sondern auch den Vorteil, dass dann das

Wälzen in der Box meist unterbleibt. Denn auch bei richtigen Abmessungen besteht wegen der begrenzten Raumverhältnisse ein erhöhtes Risiko für ein Festliegen und mögliche Verletzungen. Auch frische Einstreu kann Wälzen spontan auslösen. Aus Sicherheitsgründen sollte man daher nach dem Einstreuen stets einen Kontrollgang durchführen.

Auch das Scheuern an einem festen Gegenstand ist ein Bedürfnis, dem Pferde mit wahrer Inbrunst nachgehen. Sie praktizieren dies zwar an allen erreichbaren festen Gegenständen wie Stallwänden und Zaunverlattungen, schonender für die Stall- bzw. Weideeinrichtung sind jedoch spezielle Scheuervorrichtungen. Insbesondere in Ausläufen, die nur mit Elektrozaun eingezäunt sind und keine Bäume und ähnliches enthalten, tragen derartige Einrichtungen ganz entscheidend dazu bei das **Wohlbefinden der Pferde** zu erhöhen. Bewährt haben sich tief im Boden befestigte Scheuerpfähle aus Holz oder Bürsten, wie sie aus der Rinderhaltung bekannt sind. Eine große Gefahr beim Scheuern sind zu weit gestellte Stallhalfter, wie man sie leider vielerorts antrifft. Sie ermöglichen ein Festhängen beim Scheuern, worauf Pferde mit unkontrolliertem Gegenziehen bzw. mit Panik reagieren. Manche Tiere sind durch diese Nachlässigkeit schon zu Tode gekommen! Unbeaufsichtigte Pferde sollten deshalb am besten kein Stallhalfter tragen. Zumindest muss dieses aus zerreißbarem Material sein oder sich bei starkem Gegenzug durch einen Mechanismus von selbst lösen können.

Soziale Fellpflege dient der freundschaftlichen Bindung unter Pferden. In der Gruppenhaltung kann sie ungehindert praktiziert werden. Aber auch in der Einzelhaltung ist dies möglich, wenn bei gut verträglichen Tieren die Boxentrennwände nur brusthoch sind oder ein Paddock vorhanden ist. Unter anderem auch aus diesem Grund sollten Kleinausläufe nicht mit Elektrozaun eingezäunt sein.

Gesundheitliche Aspekte

Vermehrtes Scheuern zur Zeit des Fellwechsels ist ein normales Verhalten. Auch neigen manche Stu-

Abb. 57 Ausläufe und Offenstallanlagen, die mit Elektrozaun eingezäunt sind, sollten über Scheuervorrichtungen wie Bürsten verfügen.

ten während der Rosse vermehrt dazu. Beide Male liegt aber eine deutliche zeitliche Begrenzung vor. Tritt Scheuern unabhängig davon besonders intensiv auf, liegt häufig eine Erkrankung vor. So kann minutenlanges Scheuern an der Schweifwurzel durch Endoparasiten hervorgerufen werden. Oftmals handelt es sich dabei um Pfriemenschwänze (Oxyuris equi), die im Dickdarm leben. Zur Eiablage verlassen die Weibchen diesen und legen ihre Eier am After des Pferdes ab, was zu massivem Juckreiz führt. Vermehrtes Scheuern wird aber auch bei infektiösen oder allergischen Prozessen gezeigt. Bekanntes Beispiel hierzu ist das Sommerekzem. In Einzelfällen liegt aber auch als Ursache eine Verhaltensstörung vor. Auf jeden Fall ist

- Ein artgemäßes Haltungssystem erlaubt das ungehinderte Ausüben des Komfortverhaltens.
- Übermäßiges Scheuern, Lecken, Selbstbeknabbern und ähnliches, das eindeutig über das Normalmaß hinausgeht, deutet in vielen Fällen auf eine Hauterkrankung hin, die mit starkem Juckreiz verbunden ist. In Einzelfällen kann eine Verhaltensstörung vorliegen.

bei einer derartigen Symptomatik zunächst der Tierarzt zu Rate zu ziehen.

Wälzen kann in aller Regel als Ausdruck für Wohlbefinden angesehen werden und ist ein Indiz dafür, dass es dem Pferd gut geht. Es kann jedoch auch Schmerzen im Bauchbereich zum Beispiel bei einer Kolik oder vor der Geburt anzeigen. Diesen Zustand geben Pferde jedoch meist durch ein verändertes Allgemeinverhalten zu erkennen. Hinweis auf eine Erkrankung kann auch das Ausbleiben des Schüttelns nach dem Wälzvorgang sein, denn bei Schmerzen wird dies häufig unterlassen.

11 Spielverhalten

11.1 Natürliche Verhaltensweisen

„Spielen ist eine zweckfreie, lustvolle Betätigung um ihrer selbst willen" lautet eine schöne Definition. Es ist aber noch viel mehr. Im Spiel vervollkommnen Jungpferde ihre Bewegungskoordination und üben sich gleichzeitig im Sozialverhalten. Es dient dem Training von Verhaltensweisen, die im Erwachsenenalter von Bedeutung sind, und hilft neue Erfahrungen zu sammeln. Spiel fördert außerdem die physische und psychische Gesundheit. Nach Ansicht einiger Autoren findet Spiel nur im „entspannten Feld" statt. Beobachtungen von *Westphal* (2006) deuten jedoch darauf hin, dass Spiel auch dem Stressabbau dienen könnte. Bei ihren Untersuchungen wurden die meisten Spielaktionen in dem Betrieb mit der höchsten Aggressionsrate beobachtet. Alter und Geschlecht der Tiere waren auf den überprüften Betrieben vergleichbar.

Wie bei allen höheren Säugetieren sind Spieltrieb und Neugierde bei juvenilen Einhufern wesentlich stärker ausgeprägt als bei erwachsenen. 75 % der Bewegungsaktivität von Fohlen ist das Spiel. Doch auch ältere Pferde sind noch zum Spielen zu begeistern. Hauspferde spielen mehr als frei lebende Equiden. Dies dürfte, abgesehen von dem häufig angestauten Bewegungsdrang, darauf zurückzuführen sein, dass sie unter menschlicher Obhut ausreichend versorgt werden und Schutz vor Feinden haben. Dies gibt ihnen nicht nur die Zeit, sondern auch die erforderliche Sicherheit zum Spiel.

Pferde spielen besonders gerne mit Sozialpartnern, aber auch mit sich alleine. Letzteres, das **So-**

Abb. 58 Eine hochgestellte Schweifrübe hat Signalfunktion beim sozialen Laufspiel.

litärspiel, ist vor allem bei sehr jungen Fohlen oder einzeln gehaltenen Pferden zu beobachten. Es sind überwiegend Laufspiele, bei denen das Tier ausgelassen unter Prusten und Schnauben, oft mit stark akzentuierten Bewegungen trabt, galoppiert oder wilde Bocksprünge ausführt. Während der ersten drei bis vier Lebenswochen spielen Fohlen praktisch nur alleine. Dabei hüpfen und springen sie um ihre Mutter herum, beknabbern und berühren sie. Dadurch entwickeln die Jungtiere zum einen ein Bewusstsein für Raum und Individualdistanz, zum anderen werden die angeborenen Bewegungsabläufe koordiniert und trainiert. Auch solitäre Objektspiele (z. B. Äste) kommen vor. Sie dienen dem Kennenlernen von Gegenständen mit allen Sinnesorganen.

Kennzeichnend für **Sozialspiele** ist die Suche nach einem Partner und die darauffolgende Spielaufforderung. Pferde machen dies durch Anstoßen, Kneifen, leichtes Beißen, Kopfschwenken sowie Umkreisen mit „übertriebenen Sprüngen". So wird die Laufintention durch eine möglichst hochgestellte Schweifrübe angezeigt. Dieses optische Signal verstehen alle Pferde und jedes laufwillige Tier in der Umgebung lässt sich dadurch animieren. Oftmals springt der Funke auf

Spielverhalten

> **Kennzeichen für Spiel sind:**
> - fehlende Drohmimik,
> - keine Verletzungsabsicht,
> - Rollentausch.

die ganze Herde über und für wenige Minuten beginnt unter lautem Prusten eine wilde Jagd mit Auskeilen, Buckeln, Bocksprüngen, Steigen und sonstigen Kapriolen. Ausgesprochen beliebt ist auch gegenseitiges Jagen mit Beißversuchen in die Hinterhand oder Wettrennen mit Rollentausch. Kampfspiele beinhalten alle Elemente des späteren Hengstkampfes mit Steigen, Schlagen mit den Vorderbeinen, Zwicken, Beißen in Kopf und Mähnenkamm, „Hinknien", Kreiseln, Verfolgen, Schlagen mit der Hinterhand und anderes mehr. Hengstfohlen beginnen bereits im Alter von vier bis fünf Wochen mit den ersten Kampfspielen, während Stutfohlen Laufspiele und soziales Fellkraulen bevorzugen. Außerdem zeigen Hengstfohlen bereits ab der ersten Lebenswoche spielerisches Sexualverhalten in Form von Aufspringen auf die Mutter oder auf andere Fohlen. Auch bei Stutfohlen kann man manchmal, wenn auch selten, spielerisches Aufreiten beobachten.

Ist es **Kampfspiel oder echter Kampf**? Diese Frage stellt man sich mitunter, wenn man Pferden bei dieser Aktivität zuschaut. Zur Unterscheidung gibt es mehrere Merkmale: Zum einen ist der Spielcharakter am Ausdrucksverhalten zu erkennen. Es fehlt die Drohmimik, stattdessen signalisieren überwiegend nach vorne gestellte Ohren eine positive, freundschaftliche Grundeinstellung dem Spielpartner gegenüber. Zum anderen fehlt im Spiel der Ernstbezug, das heißt Verletzungen werden, abgesehen von Unglücksfällen, vermieden, und drittens können sich Teilhandlungen frei miteinander abwechseln wie gegenseitiges Verfolgen mit Rollentausch.

11.2 Konsequenzen für Haltung und Umgang

Fohlenaufzucht

Für eine ungestörte Entwicklung brauchen Fohlen altersgleiche Artgenossen zum Spielen. Junge Hengste benötigen zusätzlich noch Geschlechtsgenossen, denn das sanfte „Mädchenspiel" kann das Kampfspiel nicht ersetzen. Meist spielen immer zwei befreundete Fohlen miteinander. Aus diesem Grund sollten Jungpferde auch möglichst in größeren Gruppen gehalten werden. Bei Fehlen eines Spielpartners, wie es bei einzeln aufgezogenen Fohlen der Fall ist, sind Störungen im Sozial- und besonders auch im Sexualverhalten zu erwarten.

Der Mensch ist weder ein Ersatz noch ein adäquater Spielpartner für Fohlen! Insbesondere für Kinder, aber auch für Erwachsene kann, wenn der Zeitpunkt des Umschwenkens übersehen wird, ein anfangs **lustig wirkendes Fohlenspiel sehr schnell gefährlich werden**. Junghengste und -wallache neigen beispielsweise dazu zur Begrüßung spielerisch zu kneifen. Wehrt man dieses Verhalten ab, indem man ihnen lediglich etwas auf das Maul klopft, lächelnd „nein, nein" sagt oder ihnen

Abb. 59 Kampfspiele haben einen erregungsableitenden Charakter und wirken spannungsabbauend.

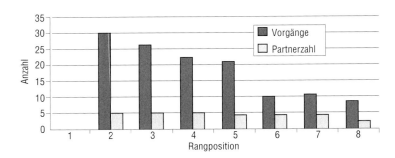

Abb. 60 Anzahl der sozialen Spielvorgänge pro Tag und Spielpartner in einer Offenstallanlage in Abhängigkeit von der Rangordnung (*Hackbarth 1998*).

als Ablenkung eine Karotte hinhält, ermuntert und erzieht man sie – wenn auch ungewollt – zu derartigen Beißspielen. Stattdessen ist als Erziehungsmaßnahme ein schneller, kurzer aber deutlich spürbarer Klaps auf das Maul angebracht, am besten unterstützt mit der Stimme über ein scharfes „Nein". Dabei muss die Zurechtweisung kurz vor oder noch während des Beißens erfolgen. Auch Stuten bestrafen ihre Fohlen durch ein energisches Kneifen in die Hinterhand, wenn diese beim Saugen mit den Zähnen in das Euter zwicken. Den Zusammenhang zwischen Beißen und Bestrafung begreifen Fohlen sehr schnell, vorausgesetzt die Strafe erfolgt zum richtigen Zeitpunkt. Nach einer solchen Maßregelung sollte man aber sofort wieder freundlich zu dem Fohlen sein, damit es keine Ängste gegenüber Menschen aufbaut.

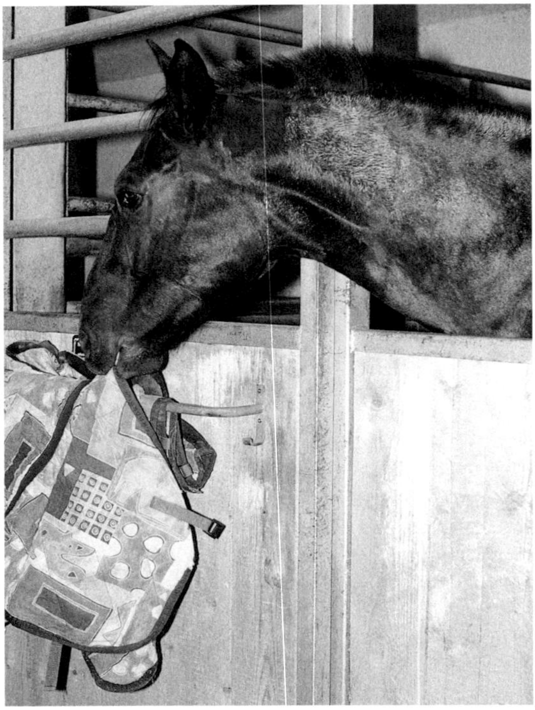

Spielen im Pferdealltag

Optimale Voraussetzungen für soziale Spiele bietet die Gruppenhaltung bzw. die gemeinsame Auslaufhaltung. Dabei beeinflusst die Verträglichkeit bzw. die „Sympathie" der Tiere untereinander und deren individuelle Spielfreudigkeit, aber auch die Beschaffenheit des Untergrunds und das Wetter die Art und die Häufigkeit der Spiele. Die meisten Pferde haben einen oder mehrere bevorzugte Spielpartner, das heißt ohne den passenden Freund wird nicht gespielt. Außerdem sind männliche Pferde im Allgemeinen spielfreudiger als weibliche. So beobachtete *Hackbarth (1998)* in einer „spielfreundlich" angelegten Offenstallanlage mit einer gut integrierten Pferdegruppe bei bestimmten Pferden bis zu 30 soziale Spielvorgänge je Tag mit bis zu fünf verschiedenen Spielpartnern. Dabei spielten die ranghöheren Pferde und Wallache deutlich öfter als die rangniederen und weiblichen Tiere. Neben Backenkneifen bzw. „Halfterspielen" sind auch in Offenlaufställen gegenseitiges Jagen und Kampfspiele zu beobachten, vorausgesetzt der Boden ist ausreichend griffig und nicht zu hart. Nicht selten wird der mit Sand eingestreute Wälzplatz zum Spielplatz umfunktioniert. Bei kühler Witterung sind Lauf- und Kampfspiele besonders beliebt, während zu Jahresbeginn in den ersten warmen Sonnenstrahlen gerne gegenseitiges Fellkraulen praktiziert wird.

Aber das Pferd spielt mitunter auch gern für sich alleine mit Gegenständen aller Art. Als Spielzeug

Abb. 61 Bei Beschäftigungsmangel suchen sich Pferde ihr Spielzeug auch gerne selbst.

eignen sich Äste, Bälle, Kegel, Kartons, Ketten und anderes mehr. Wichtig ist nur, dass das **Material verletzungssicher und ungiftig** ist. Insbesondere Pferden in der Boxenhaltung sollte man die Möglichkeit zum Spielen geben, um einer Reizverarmung vorzubeugen. Ohne eine solche Möglichkeit suchen so manche von ihnen ihr Spielzeug selbst und plätschern mit Wasser, wühlen in der Einstreu oder spielen mit dem Türschloss. Kurz, sie erfinden Dinge, die den Menschen ärgern! Man sollte also auch aus diesem Grund den Spieltrieb des Pferdes nicht ignorieren, denn in Kombination mit Langeweile führt dieses Bedürfnis schnell zu einer unerwünschten Verhaltensweise. Allerdings wird auch das schönste Spielzeug irgendwann uninteressant und muss rechtzeitig gegen ein neues ausgetauscht werden. Das gilt auch für Hölzer.

Abb. 62 Optimal für das Wohlbefinden und Sicherheitsbedürfnis des Pferdes ist ein weiter Überblick über die Umgebung.

- Durch Fehlen eines Spielpartners während der Jugendentwicklung sind spätere Störungen im Sozial- und Sexualverhalten vorprogrammiert.
- Ein artgerechtes Haltungssystem bietet dem Pferd solitäre, besser noch soziale Spielmöglichkeiten.
- Ein nicht erfülltes Spielbedürfnis kann zur Ursache von unerwünschten Verhaltensweisen werden.

12 Neugier- und Erkundungsverhalten

12.1 Natürliche Verhaltensweisen

Pferde sind ähnlich wie Ziegen und Gämsen außerordentlich neugierige und erkundungsfreudige Tiere. Besonders bei Fohlen sind diese Verhaltensweisen sehr stark ausgeprägt. Sowohl das Neugier- als auch das Erkundungsverhalten gelten neben dem Spiel als der „Hauptmotor zum selbständigen Lernen". Ersteres äußert sich in Beäugen, Beschnuppern, Belecken und Benagen von unbekannten Gegenständen sowie prüfenden Bewegungen wie vorsichtiges Antippen, Scharren und Stoßen. Ähnliche Verhaltensweisen und -abläufe zeigt das Pferd beim Erkundungsverhalten. Aus diesem Grund werden diese beiden Verhaltensfunktionskreise in der angewandten Ethologie auch nicht voneinander unterschieden.

Neugier- und Erkundungsverhalten lassen sich nach *Tembrock (1964)* wie folgt differenzieren:
Neugierverhalten ist motorisch nicht fixiert und dient der Aufnahme einer artspezifisch festgelegten „Menge" an neuen Informationen.
Erkundungsverhalten ist ein Orientierungsverhalten in Raum und Zeit. Es ist artspezifisch in seiner Motorik und auf artspezifische Reizmuster gerichtet, die zum Vollzug des Aktionssystems der Art in Raum und Zeit erforderlich sind.

Erkundungsverhalten ist in freier Wildbahn eine wesentliche Voraussetzung für das Überleben. Es dient der Erschließung neuer Ressourcen, hilft Erfahrungen zu sammeln, um unnötige Flucht zu vermeiden und spielt eine entscheidende Rolle bei der Feindvermeidung. Dabei ist das Leben in der Gruppe von Vorteil, denn die Erkundung von Fremdreizen erfolgt in einer gewissen Arbeitsteilung. So sind auch während der nächtlichen Schlafphasen immer einige Tiere wachsam, während die anderen entspannt ruhen.

Zur **Fernorientierung** dienen in erster Linie der Gesichts- und Gehörsinn. Dazu wird die für Fluchtbereitschaft typische Körperhaltung eingenommen: der Kopf ist erhoben, die Augen sind weit geöffnet und nach vorne gerichtet, die Ohren gespitzt, die

Nüstern gebläht, die Muskeln angespannt und der Schweif wird hochaufgerichtet. Meistens genügt es schon, wenn ein Gruppenmitglied plötzlich diese angespannte Körperhaltung einnimmt, um alle anderen Artgenossen auf das Ereignis aufmerksam zu machen. Die darauffolgende Reaktion der Pferde ist unterschiedlich, je nachdem welcher Art das Objekt ist, in welcher Nähe es sich befindet, in welcher Intensität es auf die Tiere einwirkt und wie groß der Überraschungseffekt ist. Nur bei starken oder plötzlich auftretenden Reizen kommt es zur sofortigen Fluchtreaktion mit Kopfhochreißen und Wegspringen. Ist dies nicht der Fall, versucht das Pferd zunächst durch Schauen, Hören und Wittern die Reizquelle zu orten und zu identifizieren. Wird die Situation als ungefährlich eingestuft, setzen sie in der Regel die zuvor unterbrochene Tätigkeit wieder fort. Bleibt eine gewisse Unsicherheit, erfolgt die genauere Erkundung. Dabei schließen sich meist einige Pferde zusammen, wobei oft ein dominantes Tier vorangeht. Mit ruckartigen Bewegungen, aber stets bereit zur Flucht, trabt es dann meist bis auf sichere Entfernung auf das Unbekannte zu, stoppt, sichert, trabt einige Meter in eine andere Richtung, bleibt dann wieder stehen und sichert erneut. So wird das Objekt im Zickzack angegangen oder umrundet, bis man sich langsam annähert. Erregungskoten kann auftreten.

Nun folgt die **Nahorientierung**. Dabei gehen Pferde vorsichtig mit noch angespannter Körperhaltung und lang gestrecktem Hals, nach vorne gerichteten Ohren und geweiteten Nüstern auf den fremden Gegenstand zu. Nach ausgiebigem Beäugen, oft begleitet von Schnauben, wird dieser dann intensiv beschnuppert. Diese geruchliche Erkundung scheint sehr wichtig zu sein und bringt dem Pferd offensichtlich viele Informationen über das unbekannte Objekt. Mitunter werden zusätzlich der Geschmackssinn und der Tastsinn eingeschaltet. Insbesondere Fohlen untersuchen alles zunächst mit dem Maul und benagen oder belecken fremde Gegenstände. Dann beginnen sie diese mit den Hufen durch Klopfen und Scharren zu untersuchen. Ältere Pferde benutzen demgegenüber den Tastsinn, abgesehen von den Tasthaaren, nur noch zur Untersuchung von Bodenflächen wie Wasserpfützen.

12.2 Konsequenzen für Haltung und Umgang

Abwechslungsreiche Umgebung

Das Pferd konnte während seiner Entwicklungsgeschichte nur durch stete Wachsamkeit und Erkundung der Umgebung überleben. Daraus folgt, dass seine Sinnes- und Wahrnehmungsleistungen auf eine große Reizaufnahme ausgelegt sind. Es benötigt deshalb ein reich strukturiertes Umfeld und so

- Arttypisch für das Fluchttier Pferd ist eine hohe Wachsamkeit sowie eine große Neugierde und Erkundungsfreude.
- Neugier- und Erkundungsverhalten dienen dem Sammeln neuer Erfahrungen und somit dem selbständigen Lernen.
- Die Fernorientierung erfolgt in erster Linie über den Gesichts- und Gehörsinn. Für die Nahorientierung ist die geruchliche Erkundung von großer Bedeutung.

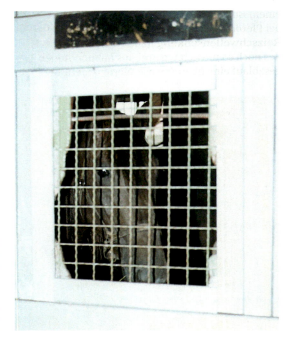

Abb. 63 Pferde benötigen Sicht-, Geruchs- und Hörkontakt zu ihrer Umgebung, um sich sicher und wohl zu fühlen. Dunkle, hochgeschlossene Innenboxen führen zu Reizverarmung und Übererregbarkeit.

Abb. 64 Pferde bauen Ängste vor furchteinflößenden Gegenständen besser ab, wenn sie diese olfaktorisch überprüfen dürfen.

viel Kontakt wie möglich zu seiner Umwelt. Artgerechte Haltungssysteme berücksichtigen dieses Bedürfnis. In der Einzelhaltung sollte dem Pferd wenigstens die Möglichkeit geboten werden, über eine zur Hälfte geöffnete Türe auf die Stallgasse zu sehen, um am Stallgeschehen teilnehmen zu können. Besser sind Außenboxen bzw. Boxen mit angeschlossenem Paddock oder die Haltung im Offenlaufstall, da hier zusätzliche Umweltreize geboten sind. Ein Leben in einer hochgeschlossenen Box ohne Ausblick und Auslauf resultiert zwangsläufig in Reizverarmung. Diese bewirkt, dass die Reizschwelle, bei deren Überschreiten Gefahr signalisiert wird, bei einem isoliert gehaltenen Pferd niedriger ist als bei Pferden im Verband. **Reizverarmung** und **Reizschwellensenkung** haben zur Folge, dass jedes noch so unwichtige Ereignis im monotonen Tagesablauf eine überdimensionierte Bedeutung für das Pferd erhält. Sie erschrecken wegen „Nichts" oder sind schnell übererregt. Boxenschlagen oder Gitterstäbewetzen sind unter anderem auch ein Anzeichen für Reizverarmung bzw. für die daraus resultierende Übererregung, sobald etwas passiert. Manche Tiere reagieren auf eine reizlose Umwelt aber auch mit Abgestumpftheit bzw. „Stätigkeit", andere wiederum beginnen sich Ersatzbeschäftigungen zu suchen.

Abb. 65 Außenboxen erhöhen das Angebot an Umweltreizen und bieten zusätzlich Frischluft sowie natürliches Licht. Auf einen Webrahmen kann verzichtet werden, da die meisten Weber nur einen Schritt zurücktreten und ihr gestörtes Verhalten im Boxeninneren ausführen.

Fazit: Ein Mangel an Umweltreizen kann Ursache für viele Verhaltensprobleme sein.

Anzumerken ist allerdings, dass das Angebot an Umweltreizen individuell auf das Pferd abgestimmt sein sollte. So ist der Blick aus der Außenbox auf einen Springparcours oder auf eine Trainingsrennbahn nicht für jedes Tier optimal. Bei sensiblen, nervigen Pferden kann dadurch der Erregungspegel oft noch gesteigert werden. Ruhigere Tiere beispielsweise mit Kaltblutanteilen schauen dagegen gelassen zu und scheinen diesen Ausblick sogar zu genießen. Die Meinung ist jedoch falsch, dass ein Pferd zur Entspannung einen ruhigen, abgeschirmten Bereich benötigt. Pferde fühlen sich nur dann sicher und können ausreichend regenerieren, wenn sie Sicht-, Geruchs- und Hörkontakt zu ihren Artgenossen haben. Dazu müssen sie ihre Umgebung in ausreichendem Maße beobachten können.

Lernen durch Erkunden

Neugier- und Erkundungsverhalten sind ebenso wie das Spielverhalten bei Fohlen und Jungpferden besonders stark ausgeprägt. Gerade in diesem Altersabschnitt besitzen sie auch die größte Lernkapazität. Je mehr Möglichkeiten zum Erkunden ihnen jetzt geboten werden, je mehr Dinge und Situationen sie kennen lernen, umso erfahrener werden sie im Erwachsenenalter sein. Immer wieder hört man die Meinung, dass mit Pferden erst ab dem dritten Lebensjahr gearbeitet werden kann. Das ist richtig, wenn man an die Vorbereitungen für das Reiten denkt. Es ist aber falsch, wenn man das Ziel hat ein lernfreudiges Pferd auszubilden, das zudem sicher ist und die verschiedensten Situationen meistert ohne zu scheuen, da sie ihm von Kindesbeinen an vertraut sind. So kann man die Neugierde des Jungpferdes nutzen und es an Traktoren, Kühe, Plastikbänder, Regenschirme und ähnliches mehr gewöhnen. Wichtig ist nur, dass die positive Grundstimmung, die der Neugierde zugrunde liegt, erhalten bleibt. Pferde, die von klein auf im Lerntraining sind, werden auch **ihr Leben lang besser und schneller lernen**, als solche, die dazu keine Möglichkeit hatten. Die Schreckhaftigkeit der Pferde ist zwar individuell verschieden und vermutlich auch erblich bedingt. Durch Erfahrung bzw.

Lernen kann aber vieles ausgeglichen werden. Pferde können sich bei wiederholter Darbietung an die verschiedensten und auch an plötzlich auftretende Reize gewöhnen. Wichtig ist nur, dass sie keine negative Erfahrung damit verbinden. In der freien Wildbahn sind ständig Abwechslung und neue Lernmöglichkeiten geboten. Dies sollten wir auch in der Pferdehaltung und im Umgang mit Pferden nachvollziehen (s. Abb. 64, S. 93).

Mit zunehmendem Alter nimmt das Erkundungsbedürfnis zwar allmählich ab, es bleibt aber bei Pferden, die in einer abwechslungsreichen Umgebung aufgestallt sind, immer erhalten. Deshalb sollte man auch bei der Ausbildung und der täglichen Arbeit das Pferd immer wieder zwischendurch mit neuen Dingen konfrontieren. Wichtig ist dabei, dass man dem Pferd dann in einer solchen Situation ausreichend Zeit zum Erkunden gibt. Ruhiges, schrittweises Vorwärtsgehen oder ein Umrunden des fremden Objektes in immer enger werdenden Kreisen, wie es die Pferde natürlicherweise tun würden, helfen Ängste abzubauen. Während der Erkundungsphase ist die Spannung sehr groß. Kleinste Veränderungen reichen oft schon aus, um Zurückweichen, Schnauben oder kurze Flucht auszulösen. Deshalb kann es sinnvoll sein, abzusitzen und zu führen bzw. zumindest stehen zu bleiben, denn Pferde können aus dem Stand einen fremden Gegenstand besser erkennen und einschätzen als in der Bewegung. Gerade junge Pferde geraten leicht in Panik, wenn sie daran vorbei getrieben werden. Wichtig ist auch, dass man, besonders in der Phase der Nahorientierung, ausreichend Kopffreiheit gibt, da sich das Gesichtsfeld des Pferdes durch die seitliche Anordnung der Augen von dem unseren unterscheidet. Erst die ausgiebige Geruchskontrolle beendet für das Pferd den Erkundungsvorgang.

- Pferde benötigen ausreichend Umweltreize, um sich sicher und wohl zu fühlen.
- Reizverarmung ist ursächlich an vielen Verhaltensstörungen und unerwünschten Verhaltensweisen der Pferde beteiligt.
- Frühzeitiges Lernen über Erkunden, verbunden mit positiver Verstärkung, verhilft zu sicheren, erfahrenen Pferden.

Teil C Ursachen, Diagnostik und Therapie von Problemverhalten

1 Verhaltensstörung oder unerwünschtes Verhalten?

Verhaltensstörungen sind bei Pferden seit Jahrhunderten bekannt. Dies mag zum einen damit zusammenhängen, dass Pferde als unersetzliche Nutztiere bei der täglichen Arbeit und bei der Kriegsführung schon immer den höchsten Stellenwert in der Tiermedizin hatten. Zum anderen neigt das Pferd auch in besonderem Maße zu Verhaltensstörungen. Dies ist nicht zuletzt auf sein hohes Bewegungsbedürfnis und seine große Sensibilität zurückzuführen.

Früher wurden Verhaltensabweichungen beim Pferd als Untugend bezeichnet. Dieser Begriff ist heute in Reiterkreisen immer noch gebräuchlich. Er impliziert jedoch, dass das Pferd an diesem Verhalten selbst schuld ist, was zu völlig falschen Gedankenansätzen hinsichtlich Ursachen, Therapie und Prophylaxe führt. **Nicht das Pferd**, sondern der Mensch bzw. die von ihm geschaffenen Haltungsbedingungen und seine Art des Umgangs sind **für das abweichende Verhalten verantwortlich**. Ein Pferd hat außerdem keine Tugenden und auch keine Untugenden im menschlichen Sinne, denn es tut nicht bewusst etwas Gutes oder Schlechtes. Der Begriff Untugend sollte deshalb aus dem Wortschatz eines jeden Pferdefreundes gestrichen und durch wertneutrale Begriffe ersetzt werden. Nachfolgend wird deshalb allgemein von Problemverhalten gesprochen, mit der Unterscheidung in gestörtes und unerwünschtes Verhalten. Bevor jedoch auf die Definition dieser Bezeichnungen näher eingegangen wird, soll zunächst der Begriff „Normalverhalten" erläutert werden, denn es ist der Bezugspunkt für jede Form der Abweichung.

1.1 Was versteht man unter Normalverhalten?

Die Beantwortung dieser Frage ist Voraussetzung für die Abgrenzung, ob ein normales, gestörtes oder unerwünschtes Verhalten vorliegt. Hierzu ist vorausschickend zu sagen, dass alle höher entwickelten Tierarten eine Fülle von arttypischen Verhaltensweisen mit hoher Formkonstanz besitzen. Das heißt, es ist für den Beobachter in der Regel kein Problem, ein Einzeltier anhand seiner Bewegungen, Lautäußerungen und Körperstellungen eindeutig einer bestimmten Spezies zuzuordnen. Individuelle Abweichungen von der Norm kommen zwar vor, sind aber bei Tieren, deren Entwicklungsmöglichkeiten nicht eingeschränkt werden, relativ gering. Somit kann aus den Verhaltensweisen, die Pferde typischerweise in freier Wildbahn zeigen, das Normalverhalten abgeleitet werden. Es ist jedoch zu beachten, dass eine Verhaltensweise durch die Beschreibung ihres Ablaufs nur unzureichend charakterisiert ist. Will man das Normalverhalten definieren, muss man zusätzlich den Kontext, in dem die Verhaltensweise auftritt, und das Objekt, an dem sie abläuft, erfassen. Daraus ergibt sich, dass eine Beurteilung und Wertung des Normalverhaltens nur bei **guter Kenntnis einer Tierart** möglich ist. Das Basiswissen hierfür geben die vorangegangenen Kapitel (B 1 bis 12).

1.2 Was ist eine Verhaltensstörung?

Es gibt mehrere Definitionen für Verhaltensstörungen. Der Grundlagenethologe *Immelmann (1982)* bezeichnet „jedes von der Norm abweichende Verhalten" als Verhaltensstörung. Diese Definition ist sehr weit gefasst. Will man sie in die Praxis umsetzen, stößt man bald auf Grenzen, denn es ist fast unmöglich festzustellen, inwieweit eine Variante einer Verhaltensweise noch normal oder bereits eine Abweichung ist. *Brummer (1978)* fasst den

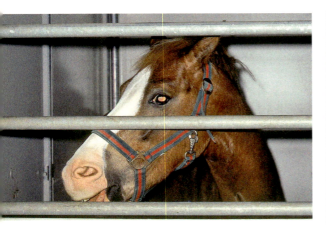

Abb. 66 Barrenwetzen als Übersprungshandlung.

Begriff enger und bezeichnet „eine erhebliche und/ oder andauernde Abweichung von der Verhaltensnorm als Verhaltensstörung. Als Basis vorliegender Ausführungen soll die Definition von *Sambraus (1997)* verwendet werden. Er begrenzt den Begriff noch schärfer und erklärt „eine in Hinblick auf Modalität, Intensität oder Frequenz erhebliche und andauernde Abweichung vom Normalverhalten" als Verhaltensstörung.

1.3 Was ist unerwünschtes Verhalten?

Unerwünschtes Verhalten ist von Verhaltensstörungen abzugrenzen. Es wird definiert als ein Verhalten, das dem Normalverhalten des Pferdes entspricht, jedoch Probleme bei der Haltung und Nutzung bereitet. Unerwünschte Verhaltensweisen

Definitionen

- **Verhaltensstörung:** Eine Verhaltensstörung ist ein Verhalten, das in Hinblick auf Modalität, Intensität oder Frequenz erheblich und andauernd vom Normalverhalten abweicht.
- **Unerwünschtes Verhalten:** Unter unerwünschtem Verhalten versteht man Verhaltensweisen, die dem Normalverhalten der Pferde im weiteren Sinn entsprechen, jedoch dem Menschen Probleme bei der Haltung und Nutzung bereiten.

Tab. 4. Unerwünschte Verhaltensweisen*)

In Umgang und Haltung

- Nicht-Einfangen-Lassen
- Nicht-Anbinden-Lassen
- Nicht-Führen-Lassen
- Nicht-Putzen-Lassen
- Probleme beim Beschlagen
- Probleme beim Verladen
- Beißen[1)]
- Schlagen[1)]
- Deckenreißen
- Barrenwetzen
- Futterstreuen
- Scharren

Bei der Nutzung

- Durchgehen
- Pullen
- Scheuen
- Kleben
- Bocken
- Steigen
- Sattelzwang
- Schweifschlagen
- Zungenschleppen
- Kopfschlagen
- Kopfscheue
- Lippenschlagen
- Zähneknirschen
- Zackeln
- Abstreifen des Reiters
- Startboxverweigerung

[1)] gerichtet auf Gegenstände (Boxenwände etc.), Artgenossen oder Personen
*) Differenzialdiagnose: Verhaltensstörung

sind somit Verhaltensweisen, die lediglich dem Menschen unangenehm sind. Sie sind jedoch keine „in Hinblick auf Modalität, Intensität oder Frequenz erhebliche und andauernde Abweichung vom Normalverhalten", sondern **Bestandteil des natürlichen Ethogramms.** Als Beispiel sei das Abwehrverhalten beim Verladen genannt. Es ist ein ganz normales Verhalten, dass das ehemalige Steppentier Pferd eine „dunkle Höhle" – in diesem Falle einen Transporter – ohne jede Fluchtmöglichkeit nicht freiwillig betritt und sich, wenn es nicht ausreichend mit dem Menschen und dem Transporter vertraut ist, vehement dagegen wehrt. Ebenso verhält es beim Durchgehen oder Scheuen. Auch diese beiden Verhaltensweisen entsprechen dem Normalverhalten. Pferde sind Fluchttiere. Schreckhaft zu sein und zu fliehen, ist für sie natürlich und war im Laufe der Evolution überlebensnotwendig. Die in Tab. 4 aufgelisteten unerwünschten Verhaltensweisen sind also von den echten Verhaltensstörungen abzugrenzen. Allerdings ist zu berücksichtigen, dass einige Verhaltensweisen auch eine Verhaltensstörung sein können, nämlich dann, wenn sie erheblich und andauernd vom Normalverhalten abweichen und andere Ursachen wie Schmerz, Angst, konditioniertes Verhalten oder Rangordnungsprobleme auszuschließen sind. So kann es sich im Extremfall um eine Phobie handeln. Darunter versteht man eine deutlich von der Norm abweichende, übersteigerte Angstreaktion. Phobische Verhaltensstörungen sind unter anderem daran zu erkennen, dass sich die Angstzustände auch bei einer sorgfältig durchgeführten Verhaltenstherapie in Form einer Desensibilisierung (C 6.2, S. 132) nicht mindern lassen.

1.4 Was ist Coping?

Manche Autoren bezeichnen eine Verhaltensstörung erst dann als eine solche, wenn es zu Verletzungen beim Aktor oder Reaktor kommt, oder aber, wenn im Vergleich zum Normalverhalten eine Minderung der Aufbau-, Erhaltungs- und Fortpflanzungsleistung eintritt. Ersteres wäre bei der Automutilation der Fall (D 3.2, S. 158), bei der das Pferd den eigenen Körper bebeißt. Die zweite Situation wäre z. B. bei einem exzessiven Kopper gegeben, der stark abgenützte Schneidezähne und häufigere Kolikattacken hat, da bei diesem Pferd der Lebenserhalt bedroht ist. Als **Coping** werden Verhaltensänderungen bezeichnet, die als eine erfolgreiche Anpassung an die veränderten Lebensbedingungen unter menschlicher Obhut anzusehen sind. Es ist definiert als die Fähigkeit eines Organismus, eine gegebene belastende Situation zu überwinden. Unter diesem Aspekt betrachtet sind Stereotypien, die weder zu Schäden noch zur Minderung der Fitness führen (z. B. Zungenspiel), als Coping zu bezeichnen. Unter Coping-Strategie versteht man den Versuch des Tieres durch Änderungen seines Verhaltens sich Stresssituationen wie restriktiven oder inadäquaten Haltungsbedingungen anzu-

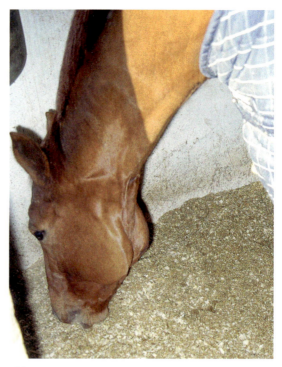

Abb. 67 In einer Box mit Sägemehleinstreu und rationierter Fütterung bleibt das Kaubedürfnis der Pferde oftmals unbefriedigt. Gestörtes Verhalten wie Spänefressen ist eine mögliche Folge.

passen, bzw., wenn möglich, ihnen auszuweichen oder sie zu vermeiden. Oftmals bleibt es jedoch beim Anpassungsversuch.

2 Klassifikation von Verhaltensstörungen

2.1 Differenzierung nach ätiologischen Gesichtspunkten

Die Ursachen von Verhaltensstörungen sind sehr vielfältig. Sie lassen sich in fünf Großgruppierungen einordnen, die sich jedoch nicht immer streng voneinander trennen lassen (Tab. 5, S. 98). Als Erstes muss im Rahmen der klinischen Untersuchung abgeklärt werden, ob das gestörte Verhalten ohne erkennbaren Außenreiz einer der ersten vier

Abb. 68 Auffallend häufige, intensive und langandauernde Zungen- und Leckbewegungen infolge einer eitrigen Zahnfachentzündung. Klassifikation: Symptomatische Verhaltensstörung.

Kategorien zugeordnet werden kann. Dabei sind auch Fütterung und Haltung mit zu erfassen. Erst wenn Störungen der Kategorien 1 bis 4 sowie unerwünschtes Verhalten ausgeschlossen werden können, kommen die reaktiven Verhaltensstörungen (Kategorie 5) in Betracht. Darunter versteht man ein Verhalten, das als Reaktion auf ungünstige äußere Reize (nicht adäquate Haltung, nicht tiergerechter Umgang) auftritt. Es sind die **Verhaltensstörungen im eigentlichen Sinne**. Auf sie beziehen sich auch schwerpunktmäßig die nachfolgenden Ausführungen. Bevor Verhaltensstörungen dieser Gruppe diagnostiziert werden, ist es jedoch unbedingt erforderlich, Störungen der Kategorie 1 bis 4 auszuschließen, da bei deren Vorliegen andere Therapiemethoden eingeschlagen werden müssen.

Um die Bedeutung der Differenzialdiagnose deutlich zu machen, seien zwei Beispiele genannt:

Als „**Headshaking**" bezeichnet man ganz allgemein ein Verhalten, bei dem das Pferd ohne erkennbaren Außenreiz heftige, rhythmische Bewegungen mit dem Kopf in horizontaler oder vertikaler Richtung vollführt (D 4.3, S. 167; E 2.2, S. 193). Bei dieser Verhaltensauffälligkeit handelt es sich um einen Symptomenkomplex, wobei hinsichtlich der Zuordnung folgende Möglichkeiten infrage kommen:

- Symptomatische Verhaltensstörung
- Zentralnervöse Verhaltensstörung
- Reaktive Verhaltensstörung
- Unerwünschtes Verhalten

Für die Ursachenanalyse wird zunächst überprüft, ob das Verhalten unter dem Reiter oder im Stall bzw. in beiden Situationen vorkommt. Am häufigsten tritt Headshaking während der Nutzung auf. Wenn das der Fall ist, liegt entweder ein unerwünschtes Verhalten oder eine symptomatische bzw. zentralnervöse Verhaltensstörung vor. Am besten beobachtet man hierfür das Pferd beim Freilauf, an der Longe und unter dem Reiter. Dabei sind die Situationen (u.a. Sonne/Regen), in denen die Verhaltenanomalie gezeigt wird, oftmals sehr

Tab. 5. Kategorien der Verhaltensstörungen nach ätiologischen Gesichtspunkten (modifiziert nach *Brummer 1978; Sambraus 1997*) mit Beispielen aus der Pferdepraxis

Kategorie	Ursprung der Störung	Beispiel
1. Symptomatisch	Verletzung, Degenerationserscheinungen, Infektion	häufiges Kopfschütteln z. B. bei einer Ohrenerkrankung.
2. Zentralnervös	Infektiös oder traumatisch bedingte Veränderungen des Zentralnervensystems	Tollwut, Borna, EHV 1 (nervöse Form)
3. Endogen	Veränderungen des Nervensystems oder des endokrinen Systems	Ovarfunktionsstörungen (Wildrossigkeit), Kryptorchismus
4. Mangelbedingt	Dem Körper fehlen bestimmte Substanzen; das Verhalten führt jedoch nicht zur Beseitigung des Mangels	Exzessives Holzkauen bei Raufutter- oder Spurenelementmangel
5. Reaktiv	Inadäquate Haltungsbedingungen, nicht tiergerechter Umgang	Koppen, Weben, Fehlprägung, Automutilation

aufschlussreich. Lässt sich unerwünschtes Verhalten ausschließen, das meist durch falsche Reitweise, zu harte Hand, zu scharfe Gebisse etc. verursacht wird, müssen zur Abklärung meist umfangreiche klinische, endoskopische, hämatologische und röntgenologische Untersuchungen durchgeführt werden. Am häufigsten ist eine Photosensitivität die Ursache. Mitunter kommen jedoch auch Erkrankungen etwa im Bereich der Luftsäcke oder Zähne sowie schmerzhafte Veränderungen der Halsmuskulatur und Wirbelsäule bzw. Allergien in Betracht. Zeigt das Pferd hingegen überwiegend im Stall stereotypes Kopfschütteln oder -schlagen, unabhängig von der Jahreszeit, kann eine reaktive Verhaltensstörung vorliegen.

Als weiteres Beispiel sei das **exzessive Holznagen** angeführt (D 1.4, S. 146). Das Bekauen von hölzernen Bauteilen ist in Pferdehaltungen immer wieder zu beobachten. Von den Pferdebesitzern wird es häufig als Macke gedeutet oder als eine Verhaltensweise, die aus Langeweile geschieht, abgetan. Das ist falsch. Es handelt sich immer – abgesehen von kurzfristigem Holznagen als Übersprungshandlung – um eine Verhaltensstörung. Bei der Diagnostik sind folgende Kategorien zu berücksichtigen:
- Mangelbedingte Verhaltensstörung,
- Symptomatische Verhaltensstörung,
- Reaktive Verhaltensstörung.

In nahezu allen Fällen ist die Ursache Raufuttermangel bzw. eine Nichtbefriedigung des Fressbedürfnisses. Dann handelt es sich um eine mangelbedingte Verhaltensstörung. Mitunter kann auch eine Übersäuerung im Blinddarm vorliegen, was auf eine Erkrankung hindeutet. Dann liegt eine symptomatische Verhaltensstörung vor. Sie kann unter Umständen anhand zusätzlicher Symptome wie verstärktes Speicheln, Leerkauen oder Koliken gleich nach der Futteraufnahme differenzialdiagnostisch abgegrenzt werden. In der Regel lässt sich exzessives Holzkauen durch eine bedarfs- und verhaltensgerechte Fütterung beheben. Somit stehen die Korrektur diätetischer Mängel und die Optimierung der Fresszeiten im Vordergrund der Therapie. In Einzelfällen wird das exzessive Holzkauen trotz Fütterungskorrektur beibehalten. Dann liegt eine reaktive Verhaltensstörung vor.

2.2 Reaktive Verhaltensstörungen

Reaktive Verhaltensstörungen gehen auf Unzulänglichkeiten in der Haltung und beim Umgang zurück. Weltweit durchgeführte Untersuchungen der letzten Jahre belegen, dass bis zu 15 % aller Pferde derartige Verhaltensstörungen zeigen. In Deutschland weisen nach *Zeitler-Feicht* und Mitarbeiter *(2003)* etwa 6,5 % der Reitpferde die Verhaltensstörungen Koppen, Weben oder Boxenlaufen auf. Die Häufigkeit ist abhängig von Rasse, Haltung und Nutzung der Tiere. Besonders betroffen sind „hoch im Blut stehende" Pferde wie Vollblüter und Araber, weniger dagegen Ponys oder Kaltblüter.

Verhaltensstörungen, die mit nicht adäquater Haltung und mit nicht tiergerechtem Umgang in Zusammenhang stehen, sind häufig residualreaktiv. Dies bedeutet, dass trotz Beseitigung der ursprünglichen Mängel das von der Norm abweichende Verhalten bestehen bleibt. Das steht mit struktureller Veränderungen im Gehirn in Zusam-

Abb. 69 Unter natürlichen Verhältnissen können Pferde auch unter kärgsten Bedingungen stets etwas Genießbares fressen und ihr Kaubedürfnis befriedigen wie diese verwilderten Pferde in einer Hochebene Sardiniens.

menhang, zu denen es im Verlauf einer Stereotypie kommen kann. Im Unterschied zu den Kategorien 1 bis 4 kommen Verhaltensstörungen dieser Gruppe bei frei lebenden Pferden nicht vor, sondern nur bei Pferden unter menschlicher Obhut. Das ist darauf zurückzuführen, dass unter Haltungsbedingungen nicht immer ein Gleichgewicht zwischen der verhaltensauslösenden Situation und der Motivation der Tiere besteht. Dies ist jedoch unter natürlichen Lebensbedingungen normalerweise der Fall. Verspürt beispielsweise in freier Wildbahn ein Pferd das Bedürfnis zu fressen, kann es jederzeit auf Nahrungssuche gehen und findet auch unter kärgsten Bedingungen stets etwas Genießbares. Diese Möglichkeit ist unter unseren Haltungsbedingungen nicht immer gegeben. Für ein Pferd mit rationierter Futterzuteilung gibt es nach relativ kurzer Zeit kein Futter mehr und es muss mehrere Stunden bis zur nächsten Fütterung warten. Unter diesen Umständen kann es zu Abweichungen vom Gleichgewichtszustand kommen, die so stark sein können, dass es dem Pferd nicht mehr möglich ist, sich anzupassen. In einer solchen Belastungssituation können Übersprungs- und Leerlaufhandlungen auftreten, die sich dann unter Umständen zu einer manifesten Stereotypie entwickeln.

Wie bereits angeführt, ist eine Verhaltensstörung definiert als „eine in Hinblick auf Modalität, Intensität oder Frequenz erhebliche und andauernde Abweichung vom Normalverhalten". Bei den **reaktiven Verhaltensstörungen** (Kategorie 5) kann die Abweichung in Anlehnung an *Sambraus (1997)* unterschiedlich aussehen. Sie lässt sich in folgende Kategorien einteilen:
1. Handlungen am nicht adäquaten Objekt
   a) Handlungen an leblosen Objekten (z. B. Barrenwetzen),
   b) Handlungen an lebenden Objekten (z. B. Automutilation),
   c) Handlungen ohne Objekt (z. B. Zungenspiel),
2. Starke Abweichung in der Frequenz,
3. Apathie.

Alle diese Gruppierungen sollen zunächst erläutert werden. Das erfolgt unter anderem auch um zu zeigen, dass trotz der Eingrenzung nicht nur Störungen, sondern auch **Normalverhalten** unter diese Definition fallen können. Deshalb sei schon im Vorfeld angemerkt, dass bei der Diagnostik von Verhaltensstörungen ein fundiertes Fachwissen erforderlich ist.

Eine Handlung am **leblosen Objekt** (Gruppe 1a) ist z. B. das Barrenwetzen des Pferdes. Läuft dieses Verhalten über einen längeren Zeitraum stereotyp ab, ist es als reaktive Verhaltensstörung zu werten. Es gibt allerdings noch zwei weitere Formen des Barrenwetzens: das Barrenwetzen als Aufmerksamkeit forderndes Verhalten und das Barrenwetzen als Übersprungshandlung. In beiden Fällen läuft das Barrenwetzen jedoch nicht stereotyp ab. Als Ursache kommen erlerntes Verhalten oder starke Erregung in Betracht. Es handelt sich somit nicht um eine reaktive Verhaltensstörung, sondern um ein unerwünschtes bzw. normales Verhalten.

Eine Handlung am **lebenden Objekt** ist die „Automutilation", die Selbstverstümmelung, die sich im Bebeißen des eigenen Körpers äußert. Beißen ist an sich eine natürliche Verhaltensweise der Pferde, allerdings im Rahmen sozialer Auseinandersetzungen. Werden die Attacken jedoch gegen den eigenen Körper gerichtet, dann ist von einer Handlung am nicht adäquaten Objekt zu sprechen.

Zu der Gruppe 1c gehört z. B. das Zungenspiel. Bewegungen der Zunge während der Futteraufnahme oder in Futtererwartung sind zweifellos normal. Das Zungenspiel im Stall, bei dem das Pferd die Zunge innerhalb und außerhalb der Maulhöhle bewegt und verdreht, ist dagegen als reaktive Verhaltensstörung anzusehen, denn es erfolgt **objektlos**. Es ist weder ein Futter im Maul, noch versucht das Tier Futter oder andere Objekte zu erlangen.

Zu der Gruppe 2 „**starke Abweichungen in der Frequenz**" gehören vor allem die Stereotypien wie das Weben. Vereinzelte Schritte zur Seite gehören zum Normalverhalten. Sich wiederholende, weitgehend formkonstante Bewegungsabläufe, die der konkreten Umweltsituation nicht entsprechen bzw. nicht in Zusammenhang mit ihr stehen und zwanghaften Charakter tragen, sind jedoch als Bewegungsstereotypie anzusehen.

Bei der **Apathie** ist – abgesehen von einem ausgeprägten Ruhebedürfnis – zunächst immer an eine schwere Erkrankung zu denken. Wenn dies nicht der Fall ist und das Tier sich in einer Situation befindet, in der es im Sinne der Schadensvermeidung eigentlich ein Verhalten bzw. eine Reaktion zeigen müsste, dies aber nicht tut, dann liegt vermutlich eine reaktive Verhaltensstörung vor.

Die Identifizierung, ob ein Verhalten normal oder gestört ist, erfordert also zum einen ausreichend Fachwissen und zum anderen eine genaue Beobachtung der geäußerten Verhaltensweisen. Der weniger Geübte sollte insbesondere darauf achten, ob eine Verhaltensweise in rascher Folge stereotyp abläuft und ob es eine Funktion erfüllt oder nicht. Auf diese Weise kann ein großer Teil der Verhaltensstörungen erkannt werden.

Da bei frei lebenden Pferden im natürlichen Habitat keine reaktiven Verhaltensstörungen auftreten, kann ihr Auftreten als sichtbare Manifestation von erheblichem Leiden im Sinne des Tierschutzgesetzes gewertet werden. Dabei ist zu beachten, dass der Leidensweg in der Regel einige Zeit vor dem Auftreten der reaktiven Verhaltensstörung beginnt.

Für den Begriff „**Verhaltensstörung**" werden in der Literatur auch synonym die Begriffe **Ethopathie** („Störungen der Instinkthandlung als Domestikationsfolge" nach *Lorenz*) und **Verhaltensanomalie** gebraucht. Ebenso wird die aus dem englischsprachigen Raum stammende Bezeichnung „stereotypy" für Verhaltensstörung verwendet. In der deutschen Übersetzung engt der Begriff **Stereotypie** jedoch zum einen formal das weite Feld der Verhaltensstörungen ein und verleitet außerdem zu der Annahme, dass nur stereotyp geäußerte Verhaltensmuster Verhaltensstörungen seien. Außerdem gilt es zu bedenken, dass viele Formen des Normalverhaltens stereotyp ablaufen. Das gilt für die Lokomotion (Schritt, Trab, Galopp) ebenso wie für die Fressbewegung oder den Ablauf der Begattung, wobei die Gleichförmigkeit gerade das Merkmal arttypischer Verhaltensweisen ist *(Sambraus, 1997)*. *Mason (1991)* trägt diesem Sachverhalt bei seiner Definition Rechnung. Er bezeichnet „Verhaltensmuster, die sich nahezu identisch wiederholen und ohne erkennbare Funktion ausgeübt werden" als Stereotypie. Doch dieser Definition entsprechen nicht alle Verhaltensstörungen. Als Beispiel sei auf die Fehlprägung verwiesen. Auch die Funktionslosigkeit scheint nach neuesten Erkenntnissen nicht immer gegeben, da beispielsweise der mögliche Erregungsabbau ein sehr sinnvoller Effekt ist. *Luescher* und Mitarbeiter *(1991)* schlagen daher den aus der Humanmedizin stammenden Begriff **obsessive-compulsive-disorders** (OCD) vor. Aber auch diese Bezeichnung ist nicht unproblematisch, da die damit bezeichneten Zwangserkrankungen beim Menschen bewusst ablaufen. Eine Beteiligung des Bewusstseins wird dem Tier beim derzeitigen Wissensstand jedoch abgesprochen. Aus diesem Grund soll in den nachfolgenden Ausführungen der Begriff Verhaltensstörung gemäß der gewählten Definition nach *Sambraus (1997)* beibehalten werden.

2.3 Einteilung der reaktiven Verhaltensstörungen nach Funktionskreisen

Haltungs- und umgangsbedingte Verhaltensstörungen werden in der Ethologie bestimmten Funktionskreisen zugeordnet. Dies hat einen gewissen didaktischen Wert, zum anderen geht daraus auch hervor, dass die meisten Verhaltensstörungen in leicht aktivierbaren Funktionskreisen wie dem Fress- und Lokomotionsverhalten zu finden sind. Diese Einteilung darf aber nicht zu der Annahme führen, dass als Ursache für die Verhaltensstörung

Tab. 6. Reaktive Verhaltensstörungen

Funktionskreis	Verhaltensstörung
Fressverhalten	• Koppen[3] • Zungenspiel[3] • Stereotypes Belecken von Gegenständen[3] • Exzessives Benagen von Holz[2,3] • Barrenwetzen und Gitterbeißen[1]
Bewegungsverhalten	• Weben • Stereotypes Laufen[3,5] (Box, Auslauf, Weide) • Exzessives Scharren[1] • Stereotypes Schlagen gegen Boxenwände[1]
Sozialverhalten	• Gestörte Sozialprägung (Fehlprägung)[3,4,5] • Automutilation[3,4,5] • Gesteigerte Aggressivität[1,3,4,5]
Komfortverhalten	• Stereotypes Schweifreiben[3] • Übertriebene Fellpflege[2,3] • Stereotypes Kopfschlagen oder -schütteln[1,3,5]

[1] Differenzialdiagnose: unerwünschtes Verhalten
[2] Differenzialdiagnose: mangelbedingte Verhaltensstörung
[3] Differenzialdiagnose: symptomatische Verhaltensstörung
[4] Differenzialdiagnose: endogene Verhaltensstörung
[5] Differenzialdiagnose: zentralnervöse Verhaltensstörung

> Haltungs- und umgangsbedingte Verhaltensstörungen sind häufig residual-reaktiv, das heißt **sie bleiben trotz Behebung der Mängel bestehen.**

ein Mangel im zugehörigen Funktionskreis vorliegt. Es ist also nicht zwangsläufig der Fall, dass Koppen, das dem Funktionskreis Fressverhalten zugeordnet ist, ausschließlich durch eine Deprivation in diesem Funktionsbereich verursacht wird. Weit mehr Gründe sind hierfür verantwortlich (D 1, S. 139). Die Einteilung in Funktionskreise ist in vorliegenden Ausführungen als Hilfsmittel gedacht, um den Überblick über die verschiedenen Verhaltensstörungen zu erleichtern. Eine Zusammenfassung der wichtigsten Verhaltensstörungen gibt Tab. 6 (S. 101).

3 Ursachen und Auslöser von Problemverhalten

3.1 Reaktive Verhaltensstörungen

Wann setzt eine reaktive Verhaltensstörung ein?

Haltungs- und umgangsbedingte bzw. reaktive Verhaltensstörungen setzen nicht unvermittelt ein. Im Vorfeld verantwortlich bzw. **prädisponierend ist ein Umfeld**, das ungenügend auf eine Bedürfnisbefriedigung der Pferde abgestimmt ist. Diesbezügliche Fehler werden nicht selten unwissentlich gemacht, weil man – oft mit bester Absicht – menschliche Ansprüche als Maßstab zugrunde legt. Aus diesem Grund wurden im ersten Teil des Buches die Evolution und das Ethogramm ausführlich behandelt und bereits dort die essentiellen Bedürfnisse des Pferdes herausgestellt. Die enge Beziehung zwischen den einzelnen Haltungs- bzw. Managementfaktoren und dem Auftreten von Verhaltensstörungen ist heute eindeutig bewiesen. So belegen wissenschaftliche Studien der letzten Jahre aus USA, Kanada, Großbritannien, Italien, Schweden, Schweiz und Deutschland, dass unzureichender Sozialkontakt, eingeschränkte Bewegung, zu wenig Raufutter sowie fehlende Umweltreize und Spielmöglichkeiten zu Verhaltensstörungen disponieren (A 4, S. 24).

Zusätzlich spielt die Nutzung eine Rolle. **Dressur- und Rennpferde** weisen häufiger Verhaltensstörungen auf als solche, die für Ausdauerprüfungen trainiert werden. Eine eindeutige Zuordnung der Genese von Verhaltensstörungen zur Nutzung ist allerdings nicht möglich, da sich neben den Ausbildungs- und Trainingsmethoden auch häufig die Haltung der genannten Sportpferdegruppen unterscheidet.

Es liegen außerdem Hinweise für eine **genetische Disposition** in Form eines rezessiven Erbgangs vor. Neben der Tatsache, dass Vollblüter, Araber oder stark veredelte Rassen besonders disponiert sind, weniger dagegen Kaltblüter und Ponys, konnte gezeigt werden, dass bestimmte Hengstlinien deutlich stärker betroffen sind. In den betroffenen Linien traten im Verhältnis zur Gesamtpopulation etwa zehnmal so viele Stereotypien auf. Vererbt wird jedoch lediglich die Bereitschaft, unter ungünstigen Lebensbedingungen eine Verhaltensstörung zu entwickeln. Eine solche genetisch bedingte Disposition könnte auch die Erklärung dafür sein, dass nur bestimmte Pferde mit Verhaltensstörungen auf Haltungs- bzw. Umgangsunzulänglichkeiten reagieren und andere, die den gleichen Bedingungen ausgesetzt sind, jedoch nicht.

Auch die Ranghöhe soll nach *Waters* und Mitarbeiter *(2002)* eine gewisse Rolle spielen. Nach ihren über vier Jahre andauernden Untersuchungen an 225 Jungpferden stellten sie fest, dass Fohlen von ranghohen Müttern ein höheres Risiko haben, eine Stereotypie zu entwickeln, als Fohlen von rangniederen Müttern.

Ursachen und Auslöser

Man geht heute davon aus, dass es beim Tier durch das Fehlen von auslösenden Reizen in einem reizarmen Haltungsumfeld zu einer Erhöhung der Handlungsbereitschaft, zu einem Absinken der Reizschwelle und zu einem starken Erregungsanstieg bzw. zu chronischem Stress kommt, wodurch schließlich eine Verhaltensstörung verursacht werden kann. In vielen Fällen lassen sich zusätzlich einschneidende Ereignisse im negativen Sinne mit dem erstmaligen Auftreten einer Verhaltensstörung in Verbindung bringen. Als ein solches „Initialtrauma" wurden nachgewiesen: plötzliches Absetzen von der Mutterstute, Trainingsbeginn von heute auf morgen, Überforderung in der Ausbildung oder krasse Haltungsänderungen (Umstallung in einen Boxenstall nach vorausgehender Gruppenhaltung mit Weidegang) oder eine vorübergehende krankheitsbedingte Isolation bzw. längere Boxenruhe. In einer solchen Belastungssituation können Leerlaufhandlungen oder Handlungen am nicht adäquaten Objekt auftreten, die dann im Laufe der Zeit stereotypisiert werden. Ebenso kann eine reaktive Verhaltensstörung durch einen nicht pferdegerechten Umgang entstehen. In diesem Fall steht die Überforderung des Tieres im Vordergrund.

Die Ausübung einer Stereotypie führt zur Aktivierung der Belohnungskaskade im Gehirn. Es kommt zur Ausschüttung verschiedener Neurotransmitter, die unter anderem der Beruhigung und dem Stressabbau dienen. Wenn das Haltungsumfeld und/oder der Umgang weiterhin für das Tier stressbeladen bleiben, wird das stereotype Verhalten immer wieder provoziert. Während des Verlaufs einer Stereotypie kommt es zu strukturellen Veränderungen im zentralen Nervensystem. Sie werden dafür verantwortlich gemacht, dass das gestörte Verhalten auch unabhängig von der eigentlichen Ursache bestehen bleibt.

Als **Auslöser** bei einer bereits etablierten Verhaltensstörung wurden überwiegend Vorgänge nachgewiesen, die mit einem Erregungsanstieg beim betroffenen Pferd verbunden sind wie Fütterung, Stallarbeiten, Personenverkehr, Satteln, Putzen und Ähnliches mehr. Nachts, wenn alles ruhig ist, werden hingegen kaum gestörte Verhaltensweisen beobachtet. Der aktuelle Auslöser ist abzugrenzen von der Ursache, die für das erstmalige Auftreten einer Verhaltensstörung verantwortlich ist. Als Auslöser sind Ereignisse zu verstehen, die bei einem Pferd, das bereits eine Verhaltensstörung aufweist, diese hervorruft.

Häufige Auslöser für Koppen sind z. B. „lustbetonte" Vorgänge wie der Verzehr von Kraftfutter oder das Geputztwerden. Nur eingefleischte Kopper benötigen keinen derartigen Anlass mehr. Sie koppen unabhängig von äußeren Einflüssen einen Großteil des Tages, jedoch kaum nachts. Während Koppen und Zungenspiel vor allem nach oder während der Fütterung zu beobachten sind, treten Bewegungsstereotypien wie Weben und Boxenlaufen bevorzugt in der Erwartungsphase auf. Nicht selten beginnen Pferde schon Stunden vor dem Ereignis, meist der Fütterung, mit ihrem gestörten Verhalten.

3.2 Unerwünschtes Verhalten

Wodurch wird es begünstigt?

Unerwünschte Verhaltensweisen sind meist wie *Zeeb (2005)* formuliert „schadensvermeidende Reaktionen". Ihr Auftreten wird ebenso wie gestörtes Verhalten von bestimmten disponierenden Faktoren beeinflusst. So liegen für die Eigenschaften Bewegungsdrang, Fluchtbereitschaft; Ängstlichkeit und Erregbarkeit Hinweise auf eine Vererbbarkeit vor. Um der Ursache von Problemverhalten auf die Spur zu kommen, ist deshalb die Einschätzung des Pferdes anhand seiner **Charaktereigenschaften** hilfreich (A 2.2, S. 19). Allgemein neigen „hoch im Blut stehende" sensible Pferde verstärkt zu Panik- und Überreaktionen, während bei solchen mit Kaltblutanteilen Verhaltensweisen, die auf Sturheit und Phlegma beruhen, vorherrschen.

Gebäudebedingte Mängel können ebenfalls zu unerwünschtem Verhalten disponieren. Diese muss man erkennen und das Pferd im Rahmen seiner Möglichkeiten akzeptieren oder anderweitig einsetzen. Bei Gebäudemängeln ist es den Tieren vielfach nicht möglich die Leistung, die man ihnen abverlangt zu vollbringen. Sie sind somit in gewisser Beziehung überfordert. Das Abwehrverhalten das sie deshalb zeigen, wird nicht selten fälschlicherweise als Widersetzlichkeit interpretiert. Beispielsweise sind Pferde mit zu kurzem Rücken disponiert

---

Reaktive Verhaltensstörungen

Disposition:
- Inadäquate Haltung
- Nicht pferdegerechter Umgang
- „Hoch im Blut stehende" Pferde
- Erbliche Veranlagung

Ursachen:
- Hohe Motivation ohne adäquate Endhandlung (Erregung, Stress)
- Einschneidende negative Erlebnisse („Initialtrauma")

Auslöser:
Aktivitäten im Umfeld, die mit einem Erregungsanstieg des Pferdes verbunden sind.

Abb. 70 Pferde mit Gebäudemängeln sind disponiert für unerwünschtes Verhalten, wenn ihnen Leistungen abverlangt werden, die sie körperlich überfordern.

für Verspannungen der Muskulatur, wenn sie ohne ausreichende Lockerung intensiv dressurmäßig geritten werden. Den Schmerz versuchen sie unter anderem über Bocken kundzutun.

Haltungsmängel disponieren in besonderem Maße zu unerwünschten Verhaltensweisen. Kraftfutterreiche Fütterung, Bewegungsmangel, fehlender Sozialkontakt und eine reizarme Umgebung provozieren geradezu Temperamentsprobleme wie Bocken, Steigen und Durchgehen. Darüber wurde in Kapitel B bereits ausführlich gesprochen.

Ursachen und Auslöser für unerwünschtes Verhalten

Angst und Schmerz sind die Hauptursachen für unerwünschtes Verhalten. Zu letzterem kommt es, abgesehen von Erkrankungen, durch fehlerhafte Reitweise bzw. Einwirkung beim Fahren oder durch Ausrüstungsmängel. So entstehen Schmerzen durch einen drückenden Sattel, ein zu „scharfes" Gebiss bzw. eine zu harte Hand, durch falsch verschnallte Ausbinder und ähnliches mehr. Diese **Schmerzen** können uns Pferde jedoch nur über **die Sprache der „Bewegungen und Reaktionen"** mitteilen. Macht ein Pferd beispielsweise Probleme beim Auftrensen oder schlägt es häufig mit dem Kopf kann dies ein Hinweis auf eine Verspannung der Nackenmuskulatur sein. Knickt es beim Satteln ein, geht es zur Seite oder drückt es den Rücken weg, ist an Schmerzen im Rückenbereich zu denken. Ein aufmerksamer Pferdehalter kann Schmerzen durch genaue Beobachtung seines Pferdes bereits im Vorfeld erkennen und durch eine rechtzeitige Behandlung unerwünschtes Verhalten gar nicht erst aufkommen lassen.

Angst ist die angeborene Reaktion des Fluchttieres Pferd auf unbekannte Situationen. Sie wird verstärkt durch Schmerz, häufige Konfliktsituationen oder soziale Deprivation. Gerade beim besonders erregungsbereiten Fluchttier Pferd dürften sich Schmerzen besonders häufig mit Angst verbinden. Häufige Angstursache sind negative Erfahrungen, deren auslösender Reiz in der Vergangenheit liegt z. B. bei Verladeschwierigkeiten, bedingt durch eine ehemalige Zwangsverladung unter Peitscheneinsatz. Aber auch fehlende Gewöhnung an Angst einflößende, aber an sich harmlose Reize können die Ursache sein (z. B. Scheuen vor Kinderwagen, Traktor). Außerdem besteht eine enge Korrelation zur Rangordnung. Fehlt der Schutz durch einen Ranghöheren bzw. durch das „Leittier" Mensch, ist beim Pferd **Angst vorprogrammiert**. Deshalb sind rangniedere Tiere besonders ängstlich, und das umso mehr, wenn sie führungslos sind. Sensible Pferde, besonders Araber, reagieren häufig mit panikartiger Furcht, wenn ihnen die Möglichkeit zum Ausweichen genommen wird. Ebenso verhält es sich, wenn ihnen Aufgaben und Leistungen abverlangt werden, die für sie unverständlich sind. So **überfordern Umgangsmethoden**, die auf menschlichem **kognitiven Denken** beruhen, das **tierische Lernvermögen**. Typische Reaktionen ängstlicher Pferde sind Kleben, Durchgehen und Scheuen. Versucht man, sie mit Zwangsmitteln zurückzuhalten, entlädt sich die angstbedingte Erregung nach oben mit Bocken und Steigen.

Abb. 71 Die Flucht bzw. der Versuch in furchteinflößenden Situationen zu fliehen entspricht dem Normalverhalten von Pferden. Angst ist eine der Hauptursachen für unerwünschtes Verhalten.

Rangordnungsprobleme sind bei fast allen unerwünschten Verhaltensweisen beteiligt. Ein Pferd wird immer bemüht sein, eine Rangordnung zu etablieren und – falls der Mensch dies zulässt – die Führungsrolle zu übernehmen. Die Rangfrage wird dann auf Pferdeweise geklärt mit Mitteln wie Beißen und Schlagen, die dem Menschen bösartig erscheinen. Für das Pferd sind sie aber eine probate Maßnahme gemäß ihrem angeborenen Verhalten. Zu **Rangordnungsproblemen** kommt es durch Unkenntnis bzw. Nichtbeachtung des pferdespezifischen Verhaltens, durch mangelhafte Ausbildung im Umgang mit Pferden oder durch Fehler in der Grundausbildung des Pferdes. Auch ständige Wiederholungen derselben Lektion provozieren unerwünschte Verhaltensweisen. Insbesondere ranghohe Tiere mit gutem Lernvermögen sind bei der traditionellen Ausbildung schnell unterfordert. Typische Probleme bei Pferden mit nicht geklärtem bzw. höherem Rang dem Menschen gegenüber sind Sich-nicht-Führen- bzw. Nicht-Einfangen-Lassen, Beißen und Schlagen gegen den Menschen gerichtet und andere gezielte Abwehrreaktionen.

Unkenntnis über das Lernverhalten von Tieren bzw. Gedankenlosigkeit oder Nachlässigkeit führen häufig dazu, dass diese zu einer unerwünschten Verhaltensweise regelrecht erzogen werden. Zieht beispielsweise ein Pferd beim Beschlagen den Huf weg und bekommt – als Ablenkung oder Beruhigung gedacht – eine Karotte, dann ist dies genau der **falsche Zeitpunkt**. Es wird für das Wegziehen des Hufes belohnt und wird dies folglich das nächste Mal wiederholen. Ebenso verhält es sich bei Boxenschlagen, Gitterstäbewetzen und Scharren, wenn als Ursache Aufmerksamkeit forderndes Verhalten vorliegt. Bereits das Hingehen und Schimpfen ist eine Belohnung, da dem Pferd Beachtung geschenkt wird. Allgemein lernt ein Pferd sehr schnell sein Verhalten durchzusetzen, wenn dies seitens des Menschen gestattet wird.

Auslöser für eine etablierte unerwünschte Verhaltensweise ist das Wiedereintreten der Situation bzw. ähnlicher Umstände, die ursprünglich das Verhalten ausgelöst haben. Bekannt sind optische (z. B. flatternde Plastikbahnen) und akustische Reize (z. B. Stimme des Tierarztes) als Auslöser. Doch nicht zu vergessen ist auch der hervorragende Geruchssinn des Pferdes. Negative Erfahrungen, die mit bestimmten Gerüchen assoziiert werden – wie eine schmerzhafte Behandlung in Kombination mit dem Geruch von Medikamenten – prägen sich tief in das Gedächtnis des Pferdes ein.

Unerwünschtes Verhalten

- **Disposition:**
  - Inadäquate Haltung
  - Gebäudebedingte Mängel
  - Individuelle Charaktereigenschaften
- **Ursachen:**
  - Schmerz
  - Angst
  - Nicht geklärte Rangordnung
  - Erlerntes Verhalten
- **Auslöser:**
  - Wiedereintreten der Situation

4 Diagnostik von Problemverhalten

4.1 Vorgehensweise

Es empfiehlt sich für die Befundaufnahme eine Checkliste aufzustellen, anhand derer alle relevanten Informationen erfasst werden. Auf diese Weise hat man auch stets die Kontrolle über noch ausstehende Daten. Die Anamnese könnte beispielsweise wie folgt aussehen:

Tab. 7: Vorgehensweise bei der Diagnostik von Verhaltensabweichungen (Verhaltensstörungen und unerwünschten Verhaltensweisen)

1. Schilderung der Verhaltensweise
   - wertneutral
   - gezielte Fragen

2. Vorgeschichte
   - Aufzucht
   - Ausbildung
   - Nutzung
   - Haltung

3. Derzeitige Haltung und Nutzung
   - Haltungsform
   - Fütterung
   - Management
   - tägliche Nutzung

4. Gesundheitsstatus und Schmerzdiagnostik
   - klinische Diagnostik (Tierarzt)
   - Schmerzdiagnostik über Abtasten
   - Überprüfung auf schmerzhafte Einwirkung (Ausrüstung, Reitweise etc.)

5. Analyse des Pferdes
   - Körperbau
   - Charakter

6. Eigene Untersuchung

   Im Stall über Beobachtung ggf. mit Videokamera
   Bei der Nutzung über Vorführung:
   - ohne Einwirkung des Menschen
   - an der Hand
   - bei der Arbeit mit Besitzer/Betreuer
   - bei der Arbeit mit erfahrener Fachperson

In Form eines ausführlichen Gesprächs werden Informationen über die Verhaltensabweichung eingeholt. Die Darstellung der Verhaltensweise durch den Halter bzw. durch eine mit dem Pferd vertrauten Person wird zunächst wertneutral notiert. Unerlässlich für die Ursachenforschung sind daran anschließende detaillierte Fragen wie: Seit wann besteht das auffällige Verhalten, wie äußert es sich, wie ist der Verlauf, welche Umstände führten dazu, was löst das Verhalten jetzt aus, wodurch wird es beeinflusst, beeinträchtigt es die Nutzung oder Gesundheit des Pferdes, welche Behandlungsversuche wurden bereits durchgeführt, von wem und mit welchem Erfolg?

Weitere Fragen zur Aufzucht, über den Ausbildungsweg, die Nutzungsrichtung und über den Vorbesitzer liefern wertvolle Anhaltspunkte darüber, welche Fehler bzw. Mängel zu dem Verhalten geführt haben. Die Kenntnis, ob das gestörte oder unerwünschte Verhalten durch Ereignisse während der Jugendentwicklung oder erst im späteren Leben erworben wurde, ist für die Therapie bzw. für die Heilungschancen von großer Bedeutung.

Schließlich sind Informationen über die Haltungsform, Fütterung, Tagesablauf und Management sowie über die tägliche Nutzung einzuholen. Sie dienen der Beurteilung, ob die pferdespezifischen Bedürfnisse derzeit in ausreichendem Maße befriedigt werden oder ob eine Deprivation vorliegt bzw. das gestörte oder unerwünschte Verhalten durch häufige Frustrations- oder Konfliktsituationen hervorgerufen wurde. Zur Objektivierung der Aussagen ist die Besichtigung des Stalles eine wesentliche Voraussetzung.

Unerlässlich ist die Erfassung des Gesundheitsstatus des Pferdes. Deshalb dürfte meist die eingehende Untersuchung seitens eines Tierarztes erforderlich sein. Eine Schmerzdiagnostik kann zusätzlich über entsprechende Massagetechniken durchgeführt werden (*Denoix* und *Pailloux 2000*). Beispiele hierfür werden im nachfolgenden Abschnitt unter 4.2, S. 107 gegeben. Die Daten zum aktuellen Impf- und Entwurmungsstatus sind ebenfalls zu erfassen, denn sie haben differenzialdiagnostische Bedeutung. Zum Beispiel kann exzessives Schweifreiben durch eine Oxyuris-equi-Infektion ausgelöst werden.

Angaben zu Rasse (Abstammung), Alter, und Geschlecht dienen nicht nur der späteren Identifikation des Pferdes, sondern liefern auch wertvolle

Abb. 72 Akutes Schmerzgeschehen: Schmerzgesicht mit nach hinten gerichteten Ohren, nach innen gekehrtem Blick und angespanntem Maul bei einer äußerst schmerzhaften Distorsion des Karpalgelenks.

Informationen über eine genetische Disposition für das gezeigte Verhalten. Deshalb sollte auch der Körperbau auf gebäudebedingte Mängel überprüft und anschließend das Pferd anhand seiner Charaktermerkmale (A 2.2, S. 19) eingeschätzt werden.

Auf keinen Fall darf man sich bei der Beurteilung von Problemverhalten ausschließlich auf die Aussagen des Besitzers beschränken. Es ist unumgänglich, die fragliche Verhaltensweise selbst zu beobachten. Wird diese vom Pferd nicht ohne weiteres gezeigt, kann man versuchen die Verhaltensabweichung über einen bestimmten Auslöser zu provozieren. Gelingt dies nicht, empfiehlt es sich eine Videokamera im Stall zu installieren. Mit deren Hilfe kann das Pferd über längere Zeit ungestört überwacht werden. Die Kamera sollte ausreichend lichtempfindlich sein und über einen Zeitraffer verfügen. Problemverhalten bei der Nutzung erfasst man am besten, wenn man das Pferd in verschiedenen Situationen beobachtet. Beispielsweise kann man sein Verhalten zunächst frei im Auslauf analysieren, dann an der Hand, bei der Arbeit mit dem Besitzer und schließlich bei der Arbeit mit einem erfahrenen Pferdefachmann.

4.2 Ausdrucksverhalten als Hilfsmittel bei der Diagnostik

Pferde kommunizieren in erster Linie über das optische Ausdrucksverhalten. In der intraspezifischen Verständigung spielen zusätzlich die akustische, olfaktorische und taktile Kommunikation eine wichtige Rolle. Das optische Ausdrucksverhalten der Pferde beinhaltet Körperhaltung und Gestik, Gesichtsausdruck und Schweifhaltung. Die Befindlichkeit wird durch Bewegungen von Ohren, Augen, Nüstern, Lippen, Zähnen, Kopf, Nacken, Hals sowie Rücken, Beinen und Schweif ausgedrückt. Deren Bewegungen können zumindest für den menschlichen Betrachter in der Feinheit ihrer Veränderungen oft nur schwer erkennbar sein. Von den Gesichtsmuskeln des Pferdes sind vor allem die der Lippen, Nüstern und Ohren gut entwickelt, während die übrige mimische Muskulatur nur schwach ausgebildet ist. Um Fehlinterpretationen zu vermeiden, müssen bei der Beurteilung des optischen Ausdrucksverhaltens stets das Tier in seiner Gesamtheit sowie die Situation, in der das Verhalten abläuft, erfasst werden.

Anhand des optischen Ausdrucksverhaltens kann der geübte Beobachter auf unangenehme (z. B. Schmerz) oder angenehme Empfindungen (z. B. Entspanntheit) beim Pferd schließen. Viele Verhaltensauffälligkeiten der Pferde sind auf Schmerzen, Angst und mitunter auch auf Aggression zurückzuführen. Bei der Suche nach der Ursache ist es deshalb eine Voraussetzung, dass man das Ausdrucksverhalten genau analysiert.

Woran erkennt man Schmerz?

Eine klinische Allgemeinuntersuchung über den Tierarzt empfiehlt sich vor Beginn einer jeden Verhaltenstherapie. Anhand welcher Verhaltensänderungen kann man jedoch selbst auf ein Schmerzgeschehen schließen?

Eindeutige Anzeichen für **akute Schmerzen** sind Änderungen im Bewegungsablauf oder in der Körperhaltung. So weisen Aktivitätsänderungen wie Scharren und das Treten gegen den Bauch auf Eingeweideschmerzen hin. Dabei sind die Bewegungen des Kopfes und Halses zum Leib hin sowie die Körperbewegungen (Unruhe, Aufstehen/Hinlegen, Wälzen) und die Ruhelosigkeit (wiederholtes Unterbrechen der Futteraufnahme) der Gradmesser für den akuten Schmerz. Die Entlastungshaltung (Lahmheit) zeigt schmerzhafte Gliedmaßenerkrankungen an. Weitere Schmerzindikatoren sind: unsicherer Stand, steifer Gang, reduzierte Bewegungsbereitschaft, vermehrtes Liegen, Apathie, ungewöhnliche Haltung sowie Schwitzen. Ein deutliches Zeichen für Schmerz sind weiterhin ein stumpfer nach innen gekehrter Blick oder glasig wirkende Augen. In Abhängigkeit von der Art der Erkrankung geben manche Pferde ihren Schmerz auch nur durch einen vermehrten Widerwillen (z.B. häufiges Schweifschlagen) zu erkennen. Die Palette des schmerzinduzierten Abwehrverhaltens reicht vom ängstlichen Ausdruck bis hin zu erhöhter Aggressivität. Grundsätzlich muss bei **Abwehrreaktionen, die sukzessive zunehmen**, an ein Schmerzgeschehen bzw. an eine Erkrankung gedacht werden.

Aber auch eine Änderung des normalen Aktivitätsrhythmus deutet auf mögliche Schmerzen hin. So stellen viele Pferde bereits zu Beginn einer Kolik die Futteraufnahme ein. Nichtaufgefressenes Kraftfutter sollte man deshalb immer als ein ernst zu nehmendes Alarmzeichen ansehen.

Chronischer Schmerz ist deutlich schwerer zu erkennen als die akute Form. Hinweise darauf sind: Abnahme des Appetits, Abmagerung, stumpf wirkendes Fell, Muskelschwund, Apathie, anderer Gesichtsausdruck oder allmähliche Wesensveränderung. So ist die Verhaltensänderung vom ehemals temperamentvollen Pferd zum zunehmend bewegungsunlustigen Tier ein ernst zu nehmender Hinweis auf ein chronisches Schmerzgeschehen.

Ein ungewöhnlicher Muskeltonus, allgemein als „Verspannung" bezeichnet, ist ebenfalls ein wichtiger Indikator für Schmerz beim Pferd. Meist äußert er sich in einer verspannten Hals- und Rückenmuskulatur, wobei die Verspannung bis hin zum Schweifansatz reichen kann. Auch verkrampfte Bewegungen von Ober- und Unterkiefer verbunden mit Zähneknirschen oder Leerkauen können auf ein schmerzhaftes Geschehen hindeuten.

Mitunter können Schmerzen am „**Schmerzgesicht**" abgelesen werden. Es ist aber auch für den Geübten oft nicht einfach zu erkennen und scheint außerdem mit dem Grad des Schmerzes nicht immer zu korrelieren. Ein eindeutiges Merkmal ist der völlige Wegfall des Ohrenspiels. Die Ohrmuschel ist dabei meist etwas nach hinten gerichtet. Die Pferde bekommen „kleine" Augen, der Blick wirkt stumpf und abwesend. Die Nüstern können zu schmalen Schlitzen verengt oder zusammengekniffen bzw. gekräuselt sein und werden bei wellenförmig auftretenden Schmerzen jedes Mal verzogen. Auch ein verkrampft und angespannt wirkendes Maul sowie zusammengebissene Zähne können auf Schmerzen hinweisen. Dies ist aber für sich alleine kein Schmerzindikator. Verspannung ist auch bei Angst zu beobachten.

Über die **Lautgebung** kann man beim Pferd nicht auf Schmerzen schließen. Es hat keinen spezifischen Schmerzschrei wie der Mensch, der Hund, der Hase und andere Warmblüter. Auch das Stöhnen ist kein eindeutiger Schmerzlaut, sondern unspezifisch und deutet ganz allgemein auf eine Anstrengung hin. Es ist in schmerzhaften Situationen zum Beispiel bei einer Kolik, aber auch bei Aktivitäten, die wie das Wälzen dem Wohlbefinden zugeordnet werden, zu hören. Allerdings gibt es immer wieder Berichte, die belegen, dass Pferde in Extremsituationen auch einen Schmerzschrei von sich geben. Dieser soll atypisch für Pferde klingen, weder wie Wiehern noch wie Stöhnen. Da er aber nur in Ausnahmefällen gehört wird, und Pferde selbst bei der schlimmsten Kolik bzw. einer Darmverschlingung ihn nicht von sich geben, kann er nicht als spezifischer Schmerzschrei gewertet werden.

Ausweichbewegungen des Pferdes beim Abtasten sind ein wertvoller Hinweis für schmerzhafte Prozesse. Diesbezügliche Techniken können selbst erlernt werden. Geeignet ist zum Beispiel der Tellington-Touch, der über Bücher, Videofilme und Seminare gelehrt wird. Dabei sollte der Druck variieren, da in manchen Situationen auf harten Druck keine Reaktion gezeigt wird, hingegen auf leichten sehr wohl. Reaktionen, die auf Schmerz hinweisen sind: Kopf hochwerfen, zusammenzucken, einknicken, seitlich weggehen bzw. wegspringen, mit dem Bein oder Schweif schlagen und andere Ab-

Diagnostik von Problemverhalten

Abb. 73 Chronisches Schmerzgeschehen: Pferd im gesunden Zustand. Es hat einen klaren und aufmerksamen Blick sowie ein glänzendes Fell.

Abb. 74 Chronisches Schmerzgeschehen: Pferd im kranken Zustand, drei Monate später (Plattenepithelkarzinom am Zahnfleisch). Der chronische Schmerz führte zu einer sichtbaren Veränderung im Gesichtsausdruck.

wehrbewegungen. Mitentscheidend für die Aussagefähigkeit der Untersuchung ist, dass diese an einem Ort ohne Ablenkung stattfindet. Ansonsten kann das Verhalten nicht immer eindeutig der Behandlung zugeordnet werden.

Wichtige, aber nicht immer eindeutige Hinweise liefern schmerzbedingte **physiologische Parameter**. So sind bei Schmerz die Herz- und Atemfrequenz sowie die Körpertemperatur erhöht. Zudem löst der Schmerz endokrinologische Prozesse aus, die sich im Blut oder im Speichel ablesen lassen. Diese Werte sind allerdings nur in Zusammenhang mit anderen Schmerzindikatoren aussagekräftig.

Bei akutem Schmerz wird das sympathoadrenale System aktiviert. Dies findet seinen Ausdruck in einer Erhöhung der Körpertemperatur, des Blutdrucks, der Herzschlag- und Atemfrequenz, Mydriasis sowie in verstärktem Muskeltonus und vermehrter Schweißproduktion. Außerdem kommt es zu einer Veränderung von einer großen Anzahl schmerz- bzw. stressinduzierter Stoffwechselreaktionen einschließlich endokrinologischer Aspekte. Messbare Parameter sind unter anderem ACTH und Glukokortikoide, Angiotensin II, Katecholamine (Adrenalin, Noradrenalin), Vasopressin, β-Endorphin und Enkephaline, vasoaktives Peptid und Substanz P.

So stellte *Zierz* (1993) bei Pferden mit klinisch als mittel- und hochgradig diagnostiziertem Schmerzempfinden eine eindeutige Beziehung zur Höhe der Katecholaminausschüttung fest. Dazu entwickelte er ein Schema zur Quantifizierung von akutem Schmerz beim Pferd nach einem Punktesystem, das vier physiologische (Herz- und Atemfrequenz, Körpertemperatur, Schweißbildung) und sechs ethologische Parameter (Scharren/Unruhe, Entlastungshaltung, Schmerzgesicht, Zähneknirschen/Leerkauen, Umdrehen zum erkrankten Körperteil, Aufstehen-Hinlegen/Wälzen) enthält. Diese wurden unterschiedlich gewichtet und mit der Adrenalin- und Noradrenalinkonzentration im Blutplasma korreliert.

Bei der Beurteilung des Schmerzes ist die **Situation** zu berücksichtigen. So kann Angst Schmerzen potenzieren, aber auch völlig verdrängen. Außerdem dürften auch Tiere den Schmerz individuell verschieden empfinden. Ebenso ist die Pferderasse zu berücksichtigen. Besonders mitteilsam sind „hoch im Blut stehende" Tiere wie Araber. Wogegen bei Kaltblütern und Ponys der Schmerz anhand des Gesichtsausdrucks meist weniger gut erkennbar ist. Auch der Zeitpunkt im Tagesverlauf ist für die Schmerzempfindlichkeit von Bedeutung.

Woran erkennt man Angst?

Große Angst erkennt man beim Pferd leicht. Kennzeichen sind: stark geweitete Nüstern, hocherhobener Kopf, weit aufgerissene „rollende" Augen, nervöse Bewegungen sowie Schwitzen. Angst von geringerem Umfang ist schwerer festzustellen. Oftmals zeigen die Tiere nur ein fest geschlossenes „verspanntes" Maul mit einer geringfügig verlängerten Oberlippe (außerhalb des Kontextes Komfortverhalten), einer angespannten Unterlippe mit deutlichem Kinn sowie nach unten-hinten gerichtete Ohrmuschelöffnungen bei seitlich bzw. waagerecht gestellten Ohren und eingeschränktem Ohrenspiel. Furcht vor dem Reiter ist unter anderem an diesen Merkmalen zu erkennen. Nicht zu ver-

> **Kennzeichen für Schmerzen**
>
> - Verhaltensänderungen
>   - Akuter Schmerz: Änderungen von Bewegungsablauf und Körperhaltung
>   - Chronischer Schmerz: Wesensveränderung, Apathie
> - Störungen im Allgemeinbefinden
>   - Akuter Schmerz: Erhöhte Atem- Pulsfrequenz und Temperatur, Schwitzen
>   - Chronischer Schmerz: Abmagerung, stumpfes Fell
> - Ungewöhnlicher Muskeltonus (Verspannung)
> - Ausweichbewegungen beim Abtasten
> - „Schmerzgesicht" (Ohrenstellung, Nüstern, Augen)

wechseln ist die gerade geschilderte Ohrenstellung mit der Ohrenhaltung, die das Pferd zeigt, wenn es sich unterordnet. In diesem Fall bewegt sich das Pferd in erwünschter Losgelassenheit, die weiteren Angstindikatoren wie verspannter Gesichtsausdruck fehlen.

Auffallend sind bei Angst ganz allgemein die verspannten Bewegungen. Sie beginnen als erstes am Maul und am Hals. Ein verspanntes Pferd kann zunächst Ober- und Unterkiefer nicht mehr bewegen. Die Muskulatur zwischen Maulwinkel und Wange tritt deutlich hervor. Das Kauen wird eingestellt. Nimmt die Spannung zu, setzt sie sich von vorne nach hinten fort. Das Pferd bewegt sich immer steifer, die Gangarten sind ohne freien Vorwärtsdrang, die Schweifrübe ist abgewinkelt bzw. eingeklemmt und das Hinterteil wird eingezogen. Insgesamt wirkt der Körper verkürzt. Bei überaus großer Angst und fehlender Fluchtmöglich-

Abb. 75 Sowohl die Mimik (verlängerte Oberlippe, seitlich gestellte Ohren, geweitete Nüstern, aufgerissene Augen) als auch die Körperhaltung (hochgeworfener Kopf, eingeknickte Sprunggelenke, Gewicht nach hinten verlagert, Breitstellung der Vorderbeine) signalisieren eindeutig Angst.

Diagnostik von Problemverhalten

Abb. 76 Das „Drohgesicht" ist charakterisiert durch zurückgelegte Ohren, verschmälerte Nüstern und nach hinten gezogene Maulwinkel (nach *Goldschmidt-Rothschild* und *Tschanz 1978*).

keit werden Pferde völlig bewegungsunfähig. Sie erstarren regelrecht. Auch das häufige Absetzen von nicht voll geformtem Kot oder Harnspritzen deuten auf Angst hin. Unter dem Reiter kann ein hocherhobener Kopf des Pferdes ein Zeichen von Angst sein. Das Tier hat den Blick auf Fernsicht eingestellt. Dies bedeutet, dass in der momentanen Situation die Dominanz des Reiters nicht genügt, um dem Pferd ausreichend Sicherheit zu geben. Einige Merkmale für Angst zeigt das Pferd auch bei Schmerz. Dazu zählen die Verspannung, das fehlende Ohrenspiel, Schwitzen sowie die Erhöhung der Atem- und Herzfrequenz. Dies kann mitunter von differenzialdiagnostischer Bedeutung sein.

Woran erkennt man Aggression?

Das „Drohgesicht" des Pferdes ist eindeutig: zurückgelegte Ohren, die umso weiter angelegt werden, je intensiver gedroht wird; verschmälerte Nüstern und nach hinten-unten gezogene Maulwinkel (Abb. 76). **Aggressive Drohformen** sind Drohschwingen, Drohbeißen und Beißen sowie Angehen und der Vorderhandschlag mit Drohmimik. **Defensiv**, aber äußerst effizient, sind das Hinterhanddrohen und der Hinterhandschlag. Dem Menschen gegenüber drohen Pferde überwiegend mit dieser Verteidigungsgeste bzw. sie zeigen lediglich ihr „Drohgesicht". Auch bei Angst oder Schmerzen überwiegen verteidigende Drohformen. Aggressives, auf den Menschen gerichtetes Drohen kommt vor allem bei Hengsten oder sehr ranghohen Tieren vor, wenn die Rangordnungsverhältnisse nicht eindeutig geklärt sind. Ansonsten sind

---

Kennzeichen für Angst sind

- **Mimik**
  - Angespanntes Maul („festes" Kinn)
  - Geringfügig verlängerte Oberlippe
  - Geweitete Nüstern
  - Rollende Augen (das „Weiß" wird sichtbar)
  - Ohren seitlich bis waagerecht gestellt
  - Ohröffnung nach unten-hinten gerichtet
- **Körperhaltung**
  - Verspannte Muskulatur (steifer Gang)
  - Eingeklemmter Schweif oder „Knick"
  - Nervöse Bewegungen
  - Erhobener Kopf
- **Weitere Merkmale**
  - Schwitzen
  - Erhöhte Puls- und Atemfrequenz
  - Häufiger Kotabsatz

Wie unterscheidet man defensives und aggressives Drohen?
(*Goldschmidt-Rothschild* und *Tschanz 1978*, *Zeitler-Feicht 2006*, *Bohnet 2007*)

Defensives Drohen

- Drohmimik mit mehr oder weniger seitlich gestellten Ohren, Ohröffnungen nach unten-hinten
- Körpermuskulatur angespannt mit Fluchttendenz
- Pferd versucht sich „kleinzumachen", Rückenlinie fällt nach hinten ab
- Hinterhand wird dem Aggressor zugewandt, Schlagdrohen möglich

Aggressives Drohen

- Drohmimik mit nach hinten gerichteten Ohren (unterschiedliche Intensität)
- Pferd versucht sich „großzumachen", aufgewölbte Rückenlinie
- Kopf/Hals wird dem Aggressor zugewandt, Drohschwingen, Beißdrohen möglich

Abb. 77 Aggressive und defensive Drohformen (nach *Goldschmidt-Rothschild* und *Tschanz 1978*).

a) Drohschwingen: Mit Drohmimik und geschlossenem Maul schwingt das Pferd seinen Kopf in Richtung des nahe stehenden Bedrohten, ohne sich vom Platz zu bewegen.

c) Beißdrohen: Die Drohmimik nimmt eine intensivere Form an. Das Maul ist geöffnet, der Kopf wird gegen den Bedrohten gewandt (beinahe horizontal). Die Zähne können sichtbar werden, der Hals wird seitlich geschwungen. Zuweilen erfolgt ein Ausfall von wenigen Schritten gegen den Bedrohten. Beim Beißen wird eine Körperstelle des Angegriffenen mit den Zähnen erfasst und mit Drohmimik stärkster Intensität zugebissen.

b) Angehen: Der Angreifer bewegt sich mit Drohmimik auf ein anderes Tier zu. Halshaltung über der Waagerechten, Kopf nach vorne gestreckt. Gangart: Schritt, Trab oder Galopp. Angehen erfolgt aus 3 bis 30 m Entfernung.

d) Schlagen mit der Vorderhand: Besteht eine aggressive Handlung zeigt das Gesicht Drohmimik, ansonsten keine (z. B. beim Imponieren). Das Gewicht wird auf ein Vorderbein verlagert, das andere wird nach vorne geschleudert und mit der ganzen Sohle wieder aufgesetzt. Es können auch beide Vorderbeine nacheinander hochgeschleudert und aufgestampft werden, oder auf der Hinterhand stehend wird mit beiden Vorderbeinen geschlagen.

e) Schlagdrohen mit der Hinterhand: Das Gesicht zeigt Drohmimik. Die Hinterhand des Angreifers richtet sich gegen den Bedrohten, der Schweif wird eingekniffen oder stark hin- und herbewegt. Ein Hinterbein oder beide können angehoben und ohne Streckphase wieder abgestellt werden. Schlagdrohen erfolgt auch durch Rückwärts- oder Seitwärtstreten mit Drohmimik.

f) Schlagen mit der Hinterhand: Das Gesicht zeigt Drohmimik. Ein Hinterbein oder beide werden angezogen und nach hinten geschleudert. Es kann ein bis mehrmals nacheinander ausgeschlagen werden, wobei jedes Mal vom Boden aus wieder neuer Schwung geholt wird.

Abb. 78 Ausdrucksformen des Pferdes unter reiterlicher Einwirkung (nach *Waring*, 1983; *Rees*, 1986; *Kiley-Worthington*, 1989; *Zeitler-Feicht*, 1994).

a) Ohren
Ohrenspiel: – Aufmerksamkeit und „Wille zum Mitmachen" – Akustische Orientierung (Wachsamkeit)
Kein Ohrenspiel: – Große Angst – Schmerzen

aa) Nach vorne gestellt
- „Positive Grundeinstellung" (Einklang mit Hilfengebung, „Wille zum Mitmachen")
- Aufmerksamkeit nach vorne gerichtet

ab) Nach seitlich gestellt
- Unsicherheit
- Unterwerfung und Angst (bei Ohröffnung nach unten-hinten)
- Aufmerksamkeit zur Seite gerichtet

ac) Nach hinten gestellt
- Angst und Unterwerfung
- Missbehagen und Abwehrbereitschaft
- Schmerz z. B. durch Zügelfehler („Riegeln", unnachgiebige Hand)
- Aufmerksamkeit nach hinten gerichtet

ad) Flach angelegt
- „Negative Grundeinstellung"
- Aggression
- Massive Abwehr gegen reiterliche Einwirkung
- Große Angst

b) Nüstern und Maulpartie
Leicht kauende Bewegungen mit geschlossenem Maul: – Losgelassenheit, – innere Entspannung

ba) Maul geschlossen mit langer Nüsternpartie
- Aufmerksamkeit
- Angst

bb) Maul fest geschlossen mit langer Nüsternpartie, deutlichem Kinn und geweiteten Nüstern
- Angst

bc) Geweitete Nüstern
- Anstrengung
- Erregung
- Angst

bd) Verengte Nüstern mit nach hinten gezogenen Nasenwinkeln
- Schmerzen
- Unbehagen
- Aggression

c) Schweif
Heftiges Schweifschlagen: – Angst, – Schmerz, – Abwehr gegen reiterliche Einwirkung

ca) Schweif hochgestellt
- Hohe Erregung
- Hoher Bewegungsdrang
- Signalfunktion für Spiel (Buckeln)

cb) Schweif getragen
- Mittlere Erregung
- Bewegungsdrang
- Aufmerksam

cc) Schweif hängend
- Ohne Erregung
- Ohne Bewegungsdrang
- Schmerzen

cd) Schweif eingeklemmt
- Angst

Abb. 79 Eine deutliche Abwehrbewegung des Pferdes gegen eine schmerzhafte reiterliche Einwirkung ist ein aufgerissenes Maul mit sichtbaren Zähnen.

gezielte, auf den Menschen gerichtete Angriffe in der Regel schadensvermeidende Reaktionen, die auf Angst oder Schmerz zurückzuführen sind. Eine Sonderform ist das aggressive Verhalten von sexuell oder sozial fehlgeprägten Pferden Menschen gegenüber, was als schwere Verhaltensstörung anzusehen ist.

Ausdrucksformen des Pferdes unter reiterlicher Einwirkung

Anhand des Ausdrucksverhaltens kann der geübte Beobachter auf Angst, Schmerz, Aggression oder Losgelassenheit, Entspanntheit und Wohlbefinden des Pferdes schließen (s. Abb. 78). Die häufigsten Abwehrbewegungen gegen die reiterliche Einwirkung finden sich in Tab. 8. Je heftiger sich das Pferd wehrt, desto öfter treten die Verhaltensweisen auch gleichzeitig auf. Beispielsweise sind Ohrenzurücklegen, Schweifschlagen und Gegen-den-Zügel-Gehen häufig gemeinsam zu beobachten.

Schmerzen oder Angstzustände, die vom Pferd auf Dauer nicht gemieden werden können, führen unweigerlich zu Leiden und Schäden. Die Folge sind unerwünschte Verhaltensweisen bzw. schadensvermeidende Reaktionen wie Steigen und Bocken, aber auch Kleben oder „Zungenstrecken" sowie Sattelzwang. Diese Reaktionen sind ernsthaft auf ihre Ursachen zu hinterfragen.

Beim Problem der „erlernten Hilflosigkeit" (Learned Helplessness) handelt es sich um einen Zustand erlernter Schmerz- oder Leidenstoleranz, wenn das Pferd merkt, dass es sich aus einer Position bzw. aus einer bestimmten Situation nicht befreien kann. Dieser Zustand dürfte während der Durchführung der „Rollkur" bzw. Hyperflexion des Halses – sie dauert bei manchen Reitern bis zu einer dreiviertel Stunde – gegeben sein. *Meyer* (2008) bezeichnet diese als „orthopädische Fehlhaltung". Auch Pferde, die ausschließlich durch Strafe ausgebildet werden, können in den Zustand der erlernten Hilflosigkeit verfallen (*Hall* und Mitarbeiter 2007). Nur einige wenige Pferde reagieren unter solchen Umständen aggressiv und kämpfen dagegen an, die Mehrzahl resigniert. Tiere, die sich im Zustand der „learned helplessness" befinden, wird jede Motivation genommen. Sie zeigen deshalb vorsichtshalber nur noch Verhaltensmuster, bei denen sie sicher sind, dass keine Strafe folgen wird. Wissenschaftliche Untersuchungen zum Ausdrucksverhalten von Pferden in derartigen Situationen liegen noch nicht vor. Bisherige Beobachtungen deuten auf ein ähnliches Ausdrucksverhalten wie bei Unterlegenheit (B. 2.1, S. 31) hin.

Tab. 8. Abwehrbewegungen des Pferdes gegen die reiterliche Einwirkung (*Pfeil-Rotermund* und *Zeeb* 1994; *Caanitz* 1996)

- Ohrenstellung nach hinten oder zur Seite
- Schweifschlagen
- Kopf- und Halsschlagen
- „Gegen-den-Zügel-gehen"
- Sichtbare Zähne
- Aufgerissenes Maul
- Heftiges Zähneknirschen

Tab. 9. Merkmale für Losgelassenheit (Deutsche Reiterliche Vereinigung, 1994, *Schnitzer*, 1996)

- zufriedener Gesichtsausdruck (Ohrenspiel, Auge)
- gleichmäßig schwingender Rücken
- geschlossenes, tätiges (kauendes) Maul
- getragener, mit der Bewegung pendelnder Schweif
- Abschnauben als Anzeichen für innerliche Entspannung

Wie sind Empfindungen zu bewerten?

Befindlichkeiten wie Gefühle und Emotionen sind sowohl beim Menschen als auch bei Tieren nur sehr schwer objektiv zu erfassen. Man kann nur anhand des Ausdrucksverhaltens in Kombination mit physiologischen Parametern darauf schließen. Es steht jedoch außer Frage, dass höher entwickelte Tiere Empfindungen wie Angst und Schmerz haben. Dies belegen neurophysiologische Untersuchungen und die weiter oben geschilderten objektiv feststellbaren Verhaltens- und Ausdrucksweisen wie eine bestimmte Mimik, Zittern oder eine veränderte Körperhaltung. Doch wie sind diese zu bewerten? Man würde den Pferden nicht gerecht werden, wenn man bei der Beurteilung von den eigenen bzw. menschlichen Empfindungen ausgeht und sie auf das Pferd überträgt. Es wäre falsch den Schluss zu ziehen „ich mag in einem warmen Bett schlafen, also soll es das Pferd nachts auch warm haben". Oder „ich esse nur dreimal am Tag kleine Mengen, deshalb genügt auch für mein Pferd wenig, dafür aber bestes (konzentriertes) Futter". Dasselbe gilt für Angst, Schmerzen und andere Empfindungen. So können wir nicht voraussetzen, dass Pferde in Situationen, die bei uns keine Angst aufkommen lassen, ebenfalls gelassen reagieren. Beispielsweise kann das erstmalige Vorbeireiten an einem Wildschweingehege bei uns keine Angst hervorrufen – wir erkennen die Funktion des Zauns –, bei Pferden jedoch zu einer panikartigen Fluchtreaktion führen. Ebenso verhält es sich mit Schmerz. Wir können nicht beurteilen wie schmerzhaft zum Beispiel ein Beinbruch für das Pferd ist. Nach unserer Vorstellung oder Erfahrung muss er sehr schmerzhaft sein, jedenfalls würden wir uns bei einem Beinbruch nicht mehr von der Stelle rühren. Doch nicht selten kann man Pferde trotz gebrochener Gliedmaße ohne besonderen Schmerzausdruck beim Grasen beobachten.

Fazit: Man kann mit Sicherheit davon ausgehen, dass Tiere Schmerzen, Angst und andere Empfindungen kennen, was als Analogieschluss bezeichnet wird (*Sambraus 1997*), doch ein anthropomorphes Denken ist der falsche Weg, um diese zu bewerten.

> Es ist unbestritten, dass Pferde negative und positive Empfindungen kennen. Es wäre jedoch falsch diese anthropomorph zu interpretieren.

5 Grundlagen des Umgangs und der Lernpsychologie

Wesentliche Voraussetzung für die Prophylaxe und Therapie von Problemverhalten bei Pferden ist ein Umgang, der dem Pferdeverhalten angepasst ist. Deshalb dürfen bei der Ausbildung und Nutzung nur solche Verhaltensweisen, Bewegungsabläufe und Leistungen abverlangt werden, die dem jeweiligen Pferd von Natur aus gegeben sind. Darauf aufbauend erreicht man ein stressfreies Lernen, wenn man das Lernverhalten des Pferdes kennt und die Arbeit entsprechend danach abstimmt. Es ist nur von Vorteil und kein Fehler, wie mitunter zu hören ist, dabei die natürlichen Neigungen und Bedürfnisse des Pferdes zu nutzen. Die nachfolgend genannten Grundlagen gelten für alle Disziplinen des Reitsports und sind unabhängig von der Ausbildungsmethode.

5.1 Wie lernt ein Pferd?

Bei der Ausbildung von Tieren ist grundsätzlich zu beachten, dass diese **nicht die Fähigkeit haben, ein Schüler im menschlichen Sinne zu sein**. Das ist vielen Tierhaltern gar nicht recht bewusst. Gerade die Lernprozesse, die den Menschen leicht erscheinen, stellen Tiere oft vor unlösbare Probleme. Erste Voraussetzung für die Arbeit mit Pferden ist, sich darüber im Klaren zu sein, welche Lernvorgänge ein Pferd begreift und welche nicht. So sind wir Menschen und höher entwickelte Primaten vor allem wie Schimpansen zum „Lernen durch Einsicht" befähigt, andere Tierarten wie der Hund dagegen in geringem Maße und das Pferd nur in Ausnahmefällen. Der Lernvorgang beruht auf kognitiven Prozessen. Dabei wird eine Kombination aus zwei oder drei gelernten Aufgaben genutzt, um ein neues Problem zu lösen. Die Lösung erfolgt zielgerichtet.

Der klassische Versuch für „Lernen durch Einsicht" mit Affen läuft wie folgt ab: Der Affe wird vor die neue Situation gestellt, dass eine Banane an der Stalldecke hängt. Er möchte die Banane fressen, gelangt aber nicht zu ihr. Daraufhin benutzt er einige Kisten in seinem Käfig, die er bereits kennt, stapelt diese übereinander und gelangt so zu der Banane. Für das Pferd wird der Versuch modifi-

Abb. 80 Wenn Fohlen bereits frühzeitig spielerisch an verschiedene Objekte gewöhnt werden, haben sie im Erwachsenenalter weniger Angst.

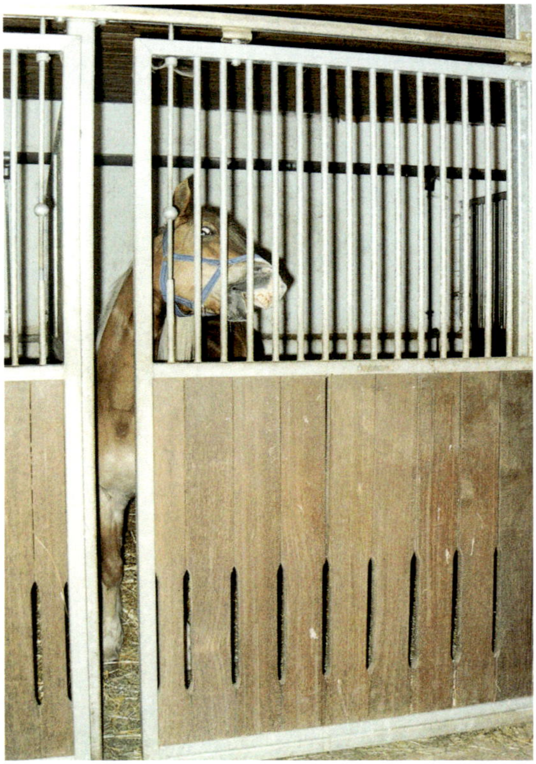

ziert, indem man in einem unbekannten Areal eine Futterschüssel hinter einem langen Zaun aufstellt. Würde es zielgerichtet einen Durchgang suchen, wäre es zu kognitivem Denken fähig. Dies tut es aber nicht, sondern läuft lediglich erregt hin und her, um zu dem Futter zu gelangen. Deswegen dürfen Pferde aber nicht als dumm bezeichnet werden, denn derartige Problemlösungen waren im Laufe ihrer Phylogenese nicht erforderlich.

Pferde lernen über Gewöhnung, durch Konditionierung – hierbei unterscheidet man zwischen operanter und klassischer Konditionierung – sowie über Prägung. Alle Lernvorgänge, ausgenommen der Prägung, sind reversibel.

Gewöhnung

Die Gewöhnung ist eine der einfachsten Formen des Lernens. Sie äußert sich darin, dass bei wiederholter Applikation desselben Reizes, der **weder mit positiven noch mit negativen** Folgen verbunden ist, die Reaktionsstärke des Tieres abnimmt. Dies ist ein sinnvoller Lernvorgang, da er verhindert, dass in der Umwelt vorkommende, harmlose Reize nicht ein Leben lang mit einer Schreckreaktion beantwortet werden müssen. Vielmehr findet bei wiederholtem Auftreten des Reizes eine allmähliche Abschwächung der Reaktion, also eine Gewöhnung statt. Beim Herdentier Pferd spielt dabei neben der eigenen Erfahrung die Reaktion der Gruppenmitglieder eine entscheidende Rolle. **Gewöhnung** ist allerdings nicht auf eine körperliche Ermüdung zurückzuführen, sondern auf eine **spezifische Erhöhung der Reizschwelle**. Beispielsweise kann man ein Pferd mit Angst vor Kraftfahrzeugen an diese gewöhnen, wenn man es zusammen mit Artgenossen, die mit dieser Situation bestens vertraut sind und keinerlei Angstreaktionen zeigen, einige Zeit lang auf einer Koppel neben einer vielbefahrenen Straße hält. Da für das Pferd das Verhalten der anderen Tiere beruhigend wirkt und es mit den Kraftfahrzeugen weder eine positive noch negative Erfahrung macht, setzt Gewöhnung ein. Wenn man aber einem Pferd erstmals den Sattel auflegt und es

Abb. 81 Operante Konditionierung („Lernen am Erfolg") liegt zugrunde, wenn Pferde von sich aus Boxentüren öffnen.

Grundlagen des Umgangs und der Lernpsychologie

dann solange bocken lässt bis es vor Erschöpfung aufhört, dann ist dieses Verhalten nicht auf Gewöhnung, sondern auf körperliche Ermüdung zurückzuführen. Allgemein gilt, dass der Lernvorgang der Gewöhnung reversibel ist. Fehlende Wiederholung oder eine einmalige schlechte Erfahrung können genügen, die ursprünglich gezeigte Reaktion wieder hervorzurufen.

Operante Konditionierung

Diese Lernform bezeichnet man auch als „Lernen durch Versuch und Irrtum" oder als „Lernen am Erfolg". Sie basiert darauf, dass eine Verhaltensweise über die Befriedigung eines Bedürfnisses bzw. über eine **Belohnung** gelernt wird. Ein angebundenes Pferd spielt zum Beispiel mit seinem Strick. Dieser öffnet sich plötzlich und das Pferd ist frei. Es kann zum Grasen gehen und bekommt damit eine Belohnung (positive Verstärkung). Diese positive Erfahrung erhöht die Wahrscheinlichkeit für eine Wiederholung, sobald das Pferd sich wieder in einer solchen Situation befindet. Kommt es dagegen zu keiner Veränderung der ursprünglichen Situation oder widerfährt ihm gar eine negative Erfahrung beim Öffnen des Stricks, dann sinkt die Wahrscheinlichkeit einer Wiederholung. Auf diese Weise lernt das Pferd z. B. auch das Trinken aus automatischen Tränken. In der Ausbildung von Pferden wird häufig operante Konditionierung eingesetzt. Dabei wird zunächst jeder Schritt in die richtige Richtung belohnt. Im weiteren Verlauf werden dann nur noch solche Verhaltensweisen positiv verstärkt, die der gewünschten Ausführung näher kommen.

Klassische Konditionierung

Bei der Lernform der klassischen Konditionierung wird ein neuer Reiz in den Auslösemechanismus für ein bestimmtes Verhalten aufgenommen und löst schließlich dieses Verhalten aus. Auf diese Weise lernt das Tier, **ein neues Signal mit einer ihm vertrauten Aktion** zu verbinden. Ein Beispiel ist die einsetzende Magensaftsekretion, ausgelöst durch das Klappern der Futtereimer. Ursprünglich wird diese nur beim Anblick des Futters angeregt, das Geräusch des Eimers ist ein neutraler Reiz. Hört jedoch das Pferd kurz vor der Fütterung immer wieder Eimerklappern, dann wird eine Verknüpfung hergestellt. Am Schluss genügt Eimerklappern, um die Magensaftproduktion bzw. das Fressbedürfnis anzuregen, der Anblick von Futter ist nicht mehr erforderlich. Auf diesen Lernprozess ist auch das Scharren und Wiehern vor Beginn der

Abb. 82 Eine sanfte Methode zum Abbau von Angst, z. B. vor Mülltonnen und -säcken, ist die Umstimmung über klassische Konditionierung (Belohnungston mit Futtergabe).

117

Fütterung zurückzuführen, denn schon die Verknüpfung einer Aktivität mit einer bestimmten Tageszeit reicht aus, um das Verhalten auszulösen. Eine typische klassische Konditionierung ist auch die Angstreaktion der Pferde vor dem Geruch einer Tierklinik oder dem Anblick eines Tierarztes. Viele Verhaltensweisen werden beim Pferd durch klassische Konditionierung gelernt. Sehr gut geeignet ist die Methode auch bei der Ausbildung oder bei der Therapie von unerwünschtem Verhalten. So kann man Tiere, die Angst haben, über einen konditionierten Ton, der mit Futter in Zusammenhang gebracht wird, innerlich umstimmen und schließlich beruhigen.

Lernen über klassische Konditionierung bezieht sich auf die Auslösung von nicht willentlich beeinflussbaren, reflexähnlichen Reaktionen und läuft somit über das Unterbewusstsein. Man sagt deshalb auch, dass Tiere bei Anwendung dieser Methode unfreiwillig lernen können. Dem sind dennoch gewisse Grenzen gesetzt, denn ohne eine gewisse Motivation ist auch eine unwillkürliche biologische Reaktion nicht auszulösen. So ist bei völliger Sättigung das Bedürfnis zu Fressen nicht mehr vorhanden.

Nachahmung

Beim Lernen durch Nachahmung bzw. durch Beobachtung werden optisch oder akustisch wahrgenommene Verhaltensmuster eines Artgenossen kopiert. Nachahmung zählt zu den kognitiven Lernformen. In Experimenten konnte bisher nicht nachgewiesen werden, dass Pferde zu diesem Lernvorgang fähig sind. Es wird jedoch angenommen, dass Fohlen in ähnlicher Weise wie Jungtiere anderer Tierarten (z. B. Elchkälber) das Fressen genießbarer Pflanzen über Nachahmung von der Mutter lernen.

Nachahmung ist nicht zu verwechseln mit Stimmungsübertragung. Bei letzterer ist das Verhaltensmuster bereits bekannt, während beim Lernen durch Beobachtung das Tier ein neues Verhaltensmuster lernt. Eine Stimmungsübertragung liegt beispielsweise vor, wenn Pferde nacheinander zum Wälzen gehen. Nachahmung ist auch nicht zu verwechseln mit „Herdentrieb". Wenn man z. B. ein geländesicheres Pferd durch einen Bach reitet und ein junges unerfahrenes Tier diesem folgen lässt, dann ist der Grund für das Nachfolgen soziale Motivation. Auch in diesem Fall handelt es sich nicht um Nachahmung.

Prägung

Prägung ist eine Sonderform des Lernens. Sie findet zu einem arttypisch weitgehend festgelegten und stammesgeschichtlich vorprogrammierten Zeitraum (sensible oder kritische Phase) statt und führt in der Regel zu irreversiblen Veränderungen des Verhaltens. Vorgänge, die auf Prägung beruhen, sind die **Objektprägung**, die **sexuelle Prägung** und die **Futterprägung**. Bei ersterer lernt das Fohlen über geruchliche, akustische und visuelle Sinneseindrücke seine Mutter und somit die eigene Art kennen. Dies ist unbedingt erforderlich, da ein Neugeborenes nicht von Geburt an weiß, zu welcher Art es gehört, bzw. dass es ein Pferd ist (B 4, S. 53). Zur Fehlprägung kommt es, wenn während der sensiblen Phase der Kontakt zum Muttertier gestört wird und sich das Fohlen intensiver auf ein anderes Objekt z. B. den Menschen fixiert. Bis zum Abschluss dieses Zeitraums, der beim Fohlen von einer halben Stunde bis maximal zwei Tagen dauern kann, ist aber eine gewisse Umprägung noch möglich.

5.2 Einflussfaktoren auf die Lernbereitschaft

Lerntraining und Motivation

Die Begriffe Lernvermögen und Lernbereitschaft sind voneinander zu unterscheiden. Das **Lernvermögen** eines Pferdes ist genetisch vorbestimmt. Ob es zur vollen Entfaltung gelangt, hängt jedoch vom jeweiligen Lerntraining ab. So kann ein wenig lernfähiges Tier bei guter Konditionierung die gleichen Aufgaben meistern wie ein höher begabtes Pferd ohne entsprechendes Training. Allgemein gilt, dass Tiere um so leichter lernen, je mehr sie lernen. Das heißt, je mehr Erfahrung ein Pferd in der Ausführung konditionierter Reaktionen sammelt, desto schneller wird es die Hilfen verstehen und desto feiner und leichter können diese werden. Die Förderung des Lernvermögens sollte so früh wie möglich erfolgen, denn in der Jugend ist der Lernerfolg größer als im Alter. Wissenschaftliche Untersuchungen belegen, dass die Beschäftigung mit Jungpferden (Führen, Anbinden, Bürsten etc.) nicht nur ihr Lernvermögen, sondern auch ihre Emotionalität und ihre Trainierbarkeit positiv beeinflusst.

Das Lernvermögen eines Pferdes ist in Abhängigkeit von der genetischen Veranlagung individuell verschieden. Unterschiede zwischen Rassen und bestimmten Hengstlinien sind nachgewiesen. Allerdings besteht, wie verschiedene Studien belegen, kein Zusammenhang zwischen dem Rang des Pferdes und seinem Lernvermögen bzw. seiner Reiteignung, obwohl dies in der Praxis öfters behauptet wird. Ebenfalls konnte in Lernversuchen kein Unterschied in dem Lernvermögen zwischen den verschiedenen Geschlechtern festgestellt werden.

Hengste sind allerdings für bestimmte Aufgaben leichter zu motivieren, sodass der Lernerfolg schneller eintritt. Hierfür ist die **Lernbereitschaft** ausschlaggebend. Sie wird durch die Motivation bzw. die Handlungsbereitschaft des Pferdes bestimmt. Dies ist der innere Zustand eines Tieres. Er ist neben der Einwirkung von Reizen maßgeblich daran beteiligt, ob ein Verhalten durchgeführt wird oder nicht. Dabei ist die Motivation von verschiedenen exogenen und endogenen Faktoren abhängig. Zu ersteren zählen zum Beispiel der Anblick von Futter (Belohnungen) oder die Stimulation durch Artgenossen. Endogene Reize sind unter anderem hormonelle Abläufe (Rosse), das Absinken des Blutglukosespiegels (Hunger) und andere physiologische Vorgänge. Diese beeinflussen die Mitarbeit des Pferdes in unterschiedlicher Weise. So wird es einem Hengst schwerfallen, brav neben einer rossigen Stute herzugehen. In dieser Situation ist er, hormonell bedingt, abgelenkt und seine Handlungsbereitschaft mehr auf den Deckakt als auf Dressurlektionen ausgerichtet. Große Angst oder Panik können sogar zu einer völligen **Lernblockade** führen. Allgemein lassen sich leicht erregbare oder nervöse Pferde schneller ablenken und brauchen daher länger, um eine Aufgabe zu lernen als ruhigere Tiere. Deshalb ist ihre Lernfähigkeit nicht schlechter, lediglich ihre Motivation ist geringer. Neugierige Tiere sind in der Regel relativ leicht zur Mitarbeit zu motivieren. Da die Neugierde der Hauptmotor des Lernens ist, sollten in der Pferdeausbildung die Aufgaben so interessant und abwechslungsreich wie möglich gestaltet werden. Nur wenn es gelingt, die Motivation des Pferdes für die geforderte Arbeit zu wecken, ist ein guter Lernerfolg und parallel dazu ein tiergerechter Umgang gegeben. Am besten lässt sich die **Motivation über Belohnungen** steigern.

Andere Begriffe für Handlungsbereitschaft oder Motivation sind **Drang**, **Stimmung**, **Tendenz** oder **Trieb**, wobei letzterer in der Ethologie wegen seiner sprachlichen Vorbelastung nicht mehr verwendet wird.

Wie lange kann sich ein Pferd konzentrieren?

Die Lenkung der Motivation des Pferdes auf die Arbeit führt zur Konzentration. Sie ist die Voraussetzung für den Lernerfolg. Das gilt sowohl für den Menschen, als auch für Tiere. Konzentration ist jedoch nicht unbeschränkt möglich, nach einer gewissen Zeit setzt Ermüdung ein. Wie lange ein Pferd sich konzentrieren kann, hängt von seinem Alter, dem Entwicklungszustand, seinem Charakter, der Lernkondition und der geforderten Übung ab. Erfahrungsgemäß können sich junge Pferde maximal 10, erwachsene Tiere maximal 20 Minuten am Stück konzentrieren. Individuelle Abweichungen, insbesondere nach unten, sind möglich. Darauf muss man Rücksicht nehmen!

Es ist also nur natürlich, wenn ein Pferd mit unerwünschten Verhaltensweisen reagiert, nachdem es eine Stunde dressurmäßig, voll auf die Hilfen seines Reiters konzentriert, geritten wurde und zum Schluss noch eine neue Lektion lernen soll. Dies soll jedoch nicht heißen, dass man ein Pferd nur 20 Minuten reiten darf! Es soll vielmehr darauf aufmerksam gemacht werden, dass Übungssequenzen, die eine hohe Konzentration erfordern, nicht zu lange dauern dürfen und nach einiger Zeit intensiver Arbeit wieder eine Entspannungsphase erfolgen muss, um ein Pferd nicht zu überfordern. Es genügt außerdem, wie amerikanische Untersuchungen ergaben, anspruchsvolle Lektionen nur einmal pro Woche zu üben. Der Lernerfolg ist deutlich höher als bei täglicher Wiederholung.

5.3 Wie versteht uns ein Pferd?

Zeitliche Koordination

Die Denkweise des Pferdes unterscheidet sich von der des Menschen. Für uns gehört das Verknüpfen von Ereignissen zum normalen Denkvorgang, auch wenn die Tat und der dazugehörige Erfolg oder Misserfolg zeitlich mehr oder weniger weit auseinander liegen. Das kann das Pferd nicht. Es kann nur eine Verknüpfung herstellen, wenn die **positive** oder **negative Erfahrung unmittelbar der**

> **Tipps für die richtige Belohnung**
>
> - **Grundsatz:** Ein kurzes Lob genügt (ein Futterstückchen hat dieselbe Belohnungswirkung wie zehn Stücke). Es sollte aber deutlich zum Ausdruck gebracht werden.
> - **Loben über Stimme:** Diese Form der positiven Verstärkung ist immer einsetzbar. Dazu empfiehlt es sich die eigene Stimme zu schulen, um über den Tonfall dem Pferd die Freude auch richtig mitteilen zu können. Kurze Worte wie „Fein, Gut, Super" genügen (genauso kann man dem Pferd über die Stimme Tadel sehr gut verständlich machen, zum Beispiel über ein scharfes „Nein" oder einen Zischlaut wie „Ksss").
> - **Leckerbissen:** Futter ist die am besten verstandene Belohnung. Es wird unmittelbar nach der erfolgreich absolvierten Aktion gegeben (operante Konditionierung). Doch Vorsicht! Nur wenn die Dominanzverhältnisse geklärt sind, sollte man Leckerlis einsetzen. Falsch eingesetzt, können Leckerbissen zu einem verwöhnten, ungehorsamen (bissigen) Pferd führen. Bei manchen Pferden kann auch die Konzentration an der Arbeit verloren gehen. Leckerbissen werden am besten mit der Stimme kombiniert. Nach einiger Zeit kann man sie weglassen und lediglich über die Stimme loben (sekundäre positive Verstärkung).
> - **Mähnekraulen:** Dies ist eine freundliche Belohnung nach Pferdeart. In ähnlicher Weise wird Halsklopfen oder Abklatschen vom Pferd verstanden. Die Kombination mit der Stimme verstärkt die Lobwirkung und führt zu einer sekundären positiven Verstärkung.
> - **Entspannung:** Sie ist ein sehr wirksames Lob während der Arbeit. „Zügel aus der Hand kauen lassen" lockert nicht nur die Muskulatur, sondern hilft auch psychische Anspannung wieder abzubauen.
> - **Sonderformen der Futterbelohnung:**
>   – **Konditionierte Belohnung:**
>   Futterbelohnung, die auf klassischer Konditionierung beruht, kann ohne die oben genannten Probleme eingesetzt werden. Dazu lernt das Pferd einen Belohnungston (Stimmsignal, „Clicker") mit dem Leckerbissen zu verbinden. Dadurch kann eine Umstimmung der Gemütslage erreicht werden. Eine Motivationssteigerung erzielt man, wenn der Clicker in Form der operanten Konditionierung eingesetzt wird (Clicker-Methode). In der Kann-Phase genügt auch der Ton ohne Futtergabe. Dies ist in gefährlichen Situationen, in der beide Hände benötigt werden, von großem Vorteil. Die Vorgehensweise dieser Methoden ist unter C 6.2., S. 130 beschrieben.
>   – **Bestechung:** Bestechung wird ohne ein konditioniertes Signal gegeben. Sie wird im Voraus angeboten, mit dem Ziel, dass das Tier eine Aversion überwindet und die erwünschte Reaktion zeigt. Auf diese Weise kann man beispielsweise ein ängstliches Pferd zur Annäherung bringen. Falsch ist es allerdings, ein Pferd zu bestechen, wenn eine unerwünschte Reaktion bereits im Ablauf ist. Droht zum Beispiel ein aggressives Pferd und gibt man ihm – als Bestechung oder Beruhigung gedacht – in diesem Moment eine Karotte, dann empfindet es diese als Belohnung für das Drohverhalten.

Aktion zugeordnet ist. Nur wenn Lob oder Strafe zeitlich – und zwar im Sekundenbereich – mit der Tat koordiniert sind, kann das Pferd die Bewertung seitens des Menschen auch verstehen. Ich muss also mein Pferd sofort nach der Ausführung einer gut absolvierten Übung für das Richtigmachen belohnen – es genügt oft schon ein lobendes Wort – und nicht warten, bis eine Stunde Dressurarbeit vorüber ist. Nicht selten kann man aber Reiter beobachten, die dem Pferd erst nach der Arbeit beim Abreiten immer wieder mal den Hals klopfen. Nach menschlicher Denkweise wird es für die gezeigte Leistung während der Stunde Dressurarbeit belohnt, nach der Verständnisfähigkeit des Pferdes jedoch für die momentane Aktivität. So kann es vielleicht gerade zu diesem Zeitpunkt nach einem anderen Pferd schnappen.

Nicht nur das Lob, sondern auch die Strafe muss der Tat direkt folgen. Wird man zum Beispiel beim Bocken abgeworfen, ist es völlig nutzlos, das Pferd erst nachdem man wieder aufgestanden ist, dafür zu bestrafen. Das Pferd hat zu diesem Zeitpunkt

> **Ein guter Lernerfolg basiert auf:**
> - Übungen, die dem Lernvermögen sowie dem Entwicklungs- und Trainingszustand des Pferdes angepasst sind.
> - Zeitlich richtiger Koordination von Lob und Strafe mit der Aktion.
> - Motivationssteigerung des Pferdes für die Arbeit über Belohnung und abwechslungsreiche Aufgabenstellung.
> - Beachtung der maximalen Konzentrationsfähigkeit des Pferdes von etwa 20 Minuten.

diese Tat bereits beendet und kann die Bestrafung nicht mehr mit ihr in Bezug setzen. Um sich dem Pferd verständlich zu machen, muss man in dem Moment, wo es zum Bocken ansetzt oder noch während des Bockens strafen. Auch sollte man sich immer vor Augen halten, dass das Pferd gar nicht in der Lage ist, bewusst etwas Gutes oder bewusst etwas Schlechtes zu tun. Es wirft beim genannten Beispiel den Reiter nicht ab, um ihn zu ärgern, sondern weil es Angst, Schmerzen oder einfach einen angestauten Bewegungsdrang hat.

Erhöhung des Lernerfolgs

Ein pferdegerechter Umgang basiert auf positiver Verstärkung. Dies ist auch das Motto der humanen Lernpsychologie. Nur durch Lob wird die **Motivation gesteigert**, eine Leistung zu wiederholen. Nur durch Lob kann das Pferd auch verstehen, was man von ihm erwartet. Leider wird dieser Sachverhalt im Reiteralltag viel zu oft vergessen und das Weglassen von Strafe wird häufig als Belohnung angesehen. In diesem Fall kann das Pferd aber nicht abschätzen, welche Art der Leistung der Mensch für gut hält (C 6.2, S. 129).

Eine wiederholte Darbietung der Lernkonstellation ist meist Voraussetzung für einen Lernerfolg. Dabei ist es sinnvoll, während der Lernphase jede richtige Reaktion zu belohnen (Immerverstärkung). In der Kann- bzw. Erhaltungsphase muss die Belohnung nicht mehr regelmäßig gegeben werden. Das Verhalten wird durch ein intermittierendes Lob sogar noch gefestigt, da eine Erwartungshaltung konditioniert wird.

Strafe ist nur in Ausnahmefällen sinnvoll, zum Beispiel bei einer dominanzbedingten Aggression.

Tieren etwas über **Strafe** zu lehren ist aber der falsche Weg, denn sie senkt die Motivation und erzeugt lediglich eine negative Grundstimmung sowie Angst. Man kann also über Strafe nur verhindern, dass ein Pferd etwas tut, man kann es aber nicht zur Mitarbeit motivieren. Abwehrreaktionen des Pferdes gehen häufig auf das Fehlen von Lob zurück sowie auf das endlose Üben von immer den gleichen Lektionen (C 6.2, S. 129).

6 Therapie und Prophylaxe von Problemverhalten

Voraussetzung und mitentscheidend für eine erfolgreiche Verhaltenstherapie ist neben der exakten Diagnosestellung, die Bereitschaft des Pferdehalters zur Mitarbeit bei der Behandlung. Häufig sind umfassende Änderungen der Haltungsbedingungen, eine andere Umgangs- und Reitweise oder länger andauernde Konditionierungsprogramme notwendig. Dies kostet Zeit und Geld und erfordert meist auch ein Umdenken seitens des Pferdehalters. Der oft lange Weg wird allerdings nur dann erfolgreich beendet, wenn die oberste Maxime der Behandlung die bestmögliche Erfüllung der pferdespezifischen Ansprüche an Haltung und Umgang ist. Diese Maßnahmen sind gleichzeitig der einzige Weg, um den verschiedenen Verhaltensabweichungen vorzubeugen.

Nachfolgend werden die grundlegenden Therapiemöglichkeiten bei Verhaltensstörungen und unerwünschten Verhaltensweisen besprochen. Auf sie soll, um Wiederholungen zu vermeiden, verwiesen werden, wenn in Kapitel D und E auf die einzelnen Verhaltensabweichungen im Detail eingegangen wird.

6.1 Therapie und Prophylaxe von Verhaltensstörungen

Haltung und Fütterung

Die meisten Verhaltensstörungen sind nur durch eine grundlegende Verbesserung der Haltungsbedingungen zu therapieren. Besonderer Wert sollte dabei auf lange Fresszeiten, möglichst viel Bewegung durch zusätzliche Auslaufhaltung und Weidegang, ausreichend Kontaktmöglichkeiten zu den

Abb. 83 Eine Box mit angeschlossenem Paddock ist die beste Variante der Einzelhaltung.

Stallgefährten und der Umwelt sowie auf vielseitige Beschäftigungsmöglichkeiten gelegt werden.

Da einmal etablierte Verhaltensstörungen häufig nur schwer zu beseitigen sind, kommt der Prophylaxe eine überragende Bedeutung zu. Auf die Anforderungen der Pferde an ihre Umwelt und auf deren Umsetzung in die Praxis wurde unter B 1 bis 12 bereits ausführlich eingegangen. Nachfolgend werden einige Haltungssysteme und Fütterungseinrichtungen vorgestellt, die aus der heutigen Sicht für Pferde in Stallhaltung weitgehend tiergerecht sind.

sonderes Augenmerk ist darauf zu legen, dass die Haltung vielfältige Beschäftigungsmöglichkeiten bietet, denn Reizverarmung ist die Hauptursache für Übererregung. So ist bei ganztägiger Boxenhaltung der Futterwagen das große Ereignis des Tages und wird dadurch zum Auslöser zahlreicher Verhaltensstörungen. Haltungssysteme, die die artspezifischen Bedürfnisse der Pferde befriedigen, helfen derartige Erregungspeaks abzubauen.

Abb. 83 zeigt eine Box mit angeschlossenem Paddock. Es ist die pferdefreundlichste Form der Einzelhaltung. Sie eignet sich für Pferde aller Rassen und Nutzungsrichtungen, die nicht in der

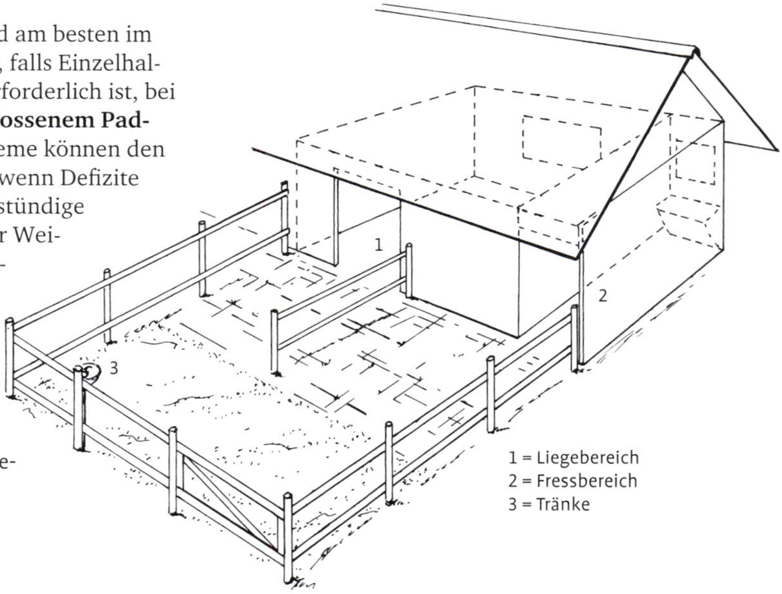

- **Haltung**

Den Bedürfnissen der Pferde wird am besten im **Offenlaufstall** entsprochen oder, falls Einzelhaltung aus bestimmten Gründen erforderlich ist, bei der **Boxenhaltung mit angeschlossenem Paddock**. Auch andere Haltungssysteme können den Anforderungen gerecht werden, wenn Defizite beispielsweise über täglich mehrstündige gemeinsame Auslaufhaltung oder Weidegang ausgeglichen werden. Be-

Abb. 84 Eine Box mit angeschlossenem Paddock und Unterteilung in verschiedene Funktionsbereiche bietet zusätzlich den Vorteil der Bewegungsförderung.

1 = Liegebereich
2 = Fressbereich
3 = Tränke

Abb. 85 Der Offenlaufstall bietet neben Sozialkontakt und freier Bewegung zusätzlich vermehrt Erkundungsreize sowie die Möglichkeit zum wahlweisen Aufenthalt unter natürlichen Klimabedingungen.

Gruppe gehalten werden sollen oder können. Voraussetzungen sind:
- Der Paddock sollte Sommer wie Winter uneingeschränkt nutzbar sein (Bodenbefestigung, Vordach).
- Die Einzäunung muss Sozialkontakt zum Nachbartier (kein Elektrozaun) erlauben.

Die Gruppenhaltung bietet dem Pferd im Vergleich zur Einzelhaltung zusätzlich die Vorteile des uneingeschränkten Sozialkontakts, freie Bewegung und die Möglichkeit zu Sozialspielen. Diese Haltungsform eignet sich für Pferde aller Rassen und Nutzungsrichtungen, ausgenommen Verkaufs- und Ausstellungsställe. Bei entsprechenden Aufzuchtsbedingungen und fachkundigem Management können auch adulte Hengste unter bestimmten Voraussetzungen (B 2.2, S. 39) im Offenlaufstall gehalten werden.

Voraussetzungen für die Gruppenhaltung sind:
- Richtiges Management (Gruppenzusammenstellung, Neueingliederung etc.),
- Optimale Konzeption der Anlage (Abmessungen, Raumteiler etc.),
- Keine Engpässe und Benachteiligungen am Futterplatz und an der Tränke.

Abb. 87, S. 124 zeigt eine Gruppenhaltung im geschlossenen Laufstall. Sie ist ausschließlich für gut zusammengewöhnte Pferdegruppen geeignet (Zuchtstuten, Jungpferde). Zusätzliche Voraussetzungen sind:
- Wenig bzw. kein Pferdewechsel,
- Gute Frischluftverhältnisse.

Der Offenlaufstall (Abb. 85 und 86) bietet neben Sozialkontakt und freier Bewegung zusätzlich vermehrt Erkundungsreize sowie die Möglichkeit zum wahlweisen Aufenthalt unter natürlichen Klimabedingungen. Voraussetzungen sind:
- Mindestens zwei Ausgänge vom Stall zum Auslauf bzw. eine vollständig geöffnete Frontseite,
- Bodenbefestigung im Auslauf (überdachter Bereich, Hauptverkehrswege, Futterstelle, Tränke),
- Wenig Pferdewechsel.

Alle Haltungsformen, die dem natürlichen Verhalten der Pferde entgegenkommen und vielfältige Umweltreize bieten wie Offenstall, Außenbox, Boxenhaltung mit Paddock oder mehrstündiger täglicher Auslauf bzw. Weideaufenthalt sind auch unter gesundheitlichem Aspekt zu bevorzugen. Man weiß heute, dass Pferde mit am besten von allen Haus- und Nutztieren **Klimaschwankungen**, Hitze und Kälte sowie Schnee und Regen vertragen. Für ihre Gesundheit und Psyche sind Frischluft und natürliches Sonnenlicht unverzichtbar. Deshalb ist die Haltung unter Außenklimabedingungen mit Abstand am besten. Eine gesunde Pferdehaltung,

Oben: **Abb. 86** Optimal ist der Offenlaufstall, der in verschiedene Funktionsbereiche für Fressen, Liegen und Saufen gegliedert ist und dadurch zusätzlich die Bewegung fördert.

Links: **Abb. 87** Gruppenhaltung im geschlossenen Laufstall ist ausschließlich für gut zusammengewöhnte Pferdegruppen geeignet (Zuchtstuten, Jungpferde).

die die Widerstandsfähigkeit sowie die physische und psychische Leistungsbereitschaft der Tiere steigert, folgt dem tages- und jahreszeitlichen Wechsel der Temperatur und bietet soviel Frischluft und natürliches Sonnenlicht wie möglich.

- **Fütterung**

Da die Fütterung ein Managementfaktor ist und auch unter besten Haltungsbedingungen im Argen liegen kann, soll gesondert auf sie eingegangen werden. Worauf ist zu achten? Als erstes ist zu beachten, dass eine pferdegerechte Fütterung nicht nur bedarfs- sondern auch verhaltensgerecht sein muss. Das heißt, bei der Fütterung ist das pferdespezifische **Bedürfnis nach langen Fresszeiten** und großvolumigem, aber nährstoffarmem Futter zu berücksichtigen. Dazu ist den Pferden mindestens zwölf Stunden am Tag die Möglichkeit zu

Therapie und Prophylaxe von Verhaltensstörungen

Abb. 88 Wichtige Anforderungen an die Ausführung einer computergesteuerten Abruffütterung sind a) Schutz des Pferdes durch Trennwände über die gesamte Körperlänge, b) Eingangssperre sowie c) separater Ein- und Ausgang.

geben, Nahrung aufzunehmen. Am besten sollte Raufutter den Pferden ad libitum über den 24-Stunden-Tag zur Verfügung stehen. Lange Fresszeiten werden beispielsweise über folgende Maßnahmen erreicht:
- Reduzierung des Kraftfutters bzw. Verzicht darauf zugunsten von Raufutter oder Weide,
- Vermischen von schmackhaftem mit weniger gutem Futter (z. B. Heu mit Stroh),
- Einsatz von Sparraufen/-netzen zur Fresszeitverlängerung,
- Entsprechendes Weidemanagement (Portionsweiden).

Eine solche Fütterung befriedigt nicht nur das angeborene Fressbedürfnis, sondern bietet auch Beschäftigung und hilft bei bestehenden Störungen **Erregung abzubauen** (B 5.1, S. 58).

Für die Kraftfuttergabe hat sich im Offenstall die **transpondergesteuerte Abruffütterung** bewährt.

Abb. 89 Der Ausgang sollte in einen anderen Funktionsbereich münden. So können Auseinandersetzungen mit Pferden, die am Eingangsbereich warten, vermieden werden.

Mit deren Hilfe lassen sich die Kraftfuttergaben in kleine Portionen über den Tag verteilen. Dies hat mehrere Vorteile. Zum einen kommt es durch die Aufnahme geringer Kraftfuttermengen zu keiner übermäßigen Belastung des relativ kleinen Magens der Pferde. Diesbezügliche Wartezeiten vor dem Reiten müssen deshalb nicht mehr eingehalten werden. Zum anderen bietet eine solche Anlage einen ständigen Bewegungsanreiz und somit Beschäftigung für das Pferd. Ein Erregungsanstieg wie er bei der Kraftfuttergabe „von Hand" zu beobachten ist, entfällt bzw. ist deutlich vermindert. Wie Abb. 90 zeigt, kommt es durch den Einsatz von Kraftfutterabrufautomaten im Gegensatz zur traditionellen Fütterung von Hand zu einer Verteilung der Futteraufnahme über den gesamten Tagesablauf. Dies entspricht dem natürlichen Fressrhythmus der Pferde und ermöglicht in Kombination mit einer entsprechenden Raufutterversorgung eine weitgehende Anpassung an die artspezifische Nahrungsaufnahme.

Auf die Nachteile einer solchen Anlage muss jedoch ebenfalls hingewiesen werden. Diese ergeben sich vor allem dadurch, dass die Pferde nicht wie unter natürlichen Lebensbedingungen alle gleichzeitig am Automaten fressen können. Deshalb sind bestimmte Anforderungen einzuhalten, auf die bereits unter B 5.2, S. 63 näher eingegangen wurde. Ergänzend ist hinzuzufügen, dass in der Praxis das Blockieren des Fressstandes durch Stehenbleiben – unter Umständen wartet das Pferd bis zum nächsten Futteranrecht – zu einem Problem werden kann, denn es können dadurch „Radfahrerreaktionen" (A 4) bei den wartenden Pferden ausgelöst werden. In diesem Fall sollte man versuchen, die Pferde über positive Reize zu motivieren, den Fressstand zu verlassen. Das kann zum Beispiel über einen Ausgang mit Blickrichtung zur Heufütterung erfolgen. Als nicht tiergerecht sind Austreibehilfen, die den Tieren einen elektrischen Stromschlag versetzen, anzusehen, auch wenn diesen ein akustisches Signal vorangeht. Besonders wichtig ist auch die Gestaltung des Ausgangs. Er ist so anzuordnen, dass die Pferde bei Verlassen der Kraftfutterstation in einen anderen Funktionsbereich gelangen. Das kann beispielsweise über Sichtblenden erreicht werden.

Auch bei Boxenhaltung kann die Fütterung mithilfe von **Kraftfutterdosierautomaten** so gestaltet werden, dass mehrere kleine Portionen über den Tag verteilt angeboten werden. Dabei sind synchron arbeitende Automaten, die alle Pferde gleichzeitig mit Kraftfutter versorgen den asynchronen Systemen vorzuziehen. Bei letzteren wird das Futter den Pferden nacheinander ausgegeben, wodurch bei den wartenden Tieren der Erregungspegel übermäßig ansteigen kann (B 5.2, S. 64). Eine Verringerung der Erwartungshaltung soll auch durch den Einsatz des „**Equiballs**" erreicht werden. Nach *Henderson* und *Waran (2001)* lässt sich in Kombination mit anderen verhaltenstherapeutischen Maßnahmen (Bewegung, Sozialkontakt) mithilfe des Equiballs das Auftreten stereotyper Verhaltensstörungen reduzieren. Die Studie kann wegen der geringen Tierzahl (6 Pferde) allerdings nur Tendenzen angeben. Eine nützliche Maßnahme könnte der Equiball bei gestörtem Verhalten sein, das durch Übererregung in der Erwartungsphase vor der Fütterung ausgelöst wird wie Weben und Boxenlaufen (D 2.1, D 2.2), um den Erregungspegel und damit einhergehend das Auftreten der Bewegungsstereotypie zu senken. Doch Vorsicht ist auf jeden Fall bei Verhaltensstörungen geboten, die während und nach der Fütterung auftreten wie Koppen und Zungenspiel (D1.1, D.1.2). Es könnte in diesem Fall sogar zu einer Verstärkung des gestörten Verhaltens kommen! Wichtig ist auch, dass der Equiball nur in Boxen mit

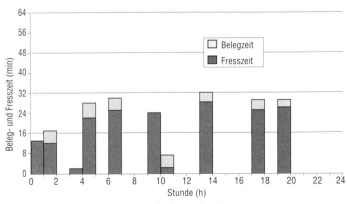

Abb. 90 Verteilung der Futteraufnahme über den 24-Stunden-Tag an einer rechnergesteuerten Fütterungsanlage mit Eingangssperre.

Abb. 91 Pferde sollten in angsteinflößenden Situationen die Möglichkeit für ausreichende Erkundung haben. Das Pferd zeigt bereits mehr Neugierde als Angst (verlängerte Oberlippe, angespannte Haltung) vor den Wildschweinen, die es beim ersten Anblick zunächst in Panik versetzten.

sauberer Stroheinstreu eingesetzt wird, um zu vermeiden, dass versehentlich erhöhte Mengen an nicht fressbarer Einstreu aufgenommen werden.

In Hinblick auf Verhaltensstörungen oder Aufmerksamkeit forderndes Verhalten sollte außerdem darauf verzichtet werden, Leckerbissen oder Extraportionen an Kraftfutter außer der Reihe in Anwesenheit anderer Pferde im Stall zu verfüttern.

Umgang

Genauso wichtig wie die Optimierung der Haltung als Prophylaxe und Therapie von Verhaltensstörungen ist die Verbesserung der Um-

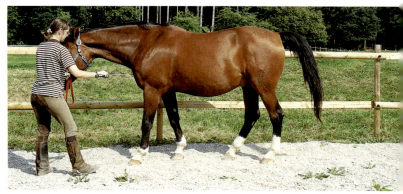

Abb. 92 Rückwärtsrichten vom Boden aus mit Stimme, Gerte und Führkette als Hilfen.

gangs- und Ausbildungsmethoden. Dabei sollten vor allem psychische und physische Über- als auch Unterforderung sowie Konfliktsituationen vermieden werden (A 4, S. 24; C 5.2, S. 118). Grundvoraussetzung ist dabei die Berücksichtigung des arttypischen Verhaltens von Pferden. **Viele Reaktionen beim Pferd sind von Angst bestimmt,** was für das ehemalige Fluchttier nur natürlich ist. Um einen für das Pferd auswegslosen Konflikt zu verhindern, darf es demzufolge in einer Situation, in der es Angst hat, nicht zusätzlich noch gestraft werden. Fürchtet es sich beispielsweise davor, an einem Holzstoß vorbeizugehen, dann würden Schläge eine Konfliktsituation hervorrufen (Angst vor dem Holzstoß, Angst vor dem Reiter) und die Angst nur noch steigern. Der richtige Weg ist in diesem Fall, dem Pferd in Ruhe über vertrauensbildende Maßnahmen Sicherheit zu geben und es gegebenenfalls zunächst das Angst einflößende Objekt erkunden zu lassen (B 12.2, S. 92).

Kennzeichen für falschen Umgang

- **Überforderung**
  - erhöhte Ängstlichkeit bzw. Verspannung
  - Abwehrbewegungen (z. B. Schweifschlagen)
  - nachlassende Motivation
  - Rückschritte in der Arbeit
- **Unterforderung**
  - vermehrte Unaufmerksamkeit
  - nachlassende Motivation
  - Abwehrbewegungen (z. B. Von-der-Hand-Gehen)
- **Konflikt**
  - erhöhte Ängstlichkeit bzw. Verspannung
  - Übersprungbewegungen (z. B. Kopfschlagen)
  - Abwehrbewegungen (z. B. Ohren anlegen)

Abb. 93 Ohne die entsprechenden vorbereitenden Übungen (s. Abb. 92) ist beim Rückwärtsrichten vom Sattel aus Abwehrverhalten vorprogrammiert.

Abb. 94 Seitlich bis waagerecht gestellte Ohren mit nach unten gerichteten Ohrmuschelöffnungen sind ebenso wie Verspannung und Erregungskoten Kennzeichen für Angst. Es wird angenommen, dass sich Pferde während der Durchführung der „Rollkur" im Zustand der „erlernten Hilflosigkeit" (Learned Helplessness) befinden.

Verhaltensgerechte Ausbildung am Beispiel „Rückwärtsrichten"

Pferdegerechte Vorgehensweise
Bei einer verhaltensgerechten Ausbildung lernt das Pferd das Rückwärtsrichten zunächst über Bodenarbeit. Dazu führt man es beispielsweise in eine Sackgasse und fordert es über das Stimmkommando „Zurück" zum Rückwärtsgehen auf. Da es durch die optische und mechanische Begrenzung nicht vorwärts, sondern nur zurück gehen kann, wird das Pferd schnell verstehen, was von ihm verlangt wird. Die falsche Reaktion wird ignoriert, bei richtiger Reaktion erfolgt positive Verstärkung. Im nächsten Schritt übt man das Rückwärtsgehen ohne Sackgasse nur auf dasselbe Stimmkommando hin. Erst, wenn das Rückwärtsrichten auf diese Weise beherrscht wird, lehrt man es dem Pferd unter Einsatz des mittlerweile konditionierten Stimmkommandos vom Sattel aus. Da man das Tier mit einer solchen Ausbildungsmethode nicht überfordert, kann man die Durchführung der einzelnen Übungsabschnitte auch mit Konsequenz und Bestimmtheit verlangen. Beides, gepaart mit positiver Verstärkung, baut Respekt und Vertrauen beim Pferd auf.

Psychische Überforderung
Zu einer psychischen Überforderung kommt es, wenn man das Pferd ohne vorbereitende Übungen vom Sattel aus allein über die Hilfengebung von Zügel, Schenkel und Kreuz zum Rückwärtsrichten auffordert. Derselbe Effekt wird erzielt, wenn das Stimmkommando unzureichend konditioniert wird.

Als Vorbeuge sollte besondere Beachtung auf ein einfühlsames und behutsames Vorgehen beim Einreiten oder Einfahren gelegt werden, zumal der Ausbildungsbeginn häufig mit zusätzlichen Belastungen wie Änderung der Haltungsform oder Stallwechsel verbunden ist. Man erreicht einen stressfreien Umgang mit dem Pferd, wenn jede Übung, die man vom Pferd fordert, individuell auf das Tier, das heißt auf den Reifegrad seines Körpers und auf sein Verhalten, abgestimmt ist. **Die Lektionen sollten dabei stets in so kleinen Schritten aufgebaut sein, dass jeder Abschnitt vom Pferd erfolgreich absolviert werden kann** (siehe Beispiel „Rückwärtsrichten"). Dann kann auch jedes Mal die Übung belohnt werden, was die Motivation steigert und zusätzlich das Vertrauen zum Menschen aufbaut.

> **Therapie und Prophylaxe von reaktiven Verhaltensstörungen erfolgen über:**
> - Artgemäße Haltung mit Sozialkontakt, ausreichend Bewegung, vielfältigen Umwelt- und Klimareizen sowie Spielmöglichkeiten unter Berücksichtigung des Liege-, Komfort- und ggf. Sexualverhaltens.
> - Artgemäße Fütterung mit langen Fresszeiten.
> - Pferdegerechten Umgang ohne Konfliktsituationen sowie ohne physische und psychische Über- oder Unterforderung.
> - Zuchtausschluss von Pferden mit einer genetischen Disposition für eine Verhaltensstörung.

Zucht

Prophylaktische Maßnahmen sollte man auch insbesondere bei der Zucht nicht außer Acht lassen. Da sich die Hinweise in der neueren Literatur bezüglich einer genetischen Disposition für manche Verhaltensabweichungen wie Koppen, Weben, Boxenlaufen und übermäßige Aggressivität verdichten, wären entsprechende Konsequenzen in der Pferdezucht sicherlich sinnvoll.

6.2 Therapie und Prophylaxe von unerwünschtem Verhalten

Je nach Ursache, das heißt je nachdem ob Angst, Schmerz, ungeklärte Rangordnungsverhältnisse oder eine Fehlkonditionierung das Verhalten auslösten, differieren die Methoden zur Therapie von unerwünschten Verhaltensweisen. Eine derartige Unterscheidung wird bei den Korrekturmaßnahmen, die in der Praxis zum Einsatz kommen, nicht immer getroffen. Sie ist auch nicht in jedem Fall erforderlich, da manche Ursachen wie zum Beispiel Angst und Rangordnungsprobleme eng miteinander korrelieren können und deshalb auch gemeinsam über eine bestimmte Korrekturmethode zu beheben sind. Dennoch sollte die Therapie stets auf die genauen Ursachen abgestimmt sein, denn nur auf diese Weise lassen sich Fehlbehandlungen oder Fehlprognosen vermeiden. So kann beispielsweise der Einsatz der Ermüdungsmethode als Lerntherapie völlig kontraindiziert sein, wenn ein Pferd auf Kommando nicht ruhig stehen bleibt und nicht „Widersetzlichkeit" im Sinne eines Rangordnungsproblems sondern Schmerzen die Ursache hierfür sind.

Ausbildungsmethoden

Es würde den Rahmen dieses Buches sprengen, auf die unterschiedlichen Ausbildungs- und Korrekturmethoden, die in der Praxis üblich sind, im Detail einzugehen. Deshalb soll nur eine zusammenfassende Beurteilung erfolgen: Man kann mit Pferden sowohl über Stimm-, Berührungs-, Gewichts- und Führungshilfen kommunizieren (instrumentelle Konditionierung) als auch über optische Zeichen (Körpersprache). Um das Verhalten der Pferde in die gewünschte Richtung zu lenken, werden Belohnung und Strafe eingesetzt. Hier sind folgende vier Varianten zu unterscheiden: Bei der Belohnung kann man dem Pferd entweder etwas Angenehmes zufügen (z. B. Leckerlis), was als positive Belohnung (positive reinforcement) bezeichnet wird, oder man entfernt etwas Unangenehmes. In diesem Fall handelt es sich um die sogenannte negative Belohnung (negative reinforcement). Als Beispiel sei das Stillstehen, Abwenden und Blicksenken des Trainers genannt, wenn das Pferd über eine bestimmte Körpersprache Kooperationsbereitschaft signalisiert (Monty-Roberts-Methode). Auch strafen kann man in zweierlei Weise. Man kann dem Tier etwas Unangenehmes (Peitschenschlag, Bedrohung durch Körpersprache und Strick) zufügen (positive punishment), was Angst zur Folge hat oder aber etwas Angenehmes entfernen (negative punishment). Hier ist die Folge „Enttäuschung" oder Frustration.

Vielfach wird propagiert, dass insbesondere die Ausbildung über Körpersprache besonders pferdegerecht sei, da sie gewaltfrei wäre. Bei genauerer Analyse zeigt sich jedoch, dass abgesehen von der Clicker-Methode, die ausschließlich darauf beruht, dass etwas Angenehmes zugefügt oder entfernt wird, alle anderen Methoden auch mit körperlicher oder psychischer Strafe (positive punishment) arbeiten. Danach verfährt man sowohl bei der traditionellen Reitpferdeausbildung gemäß den Richtlinien der FN, als auch bei den Erziehungsmethoden nach Monty Roberts, Hempfling, Pat Parelli, Tellington-Jones, Jefferey und anderen mehr. Bei der heute allgemein üblichen Reitweise überwiegt der Einsatz der negativen Belohnung und der Bestrafung. Wissenschaftliche Untersuchungen unter anderem von *Hockenhull* und *Creighton (2006)* belegen jedoch ganz deutlich, dass der Lernerfolg bei positiver Belohnung eindeutig am höchsten ist. Dies gilt insbesondere für ängstliche Tiere.

Die Clicker-Methode ist eine relativ neue Trainingsmethode. Sie beruht ausschließlich darauf, dass etwas Angenehmes zugefügt oder entfernt wird und hat sich in der Pferdeausbildung bzw. -korrektur sehr gut bewährt. Zu Beginn wird zunächst das Pferd über klassische Konditionierung (C 5.1, S. 117) an den Clicker-Ton gewöhnt. Hat das Pferd diese Assoziation hergestellt, wird nun im nächsten Schritt der Clicker-Ton als „Marker-Signal" in Form der operanten Konditionierung eingesetzt. Das heißt, das erwünschte Verhalten wird über den Clicker-Ton positiv verstärkt, unerwünschtes Verhalten wird ignoriert oder die Aufmerksamkeit wird ganz entzogen. *Langbein (2007)* konnte belegen, dass diese Methode zu einem besonders schnellen Lernerfolg führt. Allerdings kann es bei einigen wenigen Tieren zu einer Übermotivation und damit verbunden zu einem starken Erregungsanstieg kommen. Mitunter, wenn auch selten, wird durch den Clicker-Ton sogar aggressives Verhalten ausgelöst (hohe Bedürfnisspannung Frustration).

Medizinische Therapie und Schmerzbehandlung

Bei jeder unerwünschten Verhaltensweise muss als erstes überprüft werden, ob ein organisches Leiden bzw. Schmerzen vorliegen. Besteht ein solcher Zusammenhang, ist das Tier entsprechend zu behandeln. Neben der Schulmedizin haben **alternative Verfahren** wie Homöopathie, Akupunktur, Akupressur sowie physikalische Verfahren und verschiedene Massagemethoden in gleicher Weise einen Stellenwert. Sie sind zwar teilweise umstritten, da nur wenige wissenschaftlich kontrollierte Studien über ihre Wirksamkeit vorliegen. Erfahrungsberichte aus der Praxis zeigen jedoch immer wieder, dass sie sehr gut wirken können. Gerade auch in der Prophylaxe von Verhaltensabweichungen kommt ihnen Bedeutung zu. So lassen sich beispielsweise hohe Erregungspegel bei ängstlichen Tieren über das passende homöopathische Konstitutionsmittel regulieren, wodurch der Entstehung von Problemverhalten bereits im Vorfeld vorgebeugt wird.

Eine schulmedizinische **medikamentöse Verhaltenstherapie** mit Neuroleptika, Tranquilizer, Antidepressiva usw. ist bei der Anwendung pferdegerechter Therapiemethoden in der Regel nicht erforderlich. Ein Großteil dieser Präparate ist zudem für die Anwendung beim Tier nicht zugelassen. Wenn überhaupt, dürfen sie nur nach strenger Indikation für einen begrenzten Zeitraum und nur in Verbindung mit ätiologisch orientierten Behandlungsmaßnahmen eingesetzt werden.

Verständnis und Einfühlungsvermögen wird vom Besitzer verlangt, wenn das schmerzbedingte Abwehrverhalten durch einen **ungünstigen Körperbau** seines Pferdes hervorgerufen wird. Dieser Nachteil ist entweder über eine entsprechend angepasste Reitweise oder über eine Nutzungsänderung zu beheben. So kann ein Pferd, das wegen eines ungünstigen Halsansatzes Schwierigkeiten hat, in dressurmäßiger Haltung (Beizäumung) zu gehen, ohne weiteres ein leistungsstarkes Wanderreitpferd werden.

Ausrüstungsmängel, die zu Schmerzen führen, sind relativ leicht zu beheben. Meist genügt eine verbesserte Pflege der Lederteile und Decken. Nicht selten ist es allerdings erforderlich, dass Sättel bzw. Gebisse gegen eine besser angepasste Ausrüstung ausgetauscht werden müssen.

Lerntherapien

Der Einsatz von Lerntherapien zur Behandlung von unerwünschtem Verhalten, das Ängste, Rangordnungsprobleme sowie erlerntes und Aufmerksamkeit forderndes Verhalten als Ursache hat, ist ein relativ junges Arbeitsgebiet. Grundsätzlich werden dabei Methoden angewandt, die auf den natürlichen Lernvorgängen der Pferde basieren (C 5, S. 115). Die Durchführung der Konditionierungsprogramme erfordert eine intensive Beschäftigung mit dem Pferd sowie eine absolut geduldige und konsequente Vorgehensweise. Folgende Methoden kommen zum Einsatz:

Tab. 10. Verhaltenstherapeutische Methoden
(Kiley-Worthington, 1989; Zeitler-Feicht, 1994; Lebelt, 1998)

Methode	Vorgang	Anwendung
Gegenkonditionierung	Operante/klassische Konditionierung	Angst, erlerntes Verhalten, Rangordnungsproblem
Bestrafung	Konditionierung (negative Verstärkung)	Rangordnungsproblem (Dominanzaggression)
Desensibilisierung	Schrittweise Gewöhnung mit Konditionierung (positive Verstärkung)	Angst, Phobien
Reizüberflutung	Schnelle Gewöhnung	Angst
Ermüdung	Schnelle Gewöhnung	Rangordnungsproblem
Auslöschung	Konsequente Vermeidung der auslösenden Situation	Angst, erlerntes Verhalten, Rangordnungsproblem

- **Gegenkonditionierung**

So, wie durch Konditionierung ein Verhalten erlernt wird, kann es auch durch Gegenkonditionierung wieder abkonditioniert werden. Die Korrekturmethode beruht darauf, dass systematisch die neue, erwünschte Verhaltensweise, die mit dem zu beseitigenden, unerwünschten Verhalten unvereinbar ist, aufgebaut wird. Dies erfolgt über **Belohnung** des erwünschten Verhaltens und über Ignorieren bzw. im Extremfall sogar Bestrafen des unerwünschten Verhaltens. Gegenkonditionierung in Form der operanten Konditionierung wird vor allem bei den Ursachen Angst, Rangordnungsproblemen (Aggression) oder erlerntem Verhalten eingesetzt.

Besonders wirksam bei angst- oder schmerzbedingtem Abwehrverhalten ist die klassische Konditionierung. Dazu wird das Pferd, während es einem angstauslösenden Reiz ausgesetzt ist, über einen **konditionierten Belohnungston** (z. B. Stimmsignal) in eine positive Grundstimmung versetzt. Ziel ist zu erreichen, dass der Reiz nicht mit negativen, sondern mit positiven Empfindungen in Verbindung gebracht wird (**Umstimmung**). Besonders wirksam ist eine Futterbelohnung, die auf klassischer Konditionierung beruht. Hierfür lernt das Pferd zunächst, den Belohnungston mit dem Leckerbissen zu verbinden. Nur, wenn es diesen Ton hört, erfolgt die Futtergabe, ansonsten nicht. Aufdringliche Tiere, die in der Lernphase auch ohne Stimmsignal fressen möchten, werden deutlich zurechtgewiesen. Bewährt haben sich ein scharfes „Nein" oder ein schneller Zischlaut wie „Ksss". Erst wenn der Belohnungston konditioniert ist, darf er zur Erzeugung einer positiven Grundstimmung eingesetzt werden. In der Kann-Phase genügt auch der Ton, ein Leckerbissen ist dann nicht immer erforderlich. Anstatt Futter kann man auch das Pferd am Widerrist und am Mähnenkamm kraulen und somit eine Art „soziale Fellpflege" betreiben. Diese setzt nachgewiesenermaßen die Herzfrequenz herab und wirkt somit entspannend.

- **Bestrafung**

Strafe darf nur eingesetzt werden, wenn **massive Rangordnungsprobleme** oder ein erlerntes Verhalten, das auf andere Weise nicht korrigierbar ist, vorliegen. Sind Angst oder Schmerzen die Ursache für das unerwünschte Verhalten, ist sie jedoch absolut kontraindiziert und führt im Gegenteil noch zu einer Verschlimmerung der Verhaltensweise. Besonders vorsichtig sollte man außerdem bei von Natur aus ängstlichen und sensiblen Tieren (Araber) sein.

Strafe ist nur dann wirkungsvoll, wenn sie früh genug gegeben wird, das heißt, die Aktion darf zu diesem **Zeitpunkt** noch nicht vollendet sein. Ein Pferd das über Bocken gelernt hat, den Reiter ab-

> **Praktische Beispiele für Gegenkonditionierung**
>
> **Operante Konditionierung**
> *Probleme beim Hufe aufheben:* Das erwünschte Verhalten wird über eine schrittweise Konditionierung erreicht. Zu Beginn wird bereits kurzfristiges Anheben des Beines belohnt, dann werden im Laufe der Konditionierung die Ansprüche systematisch gesteigert. Wegziehen der Hufe oder ähnliche Reaktionen werden während der Behandlung ignoriert.
>
> **Klassische Konditionierung**
> *Ausschlagen:* Ein Pferd, das nach einer schmerzhaften Verletzung am Sprunggelenk gelernt hat, sich durch Ausschlagen jeder Form der Berührung zu entziehen, wird beginnend an der Kruppe systematisch unter langsamem Vorarbeiten bis hin zum Sprunggelenk berührt. Begleitet wird dieser Vorgang über klassische Konditionierung, das heißt es ertönt während der Berührung der erlernte Belohnungston und das Pferd erhält Futter. Ziel ist eine Umstimmung zu erreichen, die beim Tier die Empfindung auslöst, dass die Berührung nicht Schmerz oder Angst, sondern eine positive Erfahrung (Futter) bedeutet.

senken und genau in diesem Moment wird über die entsprechende Hilfengebung gegengesteuert. Schläge sind in diesem Fall dann nicht mehr erforderlich. Strafe ist außerdem nicht unbedingt gleichzusetzen mit Peitschenschlägen oder Sporeneinsatz. Auch die Stimme kann sehr gut als Strafe eingesetzt werden. Bei sensiblen Pferden stoppt ein scharfes „Nein" eine unerwünschte Aktion bereits im Ansatz.

Generell gilt, dass die Intensität der Strafe dem Ausmaß der unerwünschten Verhaltensweise angepasst sein sollte. Sie muss in jedem Fall so groß sein, dass sie zum Erfolg führt. Verliert der Mensch eine von ihm provozierte Auseinandersetzung, führt dies unweigerlich zu einer weiteren Stärkung der Rangposition des Pferdes.

- **Desensibilisierung**

Unter Desensibilisierung versteht man ein Lernverfahren, das **auf schrittweiser Gewöhnung** und Gegenkonditionierung beruht. Sie ist besonders geeignet für Pferde mit Ängsten. Wie geht man dabei vor? Man beginnt damit, dass zunächst der belastende Reiz in einer stark abgeschwächten Intensität, individuell auf das Pferd abgestimmt, angeboten wird. Diese muss so gering sein, dass keine aversive Reaktion auftritt. Dann folgt die schrittweise Rückgewöhnung über eine allmähliche Reizsteigerung, wobei jede höhere Reizstufe für sich alleine nicht genügt, das unerwünschte Verhalten auszulösen. Jeder Schritt in die richtige Richtung wird positiv verstärkt und solange geübt, bis Ge-

zuwerfen, muss in dem Moment wo es zu Bocken beginnt oder während des Bockens den Peitschenschlag bekommen. Das setzt natürlich gute Reitkünste voraus. Besser ist es, am Verhalten des Pferdes bereits im Vorfeld seine Absicht zu erkennen. So muss das Pferd um zu bocken den Kopf

> **Falsch eingesetzte Strafe**
>
> **Bestrafung der falschen Aktion:** Ein Kleber soll von der Gruppe weggeritten werden. In vielen Reitställen ist in diesem Fall zu beobachten, dass das Pferd unter ständigem Treiben und Schlagen mehr oder weniger weggeprügelt wird. Es wird also für das Richtigmachen – das Weggehen – bestraft. Ebenso widerfährt es ihm, wenn es stehenbleibt. Das Pferd befindet sich somit in einer unlösbaren Konfliktsituation (Angst vor dem Weggehen, Angst vor dem Stehenbleiben). Den Sinn der Übung kann es außerdem bei dieser Korrekturmethode nicht verstehen. So ist das Resultat der Übung eine Erhöhung der Angst vor dem Weggehen. Richtig ist das schrittweise Herauslösen des Pferdes aus der Gruppe unter Lob wie es unter E 2.3, S. 195 beschrieben wird.
>
> **Bestrafung in Verbindung mit Belohnung:** Um wirksam zu werden, darf eine Bestrafung nie in Verbindung mit einer Belohnung erfolgen, da sonst letztere überwiegt. Macht sich ein Pferd während des Reitens „den Kopf frei", um Gras zu fressen, ist es der falsche Zeitpunkt zu strafen, wenn das Pferd bereits das Maul voller Gras hat. Richtig ist, dieses Verhalten bereits im Ansatz zu unterbinden.

> **Praktisches Beispiel für Desensibilisierung**
>
> **Sattelzwang** (Die geschilderte Vorgehensweise ist je nach Stärke des Sattelzwangs zu variieren): Als erstes wird das Pferd mit dem Sattel und dem Vorgang des Satteln nicht mehr konfrontiert. Nach einer gewissen Zeit beginnt man zunächst mit dem Auflegen einer Decke und eines Gurtes. Dieser muss ausreichend lang und leicht anzugurten sein. Dann wird das Pferd durch Entlangstreichen an den Druck gewöhnt und dafür belohnt. Im nächsten Abschnitt führt man es mit leicht angezogenem Gurt an der Hand. Es wird dafür belohnt und daran gewöhnt. In der folgenden Übungssequenz arbeitet man mit dem so ausgerüsteten Pferd zum Beispiel an der Longe, lässt es Bodenübungen machen oder nimmt es als Handpferd mit. Es wird solange geübt, bis das Pferd die Decke mit dem Gurt als etwas Alltägliches und völlig Normales ansieht und keinerlei aversive Reaktion zeigt. Schließlich kann man in der nächsten Übungssequenz den Sattel auflegen, wobei es wichtig ist dieselbe Decke zu verwenden. Man geht nun ebenso schrittweise vor wie anfangs bei der Gewöhnung an Decke und Gurt. Erst wenn auch der Sattel ohne jedes Problem toleriert wird, darf der Reiter erstmals aufsitzen. Bevor es dazu kommt, sollte das Pferd zunächst nur mit Sattel für etwa 15 bis 10 Minuten einige gewohnte Übungen absolvieren. Dann wird es an einem vertrauten Ort von einem Helfer, der am Kopf des Pferdes steht und es durch Zureden, Loben oder Füttern mit Belohnungston (klassische Konditionierung) ablenkt, gehalten und das erste Aufsitzen kann beginnen. Dazu bleibt man zunächst im Steigbügel stehen. Reagiert das Pferd gelassen, sitzt man mit Hilfestellung auf, ohne dass der Gurt bereits fest angezogen ist. Das endgültige Nachgurten erfolgt im ruhigen Schritt erst später nach einigen Wendungen. Mit möglichst geringer Zügelanlehnung und ohne treibende Hilfen lässt man das Pferd dann frei vorwärtsgehen.

wöhnung eintritt (Verlernen einer Verhaltensreaktion).

Die TT.E.A.M.-Methode nach Tellington-Jones zur Ausbildung junger Pferde kann sehr gut als Desensibilisierungsmethode zur Korrektur von Ängsten eingesetzt werden.

- **Reizüberflutung („flooding")**

Im Gegensatz zur Desensibilisierung soll mittels Reizüberflutung eine möglichst schnelle Gewöhnung an den Angst einflößenden Reiz herbeigeführt werden. Diese Methode ist von der sogenannten **Konfrontationstherapie** der Humanmedizin abgeleitet. Dabei wird das Pferd dem Furcht einflößenden Reiz solange ausgesetzt bis es keine Angstreaktion mehr zeigt. Erst wenn diese vollständig behoben ist, darf die Anwendung beendet werden. Im Unterschied zum Menschen weiß das Pferd aber nicht, welche Therapiemethode zum Einsatz kommt und kann von der Reizüberflutung buchstäblich „überrollt" werden. Die Methode ist als nicht tiergerecht zu bezeichnen, da das Ausbleiben der Angstreaktion am Ende der Therapie nicht bedeuten muss, dass sich das Pferd an den einwirkenden Reiz gewöhnt hat. Der Grund hierfür könnte auch physische und psychische Erschöpfung sein. Weitere Probleme:
- Wird der Vorgang der Reizüberflutung zu früh abgebrochen, ist das Ergebnis eine Verstärkung der Angstreaktion.
- Nicht kontrollierbare Panikreaktionen können zu Verletzungen des Pferdes führen.

Fazit: Die Methode ist abzulehnen. Es handelt sich um einen Lernvorgang unter permanenter Angst.

> **Praktische Beispiele für Reizüberflutung**
>
> **Aussacken oder Auslappen:** Ein Pferd mit Angst vor flatternden Plastikfolien oder Tüchern wird gut fixiert und sein Körper solange mit dem furchterregenden Gegenstand in Berührung gebracht bis der Widerstand und die Angst nachlässt.
>
> **Einreiten:** Ein Pferd, das zwar menschbezogen, ansonsten aber völlig roh ist, wird innerhalb einer einzigen Übungssequenz aufgetrenst, gesattelt und geritten bis es den Reiter anstandslos trägt.

Die Flooding-Methode wird insbesondere bei der Kommunikation mithilfe der Körpersprache angewandt. Sie wird von diesen häufig als Desensibilisierung bezeichnet. Das ist falsch, denn die Desensibilisierung ist eine Lerntherapie, die einen angstfreien Ablauf zum Ziel hat.

- **Ermüdung**

Ähnlich wie bei der Reizüberflutung soll bei der Ermüdungstherapie ein möglichst **schneller Therapieerfolg** erzielt werden. Dabei wird das unerwünschte Verhalten des Pferdes solange provoziert, bis es vor Erschöpfung aufhört und merkt, dass sein Verhalten zu nichts außer zur eigenen Ermüdung führt. Diese Therapie setzt voraus, dass das unerwünschte Verhalten ausschließlich auf Rangordnungsprobleme zurückzuführen ist. Probleme:
- Sind Schmerzen oder Angst die Ursache für das unerwünschte Verhalten, ist die Methode tierschutzwidrig.
- Die Methode ist ungeeignet für ängstliche oder sehr sensible Pferde.

Fazit: Die Methode ist nur unter Vorbehalt zu praktizieren. Als Lerntherapie ist die Gegenkonditionierung zu bevorzugen.

- **Auslöschung**

Auslöschung soll zum Vergessen von unerwünschten Verhaltensweisen führen. Es wird erreicht, indem alle Situationen konsequent vermieden werden, die das Verhalten ursprünglich auslösten. Inwieweit dabei ein „Vergessen" herbeigeführt wird, hängt davon ab, wie fest eingeprägt das Erlernte ursprünglich war. Es ist jedoch nicht möglich, das bestimmte Verhalten völlig aus dem Verhaltensrepertoire zu löschen. Im Idealfall lässt es sich nur auf ein Minimum reduzieren. Deshalb sind die Bezeichnungen „Auslöschung" oder „Extinktion" nicht ganz korrekt. Besser wäre es, die Methode mit Abschwächung zu benennen.

Je nach Ursache geht man bei dieser Lernmethode unterschiedlich vor. So wird bei großen Ängsten das Pferd überhaupt nicht mehr mit der Situation konfrontiert. Ein Umgebungswechsel kann erforderlich sein. Liegen erlerntes bzw. Aufmerksamkeit forderndes Verhalten oder Rangordnungsprobleme vor, die mit einer Aggression verbunden sind, muss jede Situation, die zu einer Wiederholung der unerwünschten Verhaltensweise führt, vermieden werden. Beißt zum Beispiel ein Pferd beim Aufsitzen den Reiter von hinten, dann darf diese Gelegenheit dem Pferd nie mehr geboten werden. Der Reiter sitzt entweder mit Blick nach vorne auf und hat dadurch entsprechende Korrekturmöglichkeiten oder er lässt sich das Pferd während des Aufsitzens festhalten. Bei der Auslöschung erlernter Verhaltensweisen ist es wichtig, dass absolut konsequent jegliche Verstärkung vermieden wird. Dadurch wird dem Verhalten auf Dauer die Grundlage entzogen. Eine einmalige Inkonsequenz genügt jedoch, um das alte Verhalten wieder im vollen Ausmaß aufkommen zu lassen.

Praktische Beispiele für Auslöschung

Panikartige Angst: Liegt eine panikartige Angst vor, kann es angebracht sein, das Pferd längere Zeit nicht mehr mit der angsteinflößenden Situation zu konfrontieren. Galopper mit massiver Rennbahnangst bringt man z. B. für längere Zeit auf die Weide. Erst danach erfolgt die langsame Rückgewöhnung an die Rennbahn (Desensibilisierung).

Aufmerksamkeit forderndes Verhalten: Bei Aufmerksamkeit forderndem Verhalten wie es beim Scharren oder Boxenschlagen der Fall sein kann, wird jede Form der Aufmerksamkeit seitens des Menschen als Belohnung empfunden. Auslöschung kann durch konsequentes Ignorieren herbeigeführt werden. Erfolg ist allerdings nur dann gegeben, wenn alle Personen, die mit dem Pferd Kontakt haben, an dem Auslöschungsprogramm mitarbeiten. Zu Beginn dieser Therapie ist mit einer Verstärkung des unerwünschten Verhaltens zu rechnen. Deshalb ist es während der ersten Tage besonders wichtig, das Therapieprogramm konsequent durchzuziehen. Dabei sollte man stets beachten, dass **jede Form der Aufmerksamkeit**, also auch das Schimpfen oder Strafen, dieses Verhalten auslöst und deshalb ebenfalls konsequent unterlassen werden muss. Bei vorzeitigem Abbruch kann eine Verstärkung der unerwünschten Verhaltensweise eintreten.

Rangordnungsübungen

Bei Vorhandensein einer Vertrauensbasis akzeptiert das Pferd den Menschen als eine Art Sozialpartner. **Das Pferd erkennt ihn aber nicht automatisch als ranghöher an, nur weil er ein Mensch ist.** Man ist auch nicht automatisch der Ranghöhere, wenn man das Pferd aus der Box holt und es reitet. So manchem Pferdehalter wird seine Rangposition erst bewusst, wenn er sich in einer Pferdegruppe bewegt und kein Tier von ihm Notiz nimmt, geschweige denn Platz macht (B 2.2, S. 43).

Jeder, der mit Pferden umgeht, muss sich seine ranghöhere Position erst verdienen. Die Ranghoheit basiert auf folgenden drei Säulen:

1. Eigenes Ausdrucksverhalten

Für den Menschen sind bei der Kommunikation mit Pferden die psychischen Rangfaktoren wichtiger als die physischen. Je selbstsicherer und selbstbewusster er im Umgang mit Pferden ist, desto schneller wird er als „Leittier" anerkannt. Man erlangt eine derartige Ausstrahlung, indem man sich möglichst viel Wissen und Erfahrung im Umgang mit Pferden aneignet. Beides lässt sich über Fortbildung zum Beispiel auf Lehrgängen oder Seminaren und über entsprechende Praxis schulen und verbessern.

2. Konsequenter Umgang

Konsequenz und Bestimmtheit müssen beim Umgang mit dem Pferd für klare Verhältnisse sorgen. Dies gilt nicht nur für die Arbeit, sondern auch insbesondere für den alltäglichen Umgang. Das Vertrauen des Pferdes und damit einhergehend die Ranganerkennung gehen verloren, wenn es an einem Tag beim Putzen den Menschen zwicken darf, am anderen Tag nicht. Ebenso darf dem Pferd beim Führen nicht an einem Tag erlaubt sein zu überholen, nach Gras zu haschen oder ähnliches und am anderen Tag jedoch nicht. Derart inkonsequentes Verhalten verunsichert das Pferd. Ranghohe Tiere werden die Gelegenheit nutzen ihren Willen durchzusetzen.

Bei der Arbeit sind grundsätzlich alle Übungen in so kleinen Schritten anzulegen, dass das Pferd weder psychisch noch physisch überfordert wird. Nur unter dieser Voraussetzung kann man die Durchführung vom Tier auch mit Bestimmtheit und Konsequenz verlangen. Nicht zu vergessen ist die Belohnung. Sie sollte auch bei Rangordnungsproblemen immer nach jeder erfolgreich beendeten Lektion erfolgen, denn erst wenn Ranghoheit mit Vertrauen gepaart ist, wird eine tragfähige Tier-Mensch-Beziehung aufgebaut. Nur dann arbeitet das Pferd auch mit und zeigt echte Leistungsbereitschaft.

3. Rangordnungsübungen

Rangordnungsübungen unterscheiden sich zwar je nach Korrekturverfahren (z. B. Körpersprache, instrumentelle Hilfengebung), doch unabhängig vom Aufbau ist jede Methode dazu geeignet, die zum Ziel hat, die Ranghoheit über Maßnahmen zu erreichen, die gleichzeitig dem **Vertrauensgewinn** dienen. Voraussetzung für die Übungen ist wie bereits erwähnt ein konsequenter, bestimmter und ruhiger Umgang, verbunden mit einer positiven Verstärkung. Alle Übung müssen zunächst auf dem Reitplatz bzw. unter kontrollierten Bedingungen geübt werden. Erst wenn das Pferd sie dort beherrscht, kann man sie auch Gelände bzw. unter Ablenkung vom Pferd fordern.

Viele Rangübungen basieren darauf, dass die Bewegung des Pferdes kontrolliert wird, indem man es entweder an der Bewegung hindert oder es vorantreibt. Dieser Ansatz leitet sich aus der Beobachtung ab, dass ranghohe Pferde gegenüber rangniederen eine ähnliche Vorgehensweise zeigen. Zum Beispiel hindert ein dominantes Tier das subdominante am Weitergehen durch „Wegversperren" bzw. durch „Body check". Darauf ist die Arbeit an der Longe oder freilaufend im Piccadero oder Round Pen ausgerichtet. Auf Kommando anzuhalten und ruhig stehen zu bleiben, ist somit eine wichtige Gehorsamsübung. Ebenso das korrekte Geführtwerden, denn nur dem Leittier folgt ein Pferd ruhig und mit gesenktem Kopf wohin es auch geht. Eine äußerst wirkungsvolle Maßnahme als Unterordnungsübung ist das Rückwärtsrichten bei der Bodenarbeit. Es hat strafenden Charakter, denn nur ein rangniederes Tier weicht vor dem ranghöheren zurück. Eine bewährte Übung bei Rangproblemen ist das Pferd „vom Boden aus zu fahren", also an langen Leinen hinter ihm zu gehen. In dieser Position nimmt man den Platz des Leittieres, speziell des Hengstes ein, wodurch eine starke Dominanzwirkung auf das Tier ausgeübt wird. Neben diesen speziellen Rangübungen ist allgemein die Bodenarbeit eine probate Methode, Dominanzprobleme in den Griff zu bekommen.

Abb. 95 Auf Kommando „Stehenbleiben" ist eine wichtige Unterordnungsübung, die sowohl während der Arbeit als auch beim täglichen Umgang durchgeführt werden kann.

Unterordnungsübungen sollten jedoch nicht nur bei der Arbeit praktiziert werden. Genauso wichtig ist, darauf zu achten, dass auch im täglichen Umgang die Spielregeln eingehalten werden. Dazu zählt, dass grundsätzlich **jede Aktion vom Ranghöheren ausgeht**. So entscheidet der Mensch, ob das Pferd beim Führen auf die Koppel Gras fressen darf oder nicht, er entscheidet, ob beim Reiten die Zügel aus der Hand gekaut werden oder nicht usw. Mögliche Gehorsamsübungen im täglichen Umgang sind: auf Kommando zur Seite gehen oder zurücktreten lassen zum Beispiel beim Ausmisten, bei geöffneter Boxentüre stehen bleiben, auf Zuruf kommen und ähnliches mehr.

Von maßgeblicher Bedeutung ist auch eine durchsetzungsfähige und energische Reitweise – vorausgesetzt sie ist gut und bleibt einfühlsam – bei der Behandlung von Rangproblemen. Doch diese sind nicht allein durch Dominanz im Sattel zu klären! Die Erfahrung lehrt, dass Pferde den auf dem Boden stehenden Menschen besser verstehen können, als den reitenden. Die soeben geschilderten Gehorsamsübungen im täglichen Umgang bzw. bei der Bodenarbeit sind deshalb von unverzichtbarem Wert.

Wird das Dominanzverhältnis über konsequente Vorgehensweise frühzeitig geklärt, kommt es im Allgemeinen nur selten zu Konfrontationen, da das Pferd seine unterlegene Position akzeptiert und sich entsprechend verhalten wird. Für das Herdentier Pferd ist dies eine völlig natürliche Situation, die ihm zusätzlich Sicherheit vermittelt. So ist der ranghöhere Sozialpartner dafür verantwortlich, die Gruppe in Gefahrensituationen zu führen und sie nach außen zu verteidigen. Dieser Funktion muss der Mensch allerdings auch gerecht werden.

Vertrauensbildende Maßnahmen

Ziel der vertrauensbildenden Maßnahmen ist, dass das Pferd den Menschen als ein Lebewesen erkennt, gegenüber dem es keine Angst zu haben

Abb. 96 Fahren vom Boden aus hat eine starke Dominanzwirkung auf das Pferd. In dieser Position nimmt man den Platz des Leithengstes ein.

braucht. Im Gegenteil, es soll sich in dessen Gegenwart und auch in bedrohlichen Situationen sicher und beschützt fühlen. Erst wenn eine Vertrauensbasis vorhanden ist, kann mit der eigentlichen Arbeit begonnen werden. Voraussetzung hierfür ist, dass der Mensch das artspezifische Verhalten der Pferde kennt. So löst Unbekanntes beim Pferd in der Regel Meidereaktionen aus. Vertrauensbildend ist, wenn man deshalb das Tier langsam und unter sinnvoller Hilfegebung an fremde Dinge heranführt und sie unter Lob daran gewöhnt. Demgegenüber kommt es zu einem Vertrauensverlust, wenn man in solchen Situationen auf das Pferd gewaltsam einwirkt.

Vertrauensbildende Maßnahmen sind allgemein Handlungsweisen, die helfen eine positive Beziehung zum Pferd aufzubauen. Man unterscheidet dabei zwischen vertrauensbildenden Maßnahmen im engeren und im weiteren Sinne. Zu ersteren zählt das Zusammensein mit dem Pferd außerhalb der üblichen Reitzeiten. Besondere Bedeutung kommt dabei dem Putzen zu, da der Mensch die Möglichkeit hat die Funktion des Sozialpartners bei der gegenseitigen Körperpflege zu übernehmen. Auch besondere Massage- und Entspannungstechniken wie der Tellington-Touch sind sehr gut geeignet, das Vertrauensverhältnis zwischen Pferd und Halter zu intensivieren. So führt etwa das Kraulen am Widerrist durch den Menschen zu einer deutlichen **Absenkung der Herzfrequenz** (*Feh* und *De Mazieres 1993*). Es kommt auf diese Weise zu einer ähnlichen Entspannung wie es bei der sozialen Fellpflege unter Pferden der Fall ist, bei der die Herzfrequenz bis zu 10% abnehmen kann. Um ein gutes Vertrauensverhältnis mit dem Pferd aufzubauen ist es somit unerlässlich, dass man sich nicht nur täglich eine Stunde beim Reiten um das Pferd kümmert, sondern zusätzlich Zeit investiert, um sich intensiv mit dem Tier zu beschäftigen.

Vertrauensbildend im weiteren Sinne ist, wenn die Arbeit mit dem Pferd so erfolgt, dass stets ein erfolgreicher Abschluss mit positiver Verstärkung

Abb. 97 Reiten nur mit Halfter inmitten einer Menschenmenge setzt absolutes Vertrauen des Pferdes zu seinem Reiter voraus.

möglich ist. Dies wird erreicht, indem man jede Übung bereits im Vorfeld theoretisch und praktisch so gut überlegt, dass ein sicheres Ende die Folge ist. Deshalb sind die Ausbildungsschritte klein zu halten und auf das Pferd individuell abzustimmen. Physische und insbesondere psychische Überforderung würden einen Vertrauensverlust bedeuten.

Fazit: Grundlage der Mensch-Pferd-Beziehung ist Vertrauen, das durch Zuwendung zum Pferd und Einfühlungsvermögen sowie durch einen ruhigen und geduldigen, aber konsequenten Umgang mit positiver Verstärkung erreicht wird.

Haltung, Umgang und Prophylaxe

Prädisponierend für viele unerwünschte Verhaltensweisen ist falsche Haltung wie 23 Stunden Boxenaufenthalt, kraftfutterreiche Fütterung („den sticht der Hafer"), stark eingeschränkter Sozialkontakt und fehlende Umweltreize. Außerdem können Fehler im Umgang und bei der Nutzung wie falsche Reitweise, Ausrüstungsmängel und ähnliches mehr schadensvermeidende Reaktionen auslösen. Als Therapie sind Maßnahmen zu ergreifen, die Haltung und Umgang optimieren.

Auf sie wurde bereits unter C 6.1, S. 121 eingegangen. Ebenso sind hinsichtlich der Prophylaxe von unerwünschtem Verhalten dieselben Maßnahmen zu ergreifen wie sie für die Verhütung von Verhaltensstörungen bereits beschrieben wurden. Der Schwerpunkt liegt demnach auf einer artgemäßen Haltung und Fütterung sowie einem verhaltensgerechten Umgang von „klein auf".

Unerwünschtes Verhalten

Prophylaxe:
- Artgerechte Haltung und verhaltensgerechter Umgang
- Konsequente Erziehung mit eindeutiger Rangzuweisung und vertrauensbildenden Maßnahmen ab Fohlenalter

Therapie:
• Schmerz:	Medizinische Behandlung, Behebung von Mängeln (Ausrüstung, Reitweise), Nutzungsänderung
• Angst:	Vertrauensbildende Maßnahmen, Lerntherapie
• Nicht geklärte Rangordnung und Aggression:	Unterordnungsübungen, Lerntherapie
• Erlerntes und Aufmerksamkeit forderndes Verhalten:	Lerntherapie je nach Ursache (Angst, Rangordnungsproblem)
• Allgemein:	Optimierung von Haltung und Umgang

Teil D Problemverhalten im Stall

Die meisten Pferdebesitzer sind der Ansicht, dass Pferde mit Verhaltensstörungen weniger leistungsfähig seien, gesundheitliche Schäden durch ihr Verhalten davontragen und zudem weniger Geld wert sind. Außerdem wird vielfach angenommen, dass gestörtes Verhalten wie Koppen oder Weben über Nachahmung gelernt wird und nur durch mechanische Methoden (z. B. Kopperriemen) „therapiert" werden kann. Die folgenden Ausführungen nehmen hierzu Stellung, unter Berücksichtigung der internationalen Erkenntnisse in der wissenschaftlichen Verhaltenskunde, mit dem Ziel, pferdegerechte Lösungen aufzuzeigen.

Will man Problemverhalten therapieren, steht an aller erster Stelle, dass man sich im Rahmen der Anamnese ein Bild verschaffen muss, ob es sich um ein normales, unerwünschtes oder aber um ein gestörtes Verhalten handelt. Je nach Zuordnung unterscheiden sich die Behandlungsmethoden, aber auch die Erfolgschancen. So sind haltungs- und umgangsbedingte Verhaltensstörungen, insbesondere residualreaktive, im Allgemeinen sehr therapieresistent, während für unerwünschte Verhaltensweisen bessere Heilungschancen bestehen. Die Definitionen genannter Begriffe seien an dieser Stelle nochmals zusammengefasst:

- **Normalverhalten:** Verhaltensweisen, die ein Pferd typischerweise in der freien Wildbahn zeigt.
- **Unerwünschtes Verhalten:** Verhaltensweisen, die dem Normalverhalten des Pferdes weitgehend entsprechen, aber Probleme bei der Haltung und Nutzung bereiten.
- **Verhaltensstörung:** Verhaltensweisen, die in Hinblick auf Modalität, Intensität oder Frequenz erheblich und andauernd vom Normalverhalten abweichen.

Dabei wird dem sorgfältigen Diagnostiker in kürzester Zeit auffallen, dass bei den wenigsten Verhaltensanomalien eine Entweder- oder-Zuordnung möglich ist. Nahezu alle Verhaltensauffälligkeiten sind je nach Ursache einerseits dem gestörten, andererseits dem unerwünschten Verhalten zuzuordnen. Hinzu kommt, dass Verhaltensstörungen gemäß ihrer Ätiologie symptomatisch, zentralnervös, endogen oder mangelbedingt, aber auch reaktiv sein können. Nur letztere stellen Verhaltensstörungen im engeren Sinne dar. Sie reflektieren vorangegangene Leiden, die durch gravierende Haltungsmängel und Umgangsfehler hervorgerufen wurden. Für sie besteht auch eine eindeutige Tierschutzrelevanz. Vielfach sind Verhaltensstörungen dieser Kategorie nicht mehr zum Abklingen zu bringen. Deshalb sollte man auch vorsichtig mit der Schuldzuweisung sein. Nicht selten wurden die Anpassungsgrenzen des Pferdes bereits in grauer Vorzeit überschritten, und das derzeitige Haltungssystem steht damit nicht in Zusammenhang.

Nachfolgend sollen die häufigsten Verhaltensauffälligkeiten, die überwiegend im Stall zu beobachten sind, hinsichtlich ihres Ablaufs, der Ursachen und gesundheitlichen Folgen sowie Möglichkeiten der Therapie und Prophylaxe besprochen werden. Die Gliederung erfolgt aus didaktischen Gründen nach Funktionskreisen (C 2.1, S. 101).

1 Funktionskreis Fressverhalten

1.1 Koppen

Das Koppen ist die bekannteste Verhaltensstörung des Pferdes. Es tritt relativ häufig auf. Untersuchungen, die in den letzten Jahren in verschiedenen Ländern durchgeführt wurden, zeigen, dass je nach Rasse, Haltung und Nutzung 1 bis 10,5 % aller Pferde koppen.

Ablauf. Beim Koppen kommt es zum Einströmen von Luft in den Ösophagus, indem der Schlundkopf durch Kontraktion der vorderen Halsmuskulatur geöffnet wird. In der Regel ist dabei ein rülpsendes Geräusch, der sogenannte Koppton, hörbar. Er muss jedoch nicht bei jeder Schluckbewegung erfolgen. Koppvorgänge sind häufig begleitet von anderen Stereotypien aus dem Funktionskreis Fressverhalten wie Zungen-, Lippen- und Leckbewegungen, die zusammen mit dem Koppen immer in gleicher Reihenfolge und Form ausgeführt werden. Früher nahm man an, dass beim Koppen Luft abge-

Abb. 98 Freikoppen wird mit freigehaltenem Kopf durchgeführt. Typisch ist der „entrückte" Gesichtsausdruck mit halbgeschlossenen Augen.

schluckt wird. Untersuchungen mit neuen Methoden ergaben, dass dies nicht bzw. nur in ganz geringem Maße der Fall ist. So konnten *McGreevy* und Mitarbeiter *(1995a)* beweisen, dass nur **sehr kleine Mengen Luft** in den Magen gelangen. Der weitaus größere Anteil gelangt nur bis in den oberen Teil der Speiseröhre und wird dann, unter Erzeugung des Kopptons, wieder ausgestoßen.

Man unterscheidet zwei Formen: Aufsetzkoppen und Freikoppen. Bei ersterem werden die Schneidezähne auf einen festen Gegenstand wie Krippenrand, Tränkebecken, Boxenumrandung oder das eigene Vorderbein aufgesetzt und dann gekoppt. Beim Freikoppen ist ein Aufsetzen nicht erforderlich. Es wird mit freigehaltenem Kopf durchgeführt. Charakteristisch sind dabei deutliche Nickbewegungen gegen die Brust, die durch die Kontraktion der Halsmuskulatur bedingt sind, gefolgt von einem plötzlichen Hochschnellen des Kopfes meist unter gleichzeitigen Lippenbewegungen. Freikoppen gilt als die routiniertere Form und kommt deutlich seltener als Aufsetzkoppen vor. Manche Pferde beherrschen beide Koppformen.

Abb. 99 Beim Aufsetzkoppen setzen die Pferde die Schneidezähne auf einen festen Gegenstand (z. B. Koppelzaun) auf.

Disposition. Den Grundstein für Koppen legen Haltungsmängel sowie Fütterungs- und Nutzungsfehler. Besonders häufig scheinen derartige Unzulänglichkeiten bei der Haltung und Ausbildung von Renn, Dressur- und westerngerittenen Pleasurepferden vorzukommen, denn in diesen Disziplinen werden auffallend viele Pferde zu Koppern. Stärker betroffen sind außerdem **„hoch im Blut stehende"** **Tiere**, da sie unter Belastung schneller zu Übererregung neigen als schwere Schläge. Ferner liegen für Koppen Hinweise für eine genetische Disposition vor. *Vecciotti* und *Galanti* (1986) ermittelten bei italienischen Vollblütern, dass in bestimmten Hengstlinien bis zu 30 % der Pferde Kopper sind, während der Anteil koppender Pferde an der untersuchten Population von etwa 1000 Tieren bei lediglich 2,4 % lag.

Ursachen. Koppen ist in erster Linie eine reaktive Verhaltensstörung. Ursache für das erstmalige Auftreten ist zum einen ein nicht pferdegerechtes Umfeld, dessen erhebliche Defizite zu starker Erregung und chronischem Stress führen. Zum anderen konnten einschneidende Ereignisse, die zu einem hohen Erregungsanstieg bei dem betroffenen Pferd führen, als sogenanntes „Initialtrauma" ermittelt werden. Nachgewiesen wurden: a) zu frühes oder fehlerhaftes Absetzen von der Mutter, b) abrupter Trainingsbeginn bzw. plötzliche Turniervorbereitung, c) zu harte Ausbildungsmethoden, d) Stallwechsel im Hinblick auf eine Verschlechterung und e) eine bewegungsarme isolierte Haltung wegen Krankheit. Darüber hinaus wird in letzter Zeit ein Zusammenhang zwischen dem Auftreten von Koppen und der Verfütterung von **hohen Kraftfuttermengen** in Kombination mit wenig Raufutter als sehr wahrscheinlich angenommen. Anhand klinischer Untersuchungen konnte nachgewiesen werden, dass Kraftfutter zu einer Übersäuerung des Magens (geringe Speichelproduktion, lange Verweildauer im Magen) führt und auf diese Weise an der Entstehung von Magengeschwüren beteiligt ist. Auch eine ungenügende Magenfüllung wegen Raufuttermangels zwischen den Fütterungszeiten dürfte ursächlich beteiligt sein. Neuere Untersuchungen aus England der Arbeitsgruppe *Nicol* und *Waters* (2002) deuten darauf hin, dass sich Koppen möglicherweise als Reaktion auf diese krankhaften Prozesse entwickelt. Eine Übersäuerung des Magens könnte auch die Erklärung dafür sein, dass bereits Fohlen koppen. Besonders gefährdet sind Absetzer, bei denen eine abrupte Futterumstellung mit hohem Kraftfutteranteil durchgeführt wird.

Außer Frage steht für viele Praktiker, dass Koppen durch **Nachahmung** erlernt wird. Deshalb nehmen manche Reitbetriebe solche Pferde gar nicht erst auf. Diese Ansicht entbehrt jeder wissenschaftlichen Grundlage. Über wissenschaftliche Befunde ist nicht einmal bestätigt, dass Pferde zum „Lernen durch Nachahmung" befähigt sind (C 5.1, S. 118). Im Gegenteil, vieles deutet darauf hin, dass dem nicht pferdegerechten Umfeld die größte Bedeutung beizumessen ist. Das heißt, gute Betriebe haben nichts zu befürchten, bei schlechten ist die Wahrscheinlichkeit dagegen erhöht, dass disponierte Pferde zum Kopper werden.

Auslöser. Als aktuelle Auslöser kommen überwiegend Vorgänge in Betracht, die mit einem Erregungsanstieg beim Pferd verbunden sind. Das sind vor allem „lustbetonte" Vorgänge wie der Verzehr von Kraftfutter oder das Geputztwerden. Kopper zeigen dabei, im Gegensatz zu webenden Pferden, ihr gestörtes Verhalten vor allem während und

---

Tab. 11. Disponierende Faktoren für Koppen
(nach *Vecciotti* und *Galanti* 1986; *Sambraus* und *Rappold* 1991; *McGreevy* und Mitarbeiter 1995c; *Luescher* und Mitarbeiter 1996; *Bachmann* 2002; *Waters* und Mitarbeiter 2002; *Zeeb* 2005; *Wakkens* und Mitarbeiter 2007)

Haltung und Fütterung
- Zu wenig Raufutter und zu viel Kraftfutter
- Strohlose Aufstallung
- Boxenhaltung von Fohlen und Jungpferden
- Isolierte Haltung bzw. stark reduzierter Sozialkontakt
- Mangelndes Angebot an Umweltreizen und Beschäftigung
- Saugdefizit bei mutterloser Aufzucht

Nutzungsrichtung
- Training von Rennpferden
- Ausbildung von Dressurpferden
- Ausbildung von Pleasurepferden

Genetik
- „Hoch im Blut stehende" Pferde
- Familiäre Veranlagung

nach der Fütterung. Ebenso können andere Aktivitäten wie Ausmisten oder Putzen und Wegführen anderer Pferde das Koppen auslösen. Langjährige Kopper benötigen allerdings keine derartigen Anlässe mehr. Sie koppen unabhängig von äußeren Einflüssen einen Großteil des Tages. Man kann ihnen sogar auf der schönsten Weide bei dieser Tätigkeit zusehen.

Physiologische und gesundheitliche Folgen. Über die physiologischen Folgen des Koppens wurden in den letzten Jahren neue Erkenntnisse gewonnen. So gilt es als bewiesen, dass Koppen eine **erregungsreduzierende Wirkung** auf das Pferd hat, was unter anderem durch die erniedrigte Herzfrequenz während des Koppvorgangs belegt wird. Als sicher kann mittlerweile angenommen werden, dass während des Koppvorgangs endogene Opioide (Endorphine) freigesetzt werden. Ein Hinweis hierfür ist, dass die Anzahl an Koppvorgängen durch die Verabreichung von Opioid-Antagonisten (z. B. Naloxone) deutlich verringert wird *(Dodman* und Mitarbeiter *1987, Lebelt 1996)*. Insgesamt spricht vieles dafür, dass Koppen für das Pferd durchaus einen positiven Effekt hat. Jedenfalls darf nicht davon ausgegangen werden, dass diese Verhaltensstörung, wenn sie einmal etabliert ist, ein Anzeichen für vermindertes Wohlbefinden ist.

In den meisten Fällen führt Koppen zu keiner gesundheitlichen Beeinträchtigung. Allerdings fand *Müller (2004)* heraus, dass die Chance für Kopper an einer Kolik zu erkranken 2,18-mal so hoch ist wie für ein vergleichbares Pferd ohne diese Verhaltensstörung. Es könnte sein, dass die erhöhte Anzahl an Koliken unter den koppenden Pferden eine direkte vegetative Stressfolge ist, hervorgerufen durch inadäquate Haltungsbedingungen. Jedenfalls gilt die frühere Vermutung, dass die beim Koppen abgeschluckte Luft zu einer vermehrten Gasansammlung im Magen- und Darmtrakt führt und auf diese Weise eine Kolik ausgelöst wird, heute als eindeutig widerlegt. Praxisbefunde deuten außerdem darauf hin, dass der Anteil an dünnen Tieren unter den Koppern erhöht ist. Solche Pferde sind jedoch im Allgemeinen leichter erregbar als dickere und deshalb auch disponierter.

Die durch Koppen verursachten Zahnabnutzungen sind in der Regel gesundheitlich nicht relevant. Lediglich im fortgeschrittenen Stadium kann es durch Aufsetzkoppen zu sichtbaren Zahnveränderungen oder sogar zu vorzeitigem Zahnverlust kommen. Aber nur in Einzelfällen ist dadurch die Nahrungsaufnahme erschwert. Außerdem kann langjähriges Aufsetzkoppen zu einer Verstärkung der langen Halsmuskulatur führen, was aber keine gesundheitlichen Konsequenzen mit sich bringt.

Therapie. Da Koppen residualreaktiv ist, sind die Behandlungschancen relativ gering. Im Anfangsstadium sind gemäß Praxiserfahrungen zwar noch gewisse Erfolgschancen gegeben, wenn die Haltungs- und Umgangsbedingungen deutlich verbessert werden, doch in der Regel bleibt das Koppen trotz Beseitigung der ursprünglichen Mängel bestehen. Dennoch ist die Optimierung von Haltung und Umwelt die **einzige Möglichkeit der Behandlung** im Sinne einer Heilung (C 6.1, S. 121). Entscheidend ist für **Erregungsabbau** zu sorgen. Dies erfolgt über eine abwechslungsreiche Haltung mit einem ausreichend großen Angebot an Umweltreizen und Beschäftigungsmöglichkeiten. Ziel ist der Abbau der Übererregung, sodass das Herannahen des Futterwagens oder des Reiters nicht das einzige große Ereignis des Tages ist. Der Schwerpunkt liegt dabei auf langen Fresszeiten. Am besten wird Heu, Stroh bzw. Weide ad libitum gegeben. Auch die Verabreichung des Raufutters vor dem Kraftfutter hilft den Erregungsspegel zu senken. Ebenso sollte für möglichst viel, jedoch ruhige Bewegung und für ungestörten Kontakt zu Artgenossen gesorgt werden. **Falsch** ist isolierte Haltung aus Angst vor Nachahmung! Bei der Nutzung ist ebenfalls der Schwerpunkt auf Entspannung zu legen. Stressabbauend wirken lange Ausritte im ruhigen Tempo, maßvolles Ausdauertraining oder Wanderreiten.

Die üblichen mechanischen oder chirurgischen Maßnahmen wie Kopperriemen und -operation sind keine Therapie, sondern lediglich der Versuch das Auftreten des Symptoms zu verhindern. Diese Behandlungsmethoden dürften heutzutage nicht mehr eingesetzt werden, da, wie die Erkenntnisse der letzten Jahre zeigen, Koppen dazu dient, Stress abzubauen und somit offenbar einen Nutzen für das Pferd hat. Nach *Lebelt (1996)* könnte es sich bei der Kopperoperation sogar um einen Verstoß gegen § 6 (1) des Tierschutzgesetzes handeln, wenn keine medizinische Indikation für dieses Vorgehen vorliegt. Als tierschutzwidrig ist auch die Installation von Elektrozaun in der Box zu bezeichnen, womit ein Aufsetzkoppen verhindert werden soll *(Zeitler-Feicht* und *Grauvogl 1992)*. *McGreevy* und *Nicol (1995)* konnten nachweisen, dass die Unterbindung von Koppen zu einem Anstieg der Cortisolkonzentration (Stressparameter) führt, indem sie koppende Pferde durch eine Plexiglasverkleidung ihrer Box am Aufsetzen hinderten und ihnen keine alternativen Beschäftigungsmöglichkeiten anboten. Abgesehen davon führt die Unterbindung einer Verhaltensstörung unweigerlich in die Flucht zu einer neuen Verhaltensstörung.

Es ist nicht möglich, Koppen über eine **Lerntherapie** abzutrainieren, da es sich um eine Verhaltensstörung und nicht um eine unerwünschte Verhaltensweise handelt. Deshalb ist es unsinnig und im Fall einer Bestrafung mittels Elektroschock – ähnlich dem Teletact der Hunde – sogar tierschutzwidrig zu versuchen, Koppen abzukonditionieren. Dasselbe gilt für das Bespannen möglicher Aufsetzstellen in der Box mit elektrischem Weidezaun. Abgesehen davon ist eine symptomatische Therapie zum Beispiel mithilfe des Kopperriemens ohne gleichzeitige Optimierung von Haltung und Nutzung ohne Erfolg, da sich an der dem Koppen zugrunde liegenden Motivation des Pferdes nichts ändert. Im Gegenteil, es entsteht dadurch eine erneute Belastungssituation für das Pferd, was über den Anstieg der Kortisolkonzentration nachgewiesen werden konnte. Die Flucht in eine andere Verhaltensstörung ist dadurch programmiert.

Prophylaxe. Da nach den neuesten Erkenntnissen die Fütterung eine große Rolle bei der Entste-

---

Koppen
(Ähnliche Genese: Zungenspiel, stereotypes Belecken von Gegenständen)

Klassifikation: 1. Reaktive Verhaltensstörung
2. Symptomatische Verhaltensstörung

Ablauf: Einströmen von Luft in den Ösophagus durch Öffnung des Schlundkopfes mittels Kontraktion der vorderen Halsmuskulatur

Disposition:
- Inadäquate Haltung und nicht artgemäße Fütterung
- Nicht pferdegerechter Umgang
- Vollblüter, Araber und veredelte Rassen
- Erbliche Veranlagung (Kopperfamilien)

Ursachen: 1 + 2:
- Hohe Motivation ohne adäquate Endhandlung (Erregung und Stress)
- Einschneidende Erlebnisse im negativen Sinne („Initialtrauma")
- Hohe Kraftfuttergaben
- Erlerntes Verhalten (Nachahmung): nicht zutreffend

Auslösende Situation: Vorgänge, die zu einem Erregungsanstieg führen:
- Aktivitäten des betroffenen Pferdes (Fressen)
- Manipulationen an diesem Pferd (Putzen, Satteln)
- Aktivitäten im Stall (Ausmisten, Personenverkehr)

Physiologische Folgen:
- Erniedrigte Herzfrequenz (Erregungsreduzierung)
- Beteiligung endogener Opioide

Gesundheitliche Folgen:
- Zahnveränderungen (Koppergebiss), Zahnverlust
- Erhöhtes Kolikrisiko

Therapie: 1 + 2:
- Artgemäße Fütterung mit hohem Raufutteranteil
- Artgemäße Haltung (Abwechslung und Beschäftigung), Ziel: Erregungsabbau
- Tiergerechter Umgang und stressfreie Ausbildung
- Symptomatische Therapie (Kopperriemen, -operation): abzulehnen
- Lerntherapie: ohne Erfolg
  Tierschutzwidrig: Elektrogeräte bzw. -zaun

Prophylaxe:
- Artgemäße Haltung und Fütterung
- Tiergerechter Umgang

hung des Koppens spielen dürfte, sollte auf eine kraftfutterreiche Futterration, die zur Übersäuerung des Magens führt, verzichtet werden. Stattdessen ist auf eine verhaltensgerechte Fütterung mit langen Fresszeiten und hohen Raufuttermengen besonderer Wert zu legen. Koppen kann über eine artgemäße Haltung und Fütterung sowie durch einen tiergerechten Umgang vermieden werden (C 6.1, S. 121). Diese sind bereits von Geburt an zu optimieren, da insbesondere Fehler während der Jugendentwicklung zu Koppen disponieren. Wichtig ist es bereits in diesem Alter Situationen, die – **im positiven wie im negativen Sinne** – zu Übererregung führen, so gut wie möglich zu vermeiden. Dazu zählt beispielsweise auch die Verfütterung von besonders schmackhaften Kraftfutter. Erregungsreduzierend wirkt, wenn man derartige „Leckereien" mit weniger schmackhaftem Futter vermengt. Weitere Beispiele (stressfreies Absetzen) finden sich unter B 4.2, S. 56.

Pferde aus Kopperfamilien sollten von der Zucht ausgeschlossen werden. Allgemein ist bei „hoch im Blut stehenden" Tieren auf eine ausreichende Prophylaxe besonderer Wert zu legen.

Differenzialdiagnose. Differenzialdiagnostisch ist Koppen vom Krippensetzen sowie vom Barren- bzw. Krippenwetzen zu unterscheiden, da in diesem Fall keine Kontraktion der langen Halsmuskulatur stattfindet. Allerdings kann ersteres, insbesondere wenn die Aufsatzstelle zuvor beleckt wird, die Vorstufe für Koppen sein. Ähnliche Geräusche wie beim Koppen, jedoch ebenfalls ohne Kontraktion der langen Halsmuskulatur, können von einer frühembryonalen Fehlentwicklung im Bereich des Kehlkopfes herrühren, was allerdings nur sehr selten vorkommt. Diese Ursache ist mittels endoskopischer Untersuchung oder über eine Röntgenaufnahme seitens des Tierarztes abzuklären.

1.2 Zungenspiel und stereotypes Belecken von Gegenständen

Ablauf. Zungen- oder Leckbewegungen vor und nach dem Saufen oder in Erwartung des Fressens zum Beispiel auf dem Weg zur Weide gehören zum normalen Verhaltensrepertoire der Pferde. Das **Zungenspiel** im Stall ist eine Verhaltensstörung, ebenso das stereotype Belecken von Gegenständen.

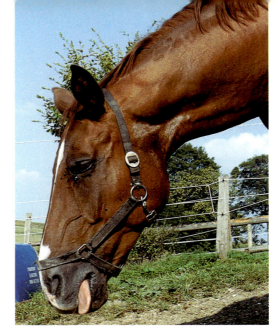

Abb. 100 Beim Zungenspiel bewegen bzw. verdrehen die Pferde die Zunge innerhalb und außerhalb der Maulhöhle. Typisch ist auch bei dieser Verhaltensstörung der „entrückte" Gesichtsausdruck.

Bei ersterem bewegen bzw. verdrehen die Pferde die Zunge innerhalb und außerhalb der Maulhöhle, lassen sie seitlich hängen, rollen sie hoch, führen Saugbewegungen durch oder schlagen sie gegen die Lippen. **Stereotypes Belecken** äußert sich in ständig wiederholten, gleichförmig ablaufenden Leckbewegungen an Mauern, Gitterstäben, Türen und ähnlichem mehr oder an den eigenen Lippen bzw. in Leerlauf-Leckbewegungen.

Ursachen und Therapie. Für beide Verhaltensstörungen wird eine ähnliche Genese wie für das Koppen angenommen. Analog zum Koppen sind sie sehr therapieresistent. Auch bei ihnen ist die einzige Behandlungsmöglichkeit im Sinne einer Verbesserung die Optimierung von Fütterung, Haltung und Umgang (C 6.1, S. 121). Der Halter sollte wissen, dass die Störungen in der Regel **nicht zu einem Schaden** des Tieres führen, sondern vielmehr helfen können, Erregungen abzubauen und Unzulänglichkeiten zu kompensieren.

Differenzialdiagnose. Differenzialdiagnostisch ist das Zungenspiel im Stall vom Zungenstrecken beim Reiten oder Fahren zu unterscheiden, das zu den unerwünschten Verhaltensweisen zählt (E 2.1,

S. 190). Auffallend häufige Zungen- und Leckbewegungen werden auch bei verschiedenen Erkrankungen der Maulhöhle (z. B. Zungenverletzung) bzw. der Zähne gezeigt. Die Verhaltensauffälligkeit ist in diesem Fall den symptomatischen Verhaltensstörungen zuzuordnen.

1.3 Barrenwetzen und Gitterbeißen

Ablauf. Beim Barrenwetzen setzen die Pferde die Schneidezähne auf einem harten Gegenstand wie den Trograd auf und schwenken den Kopf rhythmisch seitlich hin und her. Ebenso verfahren sie mit Gitterstäben, an denen sie senkrecht hin- und herwetzen, wodurch ein schabendes Geräusch entsteht. Mögliche gesundheitliche Folgen sind eine mehr oder weniger starke Abnutzung der Schneidezähne, Zahnfleischentzündungen und vorzeitiger Zahnverlust.

Ursachen und Auslöser. Es handelt sich beim Barrenwetzen und Gitterbeißen nicht immer um eine Verhaltensstörung, auch unerwünschtes Verhalten kann vorliegen bzw. eine Kombination von beidem. Ersteres ist der Fall, wenn das Verhalten stereotyp abläuft, das heißt in Form und Ablauf nahezu konstant ist. Disposition und Ursachen dürften dem Koppen vergleichbar sein. Es wird besonders durch **Erregungszustände** wie die bevorstehende Fütterung ausgelöst. Folgt diese dann, kann es zu einer Belohnung kommen und damit zu einer Verstärkung der Verhaltensweise. Ebenso ist es möglich, dass die Tiere in Erregung versetzt werden, da sie bei der Einzelhaltung oftmals keine Möglichkeit der sozialen Auseinandersetzung mit ihrem Boxennachbarn haben. Die Aktionen werden deshalb auf ein Ersatzobjekt gerichtet. Ein unerwünschtes Verhalten liegt vor, wenn Barrenwetzen ein Aufmerksamkeit forderndes Verhalten ist, wobei dann die Ansprache durch den Menschen als Belohnung wirkt.

Therapie. Die Therapiemaßnahmen richten sich nach der jeweiligen Ursache, wobei die Abgrenzung mitunter nicht einfach ist. Die Feststellung, ob ein

---

Barrenwetzen
(Ähnliche Genese: Gitterbeißen)

Klassifikation:	1. Reaktive Verhaltensstörung*) 2. Unerwünschtes Verhalten
Ablauf:	Aufsetzen der Schneidezähne auf einem harten Gegenstand unter seitlichem Hin- und Herschwenken des Kopfes
Disposition:	• Inadäquate Haltung und nicht artgemäße Fütterung • Nicht pferdegerechter Umgang
Ursachen:	1: • Hohe Motivation ohne adäquate Endhandlung (Erregung und Stress) • Einschneidende Erlebnisse im negativen Sinne („Initialtrauma") 2: Erlerntes, Aufmerksamkeit forderndes Verhalten (ungewollte Konditionierung)
Auslösende Situation:	1 + 2: Vorgänge, die zu einem Erregungsanstieg führen (Fütterung, soziale Komponenten) 2: Ansprache durch den Menschen
Folgen:	Zahnveränderungen, Zahnverlust
Therapie:	1 + 2: • Artgemäße Haltung und Fütterung: – Abwechslung und Beschäftigung (lange Fresszeiten) Ziel: Erregungsabbau – Optimierung des Sozialkontakts (Umgruppierung) • Tiergerechter Umgang 2: Auslöschung und klassische Konditionierung
Prophylaxe:	• Artgemäße Haltung und Fütterung • Tiergerechter Umgang • Berücksichtigung des Lernverhaltens von Pferden

*) Nummern der Klassifikation entsprechen den laufenden Nummern im folgenden Text (Ursachen, Therapie usw.).

Abb. 101 Wetzen an der oberen Türhälfte der Außenbox. Diese zeigt deutliche Wetzspuren.

erlerntes Verhalten beteiligt oder sogar ausschließlich für das Verhalten verantwortlich ist, lässt sich nur durch genaue Beobachtung des Kontextes und der Umstände, in welchen das Verhalten gezeigt wird, treffen. Die Therapie von erlerntem, **Aufmerksamkeit forderndem Verhalten** erfolgt über **Auslöschung** (C 6.2, S. 134). Häufig wird zur Unterstützung eine **Gegenkonditionierung** empfohlen, dahingehend, dass das Pferd nur dann Futter erhält, wenn es das unerwünschte Verhalten nicht zeigt und bei Wiederauftreten das Futter sofort entzogen wird. Diese Methode, die operante Konditionierung, ist bei einzeln gehaltenen Tieren wie Hunden gut durchzuführen. Für Pferde, die normalerweise gemeinsam mit Artgenossen gehalten werden, ist sie weniger geeignet, da das synchrone Fressen dem Normalverhalten dieser Spezies entspricht und das Ausklammern eines einzelnen Tieres nur dessen Erregung steigern würde. Es ist jedoch möglich, alle Pferde in die erzieherische Maßnahme zu integrieren. Erfolgversprechend ist es auch, über eine Übung, die durch **klassische Konditionierung** erlernt wurde, das Verhalten umzulenken. Da oftmals eine Vermischung von Aufmerksamkeit forderndem Verhalten und Übererregung vorliegt, sollte man unabhängig von der Ursache die Haltungsbedingungen so gestalten, dass das Pferd viel Beschäftigung und Abwechslung hat. Dies gilt insbesondere beim Vorliegen einer reaktiven **Verhaltensstörung**. Um diese zu behandeln, sollte schwerpunktmäßig für einen **Erregungsabbau** gesorgt werden. Dieser wird beispielsweise im Funktionskreis Fressverhalten über lange Fresszeiten, weniger Kraftfutter bzw. weniger schmackhaftes Kraftfutter oder häufige Fütterungszeiten erreicht (B 5.2, S. 61; C 6.1, S. 124). Ist eine soziale Komponente beteiligt, kann das Umstellen in eine Gruppenhaltung oder in eine Box mit Möglichkeiten zum sozialen Körperkontakt das Verhalten reduzieren bzw. völlig zum Abklingen bringen. Auch ein anderer Boxennachbar kann mitunter schon für Abhilfe sorgen.

Prophylaxe. Barrenwetzen und Gitterbeißen als reaktive Verhaltensstörung können, beginnend mit der Geburt, durch artgemäße Haltung und Fütterung sowie durch einen pferdegerechten Umgang verhindert werden (C 6.1, S. 121). Diese Maßnahme gilt auch für das Aufmerksamkeit fordernde Verhalten, denn Auslöser hierfür ist vielfach die **Monotonie des Pferdealltags**. Unter solchen Bedingungen ist bereits das Schimpfen des Menschen für das Pferd eine Belohnung, denn es erhält eine Ansprache. Dem Aufmerksamkeit fordernden Verhalten wird zusätzlich vorgebeugt, wenn man seinen Umgang auf das Lernverhalten des Pferdes abstimmt und falsche, wenn auch ungewollte Konditionierungsvorgänge vermeidet (C 6.2, S. 130). So sollten Belohnungen stets dem erwünschten Verhalten zugeordnet sein, denn Pferde lernen schnell, ihr Verhalten mit einer Futterbelohnung in Zusammenhang zu bringen. Allgemein sollten Vorgänge, die für das Pferd zu Übererregung führen würden, bereits im Vorfeld so angelegt werden, dass dies nicht in diesem Maße eintritt.

Differenzialdiagnose. Barrenwetzen und Gitterbeißen als Verhaltensstörung oder unerwünschtes Verhalten ist von vereinzelten wetzenden bzw. schabenden Bewegungen in Erregungssituationen abzugrenzen, die als Übersprungshandlung in Konfliktsituationen auftreten können.

1.4 Exzessives Benagen von Holz

Ablauf. Das Nagen an Holz oder Rinde ist ein normales Verhalten der Pferde. Es gehört zum natürlichen Verhaltenrepertoire und besitzt in geringem

Maße offensichtlich diätetische Bedeutung. So werden bestimmte Holzarten gemieden, andere bevorzugt. Beispielsweise beknabbern Pferde gerne Weiden, deren Rinde Salizylsäure enthält, selbst wenn sie bedarfs- und verhaltensgerecht gefüttert werden. Diese Form des Holznagens findet aber nur für kurze Zeit statt. Exzessives Bekauen von hölzernen Bauteilen, ohne dass das Holz gefressen und verdaut wird, ist dagegen eine **Handlung ohne Ernährungsfunktion**.

Ursachen und Therapie. Um dieses Verhalten als gestört im engeren Sinne (reaktive Verhaltensstörung) einzustufen, sind zuerst andere Ursachen auszuschließen (C 2.1, S. 97). Dazu zählen Raufutter- und Mineralstoffmangel – speziell Spurenelemente, die Nichtbefriedigung des Fressbedürfnisses und Reizverarmung. Auch das Vorliegen einer Übersäuerung im Blinddarm wurde bei Holzfressen nachgewiesen. In der Regel ist exzessives Holzkauen durch eine bedarfs- und verhaltensgerechte Fütterung zu beheben. Deshalb steht die Korrektur diätetischer Mängel und die Optimierung der Fresszeiten im Vordergrund der Therapie. Dabei sollte nicht vergessen werden, den Pferden regelmäßig frische Äste von nichttoxischen Bäumen zum Nagen als Beschäftigung anzubieten. Gut geeignet sind belaubte Zweige von Buche, Birke, Weide und Pappel. Allgemein gilt jedoch, dass solche „Knabberhölzer" nur in Maßen angeboten werden dürfen und kein alleiniger Ersatz für Raufutter sind. So kam es bei einem Pferd, das in seinem Paddock geschredderte Fichtenabfälle vorgelegt bekam, durch die übermäßige Aufnahme zu Vergif-

---

Exzessives Benagen von Holz
(Ähnliche Genese: Kot- und Erdefressen, Polyphagia nervosa)

Klassifikation: 1. Mangelbedingte Verhaltensstörung*)
 2. Symptomatische Verhaltensstörung
 3. Reaktive Verhaltensstörung

Ablauf: Exzessives Bekauen von hölzernen Bauteilen

Ursachen:
1a: Nichtbefriedigung des Fressbedürfnisses (Grundfuttermangel)
1b: Defizit in der Ernährung (Mineralstoffe, Vitamine etc.)
2: Erkrankung
3: • Hohe Motivation ohne adäquate Endhandlung (Erregung und Stress)
 • Einschneidende Erlebnisse im negativen Sinne („Initialtrauma")

Therapie:
1 + 3:
 • Artgemäße Fütterung mit langen Fresszeiten
 • Holz zur Beschäftigung
2: Medizinische Behandlung
3: • Artgemäße Haltung (Bewegung, Sozialkontakt)
 • Tiergerechter Umgang

Prophylaxe:
 • Artgemäße Fütterung (hoher Raufutteranteil)
 • Artgemäße Haltung (Bewegung, Beschäftigung)
 • Tiergerechter Umgang

*) Nummern der Klassifikation entsprechen den laufenden Nummern im folgenden Text (Ursachen, Therapie usw.).

Abb. 102 Holznagen als Übersprungshandlung.

Abb. 103 Eine prophylaktische wie therapeutische Maßnahme ist die tägliche Vorlage frischer Äste von nichttoxischen Bäumen.

tungserscheinungen mit schwankendem Gang in der Hinterhand, schäumendem Speichelfluss, Fressunlust und stark fauligem Maulgeruch.

Wird das exzessive Holzkauen trotz der Fütterungskorrektur beibehalten, liegt eine reaktive Verhaltensstörung vor, was aber eher selten ist. In diesem Fall sollte eine zusätzliche Haltungsoptimierung und ein ausreichendes Bewegungsangebot im Vordergrund der therapeutischen Bemühungen stehen (B 8.2, S. 75; C 6.1, S. 121).

Differenzialdiagnose. Die Aufnahme von geringen Mengen Holz gehört zum normalen Fressverhalten von Pferden. Kurzfristiges Holzbeißen in bestimmten Erregungssituationen wie zum Beispiel auf Turnieren ist als Übersprungshandlung zu werten und stellt ebenfalls ein normales Verhalten dar.

1.5 Kot- und Erdefressen

Ursachen, Therapie und Prophylaxe. Kotfressen ist beim Saugfohlen bis zur achten Lebenswoche ein normales Verhalten und hat diätetische Bedeutung (B 5.1, S. 58). Ist es bei erwachsenen Pferden zu beobachten, liegt meist eine mangelbedingte Verhaltensstörung vor. Die Ursachen sind in der Regel entweder ein Nährstoffdefizit (z. B. Proteine) oder eine Nichtbefriedigung des Fressbedürfnisses. Kotfressen ist vor allem bei **zu knapp bemessener Versorgung** mit kaufähigem Raufutter bzw. unge-

nügend kauender Beschäftigung zu beobachten. In seltenen Fällen wird es auch auf der Weide bei Wassermangel beobachtet. Vereinzelt kann es auch mit einem Magenwurmbefall *(Trichostrongylus axei)* in Zusammenhang ste hen. In diesem Fall treten aber weitere Verhaltensauffälligkeiten wie verminderter Appetit, Durchfall, Abmagerung und Leistungsabfall auf.

Eine ähnliche Situation dürfte beim übermäßigen Erdefressen vorliegen, dem ursächlich auch ein Salzmangel zugrunde liegen kann. Allgemein fördern eine isolierte, bewegungs- und beschäftigungsarme Haltung sowohl Kot- als auch Erdefressen. Beide Verhaltensabweichungen können gesundheitliche Pro-

Abb. 104 Auf Ausläufen ohne Futter werden vereinzelt stehende Gräser oft mitsamt Wurzelwerk herausgerissen und so mitunter erhebliche Mengen Erde aufgenommen. Dadurch entsteht ein erhöhtes Kolikrisiko.

bleme zur Folge haben. Kotfressen erhöht das Infektionsrisiko mit Endoparasiten, durch übermäßiges Erdefressen steigt die Kolikgefahr. Für beide Verhaltensauffälligkeiten besteht die Therapie wie beim Holzkauen in einer bedarfs- und verhaltensgerechten Fütterung (B 5.2, S. 61).

Differenzialdiagnose. Differenzialdiagnostisch vom übermäßigen Erdefressen abzugrenzen ist die vermehrte Erdaufnahme auf stark überweideten Flächen.

1.6 Polyphagia nervosa (Übermäßiges Fressen)

Übermäßiges Fressen ist in der Regel auf eine Fehlernährung zurückzuführen, nur selten liegt eine reaktive Verhaltensstörung vor. Es äußert sich darin, dass innerhalb kürzester Zeit große Futtermengen auch wenig schmackhaften Futters wie Stroh gefressen werden. Zunächst sind Erkrankungen wie starker Wurmbefall oder diätetische Defizite als Ursache auszuschließen. Außerdem ist bei der Beurteilung dieses Verhaltens der „**Pferdemaßstab**" und nicht unsere menschlichen Eßgewohnheiten anzusetzen. Danach ist es völlig normal, dass Pferde bis zu 16 Stunden täglich Futter aufnehmen. Diese Grenze wird auch bei der Polyphagia nervosa nur selten überschritten. Aus diesem Grund darf sich die Therapie auch nicht an einer zeitlichen Limitierung orientieren, sondern muss darauf abzielen, den Pferden eine bedarfsgerechte Ration unter Einhaltung der artspezifischen Fresszeiten anzubieten. Meist reguliert sich ein derartig übersteigertes Fressverhalten nach einiger Zeit (Monate) von selbst, wenn die Tiere konsequent Futter ad libitum zur Verfügung gestellt bekommen. Um übermäßige Zunahmen zu vermeiden, empfehlen sich Maßnahmen zur Rationierung, die jedoch die Einhaltung langer Fresszeiten erlauben (B 5.2, S. 61). Wichtig ist außerdem, den Pferden ausreichend anderweitige Aktivitäten anzubieten, insbesondere Bewegung. Ansonsten bleibt die Futteraufnahme die einzige Beschäftigung im monotonen Pferdealltag.

In seltenen Fällen kann auch eine haltungsbedingte Verhaltensstörung vorliegen. Wie bereits unter B 5.1, S. 58 beschrieben, könnte hierfür möglicherweise eine Störung der Regelmechanismen zur Futteraufnahmehemmung, bedingt durch eine langandauernde, stark vom Normalmaß abweichende Fütterung verantwortlich sein. Die Therapiemaßnahmen entsprechen auch in diesem Fall den zuvor gegebenen Empfehlungen.

Abb. 105 Viele Ponys neigen rassebedingt zum Verfetten. Ihr Fressverhalten ist jedoch in der Regel normal.

2 Funktionskreis Lokomotionsverhalten

2.1 Weben

Weben ist mit die häufigste Bewegungsstereotypie des Pferdes. Je nach Rasse, Haltung und Nutzung weben etwa 1 bis 9,5 % der Pferde. Es kommt in der Regel bei Stallhaltung vor und hier eher bei Anbinde- als bei Boxenhaltung. So beobachteten *Zeitler-Feicht* und *Buschmann (2002)* überdurchschnittlich viele webende Pferde (15,5 %) in der dauerhaften Ständerhaltung. Auch auf vegetationslosen Koppeln, mitunter sogar auf der Weide tritt Weben auf, insbesondere bei fehlendem Sozialkontakt.

Ablauf. Beim Weben steht das Pferd mit leicht gespreizten Vorderbeinen und pendelt mit Kopf und Hals rhythmisch von einer Seite auf die andere. Dabei wird häufig das nicht belastete Bein angeho-

Abb. 106 Weben auf einer vegetationslosen Koppel im Sozialverbund. Auslöser war ein Erregungsanstieg bedingt durch die Fotografin, die sich am Ausgang zur Weide befand.

ben, sodass eine schrittartige Bewegung auf der Stelle entsteht. Eine Kombination mit anderen Verhaltensauffälligkeiten wie Zungenspiel, Lippenlecken, Gähnen, Aggressionen gegen das Nachbarpferd, Barrenwetzen, Gitterstäbebeißen, rhythmischem Schweif- und Kopfschlagen sowie Wiehern sind möglich. Dabei sind Haltung und Bewegung des Kopfes sowie Ausschlagsweite und Frequenz individuell verschieden.

Disposition. Für Weben sind ähnliche Faktoren prädisponierend wie für Koppen. Dazu zählen Unzulänglichkeiten in der Haltung sowie die Vorlage von zu wenig Raufutter, stark eingeschränkte Bewegungsmöglichkeiten besonders bei Jungpferden und unzureichender Sozialkontakt. Auch webende Pferde sind auffallend oft unter den Renn-, Dressur- und Pleasurepferden zu finden. Hengste neigen besonders zu dieser Verhaltensstörung. Für Weben liegen ebenfalls Hinweise für eine genetische Disposition vor. So fanden *Vecchiotti* und *Galanti (1986)* in manchen Familien italienischer Vollblüter bis zu 26 % Weber, während der Anteil webender Pferde an der von ihnen überprüften Population von etwa 1000 Tieren bei lediglich 2,5 % lag. Außerdem sind „hoch im Blut stehende" Pferde besonders betroffen. Bei Kaltblutpferden kommt Weben nach bisherigen Befunden nur in Ausnahmefällen vor.

Ursachen. Weben ist eine reaktive Verhaltensstörung. Ursache für das erstmalige Auftreten ist zum einen ein nicht pferdegerechtes Umfeld, dessen erhebliche Defizite zu starker Erregung und chronischem Stress führen. Zum anderen konnten einschneidende Ereignisse, die mit einer länger andauernden psychischen Belastung verbunden sind, als sogenanntes „Initialtrauma" ermittelt werden. Bei den von *Radtke (1985)* untersuchten Pferden trat Weben erstmals nach dem Absetzen von der Mutter, bei Trainingsbeginn, seit aktiver Teilnahme am Turniersport bzw. nach Besitzer- oder Stallwechsel sowie bei plötzlich stark eingeschränkten Bewegungsmöglichkeiten wie Boxenruhe wegen Erkrankung auf. Wie beim Koppen ist ein Erlernen des Webens durch Nachahmung über wissenschaftliche Befunde nicht nachgewiesen. Es kann allerdings zu einer **unbeabsichtigten Konditionierung** kommen. Dies ist darauf zurückzuführen, dass Weben im Unterschied zu Koppen bereits vor der Fütterung in der Erwartungsphase ausgelöst wird. Unter solchen Bedingungen empfindet dann das Pferd die nachfolgende Fütterung als Belohnung für das gezeigte Verhalten. Auf Betrieben, deren Fütterung zu festen Tageszeiten erfolgt, beginnen manche Pferde oft schon ein bis zwei Stunden zuvor mit den ersten Webaktivitäten. Dass Weben über **Nachahmung** gelernt wird, ist, wie gesagt, wie beim Koppen wissenschaftlich nicht belegt. In der Regel sind inadäquate Haltungsbedingungen dafür verantwortlich, dass mehrere Pferde in einem Stall mit dem Weben beginnen.

Auslöser. Der Auslöser für Weben ist nicht Langeweile, sondern sind Ereignisse, die zu einem starken Erregungsanstieg führen. Für Beides ist zwar Reizverarmung die Ursache, doch die Gemütslage des Pferdes ist eine völlig andere. Der häufigste und wichtigste Auslöser für Weben ist die bereits erwähnte bevorstehende Fütterung. Auch andere Tätigkeiten wie Stallarbeiten, Manipulationen am

Tab. 12: Variationsbreite des Webens (nach Radtke, 1985)

Webphasen/Tag:	3–15
Webzeit/Tag:	13–297 Minuten
Ausschläge/Tag:	400–17 000
Ausschlagsweite:	80–175 cm

Nachbarpferd, Reitbetrieb und ähnliches mehr können den Erregungspegel so ansteigen lassen, dass bei den betroffenen Pferden Weben ausgelöst wird. Nur bei exzessiv webenden Tieren tritt die Stereotypie oftmals auch ohne erkennbaren Auslöser auf.

Physiologische und gesundheitliche Folgen. Über die physiologischen Folgen des Webens wurden in den letzten Jahren ebenfalls neue Erkenntnisse gewonnen. Im Unterschied zum Koppen scheinen körpereigene Endorphine keine Rolle zu spielen. Jedenfalls sind nach bisherigen Untersuchungen Opioid-Antagonisten bei Webern nicht wirksam. Es ist jedoch davon auszugehen, dass sich das Pferd über das Weben quasi ein Ventil schafft, um Erregung abzubauen. So ermittelte *Benda (1998)* eine erniedrigte Nozizeptionsschwelle während des Webens, was die These bestätigt, dass Weben eine stressabbauende Funktion hat. Des Weiteren gibt es Hinweise, dass serotonerge Systeme einen Einfluss haben. So führen unter anderem Störungen im Serotoninstoffwechsel beim Menschen zu Depressionen, beim Pferd möglicherweise zu Verhaltensstörungen, worauf weiter unten noch näher eingegangen wird.

Allgemein ist die Meinung, dass es durch diese Verhaltensstörung zu Leistungseinbußen kommt, weit verbreitet. In Reiterkreisen wird immer wieder auf mögliche Schäden im Vorderhandbereich durch Weben verwiesen. Diese Ansicht entbehrt aber der wissenschaftlichen Grundlage. Ihr wird seitens der tiermedizinischen Literatur schon seit über 100 Jahren widersprochen. Umfangreiche Studien belegen, dass webende Pferde **keine überdurchschnittliche Krankheitshäufigkeit** im Bereich der Vorderextremitäten erkennen lassen. Sie sollen im Gegenteil sogar besonders leistungsstarke Tiere sein *(Engelhardt 1990)*.

Therapie. Weben ist primär eine residualreaktive Verhaltensstörung und die Therapie gestaltet sich entsprechend schwierig. Im Gegensatz zu Koppen ist jedoch die Umstallung in ein **artgemäßes Haltungssystem** erfolgversprechend. Praxiserfahrungen zeigen, dass Pferde mit dem Weben aufhören, sobald sie sich in einer Offenstallhaltung befinden. Stellt man sie daraufhin wieder in eine Box, kehrt die Stereotypie sofort zurück. Dies ist ein zusätzlicher Beweis dafür, dass die Optimierung von Haltung und Umwelt der richtige Weg bei der Behandlung ist. Wichtigstes Ziel sollte bei der Behandlung von Webern der Abbau des hohen Erregungspegels sein, da durch Übererregung das gestörte Verhalten ausgelöst wird. Dabei kommt der Fütterung eine besondere Bedeutung zu. Viele kleine Kraftfuttergaben sind weniger stressauslösend für das Pferd als lediglich zwei große. Hierfür eignet sich beispielsweise im besonderen Maße die computergesteuerte Kraftfuttergabe im Offenlaufstall, vorausgesetzt sie ist richtig konzipiert. Für die Boxenhaltung sind Kraftfutterautomaten zu empfehlen. Letztere müssen das Futter aber synchron auswerfen, sodass alle Pferde gleichzeitig in den Genuss kommen. Parallel dazu sollte den Pferden Raufutter ad libitum angeboten werden bzw. ganztägiger Weidegang möglich sein. Nach *Mills* und *Davenport (2002)* können im Notfall, z. B. in Klinik- oder Rennställen, wo die Pferde nur sehr begrenzt Sozialkontakt haben, in der Box aufgehängte Spiegel (Sicherheitsglas) helfen, die Webaktivität zu mindern.

Neben der Verlängerung der Fresszeiten kommt es durch die vermehrte Heu- und Strohfütterung zu einem weiteren möglichen Vorteil. Mittlerweile gilt es als erwiesen, dass der Neurotransmitter **Serotonin** bei Verhaltensstörungen eine Rolle spielt. So werden in der Humanmedizin Antidepressiva vom Typ der selektiven Serotonin-Wiederaufnahme-Hemmer erfolgreich bei der Behandlung von Zwangserkrankungen eingesetzt. Von dieser Wirkung und der Beobachtung, dass die Verabreichung von Serotoninantagonisten zu einer Verstärkung der Symptome führt, wurde auf einen Mangel an Serotonin bei Patienten mit Verhaltensstörungen geschlossen *(Lebelt 1996)*. Der Zusammenhang mit Raufutter liegt nunmehr darin begründet, dass in diesem die Aminosäure Tryptophan enthalten ist. Diese ist wiederum für die Serotoninsynthese von Bedeutung. Daraus folgt, dass eine **vermehrte Raufuttergabe** das Angebot an Serotonin erhöhen kann, womit möglicherweise dem Auftreten einer **Stereotypie entgegengewirkt werden kann**. Auch die Ergänzung der Futterration mit der essentiellen Aminosäure L-Tryptophan (Mineral- und Vitaminergänzungsfuttermittel mit L-Tryptophanzusatz), aus der im Organismus Serotonin synthetisiert wird, könnte erfolgversprechend sein. Nach *McDonell (1998)* führt sie zu einer Verminderung stereotyper Verhaltensweisen.

In Hinblick auf eine mögliche Konditionierung des Webens empfiehlt es sich, starre Fütterungszeiten aufzulockern. Solche Fixtermine erhöhen ganz allgemein bei reizarm gehaltenen Pferden den Erre-

Weben	
(Ähnliche Genese: Stereotypes Laufen – Box, Auslauf, Weide)	
Klassifikation:	Reaktive Verhaltensstörung
Ablauf:	Rhythmische Pendelbewegungen von Kopf und Hals bei leicht gespreizten Vorderbeinen. Kombination mit anderen Stereotypien wie Lippenlecken und Kopfschlagen möglich
Disposition:	• Inadäquate Haltung • Nicht pferdegerechter Umgang • Vollblüter, Araber und veredelte Rassen • Erbliche Veranlagung (Weberfamilien)

Ursachen:	• Hohe Motivation ohne adäquate Endhandlung (Erregung und Stress)
	• Einschneidende Erlebnisse im negativen Sinne („Initialtrauma")
	• Erlerntes Verhalten:
	  – Nachahmung: nicht zutreffend
	  – Konditionierung als Verstärkung: ungewollt möglich

Auslösende Situation:	• Vorgänge, die zu einem Erregungsanstieg führen: • In Erwartung der Fütterung • Aktivitäten im sozialen Bereich (Personen, Pferde) • Aktivitäten im Stall (Einstreuen, Heufütterung)
Physiologische Folgen:	• Möglicher Einfluss serotonerger Systeme • Erniedrigte Nozizeptionsschwelle
Gesundheitliche Folgen:	In der Regel keine Beeinträchtigungen
Therapie:	• Artgemäße Haltung und Fütterung mit Abwechslung und Beschäftigung (lange Fresszeiten) Ziel: Erregungsabbau • Tiergerechter Umgang und stressfreie Ausbildung • Gegenkonditionierung • Symptomatische Therapie (Beine festbinden, Sandsäcke an der Decke usw.): abzulehnen
Prophylaxe:	• Artgemäße Haltung und Fütterung • Tiergerechter Umgang

gungspegel (B 1.2, S. 28). Erregungsabbauend wirken weiterhin ein erhöhtes Bewegungsangebot und uneingeschränkter Sozialkontakt, wie es im Offenlaufstall geboten wird. In der Praxis wird mitunter beobachtet, dass in **Außenboxen** mit Blick ins Freie die Webaktivitäten höher sind, obwohl diese als pferdegerechter anzusehen sind als Innenboxen. Dies ist darauf zurückzuführen, dass bei sensiblen, bewegungsaktiven Pferden der Erregungspegel noch weiter ansteigen kann, wenn ihnen keine Möglichkeit gegeben wird, zu reagieren. Bei solchen Tieren sollten Außenreize, die zu einer zusätzlichen Erregung führen, möglichst reduziert werden (B 12.1, S. 94).

Das Pferd sollte keinesfalls an der Ausübung gehindert werden, um weitere Motivationskonflikte zu vermeiden. Weben dient wie die anderen reaktiven Verhaltensstörungen dazu, dass das Tier mit den Unzulänglichkeiten in seinem Umfeld zurechtkommt. Mechanische Maßnahmen zur Verhinderung des Webens wie Zusammenbinden der Vorderbeine, Aufhängen von Sandsäcken an der Stalldecke und Bemalen der Boxenwände mit Zebrastreifen sind als nicht tiergerecht abzulehnen. Man versucht in diesem Fall lediglich die Webaktivitäten zu unterdrücken. Es handelt sich hierbei um keine Behandlung, denn die Motivationslage des Pferdes wird nicht geändert. Im Gegenteil, derartige Maßnahmen führen zu einer Verschlechterung der Lebensbedingungen des Pferdes und bereiten unter Umständen sogar den Boden für eine neue Verhaltensstörung.

Prophylaxe. Um Weben zu vermeiden, sollten zweierlei Faktoren berücksichtigt werden. Dies sind einerseits alle Maßnahmen, die dazu dienen, einer reaktiven Verhaltensstörung vorzubeugen. Dazu zählen eine artgemäße Haltung und Fütterung sowie ein tiergerechter Umgang (C 6.1, S. 121). Andererseits gilt es eine Konditionierung zu vermeiden, da diese die Webaktivitäten zusätzlich verstärkt. Hierfür sollte man sich für die Planung des Tagesablaufs am Verhalten der Pferde unter natürlichen Lebensbedingungen orientieren, das zwar gewissen Regeln folgt, aber niemals starr und für das Tier berechenbar ist (B 1.1, S. 27). Dadurch lässt sich ein übermäßiger Erregungsanstieg während der Erwartungsphase zum Beispiel vor der Fütterung vermeiden, vorausgesetzt die Pferde können sich stets anderweitig beschäftigen. Insbesondere bei „hoch im Blut stehenden" Tieren kommt einer solchen Entspannung des Tagesablaufs große Bedeutung zu. Eine wichtige prophylaktische Maßnahme wäre des weiteren, Pferde aus Familien, in denen auffallend viele Weber auftreten, von der Zucht auszuschließen.

Differenzialdiagnose. Weben als Verhaltensstörung ist von vereinzelten webähnlichen Bewegungen in Erregungssituationen abzugrenzen, die als Übersprungshandlung in Konfliktsituationen auftreten können.

2.2 Stereotypes Laufen

Stereotypes Laufen ist besonders häufig bei Arabern anzutreffen und kommt in den verschiedenen Populationen je nach Rasse, Haltung und Nutzung mit 0,5 bis 7 % in unterschiedlich hohem Ausmaß vor. In Deutschland liegt die Prävalenz bei 0,6 bis 1,3 %. Betroffen sind vor allem Vollblüter, weniger Kleinpferde und Ponys (*Bredenbröker* 2003, *Zeitler-Feicht* und Mitarbeiter *2003*). Stereotypes Laufen wird vor allem bei einzeln gehaltenen Tieren in graslosen Ausläufen gezeigt, wenn weder eine Beschäftigungsmöglichkeit durch Nahrungssuche noch ein Kontakt zu Artgenossen besteht.

Ablauf. Das stereotype Laufen erfolgt meist auf geraden Strecken, kann aber auch als Kreis- oder Achterlaufen durchgeführt werden. Auffällig sind die Laufbewegungen (Manegebewegungen), die teilweise stundenlang im Schritt nach ein und demselben Muster (gleiche Schrittzahl, gleiche Laufrichtung, gleiche Wendungen usw.) durchgeführt werden. Sie treten in der Box (Boxenlaufen), im Paddock, in größeren Ausläufen und sogar auf der Weide auf (Zaun- und Achterlaufen). Achterlaufen oder Kreislaufbewegungen können fließend zum Weben übergehen. Auch andere ungewöhnliche Verhaltensweisen wie Lippenschlagen und Drehungen mit dem Kopf werden dabei gezeigt. Die Pferde wirken teils ruhig und gelassen, teils aufgeregt und nervös. Videoaufnahmen belegen, dass manche Pferde bis zu 80 % ihrer Zeit mit stereotypem Laufen verbringen können.

Ursachen und gesundheitliche Folgen. Dem stereotypen Laufen liegt eine ähnliche Genese wie dem Weben zugrunde. Bredenbröker (2003) ermittelte a) erste Aufstallung, b) Absetzen von der Mutterstute, c) Ausbildungsbeginn, d) Trennung von Weidekumpanen, e) Stallwechsel und f) längere Boxenruhe. Allerdings konnte bei über 60 % der von ihr untersuchten Pferde die Ursache nicht gefunden werden. Eine genetische Komponente ist wahrscheinlich. Wie beim Weben wird stereotypes Laufen durch Situationen, die das Pferd in Erregung versetzen (Fütterung, Stallarbeiten etc.) ausgelöst. In der Regel ist nicht mit einer negativen Beeinflussung der Gesundheit und Leistungsfähigkeit zu rechnen. Nur in der exzessiven Form besteht die Möglichkeit, dass es zur Ermüdung der Muskulatur, Verspannungen im Rücken- und Halsbereich sowie zu Gewichtsverlust kommt.

Therapie. Auch bei den Laufstereotypien ist die Optimierung von Haltung, Fütterung und Umgang die einzig sinnvolle Therapie. Da das gestörte Verhalten vor allem durch soziale Isolierung (Trennungsstress) und durch die bevorstehende Fütterung ausgelöst wird, ist neben allgemeinen Maßnahmen zum Erregungsabbau insbesondere auf ständigen Sozialkontakt im Stall, aber auch im Auslauf und auf der Weide sowie auf eine verhaltensgerechte Fütterung mit langen Fresszeiten (Gras, Heu, Stroh) zu achten. Nach *Bredenbröcker (2003)* sind Laufstereotypen jedoch im Allgemeinen nur sehr schwer oder gar nicht zu beeinflussen. Das Unterbinden der Bewegungen durch Anbinden ist aus Tierschutzgründen abzulehnen (D 1.1, D 2.1).

In der Praxis wird allgemein die Meinung vertreten, Bewegungsstereotypien werden durch **Langeweile** ausgelöst. In der Tat hat es diesen Anschein. So sind z. B. beim Boxenlaufen die Laufspuren am Morgen vor den Stallarbeiten und der Fütterung am deutlichsten erkennbar. Doch nicht Langeweile, sondern im Gegenteil **Übererregung** vor der Fütterung führt zu diesem Verhalten. Dazu kommt es, weil die Einzelhaltung in der Box ohne anderweitige Beschäftigung die Bedürfnisse des Pferdes zu stark einschränkt. Die Folge davon ist, dass der Erregungspegel in Erwartung anstehender Aktivitäten (Fütterung) übermäßig ansteigt. Somit ist Reizverarmung zwar die Ursache, doch diese führt zu der Stereotypie aus Übererregung und nicht aus Langeweile (D 2.1, S. 150).

Differenzialdiagnose. Laufstereotypen sind an der deutlich ausgetretenen Spur erkennbar, falls kein planbefestigter Boden vorliegt. Kurzzeitiges Hin- und Herlaufen in der Box in bestimmten Erregungssituationen sind demgegenüber als Übersprungshandlung zu werten. Sie stellen eine normale Verhaltensweise und kein gestörtes Verhalten dar. Es ist allerdings Ausdruck einer Bedürfnisspannung im Sinne einer Frustration. Treten derartige Situationen gehäuft auf, sind sie auf Dauer die Ursache für den Beginn einer reaktiven Verhaltensstörung (A 4, S. 24). Auf ihre Vermeidung muss daher besonderer Wert gelegt werden. Manege- und Zwangsbewegungen können auch im Verlauf von Gehirnerkrankungen auftreten wie beispielsweise bei der Bornaschen Krankheit, die in Deutschland noch in machen Gebieten (Bayern: 0,02 bis 0,04 % der Pferde) endemisch vorkommt (*Grabner 2000*). Auch bei Dummkoller, hepatogenen Gehirnstörungen und der Eastern Equine Encephalomyelitis sind ab und zu kreisende Zwangsbewegungen zu beobachten (*Wintzer 1999*).

2.3 Exzessives Scharren

Ablauf und gesundheitliche Folgen. Scharren ist eine normale Verhaltensweise. Pferde setzen es zur taktilen Untersuchung des Bodens beispielsweise zur Futtersuche oder vor dem Wälzen ein. Im natürlichen Verhaltensrepertoire ist es allerdings stets nur von kurzer Dauer. Wird es langanhaltend gezeigt, ist es eine Verhaltensanomalie. Exzessives Scharren kommt fast ausschließlich bei Einzelhaltung vor. In extremer Form führt es an unbeschlagenen Hufen zu starken Abnutzungserschei-

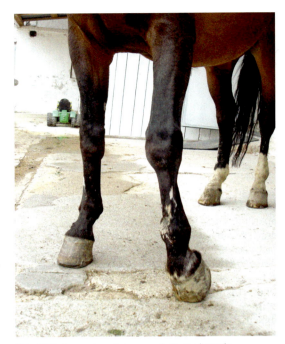

Abb. 107 Exzessives Scharren als Futterbetteln (erlerntes Verhalten) kann zu Schäden an den Vorderextremitäten und Hufen führen.

nungen, die, wenn sie nicht behandelt werden, Fehlstellungen und nachfolgende orthopädische Schäden zur Folge haben können.

Ursachen und Auslöser. Bei andauerndem Scharren kann es sich um eine reaktive Verhaltensstörung, um erlerntes Verhalten oder auch um beides handeln. Ersteres ist der Fall, wenn ursächlich fehlende Bedürfnisbefriedigung bzw. **chronischer Stress** zu diesem Verhalten führten und es stereotyp durchgeführt wird. Vergleichbar mit Weben wird es durch Erregungszustände wie das Heraus- und Hereinführen von Stallgefährten oder die bevorstehende Fütterung ausgelöst. Auch in diesem Fall wirkt die nachfolgende Futtergabe wie eine Belohnung und führt zu einer weiteren Verstärkung der Verhaltensweise. Exzessives Scharren kann jedoch auch ausschließlich als erlerntes Verhalten in Form von **Aufmerksamkeit forderndem Verhalten** oder als Bettelintention auftreten. Letztere kann das Pferd aus eigenem Antrieb lernen. Meist wird es vom Halter ungewollt gefördert. So erfolgt die Belohnung für das Verhalten in der Regel unbeabsichtigt. Die Ansprache des Pferdes – es genügt schon ein Schimpfen – oder eine unbedachte Futtergabe sind ausreichend.

Therapie. Die Therapiemaßnahmen richten sich nach der jeweiligen Ursache, was eine genaue Beobachtung des Kontext und der Umstände, in welchen das Verhalten gezeigt wird, voraussetzt. Liegt **unerwünschtes Verhalten** als Aufmerksamkeit forderndes Verhalten vor, kann über **Auslöschung** und **Gegenkonditionierung** in Form einer Umlenkung (klassische Konditionierung) therapiert werden (C 6.2, S. 129). Das Abkonditionieren über operante Konditionierung ist, sofern das andauernde Scharren vor der Fütterung gezeigt wird, nicht zu empfehlen. Darauf wurde bereits beim Barrenwetzen und Gitterbeißen eingegangen. Da vielfach eine Vermischung von Lernverhalten und Übererregung vorliegt, sollte man grundsätzlich beim Auftreten einer derartigen Verhaltensauffälligkeit über eine Verbesserung der Haltungsbedingungen für **Entspannung** sorgen. Dies gilt ebenso beim Vorliegen einer reaktiven **Verhaltensstörung**. Dabei ist besonderer Wert auf gute soziale Kontaktmöglichkeiten, angemessene ruhige Bewegung und eine verhaltensgerechte Fütterung zu legen. Optimal ist die Umstallung in einen Offenstall (C 6.1, S. 121). Als weitere Maßnahme hat sich bewährt, den Boxenbodens zusätzlich zur Einstreu mit Gummimatten auszukleiden, da dem Verhalten auch eine gewisse Lärmstimulierung zugrunde liegt.

Prophylaxe. Artgerechte Haltung, verhaltensgerechte Fütterung und ein tiergerechter Umgang beugen dem Auftreten von exzessivem Scharren unabhängig von der Genese vor. Zusätzlich sollte im Umgang mit dem Pferd das spezielle Lernverhalten von Tieren berücksichtigt werden, um eine ungewollte Konditionierung zu vermeiden.

Differenzialdiagnose. Intensives Scharren wird außerdem als Übersprungshandlung bei Erregung gezeigt. Ein solches Erregungsscharren zeigen beispielsweise Pferde, wenn sie laufen möchten und daran gehindert werden. Im Verlauf einer Kolik ist es ein Anzeichen für Schmerzen. In beiden Fällen handelt es sich um ein normales Verhalten und ist weder als gestört noch als erlernt einzustufen.

2.4 Schlagen gegen die Boxenabgrenzung

Gelegentliches mitunter auch häufigeres Ausschlagen kommt als agonistische Verhaltensweise im Rahmen sozialer Auseinandersetzungen vor oder wird als Komforthandlung zum Vertreiben von Insekten eingesetzt. Anhaltendes, stereotypes Ausschlagen gegen die Stallbegrenzung mit den Vorder- oder Hinterhufen („Stall-Kicking") tritt nur in der Boxenhaltung auf. Es handelt sich meist um ein **Aufmerksamkeit forderndes Verhalten**, kann aber auch gestört sein und über Lernprozesse verstärkt werden. Je nach Intensität und Häufigkeit führt es zu mehr oder weniger starken Verletzungen an den Vorder- oder Hinterextremitäten. Es liegt eine ähnliche Genese wie beim exzessiven Scharren vor. Demzufolge sind auch dieselben Therapiemaßnahmen zu empfehlen.

Zusätzlich kann es sich um eine **umgelenkte soziale Aggression** handeln. Der Boxennachbar ist nicht direkt erreichbar, weshalb die Angriffe gegen die Boxenwände gerichtet werden. Auch eine Unterschreitung der Individualdistanz wegen zu enger Boxenabmessungen ist denkbar. Diese Ursache lässt sich durch genaue Beobachtung des exzessiven Schlagens herausfinden. Als Therapie

Abb. 108 Schlagen gegen die Boxenwände ist in der Einzelhaltung häufiger anzutreffen.

Schlagen gegen die Boxenabgrenzung	
(Ähnliche Genese: Exzessives Scharren)	
Klassifikation:	1. Reaktive Verhaltensstörung*) 2. Unerwünschtes Verhalten
Ablauf:	Anhaltendes, stereotypes Ausschlagen gegen die Boxenbegrenzung mit den Vorder- oder Hinterhufen
Disposition:	• Inadäquate Haltung • Nicht pferdegerechter Umgang
Ursachen:	1: • Hohe Motivation ohne adäquate Endhandlung (Erregung und Stress) • Einschneidende Erlebnisse im negativen Sinne („Initialtrauma") 2: Erlerntes, Aufmerksamkeit forderndes Verhalten (ungewollte Konditionierung)
Auslösende Situation:	1 + 2: Vorgänge, die zu einem Erregungsanstieg führen (Fütterung, soziale Komponenten) 2: Ansprache durch den Menschen
Folgen:	Verletzungen der Vorder- und Hinterextremitäten

Therapie:	1 + 2:
	 • Artgemäße Haltung:
	   – Abwechslung und Beschäftigung (Ziel: Erregungsabbau)
	   – Optimierung des Sozialkontakts (Umgruppierung, größere Abmessungen)
	 • Artgemäße Fütterung mit langen Fresszeiten
	 • Tiergerechter Umgang
	 2: Auslöschung und klassische Konditionierung

Prophylaxe:	• Artgemäße Haltung und Fütterung • Tiergerechter Umgang • Berücksichtigung des Lernverhaltens von Pferden

*) Nummern der Klassifikation entsprechen den laufenden Nummern im folgenden Text (Ursachen, Therapie usw.).

kann beim Vorliegen einer sozialen Komponente das Umstellen in eine größere Box (Individualdistanz), zu anderen Nachbarn (Unverträglichkeiten) oder in eine Gruppenhaltung das unerwünschte Verhalten reduzieren bzw. völlig zum Abklingen bringen.

3 Funktionskreis Sozialverhalten

3.1 Fehlprägung

Ablauf. Zur sozialen Fehlprägung kommt es, wenn die Mutter-Kind-Beziehung und somit die Prägung auf die eigene Art während der sensiblen Phase durch den Menschen gestört wird (B 4, S. 53). Dies kann soweit gehen, dass das Fohlen den Menschen und nicht andere Pferde als Artgenossen ansieht. Je nach Schwere der Fehlprägung haben derartige Tiere unterschiedlich große Probleme, die pferdespezifischen Verhaltensweisen zu verstehen. Die Folge davon ist eine mehr oder weniger große **Angst vor der eigenen Art**. Fehlgeprägte Tiere sind nicht oder nur schwierig in eine Gruppe zu integrieren, da sie unfähig sind, angemessen auf Drohgebärden anderer Pferde zu reagieren. Dieses Fehlverhalten erhöht das Risiko für Auseinandersetzungen und Verletzungen. Ebenso kann es zu einer sexuellen Fehlprägung kommen, da auch das Erkennen des artspezifischen Sexualpartners beim Pferd ontogenetisch bereits sehr früh stattfindet. Derartig fehlgeprägte Tiere zeigen an Stuten bzw. Hengsten nur mäßiges Interesse und richten statt dessen ihre sexuellen Aktivitäten auf den Menschen. Hieraus können sich durchaus gefährliche Situationen entwickeln, etwa wenn ein junger Hengst versucht, den vermeintlichen Sexualpartner Mensch zu bespringen.

Ursachen und Folgen. Ursache hierfür sind allgemein Störungen der Mutter-Kind-Beziehung während der sensiblen Phase. Besonders gefährdet sind Waisenfohlen, die durch Handaufzucht großgezogen werden. Meist sind deren Mütter bei der Geburt eingegangen, seltener kann auch eine extreme maternale Aggressivität ein vorzeitiges Entfernen des Fohlens von der

Abb. 109 Deckversuche durch einen Haflingerhengst an einem Bullen. Nicht Fehlprägung, sondern hohe Erregung bedingt durch lange Abstinenz führte zu diesem Verhalten.

Mutter erfordern. Aber auch eine zu intensive Beschäftigung mit dem Fohlen seitens des Menschen ist nicht unproblematisch. Hierbei sei auf das „**Prägungstraining**" von *Miller (1995)* hingewiesen, das bewusst darauf abzielt, das Neugeborene auf den Menschen zu prägen, um den späteren Umgang mit dem Pferd sowie dessen Ausbildung zu erleichtern. Obwohl nach *Miller* bei sachgerechter Vorgehensweise keine Beeinträchtigung der Mutter-Kind-Bindung zu erwarten sei, ist die Methode nicht ohne Risiko. Insbesondere die durchzuführenden Manipulationen am Fohlen, die zum Teil auf der Lerntherapie der **Reizüberflutung** beruhen, sind kritisch zu bewerten (C 6.2, S. 133). Eine persistierende erhöhte Ängstlichkeit des Fohlens und eine soziale Fehlentwicklung können die Folge eines nicht sachgerecht durchgeführten „Imprintings" sein.

Therapie. Da es sich bei der Prägung um einen **weitgehend irreversiblen Lernvorgang** handelt, ist die Behandlung eines bereits fehlgeprägten Tieres mit allergrößten Schwierigkeiten verbunden. Dennoch sollte versucht werden, die Prägung auf den Menschen so gut wie möglich abzuschwächen und parallel dazu den Kontakt zu Pferden zu intensivieren. Dabei ist ein besonders behutsames, schrittweises Vorgehen erforderlich. Zu Beginn stallt man das Problempferd am besten in einer Box mit Paddock auf. Diese bietet einerseits Rückzugsmöglichkeiten in den hochgeschlossenen Innenbereich und andererseits engeren, aber abgesicherten Sozialkontakt im Freien über den Zaun hinweg. Dies hilft – vorausgesetzt die Boxennachbarn sind friedliche Pferde – Ängste abzubauen. Daran anschließend kann man versuchen das betroffene Tier in eine Gruppe einzugliedern. Dazu sollte man nach der sukzessiven Integration vorgehen, indem man das verhaltensgestörte Pferd zunächst mit einem besonders gut verträglichen Tier aus der Gruppe zusammenbringt, wenn diese aneinander gewöhnt sind mit dem nächsten gut verträglichen, bis es schließlich die komplette Gruppe kennt. Ablenkung von zu intensiven sozialen Kontakten bietet zum Beispiel gleichzeitiger Weidegang für alle Tiere (B 2.2, S. 40). Während dieser Zeit ist der Kontakt mit dem Menschen auf ein Minimum zu reduzieren, um die Gewöhnung an die „neuen" Artgenossen zu erleichtern.

Prophylaxe. Soziale Fehlprägungen können in aller Regel durch die entsprechende Prophylaxe verhindert werden. Dazu zählt die Vermeidung jeglicher Störung der Mutter-Kind-Beziehung während der sensiblen Phase. Bei Waisenfohlen sollte man als erstes bemüht sein, eine Ammenstute zu finden. Gelingt dies nicht, ist eine zu enge Beziehung des betreuenden Menschen zum Fohlen zu vermeiden. Im Gegenzug dazu muss das Fohlen die Möglichkeit erhalten mit anderen Artgenossen zu kommunizieren. Weiterführende Empfehlungen wurden bereits unter B 4.2, S. 55 gegeben.

Differenzialdiagnose. Das Fehlanpassungssyndrom ist von der Fehlprägung abzugrenzen. Hierbei handelt es sich um einen Symptomenkomplex, bei dem die Prägung des Fohlens auf die Mutter aus gesundheitlichen Gründen nicht stattfinden kann. Möglicherweise können die Neugeborenen zwar aufstehen, finden aber keinen Kontakt zur Mutter. Sie irren plan- und ziellos in der Box umher und versuchen Kontakt zu fremden Gegenständen aufzunehmen. Davon abgesehen gibt es auch Fohlen, deren Vitalität so stark eingeschränkt ist, dass sie sich nicht erheben können. Einige stoßen dabei bellende Laute aus (Schreier), andere lassen

Fehlprägung	
Klassifikation: Differenzialdiagnose:	Reaktive Verhaltensstörung Verhaltensstörung (symptomatisch, endogen, zentralnervös)
Ablauf:	Der Lernprozeß der Prägung auf die eigene Art findet nicht oder nicht in ausreichendem Maße statt.
Ursachen:	Störungen der Mutter-Kind-Prägung während der sensiblen Phase, durch • Tod des Muttertieres • Menschen (Miller-Methode) • Andere Pferde, artfremde Tiere, Unruhe usw.
Folgen:	• Soziale Fehlprägung (Angst vor Artgenossen) • Sexuelle Fehlprägung
Therapie:	• Sukzessiver Kontaktaufbau zu Artgenossen • Reduzierung des menschlichen Kontakts zu Therapiebeginn

Prophylaxe:	• Artgemäße Aufzucht ohne Störung der Mutter-Kind-Beziehung
	• Bei Waisenfohlen:
	  a) wenn möglich Aufzucht mit Ammenstute
	  b) ansonsten Aufzucht mit anderen Pferden

Ablauf. Es handelt sich dabei um eine aggressive Verhaltensweise, die gegen den eigenen Körper gerichtet ist. Die betroffenen Pferde beißen sich meist in Brust, Schultern oder Flanken, aber auch in andere erreichbare Körperteile. Häufig ist dieses Verhalten von Wiehern, Quietschen oder Ausschlagen begleitet. Auch Drehbewegungen auf der Stelle verbunden mit Flankenbeißen sind zu beobachten. Dabei scheint das Pferd seinem eigenen Körper „hinterherzujagen". Die Aggressionen können auch gegen andere Pferde oder Menschen gerichtet werden, sobald sie sich in der Nähe befinden. Bei Hengsten ist das autoaggressive Verhalten manchmal nur während der Decksaison zu beobachten, bei anderen dauert es unabhängig davon das ganze Jahr über an.

Disposition. Prädisponierend sind ein hohes Aggressionspotenzial, weshalb Automutilation fast ausschließlich von **Hengsten** gezeigt wird (Einfluss endogenen Testosterons auf das sich entwickelnde Gehirn) sowie inadäquate Haltungsbedingungen. Sie tritt sowohl bei Hauspferdehengsten als auch bei Przewalskihengsten im Zoo auf. Mitunter, aber sehr selten, ist auch bei Wallachen und Stuten autoaggressives Verhalten zu beobachten. Erstere er-

lediglich die Zunge seitlich heraushängen. Als Ursachen werden Sauerstoffmangel und neurologische Unreife diskutiert. Diagnose und Therapie werden vom Tierarzt durchgeführt.

3.2 Automutilation (Autoaggression)

Die Automutilation oder Autoaggression ist eine reaktive Verhaltensstörung, die nach einer kanadischen Untersuchung (*Luescher* und Mitarbeiter *1996*) bei 1,9 % der Hengste und 0,7 % der Wallache vorkommt.

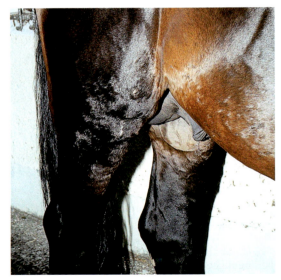

Abb. 110 Automutilation bei einem Deckhengst. Narben, die mit weißgefärbten Haaren bedeckt sind, zeugen von diesem Verhalten, das bei diesem Pferd nur während der Deckzeit auf Station auftritt.

werben die Autoaggression meist schon vor der Kastration. Wie beim Koppen und Weben scheint auch bei dieser Verhaltensstörung eine genetische Komponente vorhanden zu sein, denn in manchen Familien tritt sie auffallend oft auf. Meist sind es besonders bewegungsfreudige und hochsensible Tiere. Dies dürfte auch der Grund sein, warum Araber am häufigsten von allen Rassen autoaggressives Verhalten zeigen. Die Verhaltensstörung entsteht meist im Alter bis zu zwei Jahren.

Gesundheitliche Folgen. Bei der Automutilation fügen sich die Pferde mitunter ernsthafte Verletzungen zu. Die dadurch verursachten Schmerzen halten sie aber nicht von der Fortführung ihres selbstzerstörerischen Verhaltens ab. Dies ist auch bei anderen Tierarten zu beobachten, die autoaggressives Verhalten zeigen. Man vermutet daher, **dass Schmerz für Tiere leichter zu ertragen ist als ständige Frustration und Deprivation**. Die Aggressionen richten sich jedoch nicht nur gegen den eigenen Körper. Es besteht außerdem die Gefahr, dass Menschen oder andere Pferde verletzt werden. Letzteres kann bei exzessiver Ausführung die Decktauglichkeit von Hengsten einschränken. In Extremfällen versuchen autoaggressive Pferde sogar unter dem Sattel ihren eigenen Körper zu bebeißen, wodurch es zu gefährlichen Situationen für den Reiter kommen kann.

Automutilation (Autoaggression)

Klassifikation:	Reaktive Verhaltensstörung
Differenzialdiagnose:	Verhaltensstörung (symptomatisch, endogen, zentralnervös)
Ablauf:	Bebeißen des eigenen Körpers an Brust, Schultern, Flanken und anderen erreichbaren Körperteilen. Kombination mit weiteren Verhaltensweisen wie Wiehern, Quietschen oder Ausschlagen möglich
Disposition:	• Hengste • Erbliche Veranlagung (Aggressionspotenzial, Sensibilität)
Ursachen:	• Hohe Motivation ohne adäquate Endhandlung (Erregung und Stress) • Einschneidende Erlebnisse im negativen Sinne („Initialtrauma")
Auslösende Situation:	Vorgänge, die zu einem Erregungsanstieg führen: • Wahrnehmung nicht erreichbarer Pferde • Aktivitäten im Stall (Fütterung, Personen)
Folgen:	• Verletzungen des autoaggressiven Pferdes • Verletzungen anderer Tiere und Menschen

Therapie:	• Artgemäße Haltung und Fütterung:
	  – Großes Bewegungsangebot
	  – Abwechslung und Beschäftigung (lange Fresszeiten) Ziel: Erregungsabbau
	  – Optimierung des Sozialkontakts (sukzessiver Kontaktaufbau zu Artgenossen)
	• Kastration bei Hengsten
	Tierschutzwidrig: Maulkorb, kurzes Anbinden

Prophylaxe:	• Artgemäße Haltung und Fütterung • Tiergerechter Umgang und stressfreie Ausbildung

---

Ursachen. Bei der Automutilation handelt es sich nach bisherigen Erkenntnissen nahezu ausschließlich um eine reaktive Verhaltensstörung. Werden disponierte Pferde unter unzulänglichen Haltungsbedingungen aufgestallt, kann es zu einer chronisch gesteigerten Bedürfnisspannung kommen, die nicht mehr kompensierbar ist. Mangels Sozialpartner richtet sich dann die aggressive Verhaltensweise gegen den eigenen Körper. Dies erklärt auch den hohen Anteil an Hengsten, denn viele von ihnen werden mit Beginn des Deckeinsatzes stark isoliert sowie bewegungs- und beschäftigungsarm gehalten.

Auslöser. Auch bei der Automutilation sind als Auslöser Vorgänge, die mit einem hohen Erregungsanstieg verbunden sind, von besonderer Bedeutung. Dazu zählt neben der Futtererwartung die Kontaktsuche nach anderen Pferden. So wird bei Hengsten das autoaggressive Verhalten vor allem durch das Vorbeiführen von Stuten, die für sie nicht erreichbar sind, ausgelöst.

Therapie. Als Therapiemaßnahmen müssen als erstes die Haltungs- und Umgangsbedingungen verbessert werden. Während sich die Umstellung der Fütterung auf ein verhaltensgerechtes Maß mit langen Futterzeiten (Raufutter ad libitum) und die Erhöhung des Bewegungsangebots zum Beispiel über Koppelgang, Führmaschine, Bewegung an der Longe ohne größere Probleme bewerkstelligen lassen, ist bei Hengsten der Forderung nach Sozialkontakt schwerer nachzukommen. Die Optimallösung wäre zwar der freie Kontakt zu anderen Pferden, doch ist bei einem derartig gestörten Verhalten das Verletzungsrisiko für die Artgenossen meist zu groß. Als Alternative ist die Boxenhaltung mit Paddock zu versuchen, wobei engerer Sozialkontakt in kleinen Schritten aufgebaut werden sollte. Anfangs genügt ein ständiger guter Sicht-, Geruchs- und Hörkontakt zu einem ruhigen Nachbartier (bei Hengsten ein Wallach). Mitunter ist ein Paddock Abstand zwischen den beiden Tieren erforderlich. Nach einer ausreichend langen Gewöhnungszeit und bei guter Verträglichkeit kann schließlich Sozialkontakt über den Paddockzaun zugelassen werden. Insgesamt ist bei autoaggressivem Verhalten darauf zu achten, dass der Betriebsablauf und der Umgang so gestaltet sind, dass die **Erregungsspitzen** für das Pferd reduziert werden. Ziel ist, über viel Bewegung, vielfältige Beschäftigung (Futter, Spielzeug) und über hinreichenden Sozialkontakt zu einem vertrauten Boxennachbarn wieder eine Normalisierung des Verhaltens zu erreichen.

Eine begleitende medikamentöse Unterstützung über Psychopharmaka oder Hormone (Gestagene) kann bei extrem autoaggressiven Pferden erforderlich sein. Reichen diese Maßnahmen bzw. die Befriedigung der pferdespezifischen Bedürfnisse nicht aus, die aggressive Verhaltensweise einzudämmen, kann bei Hengsten eine Kastration in Erwägung gezogen werden. Etwa 30 % der Hengste sprechen allerdings auf diese Maßnahme nicht an. Deshalb empfiehlt es sich, vorher die „chemische Kastration" mithilfe von Gestagenen auszuprobieren. Abgesehen davon wäre es wegen der möglichen erblichen Disposition sinnvoll, Hengste wie auch Stuten, die dieses gesteigerte Aggressionsverhalten aufweisen, von der Zucht auszuschließen.

Eine mechanische Verhinderung des autoaggressiven Verhaltens kann vorübergehend sinnvoll sein, um weitere Verletzungen zu vermeiden und Wunden abheilen zu lassen. Hierfür eignet sich eine steife Halskrause, die das Bebeißen des eigenen Körpers verhindert, aber eine normale Futteraufnahme zulässt. Ungeeignet und **im Sinne des Tierschutzes abzulehnen** sind Maßnahmen wie das Aufsetzen eines Maulkorbs oder kurzes Anbinden, da sie für das Pferd eine zusätzliche Verschlechterung der Haltungsbedingungen und ein noch höheres Maß an Frustration bedeuten.

Prophylaxe. Das autoaggressive Verhalten tritt bei artgerechter Haltung und entsprechender Fütterung nicht auf. Insbesondere bei Hengsten ist Wert auf ausreichend soziale Kontakte und Bewegung zu legen. Autoaggressive Tiere sollten wegen einer möglichen genetischen Disposition von der Zucht ausgeschlossen werden.

Differenzialdiagnose. Gesteigerte Aggressivität, schnelle Erregbarkeit und Automutilation an den Vordergliedmaßen können, wenn auch selten, als Begleitsymptome von Erkrankungen auftreten. Doch dann gibt es noch weitere eindeutige diagnostische Hinweise auf ein krankhaftes Geschehen. Bei Tollwut sind dies zum Beispiel fehlende Futteraufnahme, Schluckstörungen, Speicheln, Lethargie, Darmparese usw.

3.3 Gesteigerte Aggressivität

Gesteigerte Aggressivität in der Gruppe

Ablauf. Aggressives Verhalten ist Bestandteil des angeborenen Verhaltensrepertoires der Pferde. Es wird eingesetzt, um eine Rangordnung zu erstellen bzw. eine bereits etablierte Rangordnung zu bestätigen. Die Palette der dabei gezeigten Verhaltensweisen reicht von leichtem Ohrenanlegen bis hin zu massiven Angriffen durch den gezielten Einsatz von Hufen und Zähnen. Dieses Normalverhalten wird besonders offensichtlich, wenn ein neues Pferd in eine bereits bestehende Gruppe eingegliedert werden soll. In diesem Fall sind je nach Ranghöhe und Kampfbereitschaft des Neuankömmlings die Auseinandersetzungen zwar mehr oder weniger heftig und von unterschiedlicher Dauer, doch finden sie irgendwann ein Ende. In einer gut integrierten Gruppe genügen schließlich Ohrenanlegen, Hinterhand- und Beißdrohen bzw. gelegentliches Zwicken, um die Rangposition zu dokumentieren. Eine persistierende Aggressivität in einer Gruppe, die wiederholt mit Verletzungen einhergeht, entspricht jedoch nicht dem Normalverhalten von Pferden und muss auf ihre Ursachen hin überprüft werden.

Ursachen. In der Regel handelt es sich um ein **normales Verhalten** der Pferde. Nur in Ausnahmefällen sind bei der gesteigerten Aggressivität in der Gruppe sozial gestörte Pferde beteiligt, wobei in einer Gruppe bereits ein einziges derartiges Tier genügt, um das Verletzungsrisiko für alle zu erhöhen. Eine solche Verhaltensstörung beruht meist auf sozialer Deprivation während der Jugendentwicklung oder auf schlechten Erfahrungen. Die Folge ist eine erhöhte Aggression aus Angst vor der eigenen Art. Seltener liegt eine Disposition für eine erhöhte Aggressivität vor. Ein solches angeborenes Fehlverhalten tritt unter Haltungs- und Umgangsmängeln besonders offensichtlich in Erscheinung. Allgemein gilt, dass die intraspezifische gesteigerte Aggressivität durch Lernen zusätzlich noch verstärkt werden kann.

Therapie und Prophylaxe. Ist die Ursache **Angst** vor Artgenossen, sollte man das betroffene Pferd zunächst aus der Gruppe nehmen, um es später wieder sukzessive zu reintegrieren. Am besten wäre zunächst die Haltung in einem angrenzenden Paddock. Über diesen kann dann das sozial gestörte Pferd Kontakt zu seiner ehemaligen Gruppe aufnehmen. Gleichzeitig muss aber ein gesicherter Rückzug in das Boxeninnere möglich sein. Erst wenn das Pferd in dieser abgesicherten Umgebung keine Angst mehr vor den anderen Tieren zeigt, wird es nach und nach mit den einzelnen Gruppenmitgliedern wieder zusammengebracht. Dies kann

Gesteigerte Aggressivität in der Gruppe	
Klassifikation:	1. Reaktive Verhaltensstörung[*] 2. Unerwünschtes Verhalten
Differenzialdiagnose:	**Verhaltensstörung** (symptomatisch, endogen, zentralnervös)
Ablauf:	Anhaltend gesteigerte Aggressivität in einer Gruppe mit wiederholt auftretenden ernsthaften Verletzungen.
Ursache:	1. Haltungs- und Managementfehler 2. Angst durch soziale Deprivation (ein bzw. mehrere Pferde)
Folgen:	• Verletzungen des aggressiven Pferdes • Verletzungen anderer Pferde und Menschen • Benachteiligungen, Stress und vermehrte Unruhe
Therapie:	1. Behebung der Mängel 2. Sukzessiver Kontaktaufbau zu Artgenossen oder Ausschluss aus der Gruppe (Box mit Paddock)
Prophylaxe:	• Jungpferdeaufzucht in Gruppen • Zuchtausschluss von Pferden mit angeborener gesteigerter Aggressivität • Richtige Konzeption von Gruppenhaltungen und fachmännisches Management

[*] Nummern der Klassifikation entsprechen den laufenden Nummern im folgenden Text (Ursachen, Therapie usw.).

Abb. 111 Massive Rangauseinandersetzungen sind normal, wenn ein Pferd ohne besondere Vorkehrungen neu in eine Gruppe integriert wird.

je nach Grad der Störung unterschiedlich viel Zeit in Anspruch nehmen. Für die meisten sozial gestörten Pferde ist jedoch die Kleingruppe (2 bis 4 Tiere) eine bessere Alternative oder die Einzelhaltung in einer Box mit Paddock. Pferde mit einer **angeborenen erhöhten Aggressivität** sollten auf jeden Fall in ein solches Einzelhaltungssystem umgestallt werden.

Meist sind bei der Gruppenhaltung häufige Auseinandersetzungen und wiederholt auftretende größere Verletzungen auf **Konzeptions- und Managementfehler** zurückzuführen. Dazu zählen unter anderem zu enge Abmessungen, fehlende Ausweichmöglichkeiten für rangniedere Tiere oder falsche Gruppenzusammenstellung. *Zeitler-Feicht* und Mitarbeiter (*2006*) fanden heraus, dass vor allem bei Ressourcenverknappung in Form von rationierter Fütterung, zu wenigen Fressplätzen und Wasserstellen sowie bei zu gering bemessenem Witterungsschutz die Anzahl an Drohgebärden mit und ohne Körperkontakt signifikant erhöht ist. Unter derartigen Gegebenheiten ist die Haltung für die gesteigerte Aggressionsrate unter den Pferden verantwortlich und die Reaktion der Tiere als normal zu bezeichnen (B 2, S. 29).

Differenzialdiagnose. In Ausnahmefällen können auch krankhafte Veränderungen (z. B. Tumore der Gonaden, Erkrankungen des Zentralnervensystems) die Ursache für eine gesteigerte Aggressivität sein.

Sexuelle Aggressivität bei Hengsten

Ablauf. Übersteigerte Aggressivität gegenüber Stuten ist bei Deckhengsten unter traditionellen Haltungsbedingungen, das heißt bei Boxenhaltung, nicht selten. Ohne entsprechende Vorkehrungen würde der Deckeinsatz solcher Hengste zu ernsthaften Verletzungen des Paarungspartners führen. Aber nicht nur die Stuten sind gefährdet. Die Aggressionen können auch gegen den Menschen oder gegen den eigenen Körper gerichtet werden. Letzteres wäre dann der Ausgangspunkt für das zuvor beschriebene autoaggressive Verhalten (D 3.2, S. 158).

Ursachen. Ursache für eine übersteigerte Aggressivität gegenüber Stuten ist meist **mangelnde Erfahrung** im natürlichen Paarungsverhalten, denn den normalen Ablauf des Paarungsvorgangs lernen die meisten unserer Deckhengste nie kennen. Hinzu kommt eine **Fehlkonditionierung** beim Deckablauf. So werden beim „Sprung aus der Hand" die Deckhengste daran gewöhnt, dass die Stute keinen Widerstand leistet, denn ihre Paarungsbereitschaft wurde zuvor von einem Probierhengst getestet. Zudem ist sie meist über Spannstricke am Ausschlagen gehindert. Ein risikoloser Deckakt konditioniert den Deckhengst jedoch regelrecht darauf, jede sexuelle Erregung mit einer schnellen und erfolgreichen Absamung zu assoziieren. Noch weiter weg von der Natur und noch problemloser für den Hengst ist das Aufspringen auf ein Phantom bei der künstlichen Besamung. Solche Tiere können nicht mehr ohne weiteres im freien Herdensprung eingesetzt werden, da ihnen das Abschlagen nicht paarungswilliger Stuten unbekannt ist. Massive Aggressionen sind dadurch ebenso vorprogrammiert wie völlige Deckunlust. In einzelnen Fällen kann eine angeborene Neigung zu übersteigerter Aggressivität vorliegen. Derart disponierte Pferde reagieren besonders empfindlich auf Fehler in Haltung und Umgang.

Therapie und Prophylaxe. Als Therapie bei übersteigerter Aggression sind in jedem Fall die **Haltungsbedingungen** zu verbessern. Je mehr Bewegung und Beschäftigung dem Hengst täglich geboten werden, umso besser lässt sich die Übererregung abbauen und das aggressive Verhalten in den Griff bekommen. Auf diese Weise lernt der Hengst, dass nicht mit jedem Öffnen der Boxentüre ein Deckeinsatz bevorsteht. Außerdem führt die Befriedigung der artspezifischen Bedürfnisse sowie die körperliche Ausgeglichenheit auch zu einer psychischen Beruhigung. Auf diese ist besonderer Wert zu legen. Deshalb muss auch der Umgang ruhig und konsequent erfolgen. Dies erfordert ein großes Maß an Autorität, Sachverstand und Feinfühligkeit seitens des Betreuers. Täglich durchgeführte Rangordnungsübungen mit positiver Verstärkung sind daher zur Festigung der Dominanz des Hengstführers zu empfehlen.

Ein Abkonditionieren des erlernten Verhaltens kann nach erfolgten Haltungs- und Umgangsverbesserungen versucht werden. Dabei könnten Lektionen, die auf **klassischer Konditionierung** beruhen, erfolgversprechend sein. Je nach Ausmaß der Libido des Hengstes kann dadurch eine Umlenkung oder zumindest eine gewisse Ablenkung er-

Abb. 112 Der spanische Schritt ist eine Übung, um Aggressionen in gewünschte Bahnen zu lenken.

reicht werden. Nicht zuletzt sollte beim Einsatz von Deckhengsten auf Friedfertigkeit geachtet werden, da für aggressives Verhalten eine gewisse erbliche Disposition gegeben ist. Dies und eine Optimierung von Haltung und Umgang sind die wichtigsten Maßnahmen zur Prophylaxe. Weiterführende Informationen dazu finden sich unter B 3, S. 50.

Differenzialdiagnose: Vereinzelt können auch krankhafte Veränderungen (z. B. Tumore der Gonaden, Erkrankungen des Zentralnervensystems) die Ursache für eine gesteigerte Aggressivität sein.

Maternale Aggressivität

Ein vermehrt aggressives Verhalten der Stute während der sensiblen Phase gegenüber Artfremden als auch Artgenossen ist ein normales Verhalten und dient dem ungestörten Ablauf der Prägung (B 4, S. 50). Auch ein darüber hinaus andauerndes ge-

---

Sexuelle Aggressivität bei Hengsten

Klassifikation: 1. Unerwünschtes Verhalten[*]
2. Reaktive Verhaltensstörung

Differenzialdiagnose: Verhaltensstörung (symptomatisch, endogen, zentralnervös)

Ablauf:	Beißen und Schlagen der Stute beim Deckakt
Disposition:	• Erbliche Veranlagung (gesteigerte Aggressivität) • Inadäquate Haltung • Nicht pferdegerechter Umgang
Ursachen:	1: Mangelnde Erfahrung, erlerntes Verhalten (Fehlkonditionierung) 2: • Hohe Motivation ohne adäquate Endhandlung (Erregung und Stress) • Einschneidende Erlebnisse im negativen Sinne („Initialtrauma")
Folgen:	• Verletzungen anderer Pferde und Menschen • Ausgangspunkt für Automutilation

Therapie:	1 + 2:
	• Artgemäße Haltung und Fütterung:
	  – Großes Bewegungsangebot
	  – Abwechslung und Beschäftigung (lange Fresszeiten), Ziel: Erregungsabbau
	• Fachmännischer, ruhiger, konsequenter Umgang
	1: Gegenkonditionierung

Prophylaxe:	• Artgemäße Haltung und Fütterung • Tiergerechter Umgang • Jungpferdeaufzucht in Gruppen • Zuchtausschluss von Hengsten mit gesteigerter Aggressivität

[*] Nummern der Klassifikation entsprechen den laufenden Nummern im folgenden Text (Ursachen, Therapie usw.).

steigertes Aggressionspotenzial der Stute ist eine natürliche Reaktion, denn ihre Bereitschaft zur Verteidigung des Fohlens ist in freier Wildbahn Voraussetzung für dessen Überleben. Gelegentlich richtet sich jedoch die Aggression der Stute auch gegen das eigene Fohlen. Dies kann in Einzelfällen soweit gehen, dass das Neugeborene verhungern, ernsthaft verletzt oder sogar getötet würde. Als **Ursachen für dieses Fehlverhalten** kommen **viele Faktoren** in Frage. Die Therapie gestaltet sich dementsprechend unterschiedlich.

1. Störungen der Mutter-Kind-Beziehung

Ursachen. Zunächst können äußere Einflüsse während und nach der Geburt aggressive Reaktionen bei der Stute auslösen. Dazu zählen beispielsweise Störungen durch andere Pferde oder Hunde, aber auch durch Menschen (D 3.1, S. 156). Sie können dazu führen, dass sich das Muttertier nicht in ausreichendem Maß auf sein Neugeborenes fixiert. Die mögliche Folge ist eine dauerhafte Ablehnung des Fohlens, verbunden mit massiven Attacken, sobald dieses zu saugen versucht. In Einzelfällen können auch starke Beunruhigungen während und nach der Geburt stressbedingt eine umadressierte, das heißt nicht auf den Störenfried, sondern auf das Fohlen gerichtete Abwehrreaktion bei der Stute auslösen. Auch unter diesen Umständen kann das Fohlen ernsthaft verletzt werden.

Therapie und Prophylaxe. Kann das Fohlen nicht bei der Mutter bleiben, muss es so schnell wie möglich einer Ammenstute zugeführt werden. Ultima ratio ist die Handaufzucht. Um eine zu starke Bindung an den Menschen zu vermeiden ist darauf zu achten, dass das verwaiste Fohlen engen Sozialkontakt zu anderen Pferden hat und nicht die Flasche, sondern ein Eimer mit Saugvorrichtung zum Tränken verwendet wird. Prophylaktisch sollte eine ruhige, abgeschirmte Atmosphäre während der Geburt und danach geschaffen werden. Die erforderlichen Voraussetzungen für eine ungestörte Mutter-Kind-Beziehung wurden bereits unter B 4.2, S. 54 beschrieben.

2. Fehlende Erfahrung

Ursachen und Differenzialdiagnose. Am häufigsten ist maternale Aggressivität gegenüber dem eigenen Fohlen bei erstgebärenden Stuten zu beobachten. In diesem Fall sind **Angst oder Schmerz** bzw. beides die Ursache. Dieses Verhalten ist in der Regel auf einen Mangel an Erfahrung zurückzuführen. Bei manchen Stuten löst bereits der ungewohnte Anblick eines liegenden Fohlens aggressive Reaktionen aus, bei anderen führen die ersten Saugversuche des Fohlens am prall gefüllten Euter zu massiver Abwehr. Differenzialdiagnostisch sind schmerzhafte Erkrankungen des Euters (z. B. Mastitis) abzuklären und entsprechend zu behandeln.

Maternale Aggressivität

Klassifikation:	1. Unerwünschtes Verhalten 2. Reaktive Verhaltensstörung
Differenzialdiagnose:	Verhaltensstörung (symptomatisch, endogen, zentralnervös)
Ablauf:	Aggressionen der Mutterstute gegen das Fohlen
Ursachen:	1*: Peri- und postnatale Störungen (Mensch, Pferde, andere Tiere usw.) 2: Angst und Schmerz (mangelnde Erfahrung) 3: Angeborene erhöhte Aggressivität
Folgen:	• Keine Mutter-Kind-Bindung • Verletzungen des Fohlens
Therapie:	1: Keine (Fohlen: Ammenstute oder Handaufzucht) 2: Gegenkonditionierung 3: Keine (Fohlen: Ammenstute oder Handaufzucht)
Prophylaxe:	• Jungpferdeaufzucht in Gruppen • Artgemäße Haltung und Fütterung von Mutterstuten (Herde) • Keine Störungen während der Prägungsphase • Zuchtausschluss von Stuten mit gesteigerter Aggressivität

*) Nummern der Ursachen entsprechen den Nummern der Therapie.

Therapie und Prophylaxe. Bei einer angst- bzw. schmerzbedingten Aggression sollte man helfend eingreifen. Die **Stute darf** für ihr Verhalten **nicht bestraft werden**, sondern muss unter Lob lernen, das Fohlen mit etwas Positivem zu verbinden. Meist genügt es, das Muttertier vorübergehend zu fixieren, um dem Neugeborenen ein erstes Saugen zu ermöglichen. Als positive Unterstützung und zur Ablenkung wird die Stute während dieser Zeit gefüttert und über gutes Zureden beruhigt. Das erste Saugen führt schließlich zu einer positiven Erfahrung für die Stute, denn der schmerzhafte Druck am Euter lässt nach. Außerdem werden verschiedene Hormone freigesetzt, unter anderem auch Endorphine, die für angenehme Empfindungen verantwortlich gemacht werden. Meist ist nach einigen Wiederholungen das Problem behoben und die Stute akzeptiert ihr Fohlen. Als vorbeugende Maßnahme empfiehlt sich Maidenstuten in Mutterstutenherden mit Fohlen zu halten. Hier lernt auch das unerfahrene Tier auf natürliche Weise sich an den Anblick von liegenden, saugenden und herumspringenden Fohlen zu gewöhnen. Weitere Hinweise sind unter B 4, S. 50 nachzulesen.

3. Angeborenes Verhalten

Eine genetische Komponente ist bei maternaler Aggressivität nicht auszuschließen. Nach *Houpt (1995)* sollen Stuten **arabischer Herkunft** und hier wiederum bestimmte Linien deutlich häufiger als andere Pferderassen zu Aggressionen gegenüber dem eigenen Fohlen neigen. Bei den betroffenen Tieren ist das aggressive Verhalten meist schon unmittelbar nach der Geburt, ohne dass äußere Einflüsse dafür verantwortlich gemacht werden können, zu beobachten. Es zeigt sich außerdem nicht nur beim Erstgeborenen, sondern auch bei den nachfolgenden Fohlen. Eine Therapie gibt es in diesem Fall nicht. Deshalb ist meist angeraten, das Fohlen von der Mutter zu trennen, da diese Form des aggressiven Verhaltens nur schwer kontrollierbar ist. Als Konsequenz ist zu empfehlen, Stuten mit einem derartigen Verhalten von der Zucht auszuschließen.

Differenzialdiagnose. In Ausnahmefällen sind hormonelle Störungen, tumoröse Veränderungen der Ovarien (erhöhter Testosteronspiegel) oder andere Erkrankungen für eine gesteigerte Aggressivität verantwortlich.

4 Funktionskreis Komfortverhalten

4.1 Schweifreiben

Ablauf und gesundheitliche Folgen. Gelegentliches Schweifreiben ist eine normale Verhaltensweise der Pferde im Rahmen der solitären Hautpflege. Es tritt vermehrt während des Fellwechsels auf. Demgegenüber ist länger andauerndes oder stereotyp durchgeführtes Scheuern an Gegenständen als gestörtes Verhalten einzustufen. Exzessives Schweifreiben führt zum Verlust der Schweifhaare und birgt das ernst zu nehmende Risiko einer aufsteigenden Infektion in sich.

Ursachen. In den meisten Fällen handelt es sich um eine symptomatische Verhaltensstörung, die auf **dermatologische und parasitologische Erkrankungen** zurückgeht. Als Ursachen kommen einerseits Endoparasiten wie Pfriemenschwänze (Oxyuris equi) in Frage, deren Weibchen auf ihrer Wanderung zum Anus zwecks Eiablage erheblichen Juckreiz verursachen. Andererseits führen auch Ektoparasiten wie Milben und Haarlinge, die unter der Schweifwurzel schwitzender Pferde besonders gute Lebensbedingungen vorfinden, zu einem erhöhten Juckreiz. Auch allergisch bedingte oder durch Pilzinfektionen verursachte Hauterkrankungen können mit verstärktem Schweifscheuern einhergehen. Schließlich ist ständiges Reiben und

Abb. 113 In nahezu allen Fällen ist übermäßiges Schweifscheuern auf eine Erkrankung zurückzuführen. Bei diesem Pferd ist ein Sommerekzem die Ursache (Allergie gegen den Speichel einer Gnitzenart – *Culicoides* sp.).

Schweifreiben
(Ähnliche Genese: Übertriebene solitäre Fellpflege)

Klassifikation:	1. Symptomatische Verhaltensstörung*⁾ 2. Reaktive Verhaltensstörung
Ablauf:	Exzessives Reiben des Schweifes an Gegenständen unter Verlust der Schweifhaare
Ursachen:	1: Parasitologische oder dermatologische Erkrankung (Endo- und Ektoparasiten, Milben, Pilze, Allergie) 2: • Hohe Motivation ohne adäquate Endhandlung (Erregung und Stress) • Einschneidende Erlebnisse im negativen Sinne („Initialtrauma")
Folgen:	Entzündungen
Therapie:	1: Medizinische Behandlung 2: • Artgemäße Haltung und Fütterung • Tiergerechter Umgang
Prophylaxe:	1: Regelmäßige Pflege und Gesundheitsvorsorge 2: • Artgemäße Haltung und Fütterung • Tiergerechter Umgang

*⁾ Nummern der Klassifikation entsprechen den laufenden Nummern im folgenden Text (Ursachen, Therapie usw.).

Therapie und Prophylaxe. Die Therapie von exzessivem Schweifreiben erstreckt sich zunächst darauf festzustellen, ob eine Erkrankung oder ein mangelhafter Pflegezustand vorliegt. Als Behandlung sind die entsprechenden medizinischen Maßnahmen (z. B. Entwurmung) einzuleiten. Bei Stuten in der Rosse genügt das Anlegen eines Schweifschoners, da es sich um einen vorübergehenden Zustand handelt. Liegt eine reaktive Verhaltensstörung vor, sind die Umweltbedingungen zu verbessern. Wird dabei das Schweifscheuern durch bestimmte Aktivitäten bzw. durch Übererregung ausgelöst, sollte durch eine verhaltensgerechte Fütterung, ausreichend Sozialkontakt und Umweltreize sowie Bewegung (Gruppenhaltung, Weidegang) ein Spannungsabbau herbeigeführt werden (C 6.1, S. 121). Als Prophylaxe steht an erster Stelle die regelmäßige Pflege des Pferdes und Gesundheitsvorsorge. Im Hinblick auf eine Verhaltensstörung gilt die allgemeine Empfehlung, Haltung und Umgang für das Pferd von Geburt an so zu gestalten, dass die artspezifischen Bedürfnisse befriedigt und im Umgang physische und psychische Überforderungen vermieden werden.

Differenzialdiagnose. Von diesen Ursachen ist das vermehrte Schweifscheuern während des Fellwechsels abzugrenzen. Es ist ein natürliches Verhalten und kann bei unzureichend gepflegten oder mangelernährten Pferden auch längere Zeit andauern. Darüber hinaus ist während der Rosse bei Scheuern des Schweifes ein Kennzeichen der Neuritis caudae equinae (Polyneuritis equi), ein nach *Grabner (2000)* verbreitetes Krankheitsbild, dessen Ursache nach wie vor ungeklärt ist.

Andauerndes Scheuern an Gegenständen kann aber, wenn auch selten, eine reaktive Verhaltensstörung sein. Prädisponierend sind wie auch bei Koppen und Weben Haltungsmängel und Umgangsfehler, die wiederholt zu **Frustration sozialer und psychischer Art** sowie zu **chronischen Konfliktsituationen** führen.

Abb. 114 Soziale Fellpflege ist ein angeborenes Bedürfnis von Pferden. Es ist individuell verschieden stark ausgeprägt.

> **Übertriebene Fellpflege**
>
> **Klassifikation:** 1. Mangelbedingte Verhaltensstörung (Haarefressen) *)
> 2. Symptomatische Verhaltensstörung
> 3. Reaktive Verhaltensstörung
>
> **Ursache:** 1 a: Ernährungsmangel (Raufutter, Mineralstoffe, Vitamine)
> 1 b: Soziale Defizite
> 2: Parasitologische oder dermatologische Erkrankung
> 3: • Hohe Motivation ohne adäquate Endhandlung (Erregung und Stress)
> • Einschneidende Erlebnisse im negativen Sinne („Initialtrauma")
>
> **Therapie:** 1a: Beseitigung des Nährstoff-, Rohfaser-, Mineralstoff- oder Vitaminmangels
> 1b: Artgemäße Haltung (Sozialkontakt, Beschäftigung)
> 2: Medizinische Behandlung
> 3: • Artgemäße Haltung und Fütterung
> • Tiergerechter Umgang
>
> *) Nummern der Klassifikation entsprechen den laufenden Nummern im folgenden Text (Ursache, Therapie).

manchen Stuten vermehrtes Schweifreiben zu beobachten, was ebenfalls normal ist und in der Regel keine pathologischen Hintergründe hat.

4.2 Übertriebene Fellpflege

Für **übertriebenes Selbstbeknabbern** kommen weitgehend dieselben Ursachen und Auslöser in Betracht wie für das soeben geschilderte exzessive Schweifreiben (D 4.1, S. 165). Analog gestalten sich die Therapiemaßnahmen. Auch **soziale Fellpflege** bzw. exzessives Mähne- und Schweifknabbern kann in übertriebener Form ausgeführt werden. Sie treten häufig immer dann auf, wenn sie für längere Zeit unterbunden wurden. Demzufolge ist bei ungehindertem Sozialkontakt im Laufe der Zeit mit einer gewissen Normalisierung zu rechnen. Zusätzlich sollten die Haltungsbedingungen entsprechend abwechslungsreich gestaltet werden. Nicht zuletzt ist an eine Überprüfung der Futterration auf eventuelle Defizite zu denken. Neben einem Mineralstoff- oder Vitaminmangel kann auch eine Unterversorgung mit strukturiertem Futter übertriebene Fellpflege, quasi als **Ersatzbeschäftigung**, auslösen.

4.3 Kopfschlagen, Kopfschütteln („Headshaking")

Ablauf. Kopfbewegungen kommen beim Pferd in unterschiedlichem Kontext als normales Verhalten vor. So werden Kopfschütteln oder -schlagen normalerweise im Rahmen der Insektenabwehr gezeigt oder bei Irritationen im Kopf- und Ohrenbereich. Nickende Bewegungen oder seitliches Hin- und Herbewegen des Kopfes treten bei Drohgesten wie Drohschwingen und Treiben auf. Kopfnicken unterstützt außerdem das genaue Fokussieren der Augen auf Gegenstände. Kreisende und schlenkernde Kopfbewegungen sind als **Übersprungshandlung** in Konfliktsituationen bzw. allgemein in Erregungszuständen zu beobachten. Alle diese Formen von Kopfbewegungen haben jedoch gemeinsam, dass sie nur von kurzer Dauer sind. Bei intensivem Kopfschütteln oder -schlagen liegt jedoch eine Verhaltensstörung oder ein unerwünschtes Verhalten mit einer sehr unterschiedlichen Genese vor. Für diesen Symptomkomplex hat sich der Begriff „Headshaking" aus dem englischen Sprachgebrauch eingebürgert. Es bezeichnet ganz allgemein ein Verhalten, bei dem das Pferd heftige, rhythmische Bewegungen mit dem Kopf in horizontaler oder vertikaler Richtung ohne erkennbaren Außenreiz vollführt.

Die Ursachen für Headshaking sind sehr verschieden. Sie müssen deshalb durch eine medizinische Untersuchung sowie eine genaue Anamnese im Vorfeld gründlich abgeklärt werden. Nur durch eine exakte Diagnosestellung können auch die richtigen Therapiemaßnahmen eingeleitet werden. Sie sind je nach Ursache vollkommen unterschiedlich.

1. Erkrankungen
Ursachen. In etwa 10 % der Fälle handelt es sich um eine symptomatische Verhaltensstörung, bei der unter anderem folgende Ursachen in Betracht

Kopfschütteln, Kopfschlagen („Headshaking")	
Klassifikation:	1. Symptomatische oder zentralnervöse Verhaltensstörung[*)] 2. Reaktive Verhaltensstörung 3. Unerwünschtes Verhalten
Ablauf:	Heftige, rhythmische Bewegungen mit dem Kopf in horizontaler oder vertikaler Richtung ohne erkennbaren Außenreiz
Ursachen:	1: Erkrankung, Photosensitivität 2: • Hohe Motivation ohne adäquate Endhandlung (Erregung und Stress) • Einschneidende Erlebnisse im negativen Sinne („Initialtrauma") 3: Schmerz (Angst), erlerntes Verhalten

Therapie:	1: Medizinische Behandlung, Mechanische Schutzvorrichtungen bei Photosensitivität („Sonnenbrille", Nüsternschutz)
	 2: • Artgemäße Haltung und Fütterung
	     • Tiergerechter Umgang
	 3: • Beseitigung der Schmerzursache
	     • Gegenkonditionierung
	 Aus Tierschutzgründen abzulehnen: Mechanische Unterbindung des Kopfschlagens

Prophylaxe:	• Regelmäßige Gesundheitskontrolle • Artgerechte Haltung und verhaltensgerechte Fütterung • Tiergerechter Umgang und stressfreie Nutzung

[*)] Nummern der Klassifikation entsprechen den laufenden Nummern im folgenden Text (Ursache, Therapie).

kommen: Luftsackmykosen, Flüssigkeitsansammlung in den Nasennebenhöhlen, Erkrankungen der Zähne sowie am Auge, im Gehör- oder Gleichgewichtsorgan, schmerzhafte Veränderungen der Halsmuskulatur und Wirbelsäule sowie allergische (allergische Rhinitis) und zentralnervöse Erkrankungen.

Therapie. Als erstes gilt es abzuklären, ob eine symptomatische oder zentralnervöse Verhaltensstörung vorliegt. Dazu können umfangreiche klinische, endoskopische, hämatologische und röntgenologische Untersuchungen erforderlich sein. Im Fall eines positiven Befundes bezieht sich dann die Behandlung auf die **Heilung der spezifischen Grunderkrankung.**

2. Photosensitivität
Ursachen. Nach dem heutigen Wissensstand handelt es sich jedoch am häufigsten um ein lichtabhängiges bzw. photosensitives Verhalten. Als Ursache hierfür wird eine Fehlsensation bzw. Fehlempfindung des Nervus trigeminus angenommen. Dieser versorgt unter anderem die Nüstern und den Nasengang mit sensorischen Fasern. Eine Zunahme der Durchblutung der Nasengänge scheint die Fehlsensation zu verstärken. Warum es zu dieser Fehlempfindung kommt, ist jedoch noch nicht eindeutig geklärt. Einige Forschungsbefunde deuten darauf hin, dass eine Herpesinfektion (EHV 1 Vi-

Abb. 115 Intensives Nüsternreiben an Boden und Gegenständen deuten bei Headshaking auf ein photosensitives Geschehen hin.

Abb. 116 Mechanische Vorrichtungen gegen Headshaking, wie Augenmaske und Nüsternschutz, führen bei manchen Pferden zu völliger Symptomfreiheit.

ren) ursächlich beteiligt ist. Eine **saisonale Abhängigkeit** liegt vor. Die Pferde zeigen ihre Verhaltensauffälligkeit vor allem im Frühjahr und Sommer, im Herbst und Winter dagegen kaum oder gar nicht. Während des Aufenthalts im Stall oder in der dunklen Reithalle tritt Headshaking nicht bzw. selten und meist weniger deutlich auf. Es beginnt dagegen sofort, wenn die Tiere an das Sonnenlicht gebracht werden. In der Regel verstärkt sich die Symptomatik während der Arbeit. Am häufigsten ist Headshaking im Trab zu beobachten, seltener im Schritt oder im Galopp. Die Reizschwelle für äußere Stimuli ist deutlich herabgesetzt. Reize, die normalerweise toleriert oder gar nicht wahrgenommen werden, können heftige Reaktionen auslösen. Photosensitives Headshaking kann so stark ausgeprägt sein, dass die betroffenen Pferde nicht mehr reitbar sind. Exzessives Schnauben, Reiben der Nüstern an den Beinen, am Boden oder an erreichbaren Gegenständen und Niesen sind charakteristische Begleiterscheinungen.

Therapie. Wird photosensitives Headshaking diagnostiziert, sind die Heilungschancen derzeit noch nicht befriedigend. Allgemein ist die Vermeidung einer Lichtexposition während der Nutzung im Frühjahr und im Sommer zu empfehlen. Auch im Haltungssystem sollte das Pferd die Möglichkeit haben, abgedunkelte Areale aufzusuchen. Ganz wichtig ist auch die Verwendung von möglichst staubfreiem Futter und Stroh. Ansonsten stehen bislang nur mehr oder weniger wirksame symptomatische Behandlungsmethoden zur Verfügung. Gute Erfolge werden zum Teil mit Lichtschutzmasken erzielt, mit denen Augen (dunklen Nylonnetze, Augenmasken mit dunklen Linsen) oder Nüstern (Netze) abgedeckt werden. Bei manchen Pferden kann allein durch diese Maßnahmen eine deutliche Reduzierung des photosensitiven Headshakings erreicht werden. Zum anderen besteht die Möglichkeit der medikamentösen Behandlung, die aber zum Teil mit erheblichen Nebenwirkungen wie erhöhtes Kolikrisiko verbunden sein kann. Die Besserungschancen liegen bei 70 bis 100 %. Man beseitigt mit der medikamentösen Behandlung jedoch nicht die Krankheit, sondern unterdrückt lediglich das Symptom. Alternative Behandlungsmethoden (Homöopathie, Nosoden) wirken bei manchen Pferden ausgesprochen erfolgreich.

3. Reaktive Verhaltensstörung

Ursache. Wird stereotypes Kopfschütteln oder -schlagen **im Stall unabhängig von der Jahreszeit** gezeigt, kann, wenn auch selten, eine reaktive Verhaltensstörung vorliegen. Dazu gibt es allerdings bislang noch keine systematischen Untersuchungen. Allgemein wird eine ähnliche Genese wie beim Weben und Koppen angenommen. Vor allem abrupte Haltungsänderungen (Stallwechsel) und soziale Isolation werden mit dem erstmaligen Auftreten in Verbindung gebracht. Mitunter steigert sich das im Stall gezeigte Verhalten noch während der Nutzung. Dies könnte nach *Lebelt (1998)* auf eine belastungsbedingte Aktivierung neuroendokriner Systeme (Anstieg von Kortisol und Endorphin unter körperlicher Belastung) zurückzuführen sein, was allgemein mit einer Verstärkung stereotyper Verhaltensmuster einhergeht.

Therapie. Liegt eine reaktive Verhaltensstörung vor, ist, wie bei anderen derart gestörten Verhaltensweisen, die Haltung und der Umgang so gut wie möglich den pferdespezifischen Bedürfnissen anzupassen (C 6.1, S. 121). Der Schwerpunkt liegt dabei auf ausreichend Bewegung sowie Sozialkontakt zum Beispiel über gemeinsame Auslaufhaltung oder Weidegang mit anderen Pferden. Die Fütterung sollte zugunsten verlängerter Fresszeiten verändert werden, indem mehr Raufutter und weniger Kraftfutter angeboten wird.

4. Unerwünschtes Verhalten
Ursache. Headshaking kann auch auf Schmerzen oder Angst, bedingt durch **Ausrüstungsmängel** bzw. durch **fehlerhafte reiterliche Einwirkung**, begründet sein. Da diese Form des Kopfschlagens dem unerwünschten Verhalten zuzuordnen ist und während der Nutzung auftritt, wird sie unter E 2.2, S. 194 noch ausführlich beschrieben.

Gesundheitliche Folgen. Gesundheitliche Schäden der Pferde durch Kopfschlagen oder -schütteln sind, soweit keine Primärerkrankung besteht, bislang nicht bekannt. Es gilt noch abzuklären, inwieweit die mögliche Überempfindlichkeit des Trigeminusnervs zu Schmerzen führt. Exzessives Headshaking kann die Nutzung des betroffenen Tieres als Reit- oder Fahrpferd stark einschränken und unter Umständen auch zu einer Gefährdung des Reiters führen.

5 Funktionskreis Liegeverhalten

5.1 Sich-Nicht-Legen

Ablauf. Als klassische Fluchttiere ruhen Pferde überwiegend im Stehen. Es ist daher nur natürlich, dass die Zeit, die ein Pferd täglich im Liegen verbringt nur sehr kurz ist und etwa 10 % des 24-Stunden-Tages ausmacht. In der Seitenlage verbringen adulte Tiere täglich lediglich 20 Minuten und weniger. Dabei ist es durchaus normal, dass erwachsene Pferde sich nur ablegen, wenn ihr Sicherheitsbedürfnis ausreichend befriedigt ist. Eine Verhaltensabweichung liegt jedoch vor, wenn sich ein Pferd über einen längeren Zeitraum überhaupt nicht zum Ruhen ablegt.

Ursachen. In der Regel handelt es sich um ein normales Verhalten der Pferde (s. Differenzialdiagnose). In manchen Fällen können jedoch Schmerzen die Ursache für ein Sich-nicht-Legen sein, denn das Abliegen und insbesondere das Aufstehen sind für das Pferd anstrengende Bewegungsabläufe, die die Gelenke stark beanspruchen. Pferde mit **Arthrosen, akuten Gelenksentzündungen, Rückenproblemen** oder alte Tiere mit diversen Verschleiß-

---

Sich-nicht-Legen

Klassifikation:	1. **Symptomatische Verhaltensstörung**[*)] 2. **Reaktive Verhaltensstörung**
Differenzialdiagnose:	Normales Verhalten (Ursache: Haltungs- und Managementfehler)
Ablauf:	Kein Abliegen in die Bauch- und Seitenlage über einen längeren Zeitraum
Ursachen:	1: Erkrankung (Arthrosen, Rückenprobleme etc.) 2: • Hohe Motivation ohne adäquate Endhandlung (Erregung und Stress) • Einschneidende Erlebnisse im negativen Sinne („Initialtrauma")
Folgen:	Verminderte physische und psychische Regeneration
Therapie:	1: Medizinische Behandlung 1 + 2: Artgemäße Haltung • Artgemäße Aufstallung (richtige Abmessungen) • Pferdegerechtes /Management
Prophylaxe:	1: Regelmäßige Gesundheitskontrolle 2: • Artgemäße Haltung • Schonende Nutzung

[*)] Nummern der Klassifikation entsprechen den laufenden Nummern im folgenden Text (Ursache, Therapie).

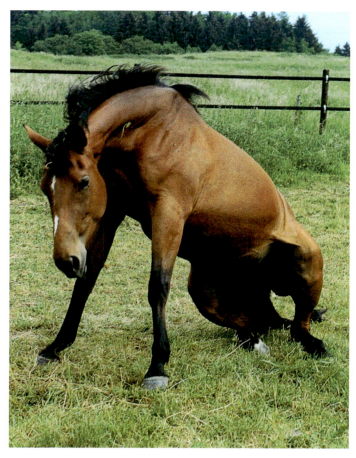

Abb. 117 Das Abliegen und insbesondere das Aufstehen sind für ältere Pferde anstrengende Bewegungsabläufe. Pferde mit diversen Erkrankungen des Bewegungsapparates meiden aus diesem Grund häufig das Abliegen.

erscheinungen meiden aus diesem Grund das Abliegen. In Ausnahmefällen kann eine reaktive Verhaltensstörung vorliegen. Dazu kann es beispielsweise kommen, wenn einem Pferd in der dauerhaften Anbindehaltung über längere Zeit das Abliegen unmöglich gemacht wurde, etwa bedingt durch fehlerhafte Abmessungen. Ein gestörtes Verhalten liegt vor, wenn das Tier sich trotz optimierter Haltungsbedingungen (z. B. Umstallung in eine geräumige Box) nicht mehr ablegt.

Gesundheitliche Folgen. Bei länger andauerndem Sich-nicht-Legen ist damit zu rechnen, dass die Regenerationsfähigkeit des Körpers und somit die Leistungsfähigkeit abnimmt sowie das psychische Wohlbefinden des Pferdes beeinträchtigt wird (B 7.1, S. 69).

Therapie. Eine Therapie ist in der Regel erfolgreich, wenn die jeweilige Ursache über eine entsprechende Verbesserung der Haltung bzw. über eine medizinische Behandlung abgestellt wird. Achtet man bei alten Pferden auf einen besonders trittsicheren, weichen und trockenen Untergrund sowie auf ein großzügiges Platzangebot, dann legen sich auch diese trotz „steifer" Gelenke ab. In der Gruppenhaltung empfiehlt es sich über Zusatzeinrichtungen (z. B. Raumteiler) bzw. über bestimmte Managementmaßnahmen (z. B. „futterfreie", d. h. strohfreie Liegehalle) wie unter B 7.2, S. 72 beschrieben, die Liegemöglichkeiten für rangtiefe Tiere zu verbessern.

Differenzialdiagnose. Meist ist ein gestörtes Sicherheitsbedürfnis die Ursache für ein Nichtablegen. So kann beispielsweise eine nicht vertraute Umgebung nach einem Stallwechsel, eine stark isolierte Aufstallung oder eine Gruppenhaltung mit fehlenden Ausweichmöglichkeiten bzw. mit einer falschen Gruppenzusammenstellung Pferde zu diesem Verhalten veranlassen. Des Weiteren können Unzulänglichkeiten in der Haltung ein Abliegen erschweren oder sogar unmöglich machen. Dazu zählen ein zu knappes Raumangebot für die erforderlichen Bewegungsabläufe, eine zu kurze Anbindung (Ständerhaltung), eine nicht trittsichere Standfläche oder zu feuchte Einstreu. Unter all den genannten Gegebenheiten ist die Haltung verantwortlich für das Sich-nicht-Legen, und die Reaktion des Pferdes ist in der Regel als normal zu bezeichnen.

Teil E Problemverhalten in Umgang und Nutzung

Problemverhalten im Umgang oder beim Reiten und Fahren zählen im Allgemeinen nicht zu dem Komplex der Verhaltensstörungen, sondern sind unerwünschte Verhaltensweisen. Ausnahme ist die Phobie. In diesem Fall ist das Verhalten als gestört zu bezeichnen. Meist liegen hierfür traumatische Ereignisse zugrunde. Von einer Phobie ist auszugehen, wenn das Abwehrverhalten des Pferdes im Verlauf einer wohl dosierten, schrittweisen **Desensibilisierung** unverändert bleibt oder sogar noch gesteigert wird. Die Übergänge zwischen unerwünschtem Verhalten und einer Verhaltensstörung sind bei massiven Angstzuständen fließend, sodass eine eindeutige Zuordnung vielfach nicht möglich ist.

Unerwünschte Verhaltensweisen entsprechen weitgehend dem Normalverhalten der Spezies Pferd. Sie sind aber für den Menschen unangenehm bzw. sogar gefährlich. Deshalb werden sie auch als Untugenden oder als Widersetzlichkeiten bezeichnet. Beide Begriffe – auf die verbale **Irreführung des Wortes Untugend** wurde bereits unter C 1, S. 95 eingegangen – verleiten jedoch zu einem einseitigen Denkansatz. Wenn ein Tier eine Untugend hat oder widersetzlich ist, liegt der Gedanke nahe, dass es nicht brav ist, dass es den Befehlen des Menschen zuwider handelt oder – wie es in der reiterlichen Umgangssprache heißt – dass der „Bock" nicht mag. Die Therapie liegt bei dieser Aussage auf der Hand. Das Pferd muss lernen zu gehorchen, wenn nötig unter Druck.

Doch die Hauptursache für ein derartiges Problemverhalten sind Schmerzen oder Angst bzw. beides. Deswegen bezeichnet *Zeeb (2005)* ein solches Verhalten auch treffenderweise als „**schadensvermeidende Reaktion**". In diesem Fall ist die Vorgehensweise bei der Korrektur eine völlig andere. Es soll damit nicht ausgesagt werden, dass unerwünschte Verhaltensweisen nicht mit Rangordnungsproblemen verbunden sind. Es bleibt auch unbenommen, dass eine durchsetzungsfähige und energische Reitweise – vorausgesetzt sie ist gut und bleibt einfühlsam – bei der Behandlung von Problempferden erforderlich sein kann. **Doch das Spektrum der Ursachen für unerwünschte Verhaltensweisen umfasst weitaus mehr als lediglich Gehorsamsverweigerung.** Deshalb ist eine umfassende Diagnostik, die alle Möglichkeiten ausleuchtet, für eine erfolgreiche Therapie im Sinne des Menschen und des Pferdes von unverzichtbarem Wert.

Im Folgenden sollen die häufigsten unerwünschten Verhaltensweisen besprochen werden. Die Beispiele wurden so gewählt, dass sie exemplarisch für andere, ähnlich gelagerte Verhaltensabweichungen stehen, sodass auch für nicht erwähnte Probleme eine entsprechende Behandlung durchgeführt werden kann. Im Unterschied zu den meisten reaktiven Verhaltensstörungen besteht bei der Therapie von unerwünschten Verhaltensweisen eine größere Erfolgschance.

1 Unerwünschtes Verhalten im Umgang

Probleme im Umgang sind nicht selten. Doch nicht wenige Pferdehalter finden sich über kurz oder lang mit dem unerwünschten Verhalten ab, zumal viele dieser Tiere gut unter dem Sattel oder vor der Kutsche gehen. Problemverhalten im Umgang ist – zumindest auf dem ersten Blick – vielfach eigenständig und muss nicht mit Schwierigkeiten bei der Nutzung verbunden sein. Kann diesbezüglich ein Zusammenhang mit der Meinung bestehen, dass es genüge ein Pferd vom Sattel aus zu dominieren, um von diesem als ranghöher angesehen zu werden? Ist der Reiter in diesem Fall wirklich der dominante Part oder gehorchen die Tiere nur aus Angst? Erst im Umgang zeigt sich, ob zwischen Mensch und Pferd die **Rangordnung stimmt** und zwischen beiden eine echte vertrauensvolle Beziehung besteht.

1.1 Nicht-Einfangen-Lassen

Ablauf. Oft genug wird in der Literatur bei der Einzelhaltung auf den Vorteil der „leichten Verfügbarkeit" hingewiesen, während bei der Gruppenhaltung die „schwere Verfügbarkeit" als Nachteil hervorgehoben wird. Offensichtlich ist das Problem weit verbreitet, dass Pferde sich nicht einfangen lassen, sobald sie sich im Auslauf oder auf der Weide befinden. Die Palette reicht vom kurzfristigen nicht Einfangen lassen bis hin zum Eintreiben der gesamten Pferdegruppe in den Stall, weil ein Tier eingefangen werden soll.

Ursachen. Ist ein Pferd frei und außerhalb des unmittelbaren Einflussbereiches des Menschen, handelt es primär gemäß seiner Bedürfnisse. Diese sind wiederum von der gegenwärtigen Motivation abhängig. Möchte das Pferd Gras fressen oder mit Artgenossen zusammensein, wenn der Mensch sich zum Einfangen nähert, und steht es im Rang über diesem, dann wird es keine Veranlassung sehen dem Wunsch Folge zu leisten. Die Ursache ist in diesem Fall das **Rangordnungsproblem**. Ebenso häufig ist Angst an diesem Verhalten beteiligt. Diese kann auf unterschiedliche Auslöser zurückzuführen sein. So kann eine negative Verknüpfung mit dem Einfangen entstanden sein, weil die Annäherung nicht pferdegerecht erfolgte (zu schnell, im nicht sichtbaren Bereich), die Gewöhnungsphase an Halfter (Trense) und Geführtwerden ungenügend war oder wiederholt negative Erfahrungen unmittelbar nach dem Einfangen gemacht wurden. Auch mangelhaftes Vertrauen oder ein fehlender Bezug zu der herannahenden Person bzw. allgemein zu Menschen kann für dieses Verhalten verantwortlich sein. Dann liegt meist eine Kombination zwischen Angst und nicht geklärter Rangordnung vor. Manchmal, besonders bei jungen und sehr lauffreudigen Tieren, ist mit dem Nicht-Einfangen-Lassen eine **Spielaufforderung** verbunden. Erkennbar ist dies unter anderem am optischen Ausdrucksverhalten wie hochgestellter Schweifrübe und nach vorne gespitzten Ohren. Dieses Verhalten muss nicht zwangsläufig mit einem Rangordnungsproblem verbunden sein. Manche Tiere lassen sich nach einigen Galopprunden und Bocksprüngen problemlos einfangen.

Einfangen von Pferden

Was man nicht tun sollte …
- Dem Pferd nachrennen
- Es in die Ecke treiben
- Sich von hinten oder von vorne nähern
- Nach dem Einfangen strafen (scharfer Halfterruck!)

Wie es richtig ist …
- Sich unter Zuruf ruhigen Schrittes von der Seite nähern (Schulterhöhe)
- Freiraum geben
- Gegenkonditionierung/ Desensibilisierung
- Nach dem Einfangen belohnen (Lob, Kraulen, Leckerli)

Tipp zum Einfangen von ausgebrochenen Pferden
Pferde, die aus dem Stall oder der Weide ausgebrochen sind, fängt man leichter ein, wenn man nach dem Aufhalftern nicht sofort Richtung Stall geht. Das würde das Pferd mit einer Bestrafung gleichsetzen. Eine positive Assoziation stellt das Pferd dagegen her, wenn man es einfängt und an der Hand weiter grasen lässt. Schlägt man einige Minuten später den Weg Richtung Heimat ein, wird das Pferd diese Handlung nicht mehr mit dem Einfangen in Verbindung bringen. Die Annäherung des Menschen wird somit keine negative Assoziation hinterlassen.

Therapie. Unabhängig von der Ursache, ist das Sich-Nicht-Einfangen-Lassen am besten über eine **Gegenkonditionierung** zu korrigieren (C 6.2). Hierbei kann auch sehr gut die Clicker-Methode zum Einsatz kommen. Es ist die einzige Methode, bei der das Tier nicht nur auf den Ausbilder reagiert, sondern auch selbstständig agiert. Auf diese Weise kann das Selbstbewusstsein aufgebaut werden. Bei sehr ängstlichen Pferden empfiehlt es sich, eine **systematische Desensibilisierung** durchzuführen (schrittweise Gewöhnung mit Gegenkonditionierung z. B. über Clicker). Die Signalgebung (immer dieselben Vokabeln) muss eindeutig sein und hat stets sehr präzise sowie bestimmt zu erfolgen. Keinesfalls darf das Tier bestraft werden. Dies würde die Angstreaktion nur noch verstärken. Aber auch durch eine falsch eingesetzte Belohnung kann es zu einer Verstärkung kommen, indem man das Tier für sein ängstliches Verhalten belohnt.

Zu Beginn der Behandlung sollte das Pferd nur zu Annehmlichkeiten (z. B. zum Putzen) abgeholt werden. Es ist sinnvoll, die Verhaltenstherapie in einem Kleinauslauf (ohne Gras) erst alleine und

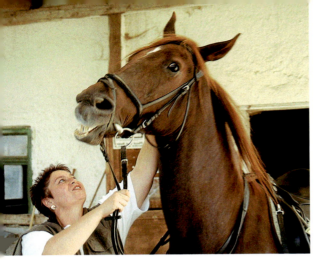

Abb. 118 Schmerzen und Angst, aber auch Rangordnungsprobleme können Ursache für ein Abwehrverhalten beim Auftrensen sein.

Nicht-Einfangen-Lassen	
Klassifikation:	Unerwünschte Verhaltensweise
Differenzialdiagnose:	Verhaltensstörung
Ablauf:	Defensives oder aggressives Abwehrverhalten gegenüber dem Menschen beim Einfangen
Ursachen:	• Nicht geklärte Rangordnung • Angst • Erlerntes Verhalten • Spiel
Therapie:	• Gegenkonditionierung (operant/klassisch) • Desensibilisierung • Rangordnungsübungen • Vertrauensbildende Maßnahmen
Prophylaxe:	• Positive Konditionierung und Gewöhnung ab dem Fohlenalter • Positive Erfahrungen mit dem Einfangen und danach

dann zusammen mit einem zweiten, besonders menschenfreundlichen Pferd durchzuführen. Ausreichend Ausweichmöglichkeiten sind sehr wichtig. Ungeeignet sind jedoch weitläufige Weiden, denn große Flächen verführen zum Laufen, außerdem lenkt das Gras von der Übung ab. Die Gegenkonditionierung sollte auch nicht inmitten vieler Pferde stattfinden, da ansonsten der Herdentrieb überwiegt.

Bei der Gegenkonditionierung lernt das Pferd zunächst die Annäherung des Menschen mit etwas Positivem zu verbinden. Dazu wird es als erstes auf den Belohnungston (Clicker-Ton) konditioniert (Klassische Konditionierung). Sobald es die Assoziation „Ton" = „Leckerli" gelernt hat – was sehr schnell geht –, beginnt das Training. Jeder Schritt in die richtige Richtung wird über den „Ton" belohnt (Operante Konditionierung), bis es für das Pferd zu einer Selbstverständlichkeit geworden ist, dem Menschen auf Zuruf entgegenzukommen. Eine Leckerligabe ist dann nicht mehr bzw. nur noch gelegentlich erforderlich. Anstatt einer Futtergabe kann auch Mähnekraulen (soziale Fellpflege), Streicheln und freundliches Zureden als positive Verstärkung eingesetzt werden bzw. man kann die Pferde darauf sekundär konditionieren.

Sehr ängstliche Tiere sollte man während des Konditionierungsprogrammes anfangs noch nicht aufhalftern. Wichtig ist, dass sie zunächst lernen, sich dem Menschen vertrauensvoll aus freien Stücken zu nähern und von diesem berührt zu werden. Erst wenn das Pferd keine Angst mehr zeigt, sondern entspannt neben einem steht, kann ein Halfter angelegt werden. Sehr gut geeignet ist hierfür auch die klassische Konditionierung in Form

Abb. 119 Zu weit gestellte Halfter sind gefährlich. Es besteht die Gefahr des Festhängens und für Verletzungen durch mögliche Panikreaktionen.

einer **Umstimmung** mithilfe von Leckerlis. Durch das Kauen und Fressen wird das Pferd von seiner Angst abgelenkt und in eine positive Grundstimmung versetzt. Ähnlich entspannend wirkt der Tellington-Touch, der sich bei ängstlichen Pferden als vertrauensbildende Maßnahme gut bewährt hat.

Nicht nur bei Angst, sondern auch bei Rangordnungsproblemen ist die Gegenkonditionierung mit positiver Verstärkung erfolgversprechend. **Keinesfalls** darf man das Pferd **nach dem Einfangen strafen**, denn ist es gelungen das Pferd aufzuhaltern, zeigt es schließlich das erwünschte Verhalten. Hierfür muss es belohnt werden! Erforderlich ist allerdings bei Rangordnungsproblemen Bodenarbeit mit Gehorsamsübungen, die am besten täglich – anfangs 20, später genügen 5 Minuten – mit Bestimmtheit und Konsequenz durchgeführt werden müssen. Übungsbeispiele sind unter C 6.2, S. 135 beschrieben.

Prophylaxe. Dem Nicht-Einfangen-Lassen kann am besten vorgebeugt werden, wenn das Pferd von klein auf lernt die Annäherung von Menschen mit etwas Positivem zu verbinden. Bereits das Fohlen kann über die zuvor geschilderte Konditionierung daran gewöhnt werden, auf Zuruf freiwillig zum Menschen zu kommen. Das Aufhaltern ist, sobald das Vertrauensverhältnis besteht, dann nur noch Nebensache. Wichtig ist, dass man Pferde auch zwischendurch im Auslauf oder auf der Weide besucht und nicht nur, wenn man sie zur Arbeit abholen möchte. Dies gilt insbesondere für Jungpferde, die häufig sich selbst überlassen bleiben und nur zum Hufschmiedtermin, zum Impfen oder zur Wurmkur von der Weide geholt werden. Man sollte es sich zum Grundsatz machen, junge Pferde nicht nur für unangenehme Manipulationen einzufangen, sondern vor allem für nachfolgende **positive Erlebnisse**. Dies kann beispielsweise ein Weidewechsel oder ein Erkundungsspaziergang sein. Verfährt man während der Jugendentwicklung auf diese Weise, ist ein problemloses Einfangen auf Dauer gesichert.

1.2 Nicht-Führen-Lassen

Ablauf. Schwierigkeiten beim Führen sind im Allgemeinen für den Pferdehalter kein Problemverhalten. Im Gegenteil, oftmals hebt ein herumtänzelndes Pferd das eigene Image mehr als ein Tier, das ruhig hinter seinem Besitzer hergeht. Doch letzteres entspricht dem normalen Verhalten der Pferde. So vollziehen sie unter natürlichen Lebensbedingungen jede Ortsveränderung auf Wechseln, wobei sie quasi im „Gänsemarsch" hintereinander hergehen. Die Leitstute übernimmt dabei die Führung, was den nachfolgenden Tieren die erforderliche Sicherheit gibt. Pferde, die ruhig hinter einem anderen hergehen, fühlen sich demnach beschützt und haben Vertrauen zu ihrem Vordermann. Daraus wird ersichtlich, dass schwerwiegende Probleme in der Tier-Mensch-Beziehung vorliegen können, wenn ein Pferd sich nicht führen lässt. Zu den Problemen beim Führen gehören neben dem Scheuen, die Verweigerung des Weitergehens (Stehenbleiben, Ausweichen nach hinten und zur Seite) sowie das Überholen.

Ursachen. Nicht-Führen-Lassen ist eine unerwünschte Verhaltensweise, die häufig darauf zurückzuführen ist, dass das Pferd nicht gelernt hat, einem Menschen nachzufolgen bzw. geführt zu werden. Oftmals ist das gezeigte Verhalten auch mit einem Rangordnungsproblem verbunden, das heißt das Pferd erkennt den voraus oder daneben

---

Nicht-Führen-Lassen

Klassifikation:	Unerwünschte Verhaltensweise
Differenzialdiagnose:	Verhaltensstörung
Ablauf	Defensives oder aggressives Abwehrverhalten beim Führen
Ursachen:	• Nicht gelerntes Verhalten • Nicht geklärte Rangordnung • Angst
Therapie:	• Gegenkonditionierung (operant, klassisch) • Rangordnungsübungen • Vertrauensbildende Maßnahmen
Prophylaxe:	• Positive Konditionierung und Gewöhnung ab dem Fohlenalter • Positive Erfahrungen mit dem Vorgang und danach

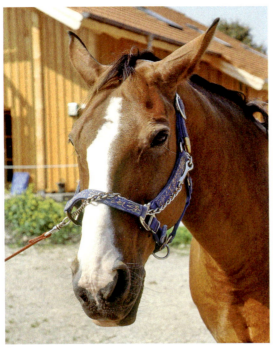

Abb. 120 Korrekt verschnallte Führkette. Pferde sollten lernen von rechts und links geführt zu werden, um einer Einseitigkeit vorzubeugen.

gehenden Menschen nicht als ranghöher an. Verantwortlich hierfür ist häufig eine **mangelhafte Grundausbildung**, denn gezielte Führübungen gehören nur selten zum Ausbildungsprogramm junger Pferde. Auch bei der späteren Ausbildung bzw. beim ersten Beritt wird in der Regel wenig Wert auf ein korrektes Führverhalten gelegt.

Nicht selten ist auch Angst für das unerwünschte Verhalten verantwortlich. Sie kann auf **schlechte Erfahrungen** zurückzuführen sein oder vor dem Menschen bestehen, aber auch durch Umwelteindrücke ausgelöst werden. Letzteres ist beispielsweise der Fall, wenn ein Pferd aus der Boxenhaltung, das ausschließlich in der Reithalle geritten wurde, auf dem Gang zur Weide erstmals Traktoren, Kühe und ähnliches kennenlernt. Fehlt ihm in dieser Situation der Schutz und das Vertrauen zum Menschen, wird es sich aus Furcht dem Geführt-Werden widersetzen. Somit liegt in diesem Fall eine Kombination von Angst und unzureichender Dominanz des Menschen vor.

Therapie. Die Korrektur des Nicht-Führen-Lassens ist gleichzeitig eine Gehorsamsübung, die der **Klarstellung der Rangordnung** dient. Als Methode hat sich die **Gegenkonditionierung** in Form der **operanten Konditionierung** bewährt. Sie kann als instrumentelle Konditionierung über Hilfsmittel (Führkette, Gerte) oder über die Körpersprache mit positiver und gegebenenfalls negativer Verstärkung erfolgen. Geübt wird anfangs in einem abgeschirmten Bereich, zum Beispiel in der Reithalle. Erst wenn hier die Führübung korrekt abläuft, kann als nächster Schwierigkeitsgrad das Führen im Freien bzw. unter Anwesenheit anderer Pferde folgen. Ziel ist, dass das Pferd in jeder Situation am lockeren Führstrick in der vom Menschen gewünschten Position nachfolgt und sich dessen Tempo anpasst. Fressen darf es dabei nur, wenn es ausdrücklich die Erlaubnis dazu bekommt.

Bei der instrumentellen Konditionierung anhand von Hilfsmitteln erlaubt die Führkette, vorausgesetzt sie ist ordnungsgemäß am Halfter eingeschnallt, einen dosierten Druck auf das Nasenbein, was einer Bestrafung gleichkommt. Die Gerte dient primär zur Begrenzung des Bewegungsraums und nicht zum Schlagen. Auf Kommando – es muss stets dasselbe sein – wird das Pferd zum Mitgehen aufgefordert. Will es vorbeistürmen, zeigt man mit der Gerte die optische Grenze. Gleichzeitig wird kurz, wenn erforderlich, auch kräftig an der Kette gezogen und sofort wieder nachgelassen. Dauerzug wäre falsch. Begleitet wird der Zug an der Führkette von einem scharfen „Nein". Auf diese Weise lernt das Pferd ohne Schläge seinen Bewegungsraum kennen und dem Menschen zu folgen. Bei dieser Korrekturmethode ist es in jedem Fall sinnvoll mit einer Führkette zu arbeiten. Ein bloßer Zug am Halfter beeindruckt in dieser Situation die wenigsten Pferde. Werden sie dann bei Ungehorsam geschlagen, würde dies nur zu Unverständnis und Angst führen.

Bei der Korrektur mittels Körpersprache wird das Pferd über bestimmte Körperbewegungen und -haltungen, die das Pferdeverhalten in gewisser Weise imitieren, zum Nachfolgen und Stehenbleiben gebracht. Wird diese Methode beherrscht, können Pferde ohne jegliche Krafteinwirkung zum Nachfolgen erzogen werden.

Weigert sich ein Pferd vorwärts zu gehen, ist zu differenzieren, ob Angst oder Sturheit die Ursache ist. Trifft ersteres zu, kann die klassische Konditionierung (Umstimmung) hilfreich sein (E 1.1, S. 172). Zusätzlich helfen vertrauensbildende Maßnahmen wie Berührungen am ganzen Körper (C 6.2, S. 136). Dasselbe trifft für Pferde zu, die aus Angst abwechselnd vorwärtsstürmen und stehen bleiben. Außerdem empfiehlt es sich bei derart ängstlichen Tieren, die Führarbeit mit der Bodenarbeit zu verbinden. Diese stellt eine gute Kombination zwischen vertrauensbildenden Maßnahmen und Gehorsamsübungen dar. Letztere sind für ängstliche Tiere besonders wichtig, denn sie dienen dazu, die Position des Menschen als „**beschützendes Leittier**" zu kräftigen.

Sind ausschließlich Rangordnungsprobleme bzw. Phlegma oder Sturheit der Grund für das nicht Mitgehen wollen, sollte das Pferd von einem Helfer, der seitlich versetzt hinter dem Pferd geht, mit einer Gerte zum Vorwärtsgehen animiert werden. Auch in diesem Fall unterstützt die Stimme über ein energisch gegebenes Kommando das Vorhaben. Zusätzlich ist Bodenarbeit erforderlich, bei der über Gehorsamsübungen wie Stehen bleiben und Rückwärtsgehen der Mensch seine Dominanz ausbaut.

Wie bei allen unerwünschten Verhaltensweisen gilt auch für das Führen, dass nur eine artgerechte Haltung mit ausreichend Bewegung ein ausgeglichenes Temperament des Pferdes gewährleistet. Ist dies nicht der Fall, kann lediglich ein angestauter Bewegungsdrang die Ursache für ein Nicht-Führen-Lassen sein. Bei sehr heftigen Tieren ist es daher angebracht, mit ihnen erst nach einer ausreichend langen Bewegung mit Führübungen zu beginnen.

Prophylaxe. Da das Pferd wie im Abschnitt Sozialverhalten (B 2, S. 29) bereits ausgeführt wurde, den Menschen als eine Art Sozialpartner sieht, sollte es so frühzeitig wie möglich lernen diesem zu folgen. Führübungen sollten daher ein fester Bestandteil bei der Grundausbildung von Jungpferden sein. Auf guten Zuchtbetrieben werden meist gezielte Führübungen durchgeführt, da hier das Fohlen auf Zuchtschauen bereits am Halfter vorgestellt werden muss. Dagegen wird dieser Ausbildungsschritt bei Hobbyzüchtern gerne vernachlässigt oder nicht konsequent genug durchgeführt. Auch große Gestüte kommen oft aus Zeitmangel dieser wichtigen Übung viel zu wenig nach. Bei Importpferden wurden Führübungen häufig überhaupt nicht durchgeführt. Aber auch bei gut ausgebildeten Pferden setzt durch Nachlässigkeit schnell das „**Vergessen**" ein, denn Konditionierung und Gewöhnung sind reversible Lernvorgänge. Legt beispielsweise der Halter keinen Wert darauf, ob das Pferd ihm brav folgt oder zwischendurch nach einem Grasbüschel schnappt, ist der Weg zum Problemverhalten nur noch kurz.

Fazit: Pferde sollten frühzeitig lernen, sich anstandslos führen zu lassen. Dies bleibt jedoch nur durch Übung und Konsequenz erhalten.

1.3 Verladeprobleme

Ablauf. Das Transportieren von Pferden ist heutzutage eine allgemeine Notwendigkeit, denn nur die wenigsten von ihnen verbringen ihr gesamtes Leben an einem Platz. Die Teilnahme an sportlichen Veranstaltungen, Verkäufe, Ausflüge und vieles mehr erfordern ein verladefrommes Pferd. Dies ist um so wichtiger, wenn in einer Notsituation kurzfristig ein Klinikbesuch erforderlich ist. Schwierigkeiten beim Verladen sind in der Praxis jedoch häufig anzutreffen. Ausschlaggebend hierfür ist,

---

Anforderungen an Pferdetransporter

- Genügend große Abmessungen (Länge, Höhe, Breite)
- Heller Innenraum mit elektrischer Beleuchtung
- Flache (mit einem Winkel von höchstens 20° zwischen Boden und Rampe), trittsichere und schallgedämpfte Laderampe (Gummibelag) oder ein hydraulisch absenkbarer Wagen
- Trittsicherer und schallgedämpfter Bodenbelag (Gummibelag, Einstreu)
- Höhen- und längenverstellbare, gepolsterte Brust- und Hinterstangen
- Gepolsterte Trennwand von mindestens 2 m Höhe
- Gepolsterte Seitenwände von mindestens 2 m Höhe
- Verschließbare Lüftungseinrichtung oberhalb des Pferdekopfes
- Abgerundete Kanten und Ecken
- Gute Straßenlage und eingebaute Stoßdämpfer

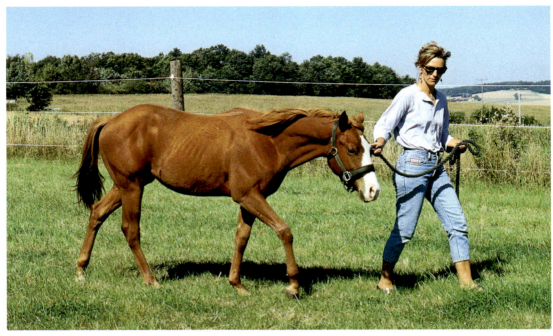

Abb. 121 Führübungen sollten ein fester Bestandteil bei der Grundausbildung von Jungpferden sein.

dass das Pferd diesen Vorgang zuerst lernen muss, denn das freiwillige Betreten eines Pferdeanhängers ohne vorhergehende Übung kann bei keinem Pferd vorausgesetzt werden. Schließlich ist es ein ganz natürliches Schutzverhalten des ehemaligen Steppentieres eine derartig enge und dunkle „**Höhle**" ohne jede Fluchtmöglichkeit nicht freiwillig zu betreten.

Es gibt verschiedene Formen von Verladeproblemen. Am weitesten verbreitet ist die mehr oder weniger heftige Weigerung des Pferdes die Rampe oder den Transporter zu betreten. Es gibt aber auch Tiere, die problemlos auf den Anhänger gehen und erst mit Beginn oder während der Fahrt eine gewisse Unruhe zeigen. Diese kann vom gelegentlichen Schlagen und Klopfen bis hin zum regelrechten Toben reichen. Andere Pferde wiederum gehen anstandslos hinein und bleiben auch während der Fahrt ruhig. Sie werden aber unruhig sobald der Transporter steht oder weigern sich diesen wieder zu verlassen.

Ein solches Verhalten stresst sowohl den Halter als auch das Pferd und stellt für beide sowohl eine physische als auch psychische Belastung dar. Hinzu kommt, dass ausgeprägte Abwehrreaktionen für Tier und Mensch in dieser Situation nicht ungefährlich sind. Abgesehen davon sind Pferde, die unter Stress transportiert werden, weniger leistungsfähig. Stehen sie zudem unter Beruhigungsmitteln, können sie im Wettkampf nicht mehr eingesetzt werden. Kritisch und sogar lebensbedrohlich kann sich dieses Abwehrverhalten auswirken, wenn aufgrund einer Erkrankung wie einer akuten Kolik der Transport in eine Tierklinik so schnell wie möglich erfolgen muss.

Disposition. Verladeprobleme sind im Allgemeinen bei Pferden, die schnell zu Übererregung neigen oder sehr ängstlich sind, häufiger anzutreffen als bei den weniger sensiblen Tieren.

Ursachen. Die Hauptursache ist **Angst**. Je nach Art der Verladeschwierigkeit ist sie auf unterschiedliche Auslöser zurückzuführen. Meist ist es die instinktive Angst vor der dunklen „Höhle", wenn das Pferd sich weigert in den Anhänger zu gehen. Sie wird durch **Zwangsmaßnahmen seitens des Menschen noch verstärkt**. Häufig ist dieses Verhalten

Abb. 122 Die Weigerung des Pferdes, eine „dunkle Höhle" zu betreten, ist ohne vorangegangenes Training ein normales Schutzverhalten.

auf eine mangelhafte Grundausbildung zurückzuführen. Wird zum Beispiel ein Pferd ohne vorhergehendes Üben erstmals im Alter von drei bis vier Jahren, etwa anlässlich eines Verkaufs, mit mehr oder weniger Gewalt auf einen Hänger befördert, so ist eine negative Assoziation mit diesem Vorgang bereits vorprogrammiert. Es wird sich beim nächsten Verladeversuch daran erinnern und wenn möglich, noch heftiger wehren. Demgegenüber haben Pferde, die schon als Fohlen daran gewöhnt wurden, mit ihrer gut mit diesem Vorgang vertrauten Mutter zusammen verladen zu werden, später kaum Schwierigkeiten beim Betreten eines Hängers.

Angst vor der Fahrt ist die Ursache, wenn ein Pferd anstandslos auf den Hänger geht, jedoch gleich beim Anlassen des Motors zu toben anfängt. Diese kann durch das Motorengeräusch oder ein negatives Erlebnis während der Fahrt ausgelöst worden sein. Hierfür mitverantwortlich ist mit Sicherheit der Fahrstil. So erschwert eine rücksichtslose Fahrweise dem Pferd das Ausbalancieren und führt zu erhöhtem Stress. Häufige Fahrfehler sind plötzliches Abbremsen, ein zu schnelles oder

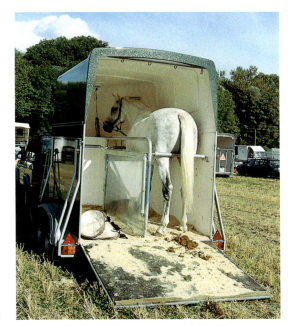

Abb. 123 Ein heller Innenraum macht den Hänger „pferdefreundlicher".

> **Tipps für ein problemloses Verladen und Transportieren**
>
> - Pferdetransporter gemäß Anforderungen (s. oben)
> - Ruhiges, konsequentes Vorgehen
> - Futter im Anhänger („Leckerli" und Heu als Beschäftigung)
> - Geruch (Mist) im Transporter aus dem eigenen Stall
> - Zweites Pferd bereits auf dem Hänger
> - In Stallrichtung einsteigen lassen
> - Hufe auf die Rampe stellen
> - Zeit geben zum Schauen (Hell-Dunkel-Wechsel) und Riechen
> - Erste Fahrten mit einem zweiten Pferd (verlade- und fahrsicher)
> - Kurze erste Fahrten mit schönem Abschluss (Grasen lassen). Ruhiges, konsequentes Vorgehen

zu scharfes Kurvenfahren oder ein Beschleunigen des Autos unmittelbar nach der Kurve, obwohl sich der Anhänger noch in der Biegung befindet. Zu einer regelrechten Verladephobie kann es kommen, wenn das Pferd in einen Verkehrsunfall verwickelt wird, im Hänger stürzt oder gar mit diesem umfällt und sich verletzt.

Unruhe, die sich erst im Verlauf der Fahrt oder beim Anhalten äußert, kann auf Angst vor dem Bestimmungsort, mit dem schlechte Erfahrungen verknüpft werden, zurückzuführen sein. Dazu kommt es beispielsweise, wenn man ein Pferd, das Angst vor Turnieren hat, nur dann transportiert, um daran teilzunehmen.

Therapie. Voraussetzung für ein Gelingen der Therapie ist ein in Länge, Höhe und Breite ausreichend groß bemessener Transporter. So konnte *Heidemann (1985)* in ihren Untersuchungen belegen, dass die Größe des Transporters das Verladeverhalten von Pferden entscheidend beeinflusst. Platzangst und Verletzungen können vermieden werden, wenn die Abmessungen der Größe des Pferdes entsprechen. Als Mindeststandbreite werden allgemein 80 cm empfohlen. Die Standlänge hängt von der Pferderasse ab und sollte bei Warmblütern (500 bis 600 kg) bei etwa 2,05 bis 2,20 m liegen. Wie bei allen angstbedingten unerwünschten Verhaltensweisen empfiehlt sich bei Verladeproblemen die **Desensibilisierung** (schrittweise Gewöhnung in Kombination mit Gegenkonditionierung) als Therapie. Vor Behandlungsbeginn ist jedoch zunächst das Führen zu trainieren und anhand von Gehorsamsübungen die Rangordnung zu festigen. Erst, wenn das Pferd gelernt hat dem Menschen vertrauensvoll zu folgen, kann mit der eigentlichen Verhaltenstherapie begonnen werden. Bei Pferden, die schnell zu Übererregung neigen, kann ein langer Ritt vor dem Verladetraining hilfreich sein, um es zu entspannen, aber auch müde zu machen.

Voraussetzungen für das Gelingen der Desensibilisierung sind genügend Zeit, Geduld und Konsequenz. Zur Durchführung der verhaltenstherapeutischen Maßnahmen wird der Hänger in einen Auslauf oder auf die Weide gestellt oder eingegraben bzw. die Rampe mit Erde seitlich aufgeschüttet, falls das Pferd freien Zugang hat. Der Innenraum sollte möglichst hell sein, wozu – falls vorhanden – das Verdeck vollständig aufgemacht oder zumindest die vordere Tür geöffnet wird. Um zu erreichen, dass das Pferd sich aus eigenem Antrieb dem Hänger nähert, wird ihm sein Kraftfutter ausschließlich in der Nähe des Transporters angeboten. Die Fütterung erfolgt von Tag zu Tag näher am Hänger, bis schließlich die Rampe erreicht ist. Jetzt ist es besonders wichtig langsam vorzugehen, um den Erfolg nicht zu gefährden. In Schritten von etwa 20 bis 30 cm wird der Futtereimer von Tag zu Tag immer höher auf der Rampe bzw. im Inneren des Hängers platziert. Oftmals überwindet das Pferd seine Angst leichter, wenn man beim ersten Mal seine Vorderbeine nacheinander auf die Rampe stellt. Erst wenn das Pferd ohne Zögern in den Hänger geführt und dort gefüttert werden kann – was mitunter mehrere Wochen dauert – können die ersten Fahrten unternommen werden. Diese

> **Wie man nicht verladen sollte ...**
>
> - Unter Zeitdruck (Verstärkung der Angst)
> - Mit Schreien und Schlagen (Verstärkung der Angst)
> - Unter Ziehen am Halfter (Zug bewirkt Gegenzug)
> - Mit Psychopharmaka (Beeinträchtigung der Stand- und Reaktionsfähigkeit)

sollten kurz und idealerweise mit einem schönen Abschluss verbunden sein, sodass das Pferd mit dem Aussteigen eine positive Assoziation herstellt. Beispielsweise kann man es an einem besonders schmackhaften Platz grasen lassen oder sich mit anderen Reitern treffen, um einen entspannenden Ausritt zu unternehmen.

Liegt eine panikartige Hängerangst vor, kann es angebracht sein, den Vorgang des Verladens in kleine Einzelschritte zu zerlegen. Diese werden unabhängig voneinander geübt, ohne dass das Pferd zunächst eine Assoziation mit dem eigentlichen Verladevorgang herstellt. Jede erfolgreich absolvierte Übungssequenz wird bei Erfolg positiv verstärkt, bei Nichterfolg ignoriert, und die Übung wird auf leichterem Niveau wieder aufgenommen. Folgende Übungen, die miteinander kombiniert werden können, sind unter anderem möglich: a) Betreten einer Holzrampe, b) Betreten eines dunklen Raums (Fressstand, Scheune), c) Gehen unter einem Dach (z. B. mit Plane) sowie d) Übungen zur Standfestigkeit (Wippe). Eine ausführliche Beschreibung dieser Maßnahmen findet sich in der 1. Ausgabe des Handbuchs Pferdeverhalten (2001). Sind diese Vorübungen erfolgreich abgeschlossen, beginnt das schrittweise Verladetraining wie eingangs bereits beschrieben. Zeigt das Pferd dennoch **Angst** vor dem Betreten des Hängers, wird ihm das Einsteigen erleichtert, wenn dieser Richtung Stall zu betreten ist und sich zusätzlich an einer Seite eine optische Begrenzung (z. B. Mauer) befindet. Ist es auch dann nicht zu bewegen, bleibt als Möglichkeit die Longemethode oder das Armeverschränken. Dabei sollte das Pferd mit sanftem Druck von hinten geschoben und gleichzeitig gelobt und aufgemuntert, aber niemals angebrüllt werden. Bei sehr ängstlichen Tieren empfiehlt es sich, den Verladevorgang über Umstimmung (klassische Konditionierung) zu unterstützen (C. 6.2, S. 130). Auf dem Hänger angekommen wird es unter Lob gefüttert und beruhigt. Erst nachdem die Hinterstange befestigt ist, darf das Pferd angebunden werden.

Das „gewaltsame" Verladen von Pferden kann zwar in Notfällen erforderlich sein, sollte aber wann immer möglich vermieden werden. Es führt nur zu einer weiteren Verschlimmerung der Angst, denn das Pferd assoziiert spätestens von diesem Moment an eine negative Erfahrung mit dem Verladevorgang. Auch von der – von Pferdehaltern gelegentlich gewünschten – kurzfristigen Sedation des Pferdes ist, außer in Notfällen, dringend abzuraten, da die Standfestigkeit des Pferdes beeinträchtigt wird und es bei Stürzen zu Panik und schwerwiegenden Verletzungen kommen kann. Abgesehen davon gelingt es nicht immer den ansteigenden Erregungspegel zu kappen, wodurch die Sturzgefahr noch weiter erhöht wird.

Angst während der Fahrt ist schwieriger zu behandeln als Angst vor dem Einsteigen. Die Korrektur würde sich einfacher gestalten, wäre es erlaubt im Pferdeanhänger mitzufahren. Dies ist aber in Deutschland und den meisten anderen Ländern verboten. Der Schwerpunkt der Behandlung muss deshalb darauf abzielen, die Fahrt für das Pferd möglichst angenehm zu gestalten, um Stresssituationen zu vermeiden. Dazu gehören an erster Stelle der richtige Fahrstil sowie ein Transporter mit einer guten Straßenlage und ausreichend Platz. Weiterhin sind Übungen zur Festigung der Standsicherheit wie das Gehen auf der Wippe zu empfehlen. Ein fahrsicheres Begleitpferd und ausreichend Heu zum Fressen unterstützt die Behandlung. Besteht eine regelrechte Panik vor Motorengeräuschen, ist ebenfalls die **Desensibilisierung** die Methode der Wahl. Dazu wird das Pferd auf den Hänger gebracht und zunächst ohne zu fahren mit den Motorengeräuschen vertraut gemacht, wobei man, da das Fahrzeug steht, das Pferd beruhigen und positiv konditionieren kann. Sobald das Tier diesen Vorgang problemlos akzeptiert, erfolgt die schrittweise Steigerung der Anforderungen (Langsames Anfahren und Stehenbleiben, kurzes Fahren auf gerader Strecke usw.) wie unter C 6.2, S. 130 beschrieben.

In manchen Fällen ist das Abwehrverhalten beim Verladen jedoch auch auf Rangordnungsprobleme zurückzuführen. Man kann diese Situation von der Verweigerung aus Angst durch das Ausdrucksverhalten des Pferdes unterscheiden. Furcht erkennt man am Bewegungsablauf (Verspannung) sowie an den rollenden Augen, Zittern, Schwitzen, einer verlängerten Oberlippe bei angespanntem Maul oder einem eingeklemmten Schweif (C 4.2, S. 110). Demgegenüber zeigt das Pferd beim „Nichtwollen" keine derartigen Anzeichen, sondern nimmt lediglich eine **sägebockartige Haltung** ein oder steht ganz einfach nur da. In diesem Fall sollte die Longemethode mit zwei Leinen zum Einsatz kommen, um dem Pferd zu zeigen, dass der Mensch stärker ist. Des Weiteren sind im täg-

Abb. 124 Folien sind bei der Ausbildung vielfältig einsetzbar um Ängste (z. B. vor dem Transporterdach) abzubauen.

man das Fohlen mit einem anderen gut bekannten Pferd auf den Hänger führt und einmal das ältere, dann das jüngere Tier vorangehen lässt. Im nächsten Ausbildungsschritt kann man es mit dem Jungtier ganz alleine trainieren. Voraussetzung für die Verladeübungen ist ein ausreichend heller Hänger mit einer flachen und trittsicheren Laderampe.

Sind die Führübungen in den Hänger abgeschlossen, kann die erste Fahrt beginnen. Sie sollte kurz sein und unter Begleitung der Mutter oder eines anderen gut vertrauten Pferdes stattfinden. Des Weiteren ist eine besonders umsichtige Fahrweise erfor-

lichen Umgang wiederholt Gehorsamsübungen angebracht, die dazu dienen die Rangordnung klarzustellen.

Prophylaxe. Verladeproblemen kann man am besten vorbeugen, wenn das Pferd von klein auf lernt auf den Hänger zu gehen. Am einfachsten ist es, wenn das Fohlen zusammen mit seiner verladesicheren Mutter auf den Wagen geführt wird. Aufgrund der natürlichen Veranlagung von Jungtieren ihrer Mutter zu folgen, bereitet diese Vorgehensweise in der Regel keine Probleme. Im Hänger angekommen, sollten Stute und Fohlen mit etwas Futter belohnt werden, um für das Jungtier von Anfang an eine **positive Assoziation** herzustellen. Dann wird das Fohlen wieder heruntergeführt, wobei man frühzeitig das Rückwärtsgehen üben sollte. Erlaubt man dem Jungtier, sich auf dem Wagen zu drehen und vorwärts auszusteigen, wird es dies auch im Erwachsenenalter versuchen. Dann kann das Umdrehen jedoch gefährlich werden, denn sobald sich das Pferd dabei festklemmt oder verletzt, kann aus einem ehemals verladesicheren Tier ein Problempferd werden. Die Führübung in den stehenden Hänger wird an mehreren Tagen wiederholt, bis das Jungtier mit dem Vorgang völlig vertraut ist. Man kann diese auch variieren, indem

Verladeprobleme

Klassifikation:	Unerwünschte Verhaltensweise[*]
Differenzialdiagnose:	Verhaltensstörung
Ablauf:	Heftiges Abwehrverhalten des Pferdes beim Betreten oder Verlassen des Transporters oder während der Fahrt.
Disposition	Ängstliche, leicht erregbare Pferde
Ursachen:	1*: Angst 2: Nicht geklärte Rangordnung
Therapie:	1: • Desensibilisierung • Vertrauensbildende Maßnahmen • Rangordnungsübungen 2: • Gegenkonditionierung (Longemethode) • Rangordnungsübungen
Prophylaxe:	Positive Konditionierung und Gewöhnung ab dem Fohlenalter

[*] Nummern der Ursachen entsprechen den Nummern der Therapie.

Abb. 125 Das Aufbrennen des glühenden Eisens ist nicht nur für das Pferd angsteinflößend.

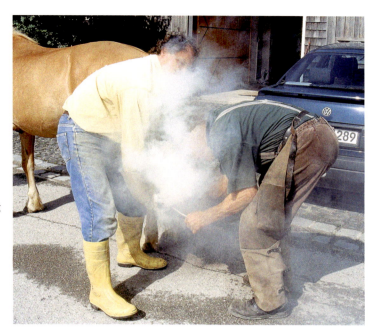

derlich, um negative Erfahrungen während des Transportes zu vermeiden. Fährt man ein junges Pferd zum ersten Mal alleine, ist darauf zu achten, dass wenigstens der Hänger und sein Geruch vertraut sind. Auch das Ziel der Fahrt sollte wohl überlegt und für das Pferd mit einer positiven Erfahrung verbunden sein. Günstig ist, wenn man zum Beispiel zu einer neuen Weide fährt oder die erste Alleinfahrt mit dem Abholen eines anderen Pferdes verknüpft. Gewöhnt man Pferde in der geschilderten Weise an das Betreten eines Hängers und an das Fahren, zeigen sie auch später in aller Regel keine Schwierigkeiten beim Verladen.

1.4 Probleme bei der Hufkorrektur

Ablauf. Für Pferde waren im Laufe der Evolution die Beine bzw. das schnelle Davonlaufen die einzige Waffe und Überlebenshilfe bei tatsächlicher oder vermeintlicher Gefahr. Stehenbleiben, Hufe aufheben und hochhalten sind deshalb ein Vertrauensbeweis dem Menschen gegenüber und Verhaltensweisen, die das Pferd erst lernen muss.

Unter unseren Haltungsbedingungen ist es jedoch erforderlich, dass jedes Pferd, ob geritten, gefahren oder Weidepferd, regelmäßig zur Hufkorrektur zum Hufschmied kommt. Dabei sind Probleme, besonders beim Beschlagen nicht selten. Die Palette des Abwehrverhaltens reicht vom Hufe aus der Hand reißen, schlagen, steigen bis hin zu panikartigen Versuchen sich der Prozedur mit aller Gewalt zu entziehen. Dieses Verhalten ist sowohl für die beteiligten Personen als auch für das Pferd nicht ungefährlich.

Ursachen. Hauptursache ist Angst, die meist auf eine **mangelhafte Grundausbildung** zurückzuführen ist. So wird die Gewöhnung der Jungpferde an eine regelmäßige Hufpflege im Allgemeinen sehr vernachlässigt. Die Fehler beginnen bereits im Fohlenalter. Die meisten Jungtiere werden weder an das Einfangen noch an das Führen, geschweige denn an das Hufeaufhalten gewöhnt. Doch ohne diese vorbereitenden Maßnahmen sind Probleme beim ersten Termin mit dem Hufschmied bereits vorprogrammiert. Bei vielen Jungtieren werden deshalb schon zu diesem Zeitpunkt die ersten Zwangsmaßnahmen ergriffen. Ein circulus vitiosus beginnt, und das Pferd bekommt von Mal zu Mal mehr Angst vor dieser Behandlung. Die Furcht wird noch gesteigert, wenn das Pferd beschlagen werden muss, was mit Brandgeruch und zischenden Geräuschen verbunden ist. Pferde sind empfindlich gegenüber derartigen Sinneseindrücken, insbesondere wenn sie eine negative Erfahrung damit verbinden. Nicht nur die Angst des Pferdes, sondern auch die des Besitzers kann das Verhalten des Pferdes beeinflussen. Nicht wenige Halter fürchten sich vor den Reaktionen ihres Tieres bzw. vor der möglichen Verletzungsgefahr, wenn mit Nägeln und glühendem Eisen hantiert wird.

Abwehrreaktionen während der Hufkorrektur bzw. beim Beschlag können auch auftreten, ohne dass das Pferd schlechte Erfahrungen während der Hufkorrektur gemacht hat. Die Ursache für dieses

> **Tipps für ein problemloses Beschlagen**
>
> - Vertrauter Helfer am Kopf des Pferdes
> - Beschäftigung bzw. Ablenkung des Pferdes
> - Konditionierter Belohnungston
> - Heufütterung
> - Zusprechen und Kraulen
> - Beruhigung über ein zweites Pferd
> - Richtiges Aufhalten (nicht zu hoch oder schief)
> - Zwischendurch Absetzen lassen (insbesondere bei Pferden mit Arthrosen)
> - Kontrolle: steht das Pferd im Gleichgewicht?
> - Ruhige, entspannte Atmosphäre (Geduld, Ruhe)
> - Verständnisvoller, gut ausgebildeter Hufschmied
> - Ausreichend Bewegung vor dem Beschlagen

Verhalten ist der fehlende Respekt vor der Person, die die Hufe aufhält. Solchen Pferden ist es oftmals lediglich unangenehm ein Bein für längere Zeit hochzuhalten, zumal wenn es ungünstig steht oder zu stark abgewinkelt wird. Manche von ihnen haben diese Notwendigkeit auch nur nicht konsequent genug gelernt.

In der Regel sind bei ordnungsgemäßer Durchführung die Hufkorrektur und der Hufbeschlag für das Pferd nicht mit Schmerzen verbunden. Dies gilt jedoch nur für gesunde Tiere. Leiden sie unter einer **Erkrankung des Bewegungsapparates** wie Spat, dann können auch Schmerzen die Ursache für das unerwünschte Verhalten sein.

Therapie. Zunächst gilt es abzuklären, ob Angst oder sogar Schmerzen ausschlaggebend für das unerwünschte Verhalten sind oder ob ein Rangordnungsproblem vorliegt. Nur im letzten Fall dürfen die nachfolgend geschilderten Übungen mit größerem Nachdruck durchgeführt werden. Aber auch hier sind Zwangsmaßnahmen bzw. Schläge nicht angebracht. Besser ist es über entsprechende Gehorsamsübungen (Bodenarbeit) die eigene Dominanz aufzubauen. Allgemein werden Pferde sich nur dann ruhig die Beine aufhalten lassen, wenn sie Respekt und Vertrauen zu den Personen haben, die es zusammen mit dem Hufschmied behandeln. Dies sollte auch bei der Wahl des Hufschmieds berücksichtigt werden. Bei Angst empfehlen sich ebenfalls Übungen zum Dominanzaufbau, da solche Tiere besonders viel Schutz und Sicherheit in Furcht einflößenden Situationen benötigen. Zusätzlich sind bei Angst zur Unterstützung der Therapie vertrauensbildende Maßnahmen hilfreich.

Da in der Regel eine fehlende Grundausbildung nachzuholen ist, muss das Tier den Vorgang des Hufaufhebens und Beschlagens nochmals von Grund auf lernen. Dies erfolgt über **Desensibilisierung** in Kombination mit **operanter** oder **klassischer Konditionierung**. Dabei kann wie folgt vorgegangen werden:

Zunächst wird das ruhige Stehen geübt, da dies beim Beschlagen etwa eine Stunde und länger dauern kann. Dazu bindet man sein Pferd wiederholt einfach eine kurze Zeit lang an. Als nächstes wird das Hufegeben perfektioniert, wobei das Pferd lernen soll auf Zuruf (stets dasselbe Kommando) bzw. auf eine leichte Berührung hin den Huf zu heben. Schlägt das Pferd aus und ist Angst die Ursache, kann die Gegenkonditionierung (Umstimmung oder Clicker-Methode, C 6.2., S. 130) als Lerntherapie eingesetzt werden. Wichtig ist dabei, seitlich vom Pferd zu stehen, um nicht getroffen zu werden. Verweigert das Pferd das Hufegeben aus Gründen des Nichtwollens (Rangordnung), kann das Bein zum Beispiel mithilfe eines Tuches oder über einen festen Griff an den Kötenzöpfen hochgezogen werden. Mit der Stimme wird diesem Vorhaben Nachdruck verliehen. Die Dauer des Hochhaltens sollte zunächst kurz sein – auch bei einem Rangordnungsproblem – und wird sukzessive verlängert, damit das Pferd lernt, sich längere Zeit auf drei Beinen auszubalancieren. Die **positive Verstärkung** muss dabei **während des Hochhaltens** erfolgen, denn setzt das Pferd den Fuß ab und erhält dann eine Belohnung, bringt es diese mit dem Auffußen in Verbindung. Hat das Pferd gelernt, die Hufe aufheben zu lassen, beginnt man es auf zukünftige Manipulationen am Huf vorzubereiten. So kann man den Huf mit einem metallenen Gegenstand abklopfen oder lediglich die Hufe gründlich waschen und nachträglich fetten. Allgemein gilt dabei der Grundsatz, dass das Wiederabsetzen des Hufes stets vom Menschen und nicht vom Pferd ausgeht.

Bei sehr ängstlichen Tieren sollte man jede Gelegenheit nutzen diese an die Atmosphäre des Hufbeschlags bzw. an den Geruch und an die Geräusche zu gewöhnen, ohne dass sie davon selbst betroffen sind. An der Seite eines ruhigen, schmiedefrommen anderen Pferdes kann das ängstliche Tier beispielsweise lernen, dass der Schmiedevorgang weder mit negativen noch mit positiven Erfahrungen verbunden ist. Auch ein allgemeines Training zur Scheufreiheit vor fremden Gerüchen (Brandgeruch an Feuerstellen etc.) und Geräuschen (Hämmern, Bohren, Zischen) kann sehr hilfreich sein.

Als allgemeine Maßnahme hat sich bei schwierigen, temperamentvollen Pferden bewährt, mit diesen vor dem Hufschmiedtermin einen längeren Ritt zu unternehmen. Keinesfalls sollte **überschüssige Bewegungsenergie** die Ursache für Probleme beim Beschlagen sein. Außerdem verhalten sich viele Pferde ruhiger, wenn ein vertrauter Artgenosse neben ihnen steht. Auch das Knabbern an Heu kann helfen Ängste abzubauen.

Prophylaxe. Unerwünschtem Verhalten beim Hufschmied lässt sich am besten vorbeugen, wenn Pferde bereits im Fohlenalter an das Hufeaufhalten gewöhnt werden. Voraussetzung hierzu ist, dass das Jungtier sich vertrauensvoll aufhaltern, führen und festhalten lässt. Man beginnt als erstes mit dem Aufheben der Vorderextremitäten. Dazu fährt man mit der Hand langsam am Bein von oben nach unten herab. Berührt man das Röhrbein, machen die meisten Fohlen von sich aus Anstalten im Karpalgelenk abzuknicken und geben den Huf freiwillig. Diese Übung ist bei beiden Vorderbeinen mehrmals zu wiederholen, ohne dass der Huf für länger hochgehoben wird. Im nächsten Schritt wird das Bein einige Zeit gehalten, um das Ausbalancieren zu üben, denn das Pferd muss erst **lernen**, sein **Gleichgewicht auf drei Beinen** zu halten. Dann beginnt man mit dem Aufheben der Hinterbeine, wobei man von der Kruppe aus nach unten herabfährt bis unter das Sprunggelenk. Schlägt das Fohlen bei den ersten Berührungen aus, sollte man dies anfangs ignorieren, denn es kennt den Sinn der Übung noch nicht. Die meisten Fohlen ziehen nach einer gewissen Zeit das Hinterbein von selbst an und heben es nach vorne unter den Bauch. In dieser Position wird es zunächst für kurze, dann für längere Zeit gehalten. Erst, wenn das Fohlen sein Gleichgewicht ausbalancieren kann, zieht man vorsichtig den Huf nach hinten heraus. Auch diese Position wird geübt, wobei man – das gilt für jede Übung – stets darauf achten muss, das Bein nicht schräg, sondern gerade und nicht zu hoch zu halten. Geht man konsequent in dieser Weise vor, wobei jeder Schritt belohnt wird, wird man in kürzester Zeit ein Pferd haben, bei dem man problemlos die Hufe aufheben und bearbeiten kann.

Grundsätzlich empfiehlt es sich, das Pferd schon im Fohlenalter mit dem Vorgang des Beschlagens vertraut zu machen. Je früher es den Geruch und die Geräusche beim Hufschmied kennt, desto weniger Angst wird es haben, wenn es selbst zum ersten Mal in diese Situation gerät. Am besten lässt man das Fohlen seine Mutter zum Hufschmied begleiten. Wird diese nicht beschlagen, was bei vielen Zuchtstuten der Fall ist, kann man sich mit Mutterstute und Fohlen einem anderen Pferd anschließen. Sinnvoll ist diese Übung jedoch nur, wenn die zu beschlagenden Tiere schmiedefromm sind und die Atmosphäre beim Hufschmied ruhig und entspannt ist. Belohnungen tragen zusätzlich zum Gelingen dieser prophylaktischen Übungen bei.

Probleme bei der Hufkorrektur

Klassifikation:	Unerwünschte Verhaltensweise
Differenzialdiagnose:	Verhaltensstörung
Ablauf:	Defensives oder aggressives Abwehrverhalten während der Hufkorrektur
Ursachen:	1*: Angst 2: Nicht geklärte Rangordnung 3: Schmerzen
	1: • Desensibilisierung mit Gegenkonditionierung (operant, klassisch) • Vertrauensbildende Maßnahmen 2: • Gegenkonditionierung (operant) • Rangordnungsübungen 3: • Medizinische Behandlung • Rücksichtsvolle Vorgehensweise
Prophylaxe:	Positive Konditionierung und Gewöhnung ab dem Fohlenalter

*) Nummern der Ursachen entsprechen den Nummern der Therapie.

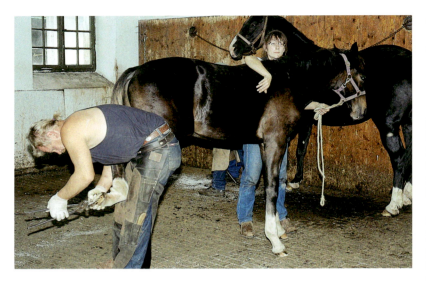

Abb. 126 Ein einfühlsamer Umgang nimmt Fohlen die Angst vor dem noch ungewohnten Vorgang des Hufeausschneidens.

1.5 Aggressivität im Umgang (Beißen und Schlagen)

Ablauf. Schlagen und Beißen sind normale Bestandteile des Verhaltensrepertoires des Pferdes. Sie dienen zur Klärung und Dokumentation der Rangordnung sowie zur Verteidigung. Dabei zählt Beißen zu den aggressiven Drohformen, der Hinterhandschlag wird vor allem zur Verteidigung eingesetzt (C 4.2, S. 111). Während bei der gesteigerten Aggressivität gegen Artgenossen eine reaktive Verhaltensstörung zugrunde liegen kann (D 3.3, S. 160), handelt es sich bei aggressiven Handlungen dem Menschen gegenüber in der Regel um ein unerwünschtes Verhalten. Dieses kann, je nach Ausprägung, für den Menschen gefährlich werden, das Risiko von Verletzungen ist groß.

Disposition. Für übertriebene Aggressivität besteht eine gewisse erbliche Disposition. Es ist nachweislich belegt, dass in manchen Hengstlinien hochaggressive Nachkommen gehäuft vorkommen. Dazu zählen vor allem Pferde, die schwerpunktmäßig auf eine **spezielle Leistung** wie etwa großes Springvermögen gezüchtet werden.

Disponiert für aggressive Verhaltensweisen sind außerdem Tiere, die in der Herde eine ranghöhere Position einnehmen.

Für die Verhaltensweisen Beißen und Schlagen besteht zudem eine geschlechtsspezifische Disposition. Hengste neigen stärker zum Beißen als Stuten und Wallache. Stuten sind nach Praxiserfahrungen wiederum schlagfreudiger als Wallache.

Ursachen. Als Ursachen kommen Rangordnungsprobleme, Angst und Schmerzen in Frage. In seltenen Fällen kann es sich auch um eine angeborene gesteigerte Aggressivität oder um eine Fehlprägung (D 3.1, S. 156) handeln. Vertieft und gestärkt wird das unerwünschte Verhalten durch Lernprozesse.

Zu Rangordnungsproblemen kommt es, wenn der Mensch versäumt hat bzw. nicht in der Lage ist, die dominante Position einzunehmen. Wie bereits mehrfach erwähnt, sieht das Pferd den Menschen als eine Art Sozialpartner an. Die Konsequenz daraus ist, dass es angeborenermaßen klären muss, welchen Rangplatz es dem Menschen gegenüber einnimmt. Steht das Pferd in der ranghöheren Position, ist die gezeigte Aggression ein **normales Verhalten**, denn es ist lediglich Ausdruck seiner Überlegenheit. Dominiert das Pferd, wird es demzufolge auch beim Menschen nicht akzeptieren, dass er Handlungen durchführt, die einem rangniederen nicht zustehen. So hat ein ranghohes Tier beispielsweise beim Fressen immer das Vorrecht. Darauf wird es durch Drohen und, wenn erforderlich, auch durch Beißen aufmerksam machen, sobald der Mensch mit Futter erscheint. Zu ähnlichen Situationen kann es kommen, wenn der Mensch „ungebeten" die Individualdistanz des Pferdes durchbricht oder es zum Zurückgehen bzw. Ausweichen veranlassen will. Zu den typischen Verhaltensweisen, die auf Rangordnungsprobleme zurückzuführen sind, zählen das Beißen beim Betreten der Box oder das Schnappen nach in der Stallgasse vorbeigehenden Personen.

Abb. 127 Häufig ist Angst, die sich in einem defensiven Abwehrverhalten äußert, Ursache für ein Nicht-Einfangen-Lassen.

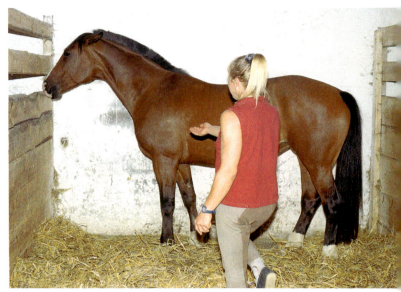

Der **angstbedingten Aggressivität** liegt eine völlig andere Motivation zugrunde. Es ist ein aggressives Verhalten, das aus der Verteidigung heraus erfolgt. Dazu neigen besonders rangniedere, ängstliche oder sehr sensible Tiere. So ist gegen den Menschen gerichtetes Beißen und Schlagen bei Arabern bzw. bei Pferden mit arabischen Blutanteilen häufig ein angstbedingtes Abwehrverhalten. Ängstliche Tiere zeigen in der Regel Abwehrverhalten, das auf Verteidigung ausgerichtet ist wie Hinterhanddrohen und Hinterhandschlag. Dies ist auch der Fall, wenn es sich um ein Rangordnungsproblem handelt, das mit einer angstbedingten Aggressivität gekoppelt ist. Die Angst resultiert im Allgemeinen aus einem mangelnden Vertrauen zum Menschen bzw. auf schlechte Erfahrungen. So können harte Ausbildungsmethoden ebenso wie physische und psychische Überforderung dazu führen, dass das Pferd das Vertrauen in den „Sozialpartner" Mensch verliert und in ihm einen Angst einflößenden Feind sieht.

Nicht zu vergessen sind Schmerzen als Ursache für eine aggressive Reaktion. Diese können durch einen krankhaften Prozess (z. B. Wirbelsäulenprobleme) oder durch Ausrüstungsgegenstände (z. B. ein schlecht sitzender Sattel) hervorgerufen werden. Vielfach ist die dabei gezeigte Aggression lediglich ein Abwehrverhalten mit dem Ziel in Ruhe gelassen zu werden.

Sowohl bei dominanz- als auch bei angst- und schmerzbedingter Aggression kann das Verhalten durch Lernprozesse verstärkt werden. Ein solcher Vorgang ist immer dann naheliegend, wenn das Tier die Erfahrung gemacht hat, dass es sich durch aggressives Verhalten der Einwirkung des Menschen entziehen kann. Erreicht das Pferd, dass der Mensch wegen seiner Aggressivität beispielsweise das Hufeauskratzen oder Satteln abbricht, dann empfindet es dies als Belohnung. Die Folge ist, dass das aggressive Verhalten sich immer stärker festigt.

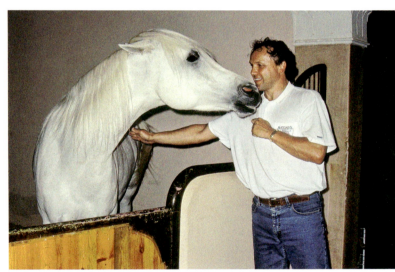

Abb. 128 Drohschwingen gegen den Empfänger ist ein Zeichen für dominanzbedingte Aggression.

Durch Nachgeben erzieht man das Pferd in diesem Fall, wenn auch unbeabsichtigt, zu unerwünschtem Verhalten. Sind Schmerzen die Ursache, kommt es zu einem Lernprozess, wenn das Pferd den auftretenden Schmerz direkt mit einer Handlung seitens des Menschen verbinden kann. Das ist zum Beispiel der Fall, wenn der Reiter bei einem Pferd mit Rückenproblemen dem Tier während des Aufsitzens und Anreitens bereits Schmerzen bereitet.

Die Aggression ist weiterhin vom Umfeld und von der psychischen Ausgeglichenheit des Pferdes abhängig. Wie bereits unter A 4, S. 24 ausgeführt wurde, erzeugt Frustration Aggression. So wird ein Pferd eher beißen oder schlagen, **wenn Defizite in seiner Bedürfnisbefriedigung** bestehen, als bei artgerechter Haltung.

Therapie. Je nach Ursprung unterscheiden sich die Behandlungsmethoden. Deshalb ist eine besonders sorgfältige Anamnese und eine genaue Beobachtung der gezeigten Aggressivität außerordentlich wichtig für den Therapieerfolg. Von größter Bedeutung ist auch die genaue Beobachtung des Ausdrucksverhaltens, denn es ist unterschiedlich, je nachdem, ob es sich um angst- oder dominanzbedingte Aggression handelt (C 4.2, S. 111).

Bei **dominanzbedingter Aggressivität** ist dem aggressiven Verhalten durch **Gegenkonditionierung** zu begegnen. Dabei kann ausnahmsweise **Strafe** erforderlich sein. Die Korrektur muss dabei im Vorfeld bereits gut überlegt werden. So ist jede Situation, in der das Pferd das aggressive Verhalten zeigt und Vorteile gegenüber dem Menschen haben könnte, absolut zu vermeiden. Beißt zum Beispiel das Pferd beim Putzen nach dem Reiter, sobald er den Rücken zuwendet, muss es so gut festgebunden werden, dass ihm dies nicht mehr gelingen kann. Ist der Mensch auf die Attacke vorbereitet, dann hat die Strafe noch während, spätestens unmittelbar nach dem Versuch zu beißen oder zu schlagen zu folgen. Sie muss so dosiert sein, dass das Pferd zurückweicht oder eine andere Unterlegenheitsgeste zeigt. Grundsatz ist, dass jede Auseinandersetzung unbedingt zugunsten des Menschen ausgehen muss, da eine **verlorene Konfrontation** die Position des Pferdes noch mehr festigen würde.

Ein weiterer Schwerpunkt der Therapiemaßnahmen bei dominanzbedingter Aggressivität liegt auf der Durchführung von Gehorsamsübungen mit dem Ziel, dass das Pferd die rangniedere Position gegenüber dem Menschen uneingeschränkt anerkennt. Ein unerfahrener Pferdebesitzer sollte sich zunächst über Fortbildungskurse ausreichend theoretische und praktische Kenntnisse aneignen, bevor er mit der Korrektur eines solchen Pferdes beginnt. Bei dominanzbedingter Aggressivität kann es zwar erforderlich sein, das Tier einem Fachmann zu übergeben, doch ändert dies nichts an der Tatsache, dass der Halter selbst seine Führungsposition gegenüber dem Pferd aufbauen muss. Nur dann ist für ihn ein gefahrloser Umgang mit dem Tier auf Dauer möglich. Begleitend zu dieser Verhaltenstherapie sollte auf reichlich Bewegung des Pferdes und auf ausreichend Sozialkontakt geachtet werden, sowie die Kraftfuttermenge zugunsten des Raufutteranteils gesenkt werden.

Bei **angstaggressiven Tieren** kommt als Therapiemethode ebenfalls die **Gegenkonditionierung** zum Einsatz. Im Unterschied zu dominanzaggressiven Pferden dürfen solche Tiere jedoch keinesfalls bestraft werden. Dies würde das aggressive Verhalten nur verstärken, da die Furcht vor dem Menschen sich noch weiter erhöht und das Tier sich zudem in seinem Verhalten bestätigt fühlt. Wenn möglich, kann dem Verhalten außerdem durch **Auslöschung** begegnet werden. Dazu sind alle Situationen zu vermeiden, in denen das Verhalten gezeigt wird, was eine gute Vorplanung erfordert. Auf diese Weise lässt sich bei konsequenter Durchführung auf Dauer eine Abschwächung der Aggression und ein Vergessen erreichen.

Grundsätzlich sollten bei angstaggressiven Tieren vertrauensbildende Maßnahmen durchgeführt werden. Hierfür ist es unerlässlich, dass der Mensch sich nicht nur täglich eine Stunde beim Reiten dem Pferd widmet, sondern zusätzlich Zeit investiert, um sich intensiv mit dem Tier zu beschäftigen. Ziel der Behandlung soll sein, dass das „**Feindbild**" in ein „**Freundbild**" umgekehrt wird. Gleichzeitig sind auch Rangordnungsübungen, am besten in Form von Bodenarbeit unterstützend durchzuführen. Dabei muss die positive Verstärkung im Vordergrund stehen, um das Vertrauen in den Menschen wieder aufzubauen. Eine eindeutige Rangzuweisung ist bei ängstlichen Tieren wichtig, denn sie benötigen in besonderem Maße den Schutz des Ranghöheren.

Schmerzhafte Zustände sind vom Tierarzt zu diagnostizieren und entsprechend zu behandeln. Ausrüstungsmängel, die Schmerzen verursachen, müssen behoben werden. Bleibt trotz Beseitigung dieser Ursachen das aggressive Verhalten bestehen, liegt ein Lernvorgang vor. Das heißt, das Pferd hat gelernt durch aggressives Verhalten schmerzhafte Manipulationen zu umgehen. Je nachdem, ob es das Lernverhalten aus Angst oder Dominanz zeigt, sind die soeben erwähnten Korrekturmaßnahmen durchzuführen.

Es ist ratsam, bei der Hengstwahl für eine Zuchtstute nicht nur dessen Leistung, Stammbaum und Schönheit, sondern auch dessen Charaktermerkmale zu berücksichtigen. Tiere mit einer angeborenen erhöhten Aggressivität sollten von der Zucht ausgeschlossen werden. Ansonsten sind Maßnahmen durchzuführen, die bei der dominanzbedingten Aggressivität bereits beschrieben wurden. Führt diese Methode zu keinem Erfolg, sollte man den Verkauf des Tieres in Erwägung ziehen, denn bei einem entsprechend guten Fachmann kann das Pferd durchaus handsam werden. Drastische Methoden, die darauf beruhen, dass das Pferd die Erfahrung der **„Hilflosigkeit"** macht, aus der es nur der Mensch wieder befreien kann, sind sehr kritisch zu beurteilen. Das Ziel dieser Methoden ist die schnelle Unterwerfung des Pferdes, basierend auf körperlicher Unterlegenheit, was durch Hochbinden von einzelnen Gliedmaßen bis hin zum gänzlichen Niederschnüren reicht. Falsch eingesetzt, zum Beispiel bei Pferden mit angst- oder schmerzbedingter Aggression bzw. bei sensiblen Tieren, kann dieses „Brechen" zur völligen Unbrauchbarkeit des Pferdes führen. Eine derartige Vorgehensweise ist eindeutig **tierschutzwidrig**.

Prophylaxe. Oft wird der Grundstein für aggressives Verhalten schon während der Jugendentwicklung gelegt. Meist sind es **Nachlässigkeiten in der Jugenderziehung** und das wahllose Verfüttern von Leckerbissen, was die Pferde schließlich zum Beißen veranlasst. So ist man gerne dazu verleitet das spielerische Beknabbern und Kneifen des Fohlens nicht ernst zu nehmen. Man duldet oder bestraft es im Höchstfall mit leichtem Schimpfen. So werden innerhalb kürzester Zeit aus Spielereien schmerzhafte Bisse oder gar gefährliche Verletzungen. Dann steht man bereits vor der Tatsache, dass man seine Rangposition verloren hat. Aus diesem Grund kann gar nicht genug betont werden,

---

Aggressivität (Beißen, Schlagen) im Umgang

Klassifikation: Unerwünschte Verhaltensweise
Differenzialdiagnose: Verhaltensstörung

Ablauf: Defensives oder aggressives Drohverhalten gegenüber dem Menschen

Disposition:
- Erbliche Veranlagung
- Geschlechtsspezifische Disposition
  - Hengste: vermehrt aggressive Drohformen
  - Stuten: vermehrt defensive Drohformen
  - Wallache: vermehrt defensive Drohformen

Ursachen:
1*: Nicht geklärte Rangordnung
2: Angst
3: Schmerz

Therapie:
1:
- Auslöschung
- Gegenkonditionierung (ggf. negative Verstärkung)
- Rangordnungsübungen

2:
- Auslöschung
- Gegenkonditionierung (operant, klassisch)
- Rangordnungsübungen
- Vertrauensbildende Maßnahmen

3:
- Medizinische Behandlung
- Beseitigung der Ursache (Ausrüstungsmängel, Reitfehler etc.)

Prophylaxe:
- Rangordnungsübungen während der Jugenderziehung
- Vertrauensbildende Maßnahmen während der Jugenderziehung
- Regelmäßige Gesundheitskontrollen
- Pferdegerechte Ausrüstung inklusive deren Pflege, gute Reitweise
- Zuchtausschluss bei erblicher Disposition

*) Nummern der Ursachen entsprechen den Nummern der Therapie.

wie wichtig eine konsequente Erziehung bereits im Fohlenalter ist. Hierbei sollte man sich an den Erziehungspraktiken orientieren, die in einer Pferdegruppe üblich sind. Schon das kleinste Fohlen lernt hier, dass ranghöhere Tiere grundsätzlich das Vorrecht haben, und dass man nicht ungestraft erwachsene Pferde kneift oder anspringt. Junge Pferde müssen deshalb schon frühzeitig lernen, Manipulationen durch den Menschen zu akzeptieren (B 11.2). Bereits als Saugfohlen sollten sie lernen ein Halfter zu tragen, geführt und geputzt zu werden sowie die Hufe aufzuheben. Die erste Erziehung sollte dabei immer freundlich, kann spielerisch, muss aber immer absolut konsequent erfolgen. Kleine Gehorsamsübungen wie Zurückweichen vor dem Schubkarren, Platz machen während des Ausmistens usw. sollten zu einer täglichen Selbstverständlichkeit werden. Eindeutig dominanzaggressives Verhalten beginnt im Alter von zwei bis drei Jahren, wenn das Pferd seine Rangstellung in der Gruppe zu klären beginnt. Richtet es diese auch gegen den Menschen, ist darauf sofort zu reagieren. Hierzu genügt häufig schon ein scharfes „Nein" oder mit erhobener Hand den Weg zu versperren. Die Angelegenheit ist beendet, wenn das Jungtier zurückweicht oder eine andere Unterlegenheitsgeste zeigt. Wird die Rangordnung auf diese Art und Weise durch konsequentes und bestimmtes Vorgehen frühzeitig geklärt, wird es nur selten zu einer Konfrontation kommen, da das Pferd seine unterlegene Position akzeptiert und sich entsprechend verhalten wird.

Erwachsene Pferde erzieht man durch Verwöhnung und übertriebene Toleranz zu aggressivem Verhalten. So wird durch das unkontrollierte Verfüttern von Leckerbissen das Beißen geradezu provoziert. Wird die Karotte oder der Apfel als Bestechung im Sinne „ich geb dir was, dafür tu mir nichts" eingesetzt, ist der **Weg zum aggressiven Fordern** nach einer Belohnung nur noch kurz. Um dies zu vermeiden sollte jeder, der ein eigenes Pferd kauft oder sich ganz allgemein mit Pferden beschäftigt, sich bereits im Vorfeld eingehend mit deren Verhaltensweisen und dem richtigen Umgang befassen. Man muss sich bewusst sein, dass Pferde ein stark ausgeprägtes Rangordnungsverhalten haben, und dass sich der Mensch nicht ausschließen kann, wenn er mit dem Pferd kommunizieren will. Ein Umgang, der die pferdespezifischen Verhaltensweisen berücksichtigt, ist somit die beste

Prophylaxe, um derartiges Problemverhalten zu verhindern. In diesem Zusammenhang sei nochmals darauf aufmerksam gemacht, dass Leckerbissen nicht wahllos, sondern nur dann gefüttert werden dürfen, wenn ein Pferd eine Aufgabe zur Zufriedenheit erledigt hat oder ein Lernvorgang damit verbunden ist (C 5.3, S. 120; C 5.1, S. 115).

2 Unerwünschtes Verhalten bei der Nutzung

2.1 Zungenstrecken

Ablauf. Beim Zungenstrecken oder schleppen lassen die Pferde während des Reitens oder Fahrens die Zunge zeitweilig oder andauernd meist seitlich aus der Maulspalte hängen. Die Mehrzahl der Tiere belässt dabei die Zunge unter dem Gebiss. Einige jedoch legen diese darüber und versuchen auf diese Weise sich der Zügeleinwirkung zu entziehen. Somit ist Zungenstrecken nicht nur ein Schönheitsfehler, sondern kann auch das Unfallrisiko für den Reiter oder Fahrer erhöhen. Sobald Zungenstrecken einmal etabliert ist, sind die Korrekturchancen nur noch gering. In diesem Stadium strecken die betroffenen Pferde selbst mit gebissloser Zäumung noch die Zunge heraus. Im Anfangsstadium ist dieses unerwünschte Verhalten jedoch meist gut zu therapieren.

Disposition. Zungenstrecken wird durch eine zu kurze Maulspalte begünstigt. Auch Pferde, die besonders schnell zu Übererregung neigen, sind vermehrt davon betroffen. Nach Praxiserfahrungen sind außerdem Pferde mit schwacher Hinterhand, die mehr schiebt als trägt, für Zungenstrecken disponiert. Dies ist darauf zurückzuführen, dass solche Tiere zum Wegeilen neigen, was von schwachen Reitern nur über Zügelanziehen korrigiert wird.

Ursachen. Die Ursache für Zungenstrecken unter dem Sattel bzw. vor dem Wagen ist ausschließlich Schmerz. Dieser ist hauptsächlich auf ein schlecht sitzendes, zu großes oder zu **scharfes Gebissstück** sowie auf **Handfehler** des Reiters oder Fahrers zurückzuführen. Auch die Reitweise wie das erzwungene „**Zusammenstellen**" des Pferdes über Hilfs-

Unerwünschtes Verhalten bei der Nutzung

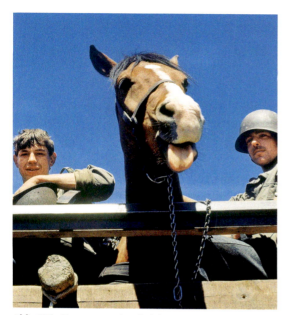

Abb. 129 Zungenstrecken bei der Nutzung ist ausschließlich auf Schmerz zurückzuführen. Im fortgeschrittenen Stadium ist es kaum noch therapierbar.

> **Wie man es nicht tun sollte ...**
>
> Der falsche Weg ist es, ein Pferd – zum Beispiel einen Durchgänger – über ein schärferes Gebiss korrigieren zu wollen. Dies erzeugt lediglich Schmerz. Die Folge ist Angst und eine weitere Verstärkung des unerwünschten Verhaltens.

sofern dies der Ausbildungsstand des Pferdes erlaubt. Manchmal kann das Zungenstrecken auch eingedämmt werden, wenn das Pferd vermehrt im Maul beschäftigt wird. Dies erfolgt zum Beispiel über Gebisse, die im Trensengelenk weitere kleine Gelenke eingearbeitet haben oder mit einer „Spielerkette" versehen sind. Sehr oft hilft eine Zäumung, die durch ein Hochnehmen des Gebissstückes den Druck auf die Zunge verringert oder gar nicht erst aufkommen lässt. Allerdings sollte man sich immer vor Augen halten, dass jede Zäumung nur so gut ist, wie die Hand des Reiters. Gebisse können reiterliche Fehler niemals ausgleichen!

zügel oder Fehler bei Wendungen und Biegungen sowie Schwierigkeiten des Pferdes in Genick und Rücken können ursächlich beteiligt sein. Letztendlich sind es jedoch immer Schmerzen, die durch eine fehlerhafte Einwirkung bedingt sind. Diesen versucht das Pferd auszuweichen indem es die Zunge zur Seite legt. Es ist auch denkbar, dass es die Zunge als Polster benutzt, um einem schmerzhaften Ladendruck auf diese Weise zu entgehen.

Therapie. Zungenstrecken tritt niemals spontan auf, sondern entwickelt sich allmählich. Bereits die ersten Anzeichen sollten ernst genommen werden, denn ein einmal etabliertes Zungenstrecken ist kaum noch rückgängig zu machen. Ziel der Therapie ist, die schmerzhafte Einwirkung zu beseitigen. Im Anfangsstadium genügt es vielfach den Reitstil entsprechend zu ändern und auf eine einfühlsame Zügeleinwirkung zu achten. Besondere Bedeutung kommt außerdem der Wahl des Gebisses zu. Zu große, falsch sitzende und zu „scharfe" Mundstücke sind gegen pferdefreundliche auszutauschen. Erfolgversprechend ist daher zu Behandlungsbeginn die Umstellung auf eine gebisslose Zäumung,

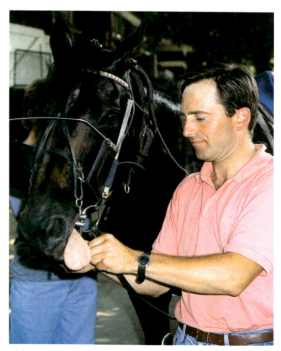

Abb. 130 Das Festbinden der Zunge ist aus Tierschutzgründen in der Schweiz im Trabrennsport verboten.

191

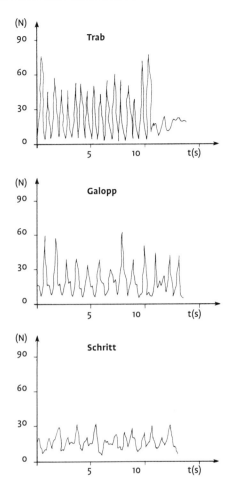

Abb. 131 Kraftkurven der Zügeleinwirkung auf das Pferdemaul in Newton (N, 1 N = 0,1 kg) (nach *Preuschoft 1993*).

Als klassische Therapie werden zahlreiche mechanische Vorrichtungen wie das Zungenstreckergebiss oder die Löffeltrense angeboten. Sie sollen verhindern, dass die Zunge über das Gebiss genommen wird. Diese Methoden sind aus Tierschutzgründen kritisch zu beurteilen, denn vielfach beruht ihre Wirkung lediglich auf einer weiteren Erzeugung von Schmerz. Völlig abzulehnen ist das Festbinden der Zunge am Unterkiefer, eine im Trabrennsport nicht selten anzutreffende Praktik. Aber auch Reiter nutzen diese Art der „Korrektur". Auf Turnieren darf Pferden allerdings gemäß dem Reglement der Deutschen Reiterlichen Vereinigung (FN) die Zunge nicht angebunden werden. Die Genehmigung wird jedoch von der FN erteilt, wenn ein berechtigter Grund für das Anbinden vorliegt. Diese erfolgt so gut wie nie (mündliche Mitteilung der FN). Im deutschen Trabrennsport wurde das Zungenanbinden erst als es aus Tierschutzgründen in die Schlagzeilen geriet „abgeschwächt". In der Schweiz ist das Festbinden der Zunge seit 1997 verboten.

Prophylaxe. Da Zungenstrecken ausschließlich auf eine schmerzhafte Einwirkung beim Reiten und Fahren zurückzuführen ist, besteht die beste Prophylaxe in einer guten Reitweise und einer einfühlsamen Hand und zwar von Beginn der Ausbildung an. Eine wesentliche Maßnahme dabei ist, das Pferd zunächst gründlich an Stimmkommandos zu gewöhnen, die dann beim Reiten – beim Fahren ist es eine Grundvoraussetzung – die weitere Hilfengebung unterstützen. Am besten erfolgt dies über Bodenarbeit. Ebenso wichtig ist die Auswahl des richtigen Gebisses. Das Wissen darüber wird im Allgemeinen in konventionellen Reitställen nur unvollständig bzw. überhaupt nicht vermittelt. Deshalb liegt es in der Verantwortung eines jeden Einzelnen sich über die genaue Wirkungsweise der unterschiedlichen Gebisse im Maul kundig zu machen. Informationen dazu geben gute Reitsportgeschäfte und die entsprechende Fachliteratur. Besonders beim Anreiten junger Pferde muss darauf geachtet werden, dass die Trense passt und ordentlich verschnallt ist. Beispielsweise darf sie nicht zu schmal – so wirkt sie bekannterweise schärfer –, aber auch nicht zu breit sein. Außerdem ist sie so zu verschnallen, dass die Maulwinkel nicht oder nur minimal hochgezogen werden. Sie darf aber auch nicht zu tief liegen, denn dann verleitet sie zum Spielen oder stößt an die Hakenzähne. Bei einer zu locker angepassten Trense besteht die Gefahr, dass ein Pferd lernt das „lästige Ding" zu umgehen, indem es die Zunge über das Gebiss legt.

Fazit: Man kann Zungenstrecken verhindern durch ein maulgerechtes, passend verschnalltes Gebiss, eine einfühlsame Reiterhand und eine gute Reitweise.

Preuschoft und Mitarbeiter gehen seit Jahren der Frage nach mit wie viel Kilogramm Gewicht der Mensch dem Pferd im Maul hängt. Ihre Zugkraftmessungen (*Preu-

Zungenstrecken (-schleppen) bei der Nutzung

Klassifikation:	Unerwünschte Verhaltensweise
Differenzialdiagnose:	Verhaltensstörung
Ablauf:	Andauerndes oder zeitweiliges Heraushängenlassen der Zunge während des Reitens und Fahrens
Disposition:	• Kurze Maulspalte • Leicht erregbare, „wegeilende" Pferde
Ursache:	Schmerzen
Therapie:	• Einfühlsame, „weiche" Hand • Gute Reit- und Fahrweise • Gebisslose Zäumung • Hochnehmen des Gebisses **Aus Tierschutzgründen abzulehnen:** • Festbinden der Zunge • Zungenstreckergebiss, Löffeltrense und ähnliches
Prophylaxe:	Von Beginn der Ausbildung an: • Gute Reit- und Fahrweise • Richtig angepasstes, „sanftes" Gebiss

Abb. 132 Headshaking kann die Nutzung im Reit- und Fahrsport erheblich beeinträchtigen.

schoft 1999) belegen, dass die „Schärfe" einer Zügeleinwirkung letztendlich von der Kraft abhängt, mit der der Reiter im Maul zieht. Diese Kraft wird von Reitern, Ausbildern und auch in Büchern über Reitlehre im Allgemeinen erheblich unterschätzt. Die Messungen ergaben durchschnittliche Zugkräfte auf jedem Zügel von 5 bis 75 Newton (0,5 bis 7,5 kg), Spitzenwerte lagen bei 150 Newton (15 kg). Sie variierten im Takt der jeweiligen Gangart und je nach reiterlicher Einwirkung. Die höchsten Zugkräfte wirken im Trab auf das Pferdemaul ein. Sie betrugen in dieser Gangart das 5- bis 9-fache, im Galopp das 4- bis 6-fache und im Schritt das 2- bis 4-fache der niedrigsten Werte (Abb. 131). Es konnten zwar keine Unterschiede zwischen Trensen- und Kandarenzügeln festgestellt werden, doch jedes Gebiss wies eine spezielle Wirkungsweise auf, die die Zugkräfte auf das Pferdemaul noch erheblich verstärkt: bei Trensen um den Faktor 2 bis 3,5, bei Kandaren um den Faktor 8. Daraus folgt, dass ein Pferd im Trab bei jedem Tritt **Kräfte von 24 bis 128 kg im Maul** zu spüren bekommt!

Besonders kritisch sind Hilfszügel zu beurteilen, denn sie verstärken die Zugkräfte nochmals ganz erheblich. An erster Stelle ist der **Schlaufzügel** zu nennen. Er funktioniert nach dem Prinzip eines Flaschenzuges und verdoppelt die Zugkraft. Eine ähnliche Wirkung kann auch der Köhler- bzw. Thiedemannzügel haben. Der Halsverlängerer trägt seinen Namen zu Unrecht, denn er bewirkt genau das Gegenteil. Er bestraft quasi das Pferd bei der Dehnung des Halses nach abwärts, indem sich der Zug gegen die Maulwinkel verstärkt. Dem kann das Pferd nur durch Aufrollen des Halses entgehen. Als tierschutzrelevant ist der „Hinterhandaktivator" zu beurteilen, der Krafteinwirkungen auf das Maul von mehreren 100 kg zur Folge hat.

Differenzialdiagnose. Das Zungenstrecken bei der Nutzung ist vom Zungenspiel zu unterscheiden, das zu den reaktiven Verhaltensstörungen zählt (D 1.2, S. 144). Des Weiteren können auch Erkrankungen der Zunge oder der Maulhöhle die Ursache für diese Verhaltensanomalie sein. So kann eine heraushängende Zunge bzw. eine verminderte Zungenspannung durch eine Nervenlähmung (Nervus hypoglossus XII) hervorgerufen werden. Auch Gehirn- und Luftsackerkrankungen können mit einer Zungenlähmung verbunden sein (symptomatische Verhaltensstörung).

2.2 Kopfschlagen, Kopfschütteln (Headshaking) bei der Nutzung

Ablauf und Differenzialdiagnose. Diese Verhaltensabweichung äußert sich in wiederholtem, unwillkürlichem Hochwerfen des Kopfes oder übertriebenen, nickenden Bewegungen während der Nutzung. Es handelt sich hierbei, wie bereits beim Kopfschütteln bzw. -schlagen im Stall unter D 4.3, S. 167 beschrieben, um einen Symptomenkomplex, dem viele verschiedene Ursachen zugrunde liegen.

Differenzialdiagnostisch in Frage kommen:
- eine symptomatische oder zentralnervöse Verhaltensstörung infolge einer Erkrankung oder erhöhter Photosensitivität,
- eine reaktive Verhaltensstörung bedingt durch inadäquate Haltung und/oder nicht tiergerechten Umgang,
- ein unerwünschtes Verhalten als Folge von Schmerz, Angst oder einem damit verknüpften Lernprozess.

Wenn alle Formen von Verhaltensstörung ausgeschlossen werden können, kann ein unerwünschtes Verhalten vorliegen. Dies ist besonders wahrscheinlich, wenn das Pferd nur bei der Nutzung mit dem Kopf schlägt, dagegen kaum bzw. überhaupt nicht im Stall oder auf der Koppel, und Begleiterscheinungen wie vermehrtes Auftreten bei Sonneneinstrahlung, Nüsternreiben und Niesen fehlen.

Ursachen. Bei dieser Art des Kopfschlagens sind in der Regel Schmerzen die Ursache, deren Folge Angst ist. Meist ist es die Reaktion gegen eine zu starke Handeinwirkung, denn das Pferd kann die dabei empfundenen Schmerzen nur auf diese Weise mitteilen. Auch ein falscher Sitz des Reiters oder ein schlecht angepasstes Gebiss (zu hoch, zu tief, auf den Hakenzähnen sitzend) können der Auslöser sein. Ebenso kommt ein schmerzhaftes Sattel- und Zaumzeug in Frage. So können ein zu eng anliegendes Stirnband, ein drückendes Nackenstück, ein zu fest oder tief geschnallter Nasenriemen intensives Kopfschlagen bzw. schütteln auslösen. Schließlich kann es sich auch um ein erlerntes Verhalten handeln. Das ist der Fall, wenn das Pferd trotz Beseitigung aller Mängel dieses Verhalten beibehält. Meist ging diesem Prozess ein Kopfschlagen aus Schmerzen und Angst voraus. Lässt der Reiter die Zügel lang oder beendet er gar seine Arbeit, wird dies vom Pferd als Belohnung für sein Verhalten empfunden. Dadurch erhöht sich die Wahrscheinlichkeit der Wiederholung, sobald die gleiche Situation wieder eintritt (s. Foto S. 193).

Therapie. Die Therapie besteht als erstes darin, die Schmerz und Angst verursachenden Mängel (Reitweise, Ausrüstung) zu beseitigen. Schmerzhafte Zustände, zum Beispiel Verspannungen der Nackenmuskulatur, müssen ausgeheilt werden. Ein erlerntes Verhalten kann über **Gegenkonditionierung** behandelt werden. Basiert dieses auf Angst, sollte die **operante Konditionierung mit positiver Verstärkung**, verbunden mit vertrauensbildenden Maßnahmen (C 6.2, S. 136) zum Einsatz kommen. In einzelnen Fällen kann das erlernte Verhalten mit Rangordnungsproblemen in Zusammenhang stehen. Dann können reiterliche Korrekturmaßnahmen, die das Kopfschlagen im Ansatz unterbinden, wie eine scharfes „Nein" oder „Schluss" oder ein Schlag mit der Gerte, sinnvoll sein (**operante Konditionierung mit negativer Verstärkung**). Ein Erfolg wird jedoch nur dann gegeben sein, wenn vor der Korrektur Gehorsamsübungen durchgeführt werden, die der Klarstellung der Rangordnung dienen (C 6.2, S. 135).

Aus Tierschutzgründen abzulehnen ist die mechanische Einschränkung des Kopfschlagens über den Einsatz von „scharfen" Gebissen oder diversen Hilfszügeln (Martingal, Stoßzügel), die darauf abzielen, das Headshaking zu unterbinden. Sie verstärken nur noch die Krafteinwirkung auf das Maul und ändern nichts an der Ursache des Problems (E 2.1, S. 190).

Prophylaxe. Die beste Prophylaxe, um Headshaking aus Schmerz und Angst bei der Nutzung zu vermeiden, ist ein gut angepasstes Sattel- und Zaumzeug, eine einfühlsame Reiterhand sowie eine gute Reitweise von Beginn der Ausbildung an, wie unter E 2.1, S. 190 bereits beschrieben wurde.

2.3 Kleben

Ablauf. Das Bedürfnis, mit Artgenossen zusammen zu sein, zählt zu den arttypischen Verhaltensweisen des Pferdes. Es entwickelte sich über Millionen von Jahren, denn nur in der Gesellschaft anderer Pferde hatte das einzelne Tier im Laufe der Evolution eine Überlebenschance. Dieses Bedürfnis, allgemein Herdentrieb genannt, ist bis heute unverändert geblieben. Deshalb ist es ein **Vertrauensbeweis**, wenn das Pferd den Anforderungen des Reiters folgt und von seinen Artgenossen weggeht.

Beim Kleben versucht das Pferd bei den anderen Pferden zu bleiben und weigert sich oftmals mit aller Kraft von diesen weggeführt oder weggeritten zu werden. In diese Rubrik fallen auch das Nicht-Mitgehen-Wollen, zum Beispiel wenn man das Pferd aus dem Stall führen möchte, und die Weigerung in einen Parcours zu gehen.

Disposition. Für Kleben besteht eine gewisse Rassendisposition. Danach neigen Ponys und Pferde mit Kaltblutanteilen vermehrt zu diesem unerwünschten Verhalten. Disponierend wirken außerdem Stresssituationen während der Jugendentwicklung. Häufig stehen diese in Zusammenhang mit Fehlern während des Trennvorgangs von der Mutter bzw. von anderen Pferden, zu denen eine enge Bindung aufgebaut wurde. Pferde mit einer relativ kurzen Aufzuchtsphase, plötzlichem Stallwechsel oder abruptem Trainingsbeginn neigen deshalb besonders zum Kleben. Es ist daher unter Rennpferden stark verbreitet, sowie allgemein bei Tieren, die einzeln in der Box gehalten und nicht im Herdenverband aufgezogen wurden.

Ursachen. Kleben zählt im Allgemeinen zu den unerwünschten Verhaltensweisen. Es ist primär auf Angst zurückzuführen. Weicht es jedoch deutlich von der Norm ab, besteht ein Phobie. Sie muss als Verhaltensstörung gewertet werden. Phobien sind vielfach auf schwer traumatische Ereignisse zurückzuführen. So kann das zu frühe Absetzen von der Mutter im Alter von drei bis vier Monaten beim Fohlen eine **Trennungsphobie** hervorrufen. Meist handelt es sich beim Kleben jedoch nur um Angst vor dem Alleinsein, da in der Grundausbildung versäumt wurde das Trennen von der Mutter bzw. von Artgenossen zu üben. Aber auch Angst vor zu erwartenden unangenehmen Erlebnissen kann die Ursache sein. Dazu kommt es, wenn das Trennen von Artgenossen bzw. vom vertrauten Stall häufig mit negativen Ereignissen verbunden ist. Darauf

---

Wie korrigiert man einen Kleber?

Wie man es nicht tun sollte ...
Völlig falsch ist das allgemein übliche „Wegprügeln" der Pferde von der Gruppe. Bei dieser fragwürdigen Behandlungsform gerät das Tier in eine unweigerliche Konfliktsituation. Es wird zum einen für das Richtigmachen – das Weggehen – bestraft, zum anderen erhält es Schläge, wenn es bei der Gruppe zu bleiben versucht. Gleichgültig was es tut, es wird geschlagen. Dies mag für manche Menschen noch eine gewisse Logik enthalten, dem Pferd ist aber eine solche Kombinationsfähigkeit nicht gegeben. Es kann nur die Aktion Weggehen bzw. Bleiben mit der jeweiligen positiven oder negativen Verstärkung verbinden. Solche Sätze bei der Behandlung eines Klebers wie „das Pferd weiß schon, was es falsch macht", zeugen nur davon, dass der Reiter vom Lernvermögen eines Pferdes wenig Ahnung hat.

Wie es richtig ist ...
Da beim Abteilungsreiten immer ein Reitlehrer anwesend zu sein pflegt, sollte er ein klebendes Pferd zunächst aus der Gruppe herausführen. Durch häufige Wiederholung dieser Übung, verbunden mit Lob, wird das Pferd allmählich begreifen, dass ein Weggehen nicht mit negativen Folgen verbunden ist. Außerdem sollte der Schüler üben, mit dem Problempferd an verschiedenen Plätzen und schließlich an der Spitze der Abteilung zu reiten, sich von ihr zu lösen usw. wie beim „Anti-Kleb-Training" bereits ausgeführt wurde.

zurückzuführen ist beispielsweise die Weigerung in einen Parcours zu gehen, da das Pferd diesen Vorgang mit schlechten Erfahrungen verknüpft.

Nicht selten handelt es sich beim Kleben um ein **Rangordnungsproblem**. Dieses steht beim Kleben in engem Zusammenhang mit Angst, denn das Vertrauen des Pferdes zu seinen Artgenossen ist größer als zum Menschen. Jedenfalls ist der Reiter aufgrund seiner Ranghöhe nicht in der Lage, dem Pferd die Sicherheit zu geben, die es braucht, um sich aus dem Schutz seiner Artgenossen fortzubewegen. Eine solche Situation zeigt sich häufig in Schulbetrieben. Der ständige Reiterwechsel und das Unvermögen der Reitanfänger, dem Pferd über ihre Dominanz Schutz zu geben, führen dazu, dass diese Tiere sich sicherer bei ihren Artgenossen fühlen. Mitunter hat der Reiter auch selbst Angst, was sich auf das Pferd überträgt und es dadurch zu diesem unerwünschten Verhalten veranlasst. Daneben können Überforderung oder eine inkonsequente Hilfengebung das Pferd so verunsichern bzw. verängstigen, dass es deshalb mit Kleben reagiert. Nicht zuletzt kann das Verhalten erlernt werden. Dies erfolgt immer dann, wenn der Reiter seine Bemühungen wegzureiten aufgibt. Die Belohnung für das Pferd ist in diesem Fall das Zusammenbleiben mit den Artgenossen.

Nicht unerwähnt bleiben soll, dass Kleben auch als natürliche Verhaltensweise in Form eines Schutzinstinktes gezeigt werden kann. Man findet dies vor allem bei Hengsten, hengstigen Wallachen bzw. Mutterstuten, die lange Zeit mit einer Stute bzw. ihrem Fohlen gehalten wurden und eine extreme Bindung aufgebaut haben. Sie zeigen das unerwünschte Verhalten in der Regel jedoch nur, wenn sie mit fremden Tieren zusammentreffen, wie zum Beispiel auf Veranstaltungen. Im normalen Umfeld bzw. bei örtlicher Trennung verhalten sich diese Tiere im Allgemeinen völlig unauffällig.

Therapie. Als Behandlung kommt die **systematische Desensibilisierung** in Kombination mit Gegenkonditionierung zum Einsatz (C 6.2, S. 132). Unbedingte Voraussetzung für eine erfolgreiche Durchführung einer solchen Verhaltenstherapie ist ein ausgeprägtes Vertrauensverhältnis zwischen Pferd und Mensch. Es kann daher erforderlich sein, dass der Reiter vor Beginn des eigentlichen Konditionierungsprogramms mit dem betroffenen Pferd Rangordnungsübungen und vertrauensbildende Maßnahmen durchführt (C 6.2, S. 135). Erst, wenn er die Dominanz über das Tier hat und ihm ausreichend Sicherheit gibt, kann mit den „**Anti-Kleb-Übungen**" begonnen werden.

Die Therapie des Klebens über Desensibilisierung erfordert, dass man die Anforderungen an das Pferd zurücknimmt und das Alleinsein in kleinen Schritten übt. Dabei muss jede Übungssequenz so geringe Anforderungen an das Pferd stellen, dass keine oder zumindest nur eine abgemilderte Angstreaktion hervorgerufen wird. Zusätzlich wird über Gegenkonditionierung jedes Mal die erwünschte Verhaltensweise – in diesem Fall das Weggehen bzw. das Alleinsein – positiv verstärkt. Die Belohnung unterstützt das erwünschte Verhalten und hilft Ängste abzubauen. In der Praxis hat sich folgende Vorgehensweise bewährt:

Man reitet mit einer Gruppe aus, wobei man zunächst übt sowohl hinten, in der Mitte als auch vorne zu reiten. Im nächsten Schritt geht man mit dem Pferd voraus und vergrößert den Abstand zu der Gruppe um einige Meter. Dabei reitet man das Pferd am besten im Trab und stellt es an die Hilfen. Im Laufe des Trainings wird die Entfernung immer größer. Schließlich kann man sich für ein kurzes Stück von der Gruppe trennen und an einer verabredeten Stelle wieder mit den anderen zusammentreffen. Die Übung wird an verschiedenen Orten wiederholt. Auf diese Art lernt das Pferd schrittweise, dass das Weggehen kein Problem darstellt, sondern immer eine Rückkehr zu den vertrauten Artgenossen möglich ist. Außerdem verbindet es das Weggehen mit etwas Angenehmen, denn es erhält, sobald es sich von den anderen fortbewegt, eine Belohnung.

Eine andere Variante wäre das Wegreiten in einer Großgruppe, die in verschiedenen Übungssequenzen sich gestaffelt nach und nach in Kleingruppen von zwei bis drei Pferden aufteilt, bis schließlich jeder Reiter konzentriert alleine mit seinem Pferd arbeitet. Dabei bleibt zunächst für das klebende Pferd der Sichtkontakt zu den anderen Tieren bestehen. Sobald es an derartige Entfernungen gewöhnt ist, reitet man für kurze Zeit in einen Bereich ohne Blickkontakt und wiederholt diese Situation an verschiedenen Stellen. Gut geeignet für diese Form des „Anti-Kleb-Trainings" sind weitläufige Reitparks mit Naturhindernissen oder große Stoppelfelder, auf denen sich noch

Großrundballen als kurzfristige Sichtbarrieren befinden.

Bei panikartiger Trennungsangst und phobieähnlichem Verhalten ist die Desensibilisierung besonders behutsam durchzuführen. Die Behandlung führt aber häufig nicht zum vollständigen Erfolg. Zwar kann es gelingen, Pferde mit extremer Trennungsangst nach einer abgeschlossenen Therapie in einem bekannten Gelände alleine zu reiten bzw. sie alleine ohne Artgenossen in der vertrauten Stallanlage zu lassen, doch sobald sie in eine ungewöhnliche, verunsichernde Situationen geraten, ist die Gefahr groß, dass sie wieder rückfällig werden.

Kleben in Zusammenhang mit einem stark ausgeprägten Schutzinstinkt ist kaum zu therapieren. Vermeiden kann man es durch die richtige Prophylaxe wie sie weiter unten beschrieben wird.

Prophylaxe. Fohlen aus Aufzuchtsbetrieben mit natürlicher Haltung kleben häufig nicht. Sie lösen sich im Laufe der Zeit kontinuierlich von ihrer Mutter und bauen parallel dazu Bindungen zu anderen Pferden auf. Dies beweist unter anderem, wie wichtig ein stressfreies Absetzen ist. Somit ist die **beste Vorbeugung** gegen Kleben die **Haltung von Fohlen in einer Pferdegruppe**, die im Idealfall aus einer Herde von Pferden unterschiedlichen Alters besteht. Erste Trennübungen erfolgen frühestens im Alter von zwei Monaten, wenn das Fohlen mit den anderen Gruppenmitgliedern bereits gut vertraut ist. Dazu belässt man das Fohlen in der Gruppe und führt die Mutter weg, wobei deren Abwesenheitsdauer sukzessive gesteigert wird. Zusätzliche Tipps zum stressfreien Absetzen wurden bereits unter B 4.2, S. 56 gegeben.

Im weiteren Training beginnt man, sobald das Fohlen gelernt hat am Halfter geführt zu werden, es ab und zu behutsam und ohne Zwang von den anderen Pferden wegzuführen. Dabei genügen anfangs nur einige Meter. Nicht vergessen werden darf die positive Verstärkung in Form einer Belohnung. Sie hilft, derartige Unternehmungen mit etwas Angenehmem zu verbinden und diese angstfrei und erfolgreich durchzuführen. Solche **Trennübungen** stärken nicht nur das Selbstbewusstsein

Abb. 133 Trennübungen von Mutter und Herde sind ein wichtiger Bestandteil der Grundausbildung von Jungtieren.

Kleben
(Ähnliche Genese: Nicht-Mitgehen-Wollen, Nicht-in-den-Parcours-Hingehen)

Klassifikation:	Unerwünschte Verhaltensweise
Differenzialdiagnose:	Verhaltensstörung
Ablauf:	Heftiges Abwehrverhalten bei Trennversuchen von Artgenossen
Disposition:	• Kaltblüter, Ponys • Inadäquate Haltung • Nicht pferdegerechter Umgang
Ursachen:	• Angst (Phobie) • Nicht geklärte Rangordnung • Schutzinstinkt
Therapie:	• Desensibilisierung mit Gegenkonditionierung (operant, klassisch) • Vertrauensbildende Maßnahmen • Rangordnungsübungen
Prophylaxe:	• Aufzucht in Gruppen • Stressfreies Absetzen • Trennübungen

des Fohlens, sondern auch die Rangposition des Ausbilders und das Vertrauen in den Menschen. Die Übungen sollten während der Jugenderziehung kontinuierlich weiter ausgebaut werden. So kann das Jungtier alleine auf Spaziergänge mitgenommen werden und lernen im Viereck über Bodenhindernisse zu gehen. Das erste Alleinbleiben ohne Menschen und Artgenossen ist dann nur noch ein kleiner Schritt, wenn das Pferd auf diese Weise vorbereitet ist und es in seiner vertrauten Umgebung bleiben kann.

Auch im Erwachsenenalter kann ein Pferd noch zum Kleber werden. So ist es zum Beispiel höchstwahrscheinlich, dass zwei Pferde, die gleichzeitig in eine neue Gruppe eingegliedert werden, eine besonders enge Bindung zueinander aufbauen. Tiere einer solchen **Schicksalsbeziehung** sind besonders zum Kleben prädisponiert. Darauf sollte man vorbereitet sein und als Prophylaxe rechtzeitig das Trennen üben zum Beispiel über lange Ausritte mit anderen Pferden oder alleine. Diese Maßnahme gilt allgemein, wenn man feststellt, dass die Bindung des Pferdes zu einem anderen Tier zu eng wird.

2.4 Scheuen

Ablauf. Scheuen stellt die typische Reaktion des Fluchttieres Pferd dar, wenn seine empfindsamen Sinnesorgane eine gefährliche Situation signalisieren. So ist gelegentliches Scheuen, in Form von Erschrecken, etwa vor einem plötzlich herausspringenden Reh oder Hund vollkommen normal und arttypisch. Es kommt auch bei erfahrenen, nervenstarken Pferden mit guten Reitern vor. Das Pferd lässt sich aber in diesem Fall ohne größere Probleme in relativ kurzer Zeit wieder unter Kontrolle bringen. Problematisch wird das Scheuen, wenn es gehäuft auftritt bzw. so heftig ausfällt, dass eine Gefahr für Pferd und Reiter besteht. Die Bandbreite der Scheureaktionen reicht vom kurzen zur Seite springen bis hin zum panikartigen Durchgehen. Im Extremfall durchbrechen scheuende Pferde Abgrenzungen und rennen „kopflos" über Straßen oder unwegsames Gelände.

Disposition. Pferde reagieren auf visuelle, akustische und – nicht zu vergessen – olfaktorische Reize schneller bzw. empfindlicher als der Mensch (Tab. 13, S. 200). Allgemein sind „hoch im Blut stehende" Tiere sensibler, doch auch manche Kaltblüter und Ponys können von Geburt an in erhöhtem Maße schreckhaft sein. Somit ist es eine individuelle Eigenschaft, was unter anderem auch Untersuchungen von *Wolff* und *Hausberger (1994)* belegen (B 4.1, S. 52). Des Weiteren spielen die derzeitigen und früheren Haltungsbedingungen eine Rolle. Pferde, die ganztägig in einem dunklen Stall gehalten werden, neigen, bedingt durch die reizarme Haltung, deutlich schneller zum Scheuen als beispielsweise Pferde in einer Auslaufhaltung, die tagtäglich diverse Umweltreize wie auf und ab fahrende Traktoren, spielende Kinder und bellende Hunde beobachten können. Scheuen wird allgemein über eine bewegungs-, reiz- und beschäftigungsarme Haltung gefördert. Nicht selten suchen auch unterbeschäftigte Pferde während der Arbeit regelrecht Gründe, um mit einem derartigen Temperamentsausbruch reagieren zu können.

Ursachen. Als erstes ist abzuklären, ob das Verhalten durch eine organische Erkrankung verursacht wird. So können etwa **Augenerkrankungen**, die mit einer Einschränkung des Gesichtsfelds einhergehen, zu einer erhöhten Schreckhaftigkeit, besonders gegenüber ungewohnten akustischen Reizen führen.

Hauptursache für dieses Verhalten ist jedoch Angst. Dafür können wiederum unterschiedliche Gründe vorliegen. So kann ein **Mangel an Erfahrung**, oftmals als Folge einer unzureichenden, wenig abwechslungsreichen Ausbildung und Haltung das Verhalten auslösen. Dann ist die Flucht vor dem bedrohlichen Gegenstand oder einem ungewohnten Geräusch die normale angeborene Reaktion. Ebenso ist es möglich, dass eine frühere negative Erfahrung zu diesem unerwünschten Verhalten führt. Dann veranlasst die Erinnerung an den entsprechenden Gegenstand oder an eine ähnliche Situation das Pferd immer wieder zum Scheuen. Die Angst kann aber auch durch die Einwirkung des Reiters hervorgerufen werden. Eine zu harte, unnachgiebige Hand, ein zu scharfes Gebiss oder die Unterdrückung der optischen Wahrnehmung können Scheureaktionen auslösen. Wie beim Erkundungsverhalten bereits ausgeführt wurde, wird das Scheuen geradezu provoziert, wenn man dem ängstlichen Tier keine Möglichkeit gibt den „gefährlichen" Gegenstand ausreichend lange zu beäugen und auch olfaktorisch zu überprüfen.

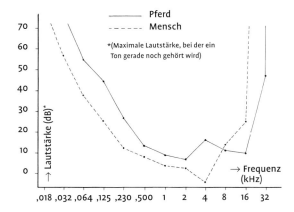

Abb. 134 Grafische Darstellung des Hörbereichs bei Mensch und Pferd (nach *Heffner* und *Heffner* 1983).

Schließlich kann sich auch die Angst des Reiters auf das Pferd übertragen. Fürchtet er sich zum Beispiel im Gelände vor jedem vorbeifahrenden Lastwagen, dann ist auch das Pferd geneigt, hinter jedem Busch ein Raubtier zu erwarten. Nicht zu vergessen ist die Reitweise. Das „träumende" Pferd am langen Zügel erschrickt leichter – dem Reiter geht es ebenso – als das aktiv gerittene, an den Hilfen stehende Tier.

Auch bei diesem unerwünschten Verhalten stehen Rangordnungsprobleme in engem Zusammenhang mit der Angst. Wiederholt oder panikartig scheuenden Pferden fehlt häufig das Vertrauen in den ranghöheren „Artgenossen" Mensch. Sie reagieren dann auf eigene Faust. Generell gilt, dass ein rangniederer Reiter nicht in der Lage ist, in einer Furcht einflößenden Situation einem Pferd den nötigen Schutz und die Sicherheit zu geben, um sein arteigenes Fluchtverhalten zu verhindern.

Weiterhin kann ein erlerntes Verhalten vorliegen. So werden Pferde durch einen ängstlichen Reiter geradezu darauf konditioniert vor jedem bedrohlichen Gegenstand zu scheuen. Die Belohnung ist, dass dieser den Heimweg einschlägt oder mit dem Reiten aufhört. Vielfach liegt es jedoch an der **unterschiedlichen Denkweise** bzw. Empfindung von Mensch und Pferd. Während der Reiter das Objekt als ungefährlich einstuft und das Pferd über verstärkte Hilfengebung, das heißt mit Gerte oder Sporen versucht daran vorbeizutreiben, empfindet dieses dadurch nur noch mehr Angst. Auf diese Weise lernt es, derartige Gegenstände oder Situationen als besonders gefährlich anzusehen, und die Scheureaktionen werden von Mal zu Mal heftiger ausfallen.

Therapie. Scheut das Pferd aus Angst, gilt es zunächst zu ergründen, woher sie rührt. Ist mangelnde oder eine frühere negative Erfahrung die Ursache für das Verhalten und scheut das Pferd nur vor bestimmten Gegenständen, dann empfiehlt es sich nach der **Desensibilisierungsmethode** vorzugehen. Dabei wird das Pferd schrittweise an das Furcht einflößende Objekt gewöhnt. Am besten kombiniert man diesen Vorgang mit der **klassischen Konditionierung (Umstimmung)** mittels Futtergabe (C 6.2, S. 130). **Gleichzeitig kauen und Angst haben ist für ein Pferd fast unmöglich!**

Im Detail könnte die Desensibilisierung wie folgt aussehen: Ein Pferd, das Furcht vor Radfahrern hat (sie sind deshalb so unangenehm, weil sie sich nahezu lautlos von hinten nähern), wird an der Hand in die Nähe eines abgestellten Fahrrads geführt, und zwar nur so weit, dass es keine oder

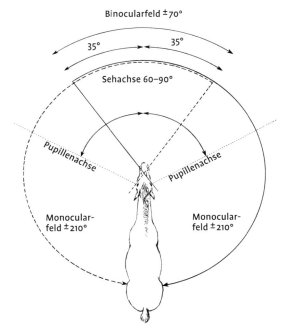

Abb. 135 Das bin- und monokulare Gesichtsfeld des Pferdes (nach *Brückner* 1995).

Abb. 136 Die Bandbreite des Scheuens reicht vom Zur-Seite-Springen, über panikartiges Davonstürmen bis hin zum In-die-Knie-Gehen und Stürzen.

höchstens eine sehr abgeschwächte Reaktion zeigt. Währenddessen (klassische Konditionierung) oder gleich danach (operante Konditionierung) wird das Pferd belohnt. Ziel ist eine Gegenkonditionierung, indem das Tier lernt, mit dem ursprünglich Angst einflößenden Objekt eine positive Assoziation herzustellen. Der Abstand zu dem Rad wird nun verringert, doch immer nur soweit, dass keine Panikreaktion provoziert wird. Im nächsten Schritt lässt man das Pferd das Rad beschnuppern usw., bis es dieses problemlos toleriert. Ist dies der Fall, kann sich ein Helfer auf das Fahrrad setzen. Anfangs sollte er sich nur im Gesichtsfeld des Pferdes bewegen. Erst wenn das Pferd vollkommen an diese Situation gewöhnt ist, kann die Annäherung von

Tab. 13. Besonderheiten der Sinnesorgane und Wahrnehmung beim Pferd im Vergleich zum Menschen

1. Sehen • Gesamtgesichtfeld ist mit nahezu 360° deutlich größer als beim Menschen • Bereich des räumlichen Sehens ist mit ca. 60–70° (Binokularfeld) kleiner als beim Menschen • Räumliches und genaues Entfernungssehen ist geringer als beim Menschen • Die Sehschärfe ist geringer als beim Menschen • Naheinstellung des Auges (Akkomodation) ist schlechter als beim Menschen • Dämmerungssehen ist deutlich besser als beim Menschen • Anpassung an rasche Helligkeitsänderungen (Adaptationsgeschwindigkeit) ist langsamer als beim Menschen • Adaptationsbreite an starke Helligkeit und tiefe Dunkelheit ist größer als beim Menschen • Farbsehen ist relativ gut entwickelt, aber schlechter als beim Menschen (Pferde haben eine Gelb/Blau/Weiß-Präferenz) • Bewegungssehschärfe ist deutlich besser als beim Menschen	**Besonderheiten:** • Völlig unbewegliche Gegenstände z. B. regungslose Personen sind für das Pferd nicht als solche identifizierbar • Plötzliche und unnatürliche Bewegungen oder Bewegungen am Rande des Gesichtsfelds wirken alarmierend auf das Pferd und können Flucht auslösen **2. Hören** • Aufnahmekapazität von Schallwellen ist größer als beim Menschen • Hohe Frequenzen hören Pferde besser, tiefe dagegen schlechter als Menschen • Die meisten Töne hören Pferd und Mensch gemeinsam **3. Riechen** • Riechvermögen des Pferdes ist deutlich besser als beim Menschen (Mikrosmatiker), doch schlechter als beim Hund (Makrosmatiker)

Abb. 137 Scheuen beziehungsweise Wegspringen und Davonlaufen sind die typischen Reaktionen des Fluchttieres Pferd, wenn seine empfindsamen Sinnesorgane eine gefährliche Situation wahrnehmen.

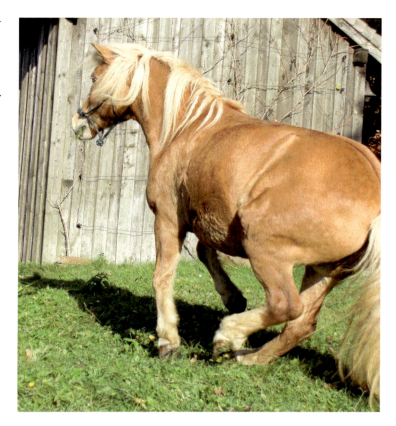

hinten geübt werden. Dies erfolgt zunächst mit Ansprache des Pferdes, dann ohne. Die Situation wird anschließend an verschiedenen Orten in unterschiedlichen Varianten (mit und ohne reden, klingeln etc.) geübt. Je nach Stärke der Angst kann die Desensibilisierung bei dem Beispiel Fahrrad nur Stunden aber auch Tage und Wochen dauern. Besteht ein mangelhaftes Vertrauensverhältnis zwischen Mensch und Pferd, sollten vor Beginn der Desensibilisierung vertrauensbildende Maßnahmen durchgeführt werden (C 6.2, S. 136).

Praktisch immer liegt bei Scheureaktionen ein Rangordnungsproblem vor. Deshalb sind bei der Therapie Übungen, die die Dominanz des Reiters aufbauen, unabdingbare Voraussetzung (C 6.2, S. 135). Sehr gut als Gehorsamsübung geeignet ist zum Beispiel beim „Anti-Scheu-Training" das willige Nachfolgen beim Führen. Für den ängstlichen Reiter empfiehlt sich zunächst seine Ausstrahlung und sein Können zu schulen. Gegebenenfalls kann auch ein Reitkurs erforderlich sein. Eine Korrektur der Reitkünste oder der Ausrüstung ist auch dann vonnöten, wenn es sich herausstellt, dass das Scheuen eine Reaktion auf Schmerzen, bedingt durch eine falsche oder zu harte reiterliche Einwirkung ist.

Erlerntes Scheuen, das ehemalig auf Angst beruhte, ist ebenfalls über Desensibilisierung und Gegenkonditionierung zu therapieren. Keinesfalls dürfen in diesem Fall „alte" Fehler wie das Pferd an dem Furcht einflößenden Objekt vorbeitreiben, wieder gemacht werden. Im Gegenteil, es kann sinnvoll sein abzusitzen, um dem Tier eine langsame Annäherung zu erlauben. Eine solche Vorgehensweise bedeutet **keinen Rangverlust**, wie manche Reiter glauben. Beruhigend wirkt außerdem, wenn die Annäherung an den angstauslösenden Gegenstand mit der **klassischen Konditionierung** über Umstimmung unterstützt wird. Vielfach ist es auch schon ausreichend, wenn man ein erfahrenes Pferd vorangehen lässt. Nicht vergessen werden darf, dass in der Regel erst nach der olfaktorischen Kontrolle ein Gegenstand vom Pferd als eindeutig ungefährlich eingestuft wird.

Beim Vorliegen einer organischen Erkrankung ist diese zu behandeln und je nach Folgeschäden die Reitweise darauf abzustimmen. Ist das Gesichtsfeld beeinträchtigt, können Bodenübungen hilfreich sein, die darauf abzielen das Tier an besondere Situationen zu gewöhnen, dies aber in einer vertrauten Umgebung.

Von nicht zu unterschätzender Bedeutung ist die Haltungsform. Außenboxen, Paddocks, Weidegang und Offenstall geben sensorischen Input und wirken zugleich entspannend, da die Pferde ihrem

> **Scheuen**
>
> | | |
> |---|---|
> | **Klassifikation:** | Unerwünschte Verhaltensweise[*)] |
> | **Differenzialdiagnose:** | Verhaltensstörung |
> | **Ablauf:** | Heftige Fluchtreaktion auf visuelle, olfaktorische oder akustische Reize |
> | **Ursachen:** | 1*: Organische Erkrankung, Schmerzen
2: Angst
3: Nicht geklärte Rangordnung
4: Übermut (Bewegungsdrang) |
> | **Disposition:** | Reiz- und bewegungsarme Haltung |
> | **Therapie:** | 1: • Medizinische Behandlung
    • Pferdegerechte Ausrüstung
2: • Desensibilisierung
    • Gegenkonditionierung (operant, klassisch)
    • Vertrauensbildende Maßnahmen
3: • Gegenkonditionierung
    • Rangordnungsübungen
1–4:
    • Artgemäße Haltung und Fütterung
    • Gute Reitweise |
> | **Prophylaxe:** | • Schrittweise Gewöhnung mit positiver Verstärkung an ungewohnte Gegenstände, Gerüche und Situationen
• Rangordnungsübungen
• Artgemäße Haltung (Bewegung, Umweltreize)
• Regelmäßige Gesundheitskontrollen |
>
> [*)] Nummern der Ursachen entsprechen den Nummern der Therapie.

angeborenen Verhalten entsprechend die Umgebung beobachten können. Nach den Erfahrungen altehrwürdiger Pferdefachleute sind **„Strohfresser"** besonders nervenstarke Tiere. Dies ist nicht zuletzt darauf zurückzuführen, dass solche Pferde ganztags genügend kauende Beschäftigung haben, was neben ausreichend Bewegung eine wesentliche Voraussetzung für zufriedene und ausgeglichene Pferde ist. Scheut ein Pferd trotz allem und sind Angst oder Schmerzen auszuschließen, liegt ein reines Rangordnungsproblem bzw. ein mittlerweile darauf begründetes, erlerntes Verhalten vor. In einer solchen Situation ist es sinnvoll, dass der gute Reiter im Schenkelweichen sein Pferd seitwärts an dem Gegenstand vorbeitreibt. Aber auch in diesem Fall sollte dann das Pferd die Möglichkeit haben einige Zeit vor dem Gegenstand ruhig zu stehen, um zu erkennen, dass ihm nichts weiter passiert. Ein Lob darf dabei nicht fehlen. Bei notorisch scheuenden Pferden, deren Motivation auf ein „Nichtwollen" als Rangordnungsproblem zurückgeht, ist es angebracht sich energisch durchzusetzen. Der Reiter sollte in diesem Fall versuchen, womöglich mit Gegenbiegung, in der Vorwärtsbewegung zu bleiben und ohne anzuhalten das Hindernis passieren.

Wichtig ist außerdem, dass man sich in das Pferd hineinversetzt und die Welt mit seinen Augen sieht. So können für uns ungefährlich erscheinende Dinge oder nicht sichtbare Ereignisse wie der Geruch eines Schweinestalls für das Pferd genau das Gegenteil bedeuten. Erkennt man solche Situationen bereits im Vorfeld, kann man seine eigene Energie und seinen Durchsetzungswillen auf das Pferd übertragen und auf diese Weise Hindernisse ohne größere Scheureaktionen passieren.

Prophylaxe. Vorbeugen ist besser als Korrektur. Dies gilt auch für das Scheuen. Daher sollte man bereits im Fohlenalter beginnen, das Pferd mit vielen verschiedenen Eindrücken vertraut zu machen, am besten an der Seite einer angstfreien Mutter. Ziel ist, den angeborenen Fluchtreflex durch positive Erfahrungen so zu verändern, dass er kontrollierbar wird. Parallel dazu ist das Vertrauen in die Überlegenheit des Menschen aufzubauen und darf nie enttäuscht werden. Dabei müssen die Signale stets eindeutig sein und in jeder Situation auf ihrer Befolgung bestanden werden.

Ein „Anti-Scheu-Training" sollte spielerisch und abwechslungsreich gestaltet sein. Dies wird erreicht, indem man die Jungpferde mit ständig neuen Situationen konfrontiert und ihre natürliche

Neugierde fördert. In diesem Alter zeigen sie besonders reges Interesse an allen neuen Dingen wie Bällen, Plastikfolien, Raschel- und Hupgeräuschen und anderem mehr. Die Grundstimmung des Neugierverhaltens ist positiv. Diese gilt es zu bewahren. Deshalb sollte man immer bei der Annäherung bzw. während der näheren Inspektion fremder Gegenstände eine Belohnung bereit halten. Übt man auf diese Weise während der Jugendentwicklung, erhält man ein Pferd, das auch später im Erwachsenenalter auf außergewöhnliche Situationen nicht mit panischer Flucht, sondern kontrolliert reagiert.

Ein solches Training ist auch für das erwachsene Pferd als Prophylaxe oder Therapie zu empfehlen. Dazu konfrontiert man es in der soeben geschilderten Weise unter kontrollierten Bedingungen (Reitplatz) mit den verschiedensten Furcht einflößenden Gegenständen wie Papier- und Plastiktüten, die im Wind wehen, Regenschirmen, die geöffnet werden, Kinderwägen, die vorbeirollen usw.

Ansonsten ist zu berücksichtigen, dass es auch für ein optimal ausgebildetes Pferd immer wieder Situationen gibt, in denen es scheut. Das ist normal. Ebenso verhält es sich, wenn das Tier längere Zeit nicht mehr mit einer bestimmten Furcht einflößenden Situation konfrontiert wurde. Das ist darauf zurückzuführen, dass die Gewöhnung ein reversibler Lernvorgang ist und das Erlernte durch Übung immer wieder aufgefrischt werden muss. Deshalb ist es ganz natürlich, dass ein Pferd, dem man die Angst vor Kühen erfolgreich abkonditioniert hatte, nach der langen Winterpause beim ersten Wiedersehen erneut vor diesen scheut. Die Wiedergewöhnung geht aber schneller vonstatten als die erste Lernphase.

2.5 Steigen

Ablauf. Steigen ist eine Bewegungskoordination, die bevorzugt im Rahmen sozialer Auseinandersetzungen oder während des Kampfspiels vorkommt. Es wird vor allem von Hengsten gezeigt, aber auch Stuten beherrschen diesen Bewegungsablauf. Als unerwünschtes Verhalten unter dem Sattel oder vor dem Wagen kann Steigen wegen der Gefahr des Überschlagens nach hinten gefährlich für Mensch und Pferd werden. Dies ist auf den labilen Gleichgewichtszustand zurückzuführen, in dem sich der unkontrollierte Steiger befindet. Im Gegensatz dazu lernt das Dressurpferd sich auszubalancieren, wenn es sich zum Beispiel in die Levade oder Pesade begibt.

Disposition. Es besteht eine deutliche Geschlechtsabhängigkeit. Hengste neigen angeborenermaßen vermehrt zum Steigen. Aber auch bei Kryptorchiden sowie spät gelegten oder hengstigen Wallachen ist das unerwünschte Verhalten häufiger anzutreffen. Besonders disponiert sind außerdem leicht erregbare Tiere. Auch die Nutzungsrichtung spielt eine Rolle. Unter Dressur- und Gangpferden, die in hoher Versammlung geritten werden, befinden sich besonders viele Steiger.

Ursachen. In der Praxis wird Steigen vielfach als „Arbeitsverweigerung" bezeichnet. **Diese Interpretation ist zu einseitig und zudem irreführend**, da sie unterstellt, dass sich das Pferd mehr oder weniger aus Faulheit der Nutzung entziehen will. Steigen kann zwar mit Rangordnungsproblemen in Zusammenhang stehen, doch in der Regel ist die „Entladung nach oben" ein Ausdruck der Ausweglosigkeit. Meist ist Angst, der vielfach Schmerzen zugrunde liegen, die Hauptursache für dieses Problemverhalten. So wird Steigen hauptsächlich durch eine zu harte Hand des Reiters oder durch eine falsche reiterliche Einwirkung, wie in den Rücken fallen oder starkes Vorwärtstreiben unter gleichzeitigem Zurückhalten, ausgelöst. Aber auch ein zu eng geschnalltes Zaumzeug, ein

> **Tipps für das Passieren von angsteinflößenden Hindernissen**
> - Ängstlichen Pferden ausreichend Kopffreiheit und Zeit für die visuelle und olfaktorische Erkundung geben.
> - Angstabbauend wirkt die Umstimmung durch klassische Konditionierung (Beruhigungston mit oder ohne Futter). Sie erfolgt während der Annäherung.
> - Nach dem Passieren eines furchteinflößenden Gegenstandes sollte der Ort in einer ruhigen Gangart verlassen werden. Ein schnelles Weggaloppieren würde das Pferd mit Flucht assoziieren. Damit werden alle vorangegangenen Bemühungen zunichte gemacht.

schlecht sitzender, drückender Sattel oder der zu frühe und harte Einsatz von anspruchsvolleren Gebissen wie Stange oder Kandare können das Abwehrverhalten verursachen. Demnach befindet sich ein steigendes Pferd fast immer in einer **unlösbaren Konfliktsituation**. Diese besteht zum Beispiel beim Vorwärtsreiten darin, dass das Weitergehen und Gehorchen dem Pferd Schmerz bzw. Angst bereitet, aber auch das Stehenbleiben und Nichtgehorchen, da letzteres meist mit Strafe geahndet wird. Abgesehen von Angst und Schmerzen, die durch Einwirkungsfehler und Ausrüstungsmängel hervorgerufen werden, können auch Schmerzen, die auf einen organischen Schaden wie Erkrankungen der Wirbelsäule zurückzuführen sind, für dieses unerwünschte Verhalten verantwortlich sein.

Ein Pferd kann aber auch aus Angst, die nicht mit Schmerzen gepaart ist, steigen. Das ist zum Beispiel der Fall, wenn ein leicht erregbares oder bereits hocherregtes Tier überfordert wird. Unverständnis durch unklare Hilfengebung, zu schwierige Aufgabenstellung oder nachlassende Konzentrationsfähigkeit des Pferdes können der Grund hierfür sein. Häufig beginnen auch Pferde beim Rückwärtsrichten zu steigen, wenn man versucht es sie vom Sattel aus zu lehren.

Ist der Reiter nicht in der Lage über vorbeugende Maßnahmen dem unerwünschten Verhalten entgegenzuwirken, lernen Pferde sehr schnell, dieses gezielt einzusetzen. Zu einem erlernten Verhalten kommt es immer dann, wenn das Pferd merkt, dass sein Abwehrverhalten mit Erfolg verbunden ist. Beendet beispielsweise der Reiter aus Angst vor dem Steigen vorzeitig die Lektion oder fällt er herunter, dann fühlt sich das Pferd belohnt. Steiger können lernen, ihr „Kunststück" gezielt einzusetzen, wenn sie die Ranghöhe des Reiters nicht anerkennen bzw. dieser nicht in der Lage ist, sich über eindeutige Hilfengebung dem Pferd verständlich zu machen. Wird man beim Steigen abgeworfen, wäre es jedoch falsch das Pferd zu strafen, nachdem man wieder aufgestanden ist. Zu diesem Zeitpunkt hat das Tier seine Tat bereits vergessen und kann die Schläge nicht mehr dem Vorgang des Steigens zuordnen. Die häufige Folge einer falsch eingesetzten Strafe ist jedoch Furcht vor dem Menschen, unabhängig davon ob Rangordnungsprobleme, Angst bzw. Schmerzen oder ein erlerntes Verhalten die Ursache dafür waren. Bei manchen Pferden kann eine falsch eingesetzte Strafe allerdings auch Aggressionen auslösen.

Therapie. Das Vorliegen von Schmerzen muss als erstes ausgeschlossen werden. Dazu ist es ratsam, zunächst einen Tierarzt zu konsultieren sowie die Ausrüstung und Reitweise zu überprüfen und gegebenenfalls zu verbessern. „Scharfe" Gebisse sollten gegen einfache oder doppelt gebrochene Trensen bzw. gebisslose Zäumungen – aber kein mechanisches Hackamore – ausgetauscht werden.

Abb. 138 Vertrauen und Unterordnung fordert die Übung „Kompliment".

Abb. 139 Steigen ist keine „Arbeitsverweigerung", sondern erfolgt meist aus Schmerz oder Angst.

Erst wenn Schmerzen ausgeschlossen wurden, beginnt man mit der Korrektur vom Sattel aus. Als verhaltenstherapeutische Methode eignet sich am besten die **Gegenkonditionierung** in Form der **operanten** oder **klassischen Konditionierung**. Dabei ist die Therapie oft nicht ungefährlich. Sie erfordert besonders gute Reitkenntnisse und ein feines Gefühl für das Verhalten des Pferdes unter dem Sattel. Aus diesem Grund sollten auch zunächst Rangordnungsübungen in Form von Bodenarbeit durchgeführt werden, um ein eindeutiges Dominanzverhältnis bereits zu Beginn der Korrektur voraussetzen zu können. Eine weitere wichtige Begleitmaßnahme der Therapie ist die Aufstallung des Pferdes in einem Haltungssystem mit vielen Bewegungs- und Beschäftigungsmöglichkeiten. Täglich mehrstündiger Auslauf im Sozialverband und die Reduzierung der Kraftfuttermenge zugunsten einer Erhöhung des Raufutteranteils wirken nicht selten Wunder.

Die Durchführung der Korrektur unterscheidet sich je nach Ursache. Ist bzw. war (erlerntes Verhalten) Angst bei dem Problemverhalten im Spiel, sollte das Ziel der Therapie sein, das Vertrauensverhältnis zwischen Mensch und Pferd über Lob und eine gute Reitweise wiederherzustellen. Dazu müssen als erstes die Anforderungen zurückgenommen werden. Einfache Übungen, die aber viele Biegungen und Wendungen enthalten, genügen. Der Schwerpunkt ist dabei auf ein entspanntes, aber schwungvolles Vorwärtsreiten zu legen. Letzteres ist besonders wichtig, denn um zu steigen, muss ein Pferd stehen bleiben. Kündigt sich ein derartiges Vorhaben an, kann man über energisches Vorwärtsreiten in eine Biegung (Volte, Zirkel) das Pferd von seinem Vorhaben ablenken. Unterstützt werden die reiterlichen Maßnahmen über die jeweilige Lerntherapie. Benutzt man die operante Konditionierung, wird das Pferd in dem Moment, wo es die Hilfen annimmt und nicht steigt, gelobt. Dies erfolgt während des Reitens am besten mit der Stimme. Steigt das Pferd dagegen, sollte man versuchen das Aufbäumen passiv auszusitzen, wobei man sich nach vorne lehnt und die Zügel hingibt. Ein scharfes „Nein" oder Anschreien zu Beginn bzw. während der Aktion kann zur negativen Verstärkung eingesetzt werden. Keinesfalls sollte ein ängstliches Tier geschlagen werden. Sehr gut geeignet für die Therapie beim Steigen aus Angst ist die klassische Konditionierung (Umstimmung), mit der eine Umlenkung erreicht werden kann. Dabei wird das Pferd, sobald man an der Verspannung bzw. am verkürzten Schritt merkt, dass es Steigen möchte, energisch vorwärtsgeritten und

Steigen

Klassifikation:	Unerwünschte Verhaltensweise
Differenzialdiagnose:	Verhaltensstörung
Ablauf:	Heftiges Abwehrverhalten in Form von unkontrolliertem Hochgehen auf der Hinterhand
Ursachen:	1*: Organische Erkrankung, Schmerzen 2: Angst 3: Nicht geklärte Rangordnung 4: Bewegungsmangel
Disposition:	• Geschlechtsspezifische Disposition • Leicht erregbare Pferde • Dressur- und Gangpferde
Therapie:	1: • Medizinische Behandlung • Pferdegerechte Ausrüstung 2: • Gegenkonditionierung (operant, klassisch) • Vertrauensbildende Maßnahmen 3: • Gegenkonditionierung (negative Verstärkung) • Rangordnungsübungen 1–4: • Artgemäße Haltung und Fütterung • Gute Reitweise
Prophylaxe:	• Konsequenter und bestimmter Umgang von klein auf • Pferdegerechte Grundausbildung (Bodenarbeit) • Gute Reitweise • Pferdegerechte Ausrüstung • Regelmäßige Gesundheitskontrollen • Artgemäße Haltung und Fütterung

*) Nummern der Ursachen entsprechen den Nummern der Therapie.

gleichzeitig mithilfe des konditionierten Beruhigungstons bzw. einer anderen Übung, die auf klassischer Konditionierung beruht, umgelenkt. Freddy Knie, der berühmte Freiheitsdresseur, therapiert auf diese Weise Hengste, die bei der Ausbildung zum Steiger als Zirkusnummer aggressiv werden und angreifen möchten. Er lenkt diese über „Niederknien" ab und führt sie damit gleichzeitig in eine Position, aus der kein Angriff mehr möglich ist.

Nur wenn Angst und Schmerzen auszuschließen sind und das Steigen auf Rangordnungsprobleme zurückgeführt werden kann, ist eine negative Verstärkung sinnvoll. Die Strafe muss aber bereits während des Steigens oder sofort nach dem Aufkommen erfolgen. Eine andere Methode, die jedoch nicht ohne Risiken ist, wäre die **Ermüdungstherapie** (C 6.2, S. 134). Dabei wird das Pferd solange zum Steigen provoziert, bis es vor Erschöpfung aufhört, denn der Vorgang ist mit einem großen Kraftaufwand verbunden. Waren aber in diesem Fall unerkannte Schmerzen die Ursache, ist eine derartige Behandlung Tierquälerei. Schon manches Pferd ging durch eine falsch eingesetzte Ermüdungstherapie monatelang lahm. Drastische Gewaltmethoden wie die „russische Züchtungsmethode", bei der das Pferd während des Steigens zu Boden geworfen, dort gehalten und geschlagen wird, um das Gefühl der Hilflosigkeit zu erzeugen, sind eindeutig tierschutzwidrig.

Unabhängig von der Ursache sollte bei Steigern die Arbeit in kleinen Schritten erfolgen. Dabei ist nach jeder erbrachten Leistung sofort zu loben, damit für das Pferd die Freude an der Arbeit wieder geweckt wird. **Belohnungen** dürfen deshalb bei der Korrektur von Steigern **großzügig ausfallen**.

Prophylaxe. Eine wirkungsvolle Vorbeuge gegen Steigen ist eine artgerechte Haltung mit viel Bewegungs- und Beschäftigungsmöglichkeiten sowie eine bedarfs- und verhaltensgerechte Fütterung in Kombination mit einem tiergerechten Umgang. Ausbildungsmethoden, die auf Vertrauen und Dominanz beruhen, verhindern das Auftreten des Problemverhaltens. Gleichzeitig muss die Reitweise einfühlsam sowie die Ausrüstung tierfreundlich und dem Ausbildungsstand angepasst sein. So kommt Steigen besonders häufig bei Pferden vor, deren Gänge unter Zuhilfenahme von Stangen- oder Kandarengebissen sowie Hilfszügeln verkürzt und die unsachgemäß „an den Zügel gestellt" wer-

Unerwünschtes Verhalten bei der Nutzung

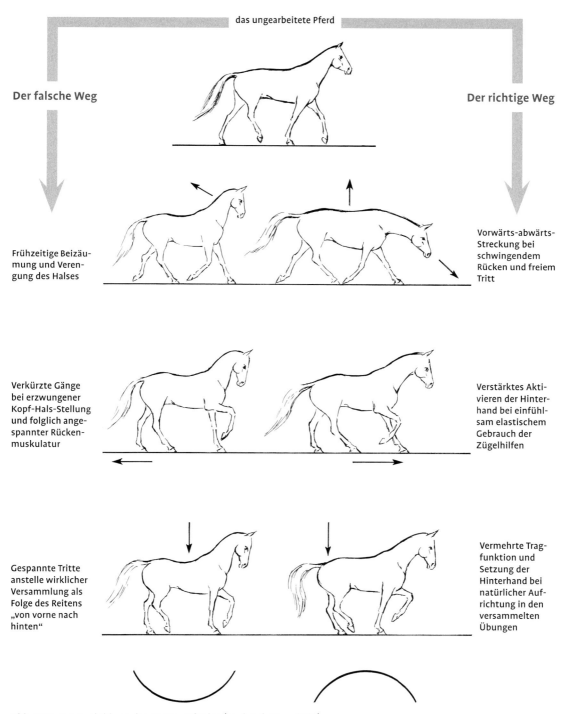

Abb. 140 Die Ausbildung des Dressurpferdes (nach *Schnitzer* 1996).

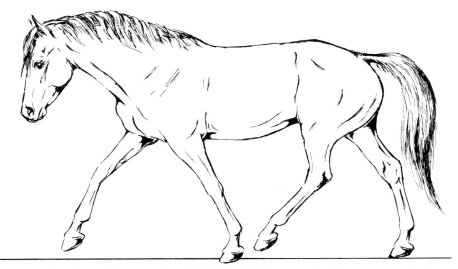

Abb. 141 Bis zur Haltung in erweitertem Rahmen bei leichter Anlehnung an den Zügel muss es auch der Freizeitreiter bringen (nach *Schnitzer 1996*).

Abb. 142 Das Reiten „mit der Stirnlinie hinter der Senkrechten" ist häufig Ursache für schmerzhafte Verspannungen. Die Folge können unerwünschte Verhaltensweisen wie Steigen, Kopfschlagen und Bocken sein (nach *Schnitzer 1996*).

den. Allgemeiner Grundsatz bei der Dressurarbeit ist, dass vor der Versammlung die Losgelassenheit steht. Deshalb müssen insbesondere junge Pferde, die noch nicht ausreichend gymnastiziert sind, behutsam an den Zügel herangeritten und nicht mit Hilfszügeln in eine vermeintliche Idealhaltung gezwungen werden. Es empfiehlt sich außerdem, junge Pferde zunächst über Bodenarbeit auszubilden. Erst, wenn sie an der Hand über Stimmhilfen kontrolliert dirigiert werden können, folgt die Arbeit vom Sattel aus. Wie bereits erwähnt, wird häufig die Neigung zum Steigen gefördert, wenn das Rückwärtsrichten dem Pferd ausschließlich vom Sattel aus gelehrt wird. Auslöser für dieses landläufig als „Arbeitsverweigerung" bezeichnete Verhalten ist jedoch in diesem Fall Angst aus Unverständnis und Überforderung. Bodenarbeit beugt diesem Problem vor. Entsprechende Übungen für das Rückwärtsrichten wurden bereits im Abschnitt „stressfreier Umgang" (C 6.1, S. 128) geschildert.

Nach wie vor brandaktuell sind die Grundsätze der Gymnastizierung des Reitpferdes von *Schnitzer (1996)*. Gerade in der heutigen Zeit sind die Widersprüche zwischen der klassischen und der in vielen Ställen bis hin zur Leistungsspitze praktizierten Reitweise wie „mit der Stirnlinie hinter der Senkrechten" reiten, oder die „Rollkur" heutzutage besonders eklatant. Anstatt „von hinten nach vorne" zu reiten und Losgelassenheit als wesentliche Voraussetzung für jede weitere Arbeit mit dem Pferd zu sehen, wird diese Regel quasi umgedreht. Die Pferde werden durch Handeinwirkung „von vorne nach hinten" geritten, oftmals verstärkt über Hilfszügel. So werden die Möglichkeiten des Pferdes, losgelassen zu gehen und sich dann zu versammeln, blockiert. Bei einer derartigen Reitweise können die Tiere ihr Bewegungspotenzial nicht frei und voll entwickeln. Zusätzlich kommt es dadurch zu Verspannungen der Muskulatur oder zu dem äußerst schmerzhaften Zusammenschieben der Dornfortsätze der Rückenwirbel und ähnlichem mehr. Problemverhalten wie Steigen, Bocken und Durchgehen sind durch diese Reitweise vorprogrammiert.

Nur die Beherrschung und Anwendung einer Ausbildungsart, die auf den physiologischen Gesetzmäßigkeiten basiert, kann jedoch das angeborene Bewegungspotenzial ohne gesundheitliche und psychische Schäden zur Entfaltung bringen. Zugegeben, die Ausbildung des Pferdes nach den Grundsätzen der klassischen Reitkunst ist ein langer Weg, der bis in die letzte Konsequenz nur von wenigen Reitern erfolgreich absolviert wird (Abb. 140, S. 207). Doch das sollte den herkömmlichen Reiter nicht abschrecken. Nicht das Endziel der Skala muss erreicht werden, es genügen für den Freizeitreiter die unteren Stufen. Beherzigt man den Grundsatz, dass die Losgelassenheit und das Vorwärts-Abwärts-Reiten die Basis für ein pferdegerechtes Reiten ist, und schließt man Praktiken aus, wie „mit der Stirnlinie hinter der Senkrechten zu reiten", mit der ein Pferd „locker gezogen" werden soll, sowie den Einsatz von diversen Hilfszügeln, um die Krafteinwirkung auf das Maul zu erhöhen, dann ist man bereits auf dem richtigen Weg. Auf diese Weise werden Pferd und Reiter Freude bei der Arbeit haben.

2.6 Bocken

Ablauf. Gelegentliches Buckeln ist ein normales Verhalten von Pferden. Es wird im Spiel gezeigt oder aus Übermut beispielsweise beim Weideaustrieb und wirkt ansteckend. Ein solches Buckeln lockert die Rückenmuskulatur und hilft angestaute Erregung abzubauen. Sieht man ein Pferd auf diese Weise buckeln, sollte man sich freuen, denn es gehört zur Lebensäußerung eines jeden gesunden Pferdes.

Beim Bocken vollführt das Pferd ohne Beachtung der reiterlichen Einwirkung heftige Sprünge, die den Reiter katapultartig aus den Sattel schleudern können. Bocken zählt zu den unerwünschten Verhaltensweisen. Nur in Ausnahmefällen, beim Vorliegen einer Phobie, kann es sich um eine umgangsbedingte Verhaltensstörung handeln.

Disposition. Ein kurzer, fester, aber starker Rücken disponiert zum Bocken. Solche Pferde zeigen oft schon im Fohlenalter und später, sobald sie auf die Weide oder in einen Auslauf gelassen werden, eine starke Neigung besonders heftig zu buckeln. Ebenso sind „hoch im Blut stehende" bzw. leicht erregbare Tiere besonders disponiert. Bocken wird deshalb häufig bei **veredelten Pony- und Kaltblutrassen**, die gedrungen und annähernd quadratisch gebaut sowie leicht erregbar sind, beobachtet.

Manche Pferde sind angeborenermaßen besonders kitzlig unter dem Bauch. Sie neigen vermehrt zum Buckeln, sobald ihnen etwas gegen die Bauchdecke spritzt (z. B. Wasser) oder schlägt (z. B. Erdbrocken, Steine). Auch während der Rosse bzw. bei Stuten mit ovariellen Dysfunktionen (Dauerrosse) ist eine erhöhte Kitzligkeit zu beobachten. Sie gelten ebenfalls als sehr buckelfreudig.

Ursachen. Als Ursachen für Bocken kommen in erster Linie Schmerzen, Angst und Rangordnungs-

Abb. 143 Buckeln zählt zum normalen Verhalten eines gesunden Pferdes.

probleme in Betracht. Im Erfolgsfall – das heißt der Reiter fällt herunter oder gibt auf, und Schmerz sowie Angst lassen nach bzw. das Pferd kann tun, was es will – stellt sich schnell ein Lerneffekt ein.

Bockt ein Pferd, sollte man als erstes an Schmerzen denken. Drückt es beispielsweise beim Putzen den Rücken weg, kann dies ein Hinweis auf einen schmerzhaften Prozess im Bereich der Wirbelsäule sein. So neigen Pferde mit **Rücken- oder Hautproblemen in der Sattellage** allgemein vermehrt zum Bocken. Häufig gehen diese Schmerzen ursächlich auf Ausrüstungsmängel und Reitfehler zurück. Dazu zählen unter anderem ein drückender bzw. nicht passender Sattel, reibende, durch Schweiß hart gewordene Satteldecken, ein zu schnelles Festgurten, ein Gerittenwerden in hoher Versammlung ohne entsprechende Losgelassenheit, ein steifer Sitz oder eine unnachgiebige, harte Hand. Auf solche schmerzhaften Einwirkungen kann das Pferd nur über Bewegungen und Reaktionen aufmerksam machen. Eine andere Sprache ist ihm nicht gegeben. Bocken ist somit neben Steigen und Durchgehen ein Ausdrucksmittel des Pferdes, um uns den Schmerz, den es empfindet, in aller Eindringlichkeit mitzuteilen.

Zu einem ähnlichen Verhaltensmuster kommt es, wenn Angst die Ursache ist. So kann beispielsweise eine Überforderung des Pferdes während der Arbeit zu angstbedingtem Bocken führen. Meist tritt die Angst jedoch als Folge von Schmerzen auf. Ursächlich gehen diese vielfach auf Fehler bei der Gewöhnung an Sattel und Reiter zurück. So erfolgen oftmals die **Ausbildungsschritte zu schnell**, sodass das Pferd nicht lernt, den Reiter auf dem Rücken mit einem vertrauten Menschen zu assoziieren. Hinzukommt, dass es, ohne sich umzudrehen, den Reiter größtenteils nicht sieht, da er sich im toten Winkel befindet. Ein nicht identifizierbares Lebewesen auf dem Rücken bedeutet für das ehemalige Fluchttier jedoch Gefahr, das Gewicht signalisiert zusätzlich Angriff. Unter diesen Umständen ist es nur natürlich, dass das Pferd versucht das „Raubtier" abzuschütteln. In Einzelfällen kann eine derart negative Erfahrung mit dem Gerittenwerden verbunden sein, dass sich daraus eine Phobie entwickelt. Dazu kann es kommen, wenn Pferde „eingebrochen" werden, wie es in einigen Ländern bis heute noch üblich ist. Ziel dieser Methode ist, ein bislang unerfahrenes Pferd einzureiten, indem man es solange bocken lässt, bis es vor Erschöpfung aufhört (C 5.1, S. 115). Hochsensible oder ängstliche Tiere können auf diese Weise eine reaktive Verhaltensstörung davontragen.

Rangordnungsprobleme gehen meist mit Angst oder Schmerz einher. Sie können aber etwa in Form einer Kräftemessung Bocken auch per se auslösen. Vielfach leidet aber ein solches Tier zusätzlich unter **Bewegungsmangel** und versucht auf diese Weise, sich „Luft zu machen" bzw. seine Erregung und Lauflust abzureagieren. Eine mangelnde Grundausbildung oder ein schwacher Reiter sind häufig für ein derartiges Verhalten verantwortlich. Oftmals handelt es sich dabei um Pferde, die nicht im ausreichenden Maße gelernt haben, dass das Buckeln nur im „privaten Bereich" zum Beispiel auf der Weide zulässig ist, aber nicht unter dem Reiter.

Manche Tiere Bocken auch gezielt, um den Reiter abzuwerfen. Sie haben unabhängig von der Ursache gelernt, dass sie auf diese Weise der unangenehmen Empfindung des Gerittenwerdens entgehen können. Bocken kann sich in diesem Fall zu einer Art reflexähnlichem Verhalten entwickeln. Die Tiere zeigen dann das unerwünschte Verhalten in jeder Situation, auch noch, wenn die ehemaligen Ursachen wie Mängel in Ausrüstung und Reitweise beseitigt wurden.

Therapie. Als erstes sollte das Pferd, unabhängig von der Ätiologie des Bockens, unter artgerechten Bedingungen gehalten werden, denn vielfach ist hohe Erregung bzw. ein angestauter Bewegungsdrang an diesem unerwünschten Verhalten beteiligt. Zusätzlich ist die Fütterung dahingehend umzustellen, dass der Kraftfutteranteil reduziert und im Gegenzug der Raufutteranteil bzw. der Weidegang erhöht wird. Pferde mit der Neigung zum Bocken benötigen **besonders viel Bewegung**. Diese sollte aber ruhig, entspannt und unter menschlicher Einwirkung diszipliniert erfolgen. Gut geeignet ist deshalb neben dem Reiten ein zusätzliches Gehen an der Longe oder an der Führmaschine sowie ganztägiger Weidegang. Kurzfristiges Abbuckelnlassen vor dem Reiten ist kein geeigneter Bewegungsausgleich. Im Gegenteil, es lässt das Pferd an der Angewohnheit festhalten und ist zudem ohne Aufwärmphase gefährlich für Sehnen, Bänder und Gelenke.

> **Tipp:** Um zu bocken muss das Pferd Kopf und Hals herunternehmen. Mit erhobenem Kopf kann es nicht bocken. Zieht das Pferd also den Kopf nach unten, sollte dieser unter gleichzeitigem Vorwärtstreiben energisch hochgenommen und zur Seite gezogen werden.

Sind Schmerzen die Ursache für das Bocken, ist eine entsprechende medizinische Behandlung erforderlich. Zusätzlich können über Abtasten des Körpers zum Beispiel mittels **Tellington-Touch** Verspannungen aufgespürt und behandelt werden. In gleicher Weise hilfreich sind die verschiedenen Massagetechniken, die zum Teil speziell für Pferde entwickelt wurden. Des Weiteren müssen kneifende oder drückende Teile des Sattel- und Zaumzeugs entfernt und gegen eine tierfreundliche Ausrüstung ausgetauscht werden. Besonderer Wert ist auf einen ausreichend hoch gekammerten Sattel mit einer möglichst großen Auflagefläche zu legen. Eine Selbstverständlichkeit sollte es für jeden Reiter sein, die Ausrüstung so zu pflegen, dass sie nicht kneifen oder drücken kann. Außerdem ist vor jedem Aufsitzen zu überprüfen, ob die Sattelunterlage glatt und nicht gegen den Haarstrich aufliegt sowie der Widerrist des Pferdes geschützt, aber nicht durch die Satteldecke abgeschnürt ist.

Bocken, das durch Reitfehler hervorgerufen wird, kann nur über eine entsprechend verbesserte Reitweise korrigiert werden (Abb. 140, S. 207). Speziell bei bockenden Pferden sollte erst nach dem Aufsitzen und dem Lösen der Sattelgurt festgezogen werden. Der Sitz muss besonders elastisch und die Hand nachgiebig sein. Oftmals genügt eine feinere Hilfengebung, um das Verhaltensproblem in den Griff zu bekommen. Bei Pferden, die nur in der Halle und nicht im Gelände bocken, können häufigere Entspannungsphasen am langen Zügel während der Dressurstunde Wunder wirken (Schmerzdiagnostik!). Besteht die umgekehrte Situation, und bockt das Pferd sobald es in die freie Natur kommt, dann gilt es den angestauten Bewegungsdrang abzubauen. Dazu ändert man neben

> **Tipp:** Das Pferd muss lernen, dass Buckeln in der Freizeit erlaubt, beim Reiten verboten ist. Dazu wird die Arbeit so angelegt, dass Buckeln bei keiner Übung auftritt. Deshalb ist auch das allgemein gebräuchliche „Abbuckeln lassen" an der Longe von Anfang an zu vermeiden.

den zuvor genannten allgemeinen Maßnahmen zur Haltungsverbesserung seine Ausreitgewohnheiten. An erster Stelle ist für Entspannung zu sorgen. Auf einladende Galoppstrecken wird verzichtet, statt dessen trabt man das Pferd über längere Zeit ab. Erst, wenn die Ausritte in dieser Gangart kontrollierbar sind, beginnt man mit der ersten Galoppübung. Am besten lässt man dazu das Pferd bergauf gehen. Um Bocken vorzubeugen, biegt man es vor dem Angaloppieren um einen Schenkel und reitet es deutlich in Stellung. Möchte das Pferd trotzdem zum Bocken ansetzen, was es durch Kopfsenken anzeigt, verkürzt man einseitig den Zügel und versucht energisch seinen Kopf hochzunehmen. Auf diese Weise kann man Bocken bereits im Ansatz verhindern.

Bockt ein Pferd ausschließlich, um den Reiter abzuwerfen und sind Angst und Schmerzen auszuschließen, dann ist an eine **Gegenkonditionierung** und **Bestrafung** zu denken (C 6.2, S. 131). Sie muss während oder sofort nach dem Bocken erfolgen. Übungen, die der Klarstellung der Rangordnung dienen, sind beim Bocken, das auf Rangordnungsprobleme zurückzuführen ist, in jedem Fall durchzuführen.

Eine völlig andere Korrektur – die **Desensibilisierung** – ist angebracht, wenn das Pferd aus Angst bockt. Diese Art der Therapie ist auch einzuschlagen, wenn es sich um ein erlerntes Verhalten handelt, das auf eine derartige Genese zurückzuführen ist. Sie ist ebenfalls die Methode der Wahl, wenn eine phobieähnliche Angst vorliegt. Bei letzterer kann es erforderlich sein, das Pferd wieder schrittweise an das Tragen eines Gewichts zu gewöhnen. Die Vorgehensweise ist vergleichbar mit der Behandlung des Sattelzwangs (E 2.7, S. 213). Am ungefährlichsten ist es, wenn man, anstatt selbst in den Sattel zu steigen zwei Sandsäcke auflegt, deren Gewicht sukzessive bis etwa 80 bis 100 kg gesteigert wird. Diese müssen sehr gut fixiert sein

Bocken

Klassifikation:	Unerwünschte Verhaltensweise
Differenzialdiagnose:	Verhaltensstörung
Ablauf:	Heftiges Abwehrverhalten in Form von unkontrollierten Sprüngen
Ursachen:	1*: Organische Erkrankung, Schmerzen 2: Angst 3: Nicht geklärte Rangordnung 4: Bewegungsmangel
Disposition:	• Gebäude (kurzer, fester und starker Rücken) • Leicht erregbare Pferde
Therapie:	1: • Medizinische Behandlung • Pferdegerechte Ausrüstung 2: • Desensibilisierung mit Gegenkonditionierung (operant, klassisch) • Vertrauensbildende Maßnahmen 3: • Gegenkonditionierung (negative Konditionierung) • Rangordnungsübungen 1–4: • Artgemäße Haltung und Fütterung • Gute Reitweise
Prophylaxe:	• Pferdegerechte Grundausbildung von klein auf • Pferdegerechte Ausrüstung • Regelmäßige Gesundheitskontrollen • Artgemäße Haltung und Fütterung

*) Nummern der Ursachen entsprechen den Nummern der Therapie.

und dürfen sich keinesfalls lösen, falls das Pferd doch einmal bocken sollte. Kommt es zu dieser Reaktion, muss das Gewicht der Sandsäcke wieder soweit gesenkt werden, bis keine aversive Reaktion mehr auftritt. Unterstützt wird die schrittweise Gewöhnung an das Gewicht bzw. den Reiter durch **operante** *oder* **klassische Gegenkonditionierung**. Parallel dazu sind vertrauensbildende Maßnahmen und Rangordnungsübungen durchzuführen.

Prophylaxe. Eine wesentliche Voraussetzung dem Bocken vorzubeugen ist eine artgerechte Haltung und eine Fütterung ohne überhöhte Kraftfuttergaben. Besonderer Schwerpunkt ist auf ein möglichst großes Bewegungsangebot über Weidegang bzw. Gruppenauslauf zu legen. Bei Pferden mit einem hohen Bewegungsdrang und der Neigung zur Übererregung wirken zusätzliche Bewegungsmöglichkeiten wie tägliches Gehen an der Führmaschine oder das häufigere Mitlaufen als Handpferd entspannend und ausgleichend.

Die entscheidende Maßnahme um Bocken vorzubeugen ist die angstfreie und sorgfältige Gewöhnung an Sattel und Reitergewicht von Beginn der Ausbildung an. Dazu müssen junge Pferde in Ruhe an das Tragen des Sattels gewöhnt werden. Für den Anfang gut geeignet sind besonders leichte Sättel (Kunststoffsättel) und solche mit großer Auflagefläche (Trachten-, Westernsättel, Sonderanfertigungen). Des Weiteren sollte die Satteldecke weich und möglichst dick sein, sodass der Rücken des jungen Tieres gut abgepolstert ist. Eine besonders schonende Form des Gewöhnens an den Sattel ist die Methode der schrittweisen Gewöhnung verbunden mit Belohnung (klassische oder operante Konditionierung). Dazu wird das Pferd zunächst mit dem Auflegen einer Decke und dem Anlegen eines Gurtes vertraut gemacht. Im nächsten Schritt lernt es an der Hand einen Sattel zu tragen. Spaziergänge und das Gehen über Bodenhindernisse helfen dem Pferd sich in unterschiedlichen Situationen an den Sattel zu gewöhnen. Erst nach dieser Vorbereitungsphase sollte das Pferd erstmals mit Sattel longiert werden. Ziel ist, dass Buckeln bei keiner Übung auftritt. Geht man auf diese Weise vor, verbindet das Pferd von Anfang an in keiner Situation das Tragen des Sattels mit dem Buckeln. Dies ist neben einer guten Reitweise und einer pferdefreundlichen Ausrüstung die beste Prophylaxe, um Bocken gar nicht erst aufkommen zu lassen.

Differenzialdiagnose. Buckeln aus reiner Bewegungsfreude, das auch unter dem Sattel vorkommen kann, muss vom echten Bocken abgegrenzt werden. Es erfolgt aus **Spieltrieb** und Übermut und ist abhängig vom individuellen Temperament des Pferdes, dem Alter sowie der Haltung, Fütterung und dem Bewegungsangebot. Ausgeglichene Pferde, die ständig Weidegang haben und nicht mit Kraftfutter energetisch überversorgt werden, buckeln nur zur „Spielstunde". Diese kann auch beim Reiten angesagt sein, wenn der Boden weich ist und ein frischer Wind weht wie im Frühjahr oder im Herbst. Dann unterläuft auch dem bravsten Pferd – besonders beim Anblick eines Stoppelfeldes – ein Buckler. Dieser kann aber im Gegensatz zum Bocken leicht ausgesessen werden, da er in den Galoppsprung eingebunden ist. Abgesehen davon bleibt das Pferd beim Buckeln über eine entsprechende Hilfengebung kontrollierbar. Für diese Verhaltensweise darf ein Pferd nicht bestraft werden. Falls das Buckeln jedoch unerwünschte Ausmaße annehmen sollte, hilft es, über die reiterliche Einwirkung und mit einem lauten „Nein" der Aktion ein Ende zu setzen. Diese Korrektur ist sinnvoll, da Bocken sich gerne aus unkontrolliertem Buckeln entwickelt.

2.7 Sattelzwang

Ablauf. Leidet ein Pferd unter Sattelzwang, so zeigt es ein mehr oder weniger stark ausgeprägtes Abwehrverhalten, sobald man den Sattel auflegt oder den Gurt anzieht. Liegt ein leichterer bzw. mittlerer Sattelzwang vor, äußert das Pferd seine Abneigung gegen den Sattel durch Reaktionen wie zur Seite gehen, Kopfschlagen oder Rücken wegdrücken bzw. mit Schlagen und Beißen nach dem Gurt oder dem sattelnden Menschen. Bei einem schweren Sattelzwang bockt, steigt oder wirft sich das Pferd zu Boden, sobald der Gurt angezogen wird, der Reiter aufsitzt bzw. lediglich der Sattel aufgelegt wird. Manche Tiere lassen sich nicht einmal mehr mit Sattel führen. Während bei den beiden erstgenannten Varianten des Sattelzwangs die Pferde nach einer gewissen Zeit den Sattel akzeptieren und reitbar sind, ist dies bei der schweren Form nicht mehr möglich. Die Tiere wehren sich zum Teil so heftig gegen den Reiter, dass für diesen die Gefahr besteht, abgeworfen zu werden.

Disposition. Gewisse Gebäudemängel disponieren zu Sattelzwang. So haben überbaute Pferde häufig

Abb. 144 Angelegte Ohren und Ausweichbewegungen während des Sattelns sind unter anderem ein Zeichen von Sattelzwang.

eine schlechte Sattellage, durch die es leicht zu Druckstellen und somit zu Schmerzen kommen kann. Auch Pferde, die wegen ihres kurzen, starken Rückens vermehrt zum Bocken neigen, sind häufiger vom Sattelzwang betroffen. Des Weiteren besteht nach Praxisbeobachtungen eine gewisse Rasseabhängigkeit. So leiden leicht erregbare Tiere wie Vollblüter, veredelte Warmblüter und Araber auffallend oft an Sattelzwang. Dies dürfte nicht zuletzt mit deren dünnem Fell und der empfindlichen Haut in Zusammenhang stehen.

Ursachen. Als Ursachen stehen Angst und Schmerzen im Vordergrund. Sie sind im Allgemeinen auf **negative Erfahrungen während des Sattelns und Gerittenwerdens** zurückzuführen. Meist wurden Fehler während der Gewöhnungsphase an den Sattel oder beim ersten Anreiten gemacht. So sind Pferde mit Sattelzwang häufig zu schnell eingeritten worden, vorbereitende Übungen kamen zu kurz oder erfolgten überhaupt nicht. Auslösend können aber auch Reitfehler sein, die zu Verspannungen der Rückenmuskulatur führen. Dazu zählt zum Beispiel die erzwungene dressurmäßige Haltung durch Hilfszügel oder das sofortige „Zusammenstellen" ohne vorhergehendes Lösen (Abb. 142, S. 208). Kritisch zu werten ist auch die Gewöhnung an den Sattel mithilfe der Ermüdungstherapie, denn sie ist vom Ansatz her für das Pferd immer mit Angst und einer negativen Grundstimmung verbunden. Die Methode, die darauf beruht, dem Pferd den Sattel aufzulegen, festzugurten und es solange buckeln zu lassen, bis es „einsieht, dass sein Verhalten zu nichts führt" und „aufgibt", kann für sensible Pferde ein **bleibendes Trauma** hinterlassen. Die mögliche Folge ist eine Sattelphobie mit Angstreaktionen, die deutlich von der Norm abweichen, sodass von einer manifesten Verhaltensstörung gesprochen werden muss. Im Allgemeinen ist jedoch die Ausprägung der Angst nicht derartig extrem und es liegt lediglich ein unerwünschtes Verhalten vor. Dieses ist therapeutisch einfacher in den Griff zu bekommen als das gestörte Verhalten.

Therapie. Pferde mit Sattelzwang zu strafen ist mit Sicherheit der falsche Weg. Im Gegenteil: Es gilt das Vertrauensverhältnis zwischen Tier und Mensch wiederherzustellen und über eine **systematische Desensibilisierung** das Pferd wieder langsam an den Sattel zu gewöhnen. Unterstützt wird die Methode mit der **Gegenkonditionierung** und **positiver Verstärkung** (C 6.2, S. 131). Vor Beginn der Verhaltenstherapie muss jedoch eine Untersuchung des Pferdes auf Schmerzen bzw. eine entsprechende Behandlung durchgeführt werden. Des Weiteren ist eine drückende, einengende oder in sonstiger Weise Schmerz verursachende Ausrüstung (vor allem Sattel, Gurt und Decke) auszutauschen. Zu empfehlen sind leichte Sättel mit einer großen Auflagefläche. Auf diesem Gebiet gibt es gerade in den letzten Jahren sehr gute neue Entwicklungen. Sie gestatten einen deutlich besseren Tragekomfort für das Pferd als der gebräuchliche Vielseitigkeitssattel. Dessen Auflagefläche ist vergleichsweise klein und belastet den Pferderücken fast punktuell. Ist ein solcher Sattel nicht ganz korrekt angepasst, sind Rückenprobleme programmiert.

Zu Beginn der Desensibilisierung gewöhnt man das Pferd zunächst an Berührungen des Rückens und des Bauches. Besonders geeignet sind Massagetechniken wie der **Tellington-Touch**. Auf diese Weise werden Verspannungen gelöst und die aversiven Empfindungen des Pferdes, die es mit der Annäherung des Menschen an seinen Rücken verbindet, abgebaut. Erst wenn sich das Pferd der Massage nicht mehr entzieht, kann der nächste Schritt erfolgen. Dieser hängt von der Schwere des Sattelzwangs ab. Liegt eine leichtere Form vor, kann man bereits ab diesem Zeitpunkt vorsichtig mit dem Satteln beginnen. Dabei wird jede Übungssequenz belohnt, sodass das Pferd mit dem ursprünglich angstauslösenden Vorgang eine positive Assoziation verbindet. Das Pferd wird nun als erstes über mehrere Tage an den Sattel gewöhnt. Dazu arbeitet man es mit Sattel zum Beispiel an der Longe, lässt es Bodenübungen machen oder nimmt es als Handpferd mit. Man kann es auch mit Sattel füttern oder angebunden eine Zeit lang stehen lassen. In den ersten Übungssequenzen darf der Gurt nicht fest angezogen werden. Erst nach einer gewissen Gewöhnungszeit kann langsam und stufenweise richtig festgegurtet werden.

Sobald das Pferd den Sattel als etwas Alltägliches und völlig Normales toleriert, erfolgt das erste Aufsitzen. Dazu lässt man zunächst das gesattelte Pferd für etwa 15 bis 20 Minuten einige gewohnte Übungen absolvieren. Dann wird es an einem vertrauten Ort von einem Helfer, der am Kopf des Pferdes steht und es durch Zureden, Loben oder Füttern ablenkt, gehalten. Reagiert das Pferd gelassen, sitzt man mit Hilfestellung auf, ohne dass der Gurt bereits fest angezogen ist. Das Nachgurten erfolgt später im ruhigen Schritt nach einigen Wendungen. Dabei ist es wichtig, dass das Pferd mit möglichst geringer Zügelanlehnung und ohne treibende Hilfen frei vorwärtsgeht. Mitunter kann es hilfreich sein, wenn man sich in den ersten Minuten führen lässt.

Liegt ein **schwerer Sattelzwang** vor, gewöhnt man das Pferd zunächst an das Tragen von Satteldecke und Gurt. Wie zuvor für das Satteln beschrieben, wird auch in diesem Fall die Übung in kleine Einzelschritte zerlegt und jedes Mal positiv verstärkt. Zunächst macht man das Pferd durch Entlangstreichen mit dem Druck des Gurtes vertraut, dann führt man es mit leicht angezogenem Gurt an der Hand und schließlich lässt man das mit Decke und Gurt ausgerüstete Tier über Bodenhindernisse gehen bzw. ähnliche Übungen absolvieren (s. oben). Es wird solange geübt und positiv verstärkt, bis das Pferd keine aversive Reaktion mehr zeigt. Dann kann, wie oben beschrieben, mit dem Auflegen des Sattels begonnen werden.

Beim Vorliegen von phobieähnlicher Angst ist es ratsam, zunächst über **Auslöschung** eine Abschwächung des Abwehrverhaltens herbeizuführen. Dazu konfrontiert man das Pferd für längere Zeit überhaupt nicht mehr mit dem Vorgang des Sattelns. Beispielsweise kann man es einen Sommer lang auf „Weideurlaub" schicken. Nach dieser Phase stabilisiert man als erstes wieder das Vertrauensverhältnis und die Rangordnung. Am besten geeignet ist hierfür die Bodenarbeit. Dann beginnt man mit der

---

Sattelzwang

Klassifikation:	Unerwünschte Verhaltensweise
Differenzialdiagnose:	Verhaltensstörung
Ablauf:	Mehr oder weniger heftiges Abwehrverhalten während des Satteln und Aufsitzens
Ursachen:	1*: Organische Erkrankung, Schmerzen 2: Angst
Disposition:	• Gebäude (schlechte Sattellage; kurzer, starker Rücken) • Leicht erregbare Pferde

Therapie:	1: • Medizinische Behandlung
	    • Pferdegerechte Ausrüstung
	2: • Desensibilisierung mit Gegenkonditionierung (operant/klassisch)
	    • Vertrauensbildende Maßnahmen
	1 + 2: Gute Reitweise

Prophylaxe:	• Schrittweise Gewöhnung an Sattel und Reiter mit positiver Verstärkung • Pferdegerechte Ausrüstung • Gute Reitweise • Regelmäßige Gesundheitskontrollen

*) Nummern der Ursachen entsprechen den Nummern der Therapie.

systematischen Desensibilisierung wie sie beim schweren Sattelzwang beschrieben wurde. Besonders bewährt hat sich dabei die Kombination mit der **klassischen Konditionierung** (Belohnungston mit Futtergabe). Dadurch wird nicht nur positiv verstärkt, sondern auch das Pferd umgestimmt und in eine positive Stimmungslage gebracht. Auf diese Weise können große Ängste besser bewältigt werden.

Nach Praxiserfahrungen lassen sich die Korrekturerfolge der Desensibilisierung vertiefen, wenn das Pferd – vorausgesetzt alle Faktoren wie Ausrüstung usw. sind optimiert – gleich im Anschluss an die erfolgreich abgeschlossene Therapie auf lange Wanderritte, die möglichst mehrere Tage dauern, mitgenommen wird.

Prophylaxe. Sattelzwang lässt sich vermeiden, wenn der Vorgang der Gewöhnung an den Sattel in Ruhe und schrittweise unter positiver Verstärkung erfolgt. Geht man dabei ähnlich vor wie bei der Desensibilisierung, verbindet das Pferd von Anfang an positive Erfahrungen mit dieser ungewohnten Situation. Während der weiteren Nutzung beginnt Sattelzwang oft unauffällig, beispielsweise bleibt das Pferd beim Aufsitzen nicht ruhig stehen oder geht einen Schritt zur Seite, wenn man mit dem Sattel kommt. Schon bei diesen **leisen Anzeichen** sollte man reagieren und die entsprechenden diagnostischen und therapeutischen Maßnahmen ergreifen. Sattelzwang während der weiteren Nutzung lässt sich verhindern, wenn man einen dem Pferd angepassten und stets gepflegten Sattel nebst Zubehör verwendet, stufenweise nachgurtet und es so reitet, dass keine schmerzhaften Verspannungen im Rücken entstehen können. Dazu muss das Pferd vor der Arbeit gründlich gelöst, erzwungenes Zusammenstellen über Hilfszügel vermieden und intensiv am korrekten Sitz und der richtigen Zügelführung gearbeitet werden.

Fazit: Sattelzwang ist vermeidbar, wenn ein Pferd langsam an den Sattel gewöhnt wird, der gut angepasst ist, über eine freie Kammer verfügt sowie eine große Auflagefläche und eine ausreichende Steifheit besitzt. Des Weiteren sollte der Reiter weich und schmiegsam im Sattel sitzen, damit die Rückenmuskeln des Pferdes aktiviert werden können.

Verzeichnisse

Glossar

Adaptation: Anpassung; Entwicklung von Eigenschaften, die ein Lebewesen für seine jeweilige Umgebung geeigneter machen, d.h. seine und seiner Nachkommen Lebenserwartung und Fortpflanzungserfolge erhöhen.

Ad libitum: Zur freien Verfügung.

Aggression: Sammelbezeichnung für alle Elemente des Angriffs, Verteidigungs- und Drohverhaltens (Synonym: Aggressives Verhalten, Aggressionsverhalten).

Aggressivität: Ausmaß der Angriffsbereitschaft eines Individuums oder einer Art.

Agonistisches Verhalten: Überbegriff für die Gesamtheit aller mit der kämpferischen Auseinandersetzung zwischen Individuen in Zusammenhang stehenden Verhaltensweisen. Er umfasst Aggression (s. o.) und Flucht.

Ambivalentes Verhalten: Bezeichnung für das gleichzeitige oder in raschem Wechsel erfolgende Auftreten von Bewegungen und Körperhaltungen aus verschiedenen, oft entgegengesetzten Verhaltensbereichen. Es tritt auf, wenn zwei Verhaltenstendenzen gleichzeitig aktiviert sind.

Anamnese: Krankengeschichte; Art, Beginn und Verlauf der aktuellen Beschwerden oder Verhaltensauffälligkeiten, die im Gespräch erfragt werden.

Antropomorph: Vermenschlichend.

Appetenzverhalten: Suchverhalten; Aktives Anstreben einer auslösenden Reizsituation.

Art: In der Biologie versteht man unter einer Art eine „Fortpflanzungsgemeinschaft", d. h. eine Gruppe von Individuen, die sich unter natürlichen Bedingungen uneingeschränkt miteinander fortpflanzen und fruchtbare Nachkommen zeugen.

Auslösemechanismus: Reizfilter, der aus der Fülle der das Individuum treffenden Reize diejenigen selektiert, für die eine Handlungsbereitschaft besteht.

Automutilation: Selbstverstümmelung.

Beschädigungskampf: Eine Form des Kampfes, bei der im Gegensatz zum Kommentkampf der Gegner nicht nur abgedrängt wird, sondern die Tiere sich auch verletzen und sogar töten können.

Circadiane Rhythmik: Tag-Nacht-Rhythmus.

Circannuale Periodik: Jahresperiodik.

Coping: Anpassungsstrategie; Versuch des Organismus sich an inadäquate Lebensbedingungen anzupassen.

Deprivation: Mangel; Erfahrungsentzug.

Desensibilisierung: In der Ethologie ein Lernverfahren, das auf schrittweiser Gewöhnung und Gegenkonditionierung beruht.

Domestikation: Haustierwerdung.

Dominanz: In der Ethologie wird der Begriff zur Kennzeichnung der Stellung eines Individuums innerhalb einer sozialen Rangordnung benutzt. Das jeweils überlegene Tier wird als dominant, das unterlegene Individuum als subdominant bezeichnet.

Essentielle Verhaltensweise: Angeborene Bewegungskoordination, deren Befriedigung für das Wohlbefinden des Tieres notwendig ist. Die Verhinderung führt zu Verhaltensstörungen.

Ethogramm: Verhaltensinventar; Gesamtheit aller Verhaltensweisen, über die eine Tierart verfügt.

Ethologie: Lehre vom Verhalten der Tiere und des Menschen.

Evolution: Stammesgeschichtliche Weiterentwicklung von Tieren und Pflanzen (biologische oder genetische Evolution).

Fehlprägung: Die durch „falsche" Erfahrung während der sensiblen Phase erfolgte Bindung an ein anderes als das natürliche Objekt (Synonym: Fremdprägung).

Flehmen: Ein bei vielen Säugetieren, v. a. bei Huftieren und katzenartigen Raubtieren, vorkommender Gesichtsausdruck. Equiden rollen dabei bei geschlossenen Zähnen die Oberlippe nach oben, sodass Innenseite der Oberlippe, obere Schneidezähne und Zahnfleisch entblößt sind. Flehmen dient der intensiven geruchlichen Kontrolle von Substanzen mittels des vormeronasalen Organs.

Frustration: Bedürfnisspannung, hervorgerufen durch das Ausbleiben einer erwarteten triebverzehrenden Endhandlung. Dabei ist das Objekt, an dem das Verhalten normalerweise abläuft, vorhanden, doch der vollständige Ablauf der Verhaltensweise wird durch äußere Einwirkung verhindert.

Funktionskreis: Oberbegriff (im ethologischen Sprachgebrauch) für Verhaltensweisen mit gleicher oder ähnlicher Aufgabe und Wirkung, zum Beispiel Fortbewegung, Nahrungsaufnahme oder Ruhen.

Habituation: Die Fähigkeit eines Tieres, sich an wiederholt auftretende Reize, die weder mit positiven noch mit negativen Folgen verbunden sind, zu gewöhnen und nicht mehr auf sie zu reagieren (Synonym: Gewöhnung, Reizgewöhnung, reizspezifische Ermüdung, reizspezifische Reaktionsabschwächung, „zentralnervöse Adaptation").

Hypertrophie: Vergrößerung eines Gewebes bzw. Organs. In der Ethologie: Übermäßiges Auftreten einer Verhaltensweise.

Imitation: Nachahmung; Lernen durch Beobachtung.

Individualdistanz: Die Entfernung, auf die sich Artgenossen einander maximal annähern. Ihr Unterschreiten führt zu Aggression oder zum Ausweichen eines der Tiere.

Innere Uhr: Zeitsinn, biologische Uhr. Die Fähigkeit zu einer von Außenreizen (z. B. Sonnenstand) unabhängigen (endogenen) Zeitbestimmung.

Instinkt: Angeborene Handlungsbereitschaft.

Klassische Konditionierung: Bei der klassischen Konditionierung wird ein natürlicher Reiz (z.B. der Anblick von Nahrung, Originalreiz) mit einem künstlichen, zunächst indifferenten Signal (Signalreiz) verbunden. Nach einer gewissen Anzahl gemeinsamer Darbietungen ist der Signalreiz auch allein in der Lage, die zugehörige Reaktion auszulösen: Es ist ein bedingter Reflex entstanden.

Kommentkampf: Angeborene, nach festen Regeln ablaufende, gegen Artgenossen gerichtete Kampfweise, die derart ritualisiert ist, dass im Regelfall ernsthafte Verletzungen vermieden werden.

Konditionierung: Sammelbezeichnung für experimentelle Verfahren, in deren Verlauf eine Verhaltensweise oder eine andere Reaktion von bestimmten Bedingungen abhängig wird.

Konfliktverhalten: Verhaltensweisen, die in einer Konfliktsituation auftreten, d.h. zu einer Zeit, zu der zwei nicht miteinander vereinbare Verhaltenstendenzen (z.B. Angriff und Flucht) gleichzeitig aktiviert sind und keine von ihnen eindeutig vorherrscht.

Makrosmaten: Lebewesen mit gut ausgebildetem Geruchssinn.

Mikrosmaten: Lebewesen mit gering ausgebildetem Geruchssinn.

Morphologie: Formenlehre, Gestaltlehre.

Motivation: Bereitschaft eines Tieres zur Ausführung einer bestimmten Handlung. Sie wird von einer Vielzahl von exogenen (äusseren) und endogenen (inneren) Faktoren bestimmt. (Synonym: Stimmung, Gestimmtheit, spezifische Handlungsbereitschaft, Antrieb, Drang, Trieb).

Mutation: Veränderung im Erbgut einer Zelle.

Nachfolgeverhalten: Sammelbezeichnung für das räumliche Folgen, das bei den Jungtieren brutpflegender Tierarten gegenüber ihren Eltern bzw. der Mutter auftritt.

Nahrungsprägung: Prägungsartige rasche und dauerhafte Festlegung einer bestimmten Nahrungsbevorzugung.

Ontogenese: Individualentwicklung. Entwicklung eines Lebewesens von der befruchteten Eizelle bis zum Tod.

Operante Konditionierung: Bei der operanten (instrumentellen) Konditionierung wird eine neue Bewegung (Aktion) mit der Verminderung eines Bedürfnisses in Verbindung gebracht. Diese Bewegung tritt zunächst spontan auf. Folgt ihr mehrfach eine Belohnung, so wird vom Tier eine Verbindung hergestellt und die betreffende Bewegung in entsprechenden Situationen vermehrt ausgeführt.

Östrus: Brunst; Sammelbezeichnung für die Gesamtheit der Veränderungen, die bei einem Säugetier-Weibchen im Zusammenhang mit der periodisch wiederkehrenden Zeit sexueller Aktivität auftreten.

Paläontologie: Lehre von urzeitlichen Lebewesen.

Pheromon: Hormonartiger Stoff, der in bestimmten Drüsen gebildet und nach außen abgegeben wird. Pheromone dienen unter anderem der sozialen Kommunikation (Sexuallockstoffe, Duftstoffe zur Reviermarkierung etc.). (Synonym: Ektohormon, Ethohormon, Soziohormon oder Sozialhormon).

Phobie: Exzessive, nicht angemessene Angstreaktion, die durch bestimmte Gegenstände oder Situationen ausgelöst wird.

Phylogenese: Stammesgeschichtliche Entwicklung. Verhaltensphylogenese: Entwicklung von Verhaltensweisen im Laufe der Evolution.

Population: „Bevölkerungseinheit". Die Gesamtheit aller Individuen einer Art in einem bestimmten Gebiet.

Prägung: In der Ethologie versteht man unter Prägung einen in früher Jugend erfolgenden, verhältnismäßig schnellen Lernvorgang, der sich von anderen Lernprozessen durch zwei Eigenschaften unterscheidet:
- durch eine ausgeprägte sensible Phase,
- durch ein sehr stabiles, u.U. irreversibles Lernergebnis.

Rangordnung: Soziale Hierarchie, „Hackordnung". Die geregelte Verteilung von „Rechten und Pflichten" innerhalb einer Gruppe von Tieren.

Reflex: Die mit Sicherheit und ohne Verzögerung eintretende Antwort eines Erfolgsorgans (ausführendes Organ) auf einen Sinnesreiz. Beruht die Reiz-Reaktions-Beziehung auf erblicher Grundlage, liegt ein unbedingter Reflex vor (z.B. Pupillenreflex). Kommt die Verbindung zwischen Reiz und Reaktion durch Konditionierung zustande, spricht man von einem bedingten („erfahrungsbedingten") Reflex.

Reifung: Vervollkommnung einer Verhaltensweise ohne Übung.

Residualreaktives Verhalten: Ein von der Norm abweichendes Verhalten, das trotz Beseitigung der ursprünglichen Mängel bestehen bleibt.

Ritualisierung: Symbolhafte Weiterverwendung einer ursprünglich funktionell wichtigen Verhaltensweise in einem anderen Funktionsbereich.

Sensible Phase: Derjenige Lebensabschnitt, in dem ein Lebewesen für bestimmte Erfahrungen besonders empfänglich ist.

Stereotypie:
a) Allgemein: Ständige, gleichförmige Wiederholung von Verhaltensweisen oder Lautäußerungen.
b) Im Sinne einer Verhaltensstörung: Verhaltensmuster, die sich nahezu identisch wiederholen und scheinbar ohne erkennbare Funktion ausgeübt werden.

Stimmungsübertragung: „Ansteckung". Die bei Angehörigen sozialer Tierarten verbreitete Neigung, gleichzeitig dasselbe zu tun.

Übersprungshandlung: Eine unerwartete Bewegung bzw. Handlung, die außerhalb der Verhaltensfolge auftritt, für die sie ursprünglich entwickelt wurde. Sie erscheint in Konfliktsituationen und ist in der Regel „erfolglos" in dem Sinne, dass sie nicht den biologischen Zweck erfüllt, an den sie eigentlich angepasst ist.

Verwendete und weiterführende Literatur

Ahlswede, L. (2000): Gesundheitliche Aspekte und Sorgfaltspflichten bei der Jungpferdeaufzucht. Dtsch. tierärztl. Wschr. **107**, 104–106.

Bachmann, I. (2002): Pferde in der Schweiz: Prävalenz und Ursachen von Verhaltensstörungen unter Berücksichtigung der Haltung und Nutzung. Diss. Dipl. Zool., Universität Zürich.

Berger, J. (1986): Wild horses of the Great Basin. Social Competition and Population Size. The University of Chicago Press, Chicago and London.

Benda, C. (1998): Untersuchungen zum Weben des Pferdes unter Berücksichtigung verhaltensphysiologischer Parameter. Diss. med. vet., München.

Berger, A., K.-M. Scheibe, K. Wollenweber, B. Patan, P. Schnitker, C. Herrman und K.-D. Budras (2006): Jahresrhythmik von Aktivität, Nahrungsaufnahme, Lebendmasse und Hufentwicklung bei Wild- und Hauspferden in naturnahen Lebensbedingungen. KTBL-Schrift 448, Landwirtschaftsverlag GmbH, Münster-Hiltrup, 137–146.

BMELV (1992): Leitlinien Tierschutz im Pferdesport. Hrsg.: Bundesministerium für Ernährung, Landwirtschaft und Verbraucherschutz (BMELV), Referat Tierschutz, Bonn.

BMELV (1995): Leitlinien zur Beurteilung von Pferdehaltungen unter Tierschutzgesichtspunkten. Hrsg.: Bundesministerium für Ernährung, Landwirtschaft und Verbraucherschutz (BMELV), Referat Tierschutz, Bonn.

Bohnet, W. (2007): Ausdrucksverhalten zur Beurteilung von Befindlichkeiten bei Pferden. DTW **114**, 91-97.

Boyd, L.E., Carbonaro A.D. and Houpt K.A. (1988): The 24hour time budget of przewalski horses. Appl. Anim. Behav. Sci., **21**, 5–17.

Brückner, R. (1995): Dein Pferd – sein Auge seine Sehweise. Selbstverlag Basel.

Brummer, H. (1978): Verhaltensstörungen. In: Nutztierethologie. Hrsg.: Sambraus, H.H., Paul Parey Verlag, Berlin, 281–292.

Caanitz, Heidrun (1996): Ausdrucksverhalten von Pferden und Interaktionen zwischen Pferd und Reiter zu Beginn der Ausbildung. Diss. med. vet., Hannover.

Dallaire, A. and Ruckebusch, Y. (1973): Sleep patterns in the pony with observations in partial perceptual deprivation. Physiol. Behav., **12**, 789–796.

Denoix, J.M. und Pailloux, J.P. (2000): Physiotherapie und Massage bei Pferden. Eugen Ulmer Verlag, Stuttgart.

Deutsche Reiterliche Vereinigung (FN) (1994): Richtlinien für Reiten und Fahren. Bd. 1, Grundausbildung für Reiter und Pferd. FN-Verlag, Warendorf.

Dillenburger, E. (1982). Entwicklung der Verhaltensweisen von Fohlen von der Geburt bis zum Absetzen. Diss. agr. Stuttgart-Hohenheim.

Dodman, N.H., Shuster, L., Court, M.H., Dixon, R. (1987): Investigation into the use of narcotic antagonists in the treatment of a stereotypic behaviour pattern (cribbitting) in the horse. Am. J. Vet. Res., **48**, 311–319.

Duncan, P. (1980): Timebudgets of camargue horses. Behaviour, **72**, 26–49.

Ebhardt, H. (1958): Verhaltensweisen verschiedener Pferdeformen. Säugetierkundliche Mitteilungen Bd IV (1), 1–9, Stuttgart.

Engelhardt, B. (1990): Zur Geschichte der Untugenden des Pferdes – Symptome, Ursachen, Behandlung und Forensik. Diss. med. vet., Gießen.

Feh, C. and J. De Mazieres (1993): Grooming at a preferred site reduces heart rate in horses. Anim. Behav., **46**, 1191-1194.

Feige, K., A. Fürst und M. Wehrli Eser (2002): Auswirkungen von Haltung, Fütterung und Nutzung auf die Pferdegesundheit unter besonderer Berücksichtigung respiratorischer und gastrointestinaler Krankheiten. Schweiz. Arch. Tierheilk., **144**, 348-355.

Frentzen, F. (1994): Bewegungsaktivitäten und verhalten in Abhängigkeit von Aufstallungsform und Fütterungsrhythmus unter besonderer Berücksichtigung unterschiedlich gestalteter Auslaufsysteme. Diss. med. vet., Hannover.

Frey, W. (1995): Verschollen – Chinas Wildpferde. BBC Wildlife.

Gerken, M., Kiene, M., Kreimeier, P. und Bockisch, F. (1996): Verhalten von Trabrennpferden in Gruppenauslaufhaltung und in Einzelhaltung. In: Aktuelle Arbeiten zur artgemäßen Tierhaltung. Kuratorium für Technik und Bauwesen in der Landwirtschaft (KTBL), Darmstadt, Deutsche Veterinärmedizinische Gesellschaft (DVG), Gießen, 132–142.

Geuder, U.: Eignung von Heuraufen für eine bedarfs- und verhaltensgerechte Vorlage von Raufutter bei der Boxenhaltung von Pferden. In: Tagungsbericht der Deutschen Gesellschaft für Züchtungskunde e.V. und der Gesellschaft für Tierzuchtwissenschaft, **D 09**, Rostock 2004.

Goldschmidt-Rothschild, B. und Tschanz, B. (1978): Soziale Organisation und Verhalten einer Jungtierherde beim Camargue-Pferd. Z. Tierpsychol., **46**, 372–400.

Grabner, A. (2000): Infektionsbedingte Verhaltensstörungen beim Pferd – dran denken ist notwendig. In: Verhaltensstörungen. Hrsg.: Lindner, A., Arbeitsgruppe Pferd, Laurahöhe 14, Essen.

Grizmek, B. (1987): Säugetiere. Band 4, Kindler-Verlag, München, 557–596.

Hackbarth, A. (1998): Liege- und Spielverhalten von Pferden in Offenlaufställen mit getrennten Funktionsbereichen. Diplomarbeit, Fachhochschule Weihenstephan, Freising.

Hall, C., D. Goodwin, C. Heleski, H. Randle and N. Waran (2007): Is there evidence of "Learned Helplessness" in horses? Proceed. 3rd Internat. Equitation Sci. Conf., Mi, USA, 3.

Heffner, H.E. und Heffner, R.S. (1983): The hearing ability of horses. Equine Pract. **5**, 27–32.

Heidemann, S. (1985): Untersuchungen über das Verhalten von Pferden beim Autotransport. Diss. med. vet., Gießen.

Henderson, J. and N. Waran (2001): Reducing equine stereotypies using an equiball. Anim. Wellfare **10**, 73–80.

Henry, S., D. Hemery, M.-A. Richard and M. Hausberger (2005): Human-mare relationships and behaviour of foals toward humans. Appl. Anim. Behav. Sci. **93**, 341–362.

Herre, J. und Röhrs, M. (1990): Haustiere – zoologisch gesehen. Gustav Fischer Verlag.

Hockenhull, J. and E. Creighton (2006): Does punishment work? Rider responses and behaviour problems in ridden horses. Proceed. 2rd Internat. Equitation Sci. Symp. Milano; Italy, 25.

Hoffmann, T., F.-J. Bockisch, P. Kreimeier, und U. Brehme (2006): Einfluss verschiedener Bewegungs- und Platzangebote auf das Bewegungsverhalten bei Pferden. KTBL 448, 157–164.

Hohmann, T., P. Kreimeier, F.-J. Bockisch und W. Bohnet (2006): Auswirkungen unterschiedlicher Kraftfuttervorlagetechniken und -frequenzen auf die Herzfrequenzvariabilität und das Verhalten von Warmblutpferden. KTBL 448, 119–125.

Houpt, K. (1986): Stable Vices and Trailer Problems. Veterinary Clinics of North America, Equine Practice, **2/3**, 623–633.

Houpt, K. (1995): Influences on Equine Behaviour. In: The Thinking Horse. Equine Research Centre, University of Guelph, Ontario, Kanada, 1–7.

Houpt, K.A. and Houpt, T.R. (1989): Social and illumination preferences of mares. J. Anim. Sci., **66**, 2159–21764.

Keiper, R.R. and Sambraus, H.H: (1986): The stability of equine dominance hierachies and the effects of kinship, proximity and foaling status on the hierachy rank. Appl. Anim. Behav. Sci., **16**, 121–130.

Kiley-Worthington, M. (1983): Stereotypes on Horses. Equine Practice, **5**, 34–40.

Kiley-Worthington, M. (1989): Pferdepsyche – Pferdeverhalten. Albert Müller-Verlag, Rüschlikon, Zürich, Stuttgart, Wien.

Klingel, H. (1972): Das Verhalten der Pferde (Equidae). In: Handbuch der Zoologie. Hrsg.: Helmcke, J.-G, Starck, D., Wermuth, H., **10** (24). Verlag Walter de Gruyter, Berlin. 1–68.

Kolter, L. (1987): Bau und Handhabung von Gruppenställen mit Auslauf für Pferde. – Modellvorhaben Rexhof. Hrsg.: Bundesministerium für Ernährung, Landwirtschaft und Forsten, Bonn.

Krull, H.D. (1984). Untersuchungen über Aufnahme und Verdaulichkeit von Grünfutter beim Pferd. Diss. agr., Stuttgart-Hohenheim/Hannover.

Kuhne, F (2003): Tages- und Jahresrhythmus ausgewählter Verhaltensweisen von Araberpferden in ganzjähriger Weidehaltung. Diss. vet. med., Berlin.

Kurtz, A., U. Pollmann und K. Zeeb: Gruppenhaltung von Pferden – Eingliederung fremder Pferde in bestehende Gruppen. Chemisches u. Veterinäruntersuchungsamt Freiburg, Am Moosweiher 2, 79108, Freiburg, 2000.

Kusunose, R., Hatakeyama, H., Kubo, K., Kiguchi, A., Asai, Y., Fujii, Y. and Ito, K. (1985): Behavioural studies on yearling horses in field environments. 1. Effects of field size on the behaviour of horses. Bull. Equine Research Institute, **23**, 1–6.

Langbein, J., K. Siebert, G. Nürnberg und G. Manteuffel (2007): The impact of acoustical secondary reinforcement during shape discrimination learning of dwarf goats (Capra hircus). Appl. Anim. Behav. Sci. **103**, 35–44.

Lebelt, D. (1996): Verhaltensphysiologische Untersuchungen zum Koppen des Pferdes. Diss. med. vet., München.

Lebelt, D. (1998): Problemverhalten beim Pferd. Enke Verlag, Stuttgart.

Loeffler, K. (1990): Schmerzen und Leiden beim Tier. Berl. Münch. Tierärztl. Wschr., **103**, 257–261.

Luescher, A., McKeown, D. and Dean, H. (1996): A cross-sectional study on compulsive behaviour (stable vices) in horses. In: Proceed. of the Internat. Conf. Equine Clinic. Behav., Schweizerische Vereinigung für Pferdemedizin, 6.–7.08.96, Basel.

Luescher, A., McKeown, D. and Halip, J. (1991): Reviewing the causes of obsessive-compulsive disorders in horses. Vet. Med., **86**, 527–530.

Madigan, J.E. and S.A. Bell (1998): Characterisation of headshaking syndrome – 31 cases. Equine Vet. J. Suppl. **27**, 28–29.

Mair, T.S. (1999) Assessment of bilateral infra-orbital nerve blockade and bilateral infra-orbital neurectomie in the investigation and treatment of idiopathic headshaking. Equine Vet. J. **31**, 262-4.

Mason, G. (1991): Stereotypies – a critical review. Anim. Behav., **41**, 1015–1037.

Mayes, E. und P. Duncan (1986): Temporal patterns of feeding behaviour in free-ranging horses. Behaviour **96**, 105–129.

McDonnell, S. (1998): Pharmacological aids to behaviour modifications in horses. Equine Vet. J. Suppl. **27**, 50–51.

McFarland, D. (1999): Biologie des Verhaltens. Evolution, Physiologie, Psychobiologie. Spektrum Akademischer Verlag. Heidelberg, Berlin.

McGreevy, P.D., Richardson, J.D., Nicol, C.J. and Lane, J.G. (1995a): Radiographic and endoscopic study of horses performing an oral based stereotypie. Equine Vet. J., **27**, 92–95.

McGreevy, P.D., Cripps, P., French, N., Green, L. and Nicol, C.J. (1995b): Management factors associated with stereotypic and redirected behaviour in the thoroughbred horse. Equine Vet. J., **27**, 86–95.

McGreevy, P.D., French, N. and Nicol, C.J. (1995c): The prevelance of abnormal behaviour in dressage, eventing and endurance horses in relation to stabling. Vet. Rec., **137**, 36–37.

McGreevy, P.D. and Nicol, C.J. (1995): Behavioural and physiological consequences associated with prevention of cribbitting. In: Proc. 29th Internat. Congr. Internat. Soc Appl. Ethology.UFAW, London, 135–136.

Meyer, H. (1997): Das Pferd und die Angst. Pferdeheilkunde **13**, 607–628.

Meyer, H. (1999): Zum Problem des Schmerzes und seiner Feststellung. Pferdeheilkunde **15**, 193–220.

Meyer, H. (2008): Rollkur. In Vorbereitung.

Meyer, M. und M. Coenen (2002): Pferdefütterung. Parey Buchverlag, Berlin.

Mills, D. S. and K. Davenport (2002): The effect of a neighbouring conspecific versus the use of a mirror for the control of stereotypic weaving behaviour in the stabled horse. Anim. Sci. **74**, 95–101.

Miller, R. (1995): Prägungstraining. Kierdorf Verlag, Wipperfürth.

Nicol C.J, H.P.D. Davidson, A.J. Harris, A.J. Waters and A.D. Wilson (2002): Study of crib-biting and gastric inflammation and ulceration in young horses. Vet Rec 2002; 151: 658.

Nobis, G. (2005): Die Geschichte des Pferdes – seine Evolution und Domestikation. In: Handbuch Pferd. Hrsg.: Thein, P. BLV-Verlag München, Wien, Zürich, 8–24.

Pfeil-Rotermund, S. und Zeeb, K. (1993): Zum Ausdrucksverhalten von Springpferden. In: Aktuelle Arbeiten zur artgemäßen Tierhaltung, Kuratorium für Technik und Bauwesen in der Landwirtschaft (KTBL), Darmstadt, Deutsche Veterinärmedizinische Gesellschaft (DVG), Gießen, 228–239.

Pirkelmann, H., Zeitler-Feicht, M.H., Fader, C. und Wagner, M. (1993): Rechnergesteuerte Versorgungseinrichtungen für Pferde im Offenlaufstall. Forschungsbericht, W. Schaumann-Stiftung.

Pirkelmann, H. (2008): Pferdehaltung. Verlag Eugen Ulmer, im Druck.

Pollmann, U. (2006): Datenerhebung in Offenlaufställen von Pferden. Tagungsband DVG, Fachgruppe Tierschutzrecht, 126-138.

Preuschoft, H. (1993): Zügelführung sensibler machen. Pferdespiegel, **9**, 41–44.

Preuschoft, H. (1999): Über die Wirkung von Gebissen und Hilfszügeln. Seminar „Interaktion Reiter und Pferd – auch ein Tierschutzthema – ein Denkanstoß für die Verständigung zwischen Reiter und Pferd". Haupt- und Landgestüt Schwaiganger, 4. Juli 1999.

Radtke, K. (1985): Über die Bewegungsstereotypie Weben beim Pferd. Diss. med. vet., München.

Rodewald, A. (1989): Fehler bei der Haltung und Nutzung als Schadensursache bei Pferden in Reitbetrieben. Diss. med. vet., München.

Sambraus, H.H. und Rappold. D. (1991): Das „Koppen" bei Pferden. Pferdeheilkunde, **7**, 211–216.

Sambraus, H.H. (1997): Normalverhalten und Verhaltensstörungen. In: Das Buch vom Tierschutz, Hrsg.: Sambraus, H.H., Steiger, A., Enke-Verlag, 57–69.

Sambraus H.H. und M.H. Zeitler-Feicht (2003): Das Harnen von Pferden im Offenlaufstall. Pferdeheilkunde **19**, 521–524.

Sambraus, H.H., H. Pirkelmann und M.H. Zeitler-Feicht (2003): Das Defäkationsverhalten von Pferden im Offenlaufstall. Pferdeheilkunde **19**, 525–530.

Schäfer, M. (1993): Die Sprache des Pferdes. Franckh-Kosmos-Verlag, Stuttgart.

Schäfer, M. (2000): Handbuch der Pferdebeurteilung. Franckh-Kosmos-Verlag, Stuttgart.

Scheibe, K.M., K. Eichhorn, B. Kalz, W.Z. Streich, and A. Scheibe (1998): Water consumption and watering Behavior of Przewalski Horses (Equus ferus przewalskii) in a semireserve. Zoo Biology 17: 181–192.

Schnitzer, U. (1996): Grundsätze der Gymnastizierung des Reitpferdes. Pferde-Spiegel, **3, 4, 5** und **7**, jeweils 41–44.

Schnitzer, U. (1999): Einige Auswirkungen des Sozialverhaltens der Pferde beim Reiten. Pferde-Spiegel.

Stevens, E.F. (1990): Instability of harems of feral horses in relation to season and presence of subordinate stallions. Behaviour, **112**, 149–161.

Stohler, T. (1996): Das „Kopfschlagen" (head shaking) beim Pferd. In: Proceed. of the Internat. Conf. Equine Clinic. Behav., Schweizerische Vereinigung für Pferdemedizin, 6.–7.08.96, Basel.

Streit, S. (2008): Konventionelle Fressstände versus Kraft- und Raufutterautomaten – ein Vergleich zweier Fütterungssysteme in der Offenlaufstallhaltung von Pferden unter dem Aspekt der Tiergerechtheit. Diss. agr., Weihenstephan, im Druck.

Sweeting, M.P., Houpt C. und Houpt T.A. (1985): Social facilation of feeding and time budgets in stabled ponies. J. anim. Sci., **60**, 369–371.

Tembrock, G. (1964): Verhaltensforschung. VEB Gustav Fischer Verlag, Jena.

Tschanz, B. (1979): Sozialverhalten beim Camarguepferd – Dokumentierverhalten bei Hengsten. Publikation zu wissenschaftlichen Filmen, Göttingen, Biol. **12**/12 – D 1284.

Tschanz, B. (2000): Wie lässt sich Leiden feststellen? In: Tagungsbericht der Deutschen Veterinärmedizinischen Gesellschaft e.V. (DVG), Fachgruppe „Tierschutzrecht", 20-34, DVG-Verlag, Gießen.

Tschanz, B., J. Bammert, K. Löffler, U. Pollmann, T. Richter, U. Schnitzer und K. Zeeb (2001): Feststellbarkeit psychischer Vorgänge beim Tier aus der Sicht der Ethologie. Deutsches Tierärzteblatt **7**.

Tyler, S.J. (1972): The behaviour and social organization of the new forest ponies. Anim. Behav., **5**, 87–193.

TVT: Positionspapier zu den „Leitlinien zur Beurteilung von Pferdehaltungen unter Tierschutzgesichtspunkten". TVT- (Tierärztliche Vereinigung für Tierschutz) Merkblatt, Bramscher Allee 5, 49565 Bramsche 2005.

Ubbenjans, M. (1981): Untersuchungen zur Haltung von Reitpferden auf künstlichen Bodenbelägen. In: Aktuelle Aspekte der Ethologie in der Pferdehaltung. Hrsg.: Deutsche Reiterliche Vereinigung (FN) und Zeeb, K., FN-Verlag, Warendorf, 105–115.

Vecchiotti, G. and Galanti, R. (1986): Evidence of heredity of cribbing, weaving and stallwalking in thoroughbred horses. Livest. Prod. Sci., **14**, 91–95.

Wackenhut, K.S. (1994): Untersuchungen zur Haltung von Hochleistungspferden unter Berücksichtigung der Richtlinien zur Beurteilung von Pferdehaltungen unter Tierschutzgesichtspunkten. Diss. med. vet., München.

Wackens, C., C. Heleski, S. Bursian and K. Clark (2007): Investigating cribbing and weaving behavior in horses in Michigan. Proceed. 3rd Internat. Equitation Sci. Conf., Mi, USA, 10.

Waring, G.H. (1983): Horse behaviour. Noyes Publications, Park Ridge, New Yersey.

Waters, A.J., C.J. Nicol and N.P. French (2002): Factors influencing the development of stereotypic and redirected behaviours in young horses: findings of a four year prospective epidemiological study. Equine Vet. J. **34**, 572–579.

Wernicke, R. und M. van Dierendonck (2002): Soziale Organisation und Ernährungszustand der Konik-Pferdeherde des Naturreservates Oostvaardersplassen (NL) im Winter – Eine Lehrstunde durch wild lebende Pferde. KTBL-Schrift 418, Landwirtschaftsverlag GmbH, Münster-Hiltrup,78–85.

Westphal, M (2006): Kampfvermeidendes Verhalten von Reitpferden in Offenställen unter besonderer Berücksichtigung von Beschwichtigungsgesten. Diplomarbeit, Weihenstephan.

Winskill, L. C., Waran, N.K. and Young R.J. (1996): The effect of a foraging device (a modified „Edinburgh Foodball") on the behaviour of the stabled horse. Appl. Anim. Behav. Science, **48**, 25–35.

Winther C., L. Ladewig, J. Sondergaard und J. Malmkvist (2002): Effects of individual versus group stabling on social behaviour in domestic stallions. J. Appl. Anim. Behav. Sci. 75, 233–248.

Wintzer, H.J. (1999): Krankheiten des Pferdes. Paul Parey Verlag, Berlin.

Wöhr A.-C. und M. Erhard (2006): Polysomnographische Untersuchungen zum Schlafverhalten des Pferde. KTBL **448**, 127–135.

Wolff, A. and Hausberger M. (1994): Behaviour of foals before weaning may have some genetic basic. Ethology, **96**, 1–10.

Wolff, A. and Hausberger M. (1996): Learning and memorisation of two different tasks in horses: the effects of age, sex and sire. Appl. Anim. Behav. Sci., **46**, 137–143.

Zeeb, K. (2005): Artgerechte Pferdehaltung und verhaltensgerechter Umgang mit Pferden. In: Handbuch Pferd. Hrsg.: Thein, P., BLV, München, 128–153.

Zeitler-Feicht, M.H. und Grauvogl, A. (1992): Mindestanforderungen an die Sport- und Freizeitpferdehaltung unter Tierschutzgesichtspunkten. Der praktische Tierarzt **73**, 781–796.

Zeitler-Feicht, M.H., Prantner, V., Thaller, G.: und Fader, C. (1999): Zum Liegeverhalten von Pferden in Offenlaufställen. KTBL-Schrift 382, Landwirtschaftsverlag GmbH, Münster-Hiltrup, 81–89.

Zeitler-Feicht, M.H. und Stephanie Buschmann (2002): Ist Ständerhaltung von Pferden unter Tierschutzaspekten heute noch vertretbar? Pferdeheilkunde 18, 431–438.

Zeitler-Feicht, M.H., D. Miesbauer und L. Dempfle (2003): Zur Prävalenz von Verhaltensstörungen bei Reitpferden in Deutschland. KTBL-Schrift 418, Landwirtschaftsverlag GmbH, Münster-Hiltrup, 86–93.

Zeitler-Feicht, M.H. (2004): Das sagen Verhaltensforscher über die Join-up-Methode des Pferdeflüsterers - Ein Ausschnitt aus dem Fernsehinterview (WDR). Züchterstammtisch 8, 22–24.

Zeitler-Feicht, M.H. (2005): Verhaltensstörungen beim Pferd – Ursachen, Diagnostik und Therapie. Tierärztl. Praxis **33**, 266–273.

Zeitler-Feicht, M.H. (2005): Fütterung von Pferden unter ethologischen Aspekten. In: Tagungsbericht der Deutschen Veterinärmedizinischen Gesellschaft e.V. (DVG), Fachgruppe „Angewandte Ethologie", 160–171, DVG-Verlag, Gießen.

Zeitler-Feicht, M.H., Monika Westphal und L. Dempfle (2006): Agonistische Verhaltensweisen in Offenlaufställen unter besonderer Berücksichtigung der Unterlegenheitsgesten. KTBL-Schrift 448, Landwirtschaftsverlag GmbH, Münster-Hiltrup, 147–156.

Zeitler-Feicht M.H. (2006): Problemverhalten bei Pferden. Konkret/Tierarzthelfer/in. Enke, Stuttgart, 4–7.

Zierz, J. (1993): Die Quantifizierung akuter Schmerzen beim Pferd mittels physiologischer und ethologischer (klinischer und verhaltenstypischer) Parameter sowie deren Korrelation zur aktuellen Plasmakonzentration von Adrenalin und Noradrenalin. Ein Beitrag zur Schmerzmessung beim Pferd. Diss. med. vet., Berlin.

Register

Abfohlbereich 54
Abruffütterung 125
Absetzen 23, 36, 46, 53ff., 102, 195ff.
Abstammungstheorie 13f., 19
Adaptation s. Anpassung
Aggression 28, 111ff., 131, 155, 158ff., 186ff.
Aggressivität 54, 160ff., 186
– dominanzbedingt 188
– angstbedingt 187
– in der Gruppe 160ff.
– maternal 163f.
– sexuell 162f.
Agonistisches Verhalten 23, 36ff., 44
Aktivitätsrhythmus 28, 54, 70f., 108
Akupunktur 130
Akupressur 130
Ammenstute 56, 157, 164
Anamnese 106, 139
Angeborene Verhaltensweisen 27ff.
Angst 16, 25f., 31, 36, 39, 40, 57, 97, 104f., 110f., 113, 127, 130ff., 156, 161, 164f., 172ff., 187ff., 211
Anpassung 10, 22, 24, 28, 81
– Fähigkeit 10ff., 22
– Grenzen 10, 24ff., 139
– Strategie 97

Register

Antidepressiva 130, 151
Arbeitsverweigerung 203, 209
Artendefinition 13f.
Arthrose 170
Aufmerksamkeit forderndes Verhalten 61, 100, 105, 127, 134, 155
Augenmaske 169
Ausdrucksverhalten 33, 107ff., 135
Auslöschung 134
Auslösemechanismus 52, 117
Aussacken 133
Ausscheidebereich 82f.
Autoaggression s. Automutilation
Automutilation 97f., 158ff.

Barrenwetzen 26, 96, 100, 145f.
Beißen 16, 21, 26, 31, 111f., 145f., 159, 186ff.
Belecken von Gegenständen 101, 143f.
Belohnung 105, 117f., 120f., 129ff.
Belohnungston 131, 133
Beruhigungsmittel 178
Bestechung 120, 190
Bestrafung s. Strafe
Bewegung, Anreiz 66, 75f., 126
– Bedarf 15, 74ff.
– Bedürfnis 21f., 74ff., 95
– fördernde Haltung 75
– Mangel 68, 79, 104, 211
Bocken 96, 104, 114ff., 209ff.
„Body check" 135
Buckeln 78, 29ff.

Charakter 19ff., 103ff.
Clicker 120f., 130ff., 173f., 184
Coping 97

Deckakt 44ff., 156ff.
Deckhengst 48f., 50, 158, 162f.
Deprivation 25, 26, 102ff., 159ff.
Desensibilisierung 57, 132f.
Diagnostik von Problemverhalten 95ff., 106ff.
Domestikation 16ff., 101
Drohen 31f., 53f., 111f., 186f.
Drohformen 31, 111f., 186
Drohgesicht 111

Einfangen 172ff.
Eingewöhnungsbox 40
Einstreu 25, 61ff., 72f., 82ff.
Einzelaufstallung 41f.
Ektoparasiten 165f.
Empfindungen 115
Endoparasiten 63, 80ff., 149, 165
Endorphine 55, 142, 151, 165
Equiball 126

Erdefressen 147, 148f.
Erlerntes Verhalten 105
Ermüdungstherapie 134, 206, 214
Erregungsabbau 101
Ethogramm 27, 96
Ethopathie 101
Evolution 10ff.
Extinktion 134

Fehlprägung 53, 56f., 156ff.
Fehlanpassungssyndrom 157
Fellpflege, übertriebene 167
Fernorientierung 91f.
Flankenbeißen 158
flooding 133f.
Fohlenaufzucht 36, 89f.
Freier Herdensprung 49f.
Fressen
– übermäßiges 149
– stressfrei 64ff.
Fresshaltung 60f.
Fressstand 26, 65f., 126
Fresstechnik 60
Fresszeiten 15, 58, 60ff., 99, 124ff.
Frustration 25, 26
Führanlage 78
Futteraufnahme 15, 58ff., 99, 108, 126
– Regulation 58f.
Futtermenge 59
Futterneid 38, 64f., 66
Futterprägung 58, 118
Futterschleudern 66
Futterselektion 58, 66f.
Fütterung 24ff., 59, 100
– verhaltensgerecht 61ff., 99, 124ff.
Fütterungseinrichtung 37, 62, 63, 122
„Futterverwerter" 20, 61, 62f.

Gähnen 26, 150
Gebäudebedingte Mängel 103, 105, 107
Gegenkonditionierung 131f.
Gehirnerkrankung 154
Geschmackssinn 58, 92
Gesichtsfeld 94, 198ff.
Gewöhnung 16, 22, 24, 116ff., 131
Giftpflanzen 58, 67
Gitterbeißen 26, 64, 101, 145f.
Gruppengröße 29, 38
Gruppenhaltung 26, 34f., 36ff., 54, 63ff., 72, 123f.
Gruppenzusammenstellung 38, 123

Handaufzucht 56, 156, 164
Handpferd 77f., 133, 213, 215
Harnen 23, 79, 80, 81
Hauterkrankung 87, 165

Headshaking s. Kopfschlagen
Hengsthaltung 39, 48f.
Hilfszügel 191, 193, 209
Holznagen 58, 67, 99, 146ff.
Homöopathie 130, 169
Hufbeschlag 183ff.
Hufkorrektur 183ff
Hufpflege 84, 183
Hufrehe 62
Hyperflexion des Halses 114

Imprint-Methode 56f., 157
Individualdistanz 21, 25, 32, 35f., 64, 71, 88, 155, 186

Kampf 29ff., 32ff., 74, 81, 89
Kastration 39, 159f.
Kleben 21, 96, 104, 195ff.
Körpersprache 129f., 176
Kolik 60, 61f., 69, 88, 108, 142f.
Komfortverhalten 23, 84ff.
Konditionierte Belohnung 120
Konditionierung
– Fehl- 129, 162f.
– klassische 116, 117f., 130
– operante 116, 117, 130
– ungewollte 145f., 155f.
Konflikt 25f., 31, 43, 106, 127
Konfrontationstherapie 133
Konzentrationsfähigkeit 121, 204
Kopfschlagen 26, 96, 101, 167ff., 194, 208, 213
Kopfschütteln s. Kopfschlagen
Kopfscheue 96
Koppen 98, 101, 139ff.
Kopperoperation 142
Kopperriemen 139, 142f.
Koten 23, 79, 80ff.
Kotfressen 58, 148f.
Kotplätze 80f.
Kraftfutterdosierautomat 126
Kryptorchide 98, 203
Künstliche Besamung 49, 162

Laufband 78
Laufstall 37, 72ff., 82, 122
Laufstereotypie 153f.
Learned Helplessness 114, 128
Leckerbissen 61, 120, 131, 189f.
Lernbereitschaft 118f.
Lernblockade 119
Lernen durch Erkunden 94
– am Erfolg 116, 117
Lernerfolg 118f., 121, 130
Lernfähigkeit 22, 57, 119
Lernprozesse 22, 115f.
Lernpsychologie 115ff.
Lerntherapie 129, 130ff.
Lerntraining 94, 118f.

223

Register

Libido 25, 31, 162
Liegebereich 72f., 122
Lippenschlagen 96, 153
Lokomotionsverhalten 73ff.

Manegebewegung 153
Markieren 81
Markierungsverhalten 79
Massagetechniken 106, 130, 137, 211
Maulpartie 113
Medizinische Therapie 130
Mehrraumlaufstall 76
Miller-Methode 57, 158
Motivation 118f.
Mutter-Kind-Beziehung 53ff.
Mutter-Kind-Verhalten 27, 50ff.

Nachahmung 66, 118, 139f.
Nahorientierung 92, 94
Nahrungsspektrum 58
Nervenlähmung 193f.
Neugierverhalten 91, 203
Neuroleptika 130
Neuzugang 40f.
Nicht-Einfangen-Lassen 43, 96, 172ff.
Nicht-Führen-Lassen 175ff.
Nicht-in-den-Parcours-Gehen 197
Normalverhalten 95ff.
Nüsternreiben 168, 194
Nüsternform 113

Objektprägung 118
Ohrenstellung 110, 114
Offenstall 39, 87, 90, 125
Ontogenese 6, 22ff.
Opioide 142

Paarung 44ff., 46ff.
Paarungsbereitschaft 25, 44ff.
Paddock 39f., 77, 82, 122f.
Pfriemenschwänze 87, 165
Pheromone 45, 81
Phobie 97, 131, 172
Photosensitivität 99, 168f., 194
Polyphagia nervosa 147, 149
Prägung 22, 34, 43, 53ff., 118
Prophylaxe, unerwünschtes Verhalten 129ff.
– Verhaltensstörungen 121ff., 129
Psychopharmaka 160, 180

Radfahrerreaktion 26, 126
Rangauseinandersetzungen 32f., 40f.
Rangordnung 30f., 40, 43, 104
– Probleme 43, 105, 129ff.
– Übungen 43f., 135f.

Rassetypisches Verhalten 19ff.
Reiterliche Einwirkung
– Abwehr des Pferdes 113, 114f.
Reizschwellensenkung 28, 93
Reizüberflutung 57, 133
Reizverarmung 91ff., 122
Rossesymptome 48
Rückenprobleme 170, 188, 214
Rückwärtsrichten 127ff.
Ruheformen 70
Ruheintensität 70
Ruheverhalten 69ff.

Sattelzwang 133, 213ff.
Scharren 26, 91f., 134
– exzessiv 101, 154f.
Scheuen 96, 104, 175, 198ff.
Scheuervorrichtungen 86f.
Schlagen, Ausschlagen
– gegen Pferde 31ff., 112
– gegen Boxenwand 21, 64, 155f.
– gegen Menschen 43, 105, 186ff.
Schmerzbehandlung 130
Schmerzgesicht 107ff.
Schmerzschrei 108
Schmerzen 104f., 107ff., 115
– Ausweichbewegung 108
Schweifhaltung 107, 113
Schweifreiben 106, 165ff.
Schweifscheuern 87, 165f.
Schweifschlagen 96, 108, 113ff.
Selbstbeknabbern 84, 167
Selektion 10, 24, 49
Senkrechtkauen 32
Serotonin 151
Sexuelle Reife 44
Sich-nicht-Legen 170f.
Sinnesorgane 16, 200
Solitäre Hauptpflege 84ff.
Soziale Fellpflege 86f., 166f.
Soziale Organisation 29f.
Sozialpartner
– Mensch 43f., 135ff.
– andere Tiere 36, 41ff.
Sozialverhalten 29f.
Sparraufe 62, 64
Spielverhalten 88
Spielzeug 23, 88ff.
Sprung aus der Hand 48f., 162
Stallklima 73, 123
„Stall-Kicking" 155
Stehtag 78
Steigen 32, 68, 74, 104, 203ff.
Stereotypie 23, 97, 100f.
Strafe 16, 25, 44, 114, 129ff.

Tagesablauf 27ff., 93, 106
Temperamentsprobleme 68, 79, 104

Tellington 108, 130, 133, 137, 211
Therapie, unerwünschtes Verhalten 129ff., 138
– Verhaltensstörungen 121ff., 129
Tollwut 98, 160
Tränkvorrichtungen 69
Tranquilizer 130
Transport 96, 177ff.
Trieb 14, 119
Trinkhäufigkeit 68
Trinkverhalten 69
Trinkvorgang 68
Typenlehre 19

Überforderung 24, 79, 102, 127, 128
Übersprungshandlung 26, 96
Umgang 135
– tiergerecht 98f., 119
Unerwünschtes Verhalten 95ff., 103ff., 138, 139
Unterforderung 127, 129
Unterordnung 135ff., 204

Verhaltensanomalie 27, 101, 139
Verhaltensstörung 23, 24, 29, 95ff.
– endogen 98f., 101, 139, 152, 158f., 161, 163f.
– reaktiv 24, 25, 28, 97f., 99ff., 102f., 139, 141, 143ff., 150, 152, 154, 156, 158f., 161, 163, 164, 166ff., 170
– symptomatisch 98f.
– mangelbedingt 98f.
– zentralnervös 98f., 139, 158f., 161, 163f., 168, 193
Verladeprobleme 177ff.
Verspannung 104, 108, 111, 127
Vertrauensbildende Maßnahme 136ff.
Vertrauensgewinn 44, 135

Waisenfohlen 156f.
Wälzen 23, 84ff., 108
Wälzplätze 85, 86f.
Wasserbedarf 68
Wassermangel 59, 69
Wasserqualität 68
Weben 149ff.
Weidehütte 73
Weidehygiene 83

Zeitbudget 28
Zucht 18f., 48ff., 129
Zunge, Festbinden 191
Zungenspiel 97, 100, 144ff.
Zungenstrecken 114, 190ff.